国家社科基金
后期资助项目

苏格兰启蒙哲学研究

Study in the Scottish Enlightenment Philosophy

管月飞 著

中国社会科学出版社

图书在版编目（CIP）数据

苏格兰启蒙哲学研究/管月飞著．—北京：中国社会科学出版社，2021.9
ISBN 978-7-5203-8734-7

Ⅰ.①苏…　Ⅱ.①管…　Ⅲ.①哲学史—研究—苏格兰　Ⅳ.①B556.1

中国版本图书馆 CIP 数据核字（2021）第 138710 号

出 版 人	赵剑英
责任编辑	孙　萍　李凯凯
责任校对	李　莉
责任印制	王　超

出　　版	中国社会科学出版社
社　　址	北京鼓楼西大街甲 158 号
邮　　编	100720
网　　址	http://www.csspw.cn
发 行 部	010-84083685
门 市 部	010-84029450
经　　销	新华书店及其他书店
印　　刷	北京君升印刷有限公司
装　　订	廊坊市广阳区广增装订厂
版　　次	2021 年 9 月第 1 版
印　　次	2021 年 9 月第 1 次印刷
开　　本	710×1000　1/16
印　　张	22.25
插　　页	2
字　　数	372 千字
定　　价	118.00 元

凡购买中国社会科学出版社图书，如有质量问题请与本社营销中心联系调换
电话：010-84083683
版权所有　侵权必究

国家社科基金后期资助项目
出版说明

后期资助项目是国家社科基金设立的一类重要项目，旨在鼓励广大社科研究者潜心治学，支持基础研究多出优秀成果。它是经过严格评审，从接近完成的科研成果中遴选立项的。为扩大后期资助项目的影响，更好地推动学术发展，促进成果转化，全国哲学社会科学工作办公室按照"统一设计、统一标识、统一版式、形成系列"的总体要求，组织出版国家社科基金后期资助项目成果。

全国哲学社会科学工作办公室

目　　录

绪论　苏格兰启蒙哲学的诞生 …………………………………… (1)
　第一节　从启蒙时代开始 ………………………………………… (2)
　第二节　苏格兰启蒙运动 ………………………………………… (7)
　第三节　苏格兰启蒙哲学 ………………………………………… (11)

第一章　人性科学的方案 ………………………………………… (16)
　第一节　人性科学的理想 ………………………………………… (17)
　第二节　知识与辩护 ……………………………………………… (30)
　第三节　"二元论者"休谟 ……………………………………… (40)
　第四节　近代哲学和第一原则 …………………………………… (51)

第二章　常识哲学及其发展 ……………………………………… (62)
　第一节　里德和常识哲学 ………………………………………… (63)
　第二节　苏格兰常识学派的兴起 ………………………………… (82)
　第三节　晚期常识哲学的发展 …………………………………… (96)
　第四节　常识哲学的观念论转向 ………………………………… (109)

第三章　道德与道德感 …………………………………………… (133)
　第一节　哈奇森和道德感学说 …………………………………… (134)
　第二节　从道德感到道德情感 …………………………………… (146)
　第三节　斯密论同情和公正的旁观者 …………………………… (160)
　第四节　里德和常识道德 ………………………………………… (168)

第四章　美与美感 …… (180)
第一节　哈奇森论美的观念与美感 …… (181)
第二节　休谟论美的本质和标准 …… (188)
第三节　里德论美的客观性 …… (197)

第五章　信仰与证据 …… (203)
第一节　自然神论及其影响 …… (205)
第二节　休谟的神学批判 …… (218)
第三节　宗教的自然主义解释 …… (230)
第四节　里德和常识学派的辩护 …… (238)

第六章　苏格兰启蒙哲学的取向 …… (248)
第一节　苏格兰启蒙哲学的心理学取向 …… (248)
第二节　苏格兰启蒙哲学的伦理学取向 …… (259)
第三节　苏格兰启蒙哲学的常识取向 …… (273)
第四节　苏格兰启蒙哲学的语言分析取向 …… (279)

第七章　苏格兰启蒙哲学的影响 …… (284)
第一节　苏格兰启蒙哲学与19世纪欧洲哲学 …… (284)
第二节　苏格兰启蒙哲学与早期美国哲学 …… (299)
第三节　苏格兰启蒙哲学与现当代西方哲学 …… (308)

参考文献 …… (335)

绪论　苏格兰启蒙哲学的诞生

按照戈登·格雷厄姆的说法，由于诸如大卫·休谟、亚当·斯密以及托马斯·里德这些思想家的名声，哲学成为苏格兰启蒙运动，乃至整个18世纪启蒙运动的理智皇冠上的明珠。从历史上看，作为欧洲边缘的一个小而穷的国家，近代苏格兰除了商业和工程学为人所知外，其他方面乏善可陈，在形成西方文化中的作用也相对较小。这里面只有哲学是一个显著的例外，因为在这方面苏格兰的贡献是无与伦比的。大概只有位于欧洲中心，具有更大面积且更为富有的德国才产生出如此众多的极具识别性影响力的哲学家来。① 然而，很长一个时期，由于诸多原因，除了休谟哲学外，包括哈奇森、斯密、里德以及常识哲学学派在内的作为一个整体的苏格兰启蒙哲学未能得到应有的重视。例如，文德尔班在其《哲学史》中关于苏格兰常识学派的叙述仅有寥寥数语。在《哲学史讲演录》中，黑格尔对苏格兰常识学派的介绍虽然有所增加，但是相关篇幅加起来也没有对休谟一个人的阐释多。罗素的《西方哲学史》对此甚至只字不提。即使在苏格兰启蒙哲学的故乡，也有类似的情形存在。根据布罗迪的回忆，直至20世纪60年代，爱丁堡大学只教授休谟的哲学，关于其同时代的哲学家如哈奇森、斯密、里德、斯图尔特和弗格森，则没有开设任何课程。②

受康德的影响，除休谟哲学外，我国学术界对苏格兰启蒙哲学普遍评价不高。必须承认，康德的论断确实极具洞见，然而也不能说康德的结论

---

① Gordon Graham ed., *Scottish Philosophy: Selected Writings*, 1690-1960, Exeter: Imprint Academic, 2004, Introduction.
② Alexander Broadie, *A History of Scottish Philosophy*, Edinburgh: Edinburgh University Press, 2010, Introduction.

就是最后的结论，其中大有讨论的余地。例如，作为康德的德国同胞，歌德就称赞见之于休谟、里德和斯图尔特等的苏格兰哲学的独特价值。他说，外国人如英国人、美国人、法国人和意大利人之所以不能从我们的新（德国）哲学中获得任何益处，原因就在于其没有直接抓住生活。由于他们不能从这种哲学中看到任何好处，所以他们或多或少转向以里德和斯图尔特为代表的苏格兰学派的教义。这种教义对普通理智来说都是可理解的。这种教义试图调和感觉主义和精神性，统一实在和观念，从而为人类的思想和行动创造了一个更加令人满意的基础。① 即使仅就苏格兰常识哲学自身而言，其对休谟哲学的批评以及相关常识原则的提出就不仅具有一定的历史意义，也具有一定的学术价值。常识哲学的议题甚至能够出现在20世纪日常语言哲学的讨论中，从侧面也可以证明这一点。

另外，鉴古而知今。历史地看，由于发生在英国资产阶级革命完成之后，苏格兰启蒙哲学既不同于"呐喊的"早期英国启蒙哲学，也不同于"战斗的"法国启蒙哲学，及其后"思辨的"德国启蒙哲学，而是表现出积极、乐观、自由、包容的特点。由此，理性与常识、情感与道德、必然与自由、信仰与证据等便构成了理解苏格兰启蒙哲学叙事的主线。研究苏格兰启蒙哲学不仅有助于了解西方哲学史，尤其是近代西方哲学史的"真实"面目，而且对于思考在当今世界中如何既坚持理性的诉求，又维护健全的常识，既相信人的自由，又保持充分的宽容等问题也具有一定的现实意义。

第一节 从启蒙时代开始

谈论苏格兰启蒙哲学不能不先说一说作为大背景的近代欧洲启蒙运动。众所周知，在西方哲学史上，17、18世纪是两个非常重要的时期，其中17世纪常被称作"理性的时代"（age of reason/rationalism），而18世纪则被称作"启蒙的时代"（age of Enlightenment）。实际上，启蒙的时代亦称理性的时代，因为"理性"一词的使用范围更广，它不仅可以用

---

① Viscount Haldane, *The Philosophy of Humanism and of Other Subjects*, New Havven: Yale University Press, 1922, pp. 96 – 97.

来代表 17 世纪的哲学特征，而且可以涵盖 18 世纪的哲学特性，但是"启蒙"一词则一般仅限于指称 18 世纪发生在欧洲的思想运动。①法国哲学家、百科全书派代表之一的达朗贝尔（J. L. d'Alembert, 1717—1783）把 18 世纪明确地称作"哲学的世纪"。他说，"我们的世纪被称为……卓越的哲学世纪……新的哲学化方法的发现与应用，与各种发现相伴随的那种热情，宇宙奇观在我们身上引起的理念的某种提升——所有这些原因造成了心智的强烈骚动，就像冲破了堤坝的江河一样从各个方向蔓延穿透大自然。"所谓"新的哲学化方法"实际上就是将数学（后来是物理学）应用于哲学，特别是自然哲学（即科学）所形成的新方法。17 世纪大哲学家笛卡尔（Rene Descartes）第一个把数学的精确性带进哲学，由此造成了哲学的认识论转向，并且开启了哲学史上对所谓"确定性"的不懈努力和追求。汉姆普西耳（Stuart Hampshire）指出："我们可以适当地把 17 世纪称之为哲学史上的'理性的时代'，因为几乎所有这一时期的伟大哲学家，都试图把数学证明的精确性引入知识的所有部份，包括哲学本身。笛卡尔、斯宾诺莎和莱布尼茨的哲学论证的形式，大部份是演绎和先天的。他们的意图是要象证明数学定理一样，去证明他们关于现实的最终构造和人类认识界限的结论。"② 牛顿（Isaac Newton）则是将数学成功地应用于自然科学的典范，其三大运动定律和万有引力定律等物理学发现被认为揭示了宇宙间的一切现象，以至于有人甚至乐观地预计其后的物理学只需做些修修补补的工作就可以了。这种由"新的哲学化方法的发现和应用"所带来的巨变被形容为一场"革命"，在达朗贝尔看来，由 17 世纪开始的这场"革命"在 18 世纪已经接近于完成，因为"一旦奠定了某场革命的基础，完成这场革命的差不多总是后继代"③。

　　与 17 世纪的哲学家相比较，18 世纪的哲学家们显得更加自信。18 世纪哲学家们的自信源于对理性的绝对信任和推崇。理性主义者自不待言，即使经验主义者也不否认理性的有效性和可靠性，比如像休谟（David

---

① 参见周晓亮主编《西方哲学史》第 4 卷，凤凰出版社、江苏人民出版社 2004 年版，绪论。
② ［美］S. 汉姆普西耳编：《理性的时代：17 世纪哲学家》，陈嘉明译，光明日报出版社 1989 年版，导论。
③ 转引自［美］汉金斯《科学与启蒙运动》，任定成等译，复旦大学出版社 2000 年版，第 1 页。

Hume）这样的怀疑主义者也从未对理性的可靠性产生过丝毫的怀疑。①不过这一时期的理性已经不是古典时期的理性，而是以英国哲学为代表的经验理性了。关于这一点，利文斯顿（James C. Livingston）论述道，"18世纪被正确地称为理性时代。但是支配这个时代的是一种特别的理性。它不是古典理性主义的抽象理性。确实，哲学家们把理性主义者笛卡尔看作将心灵从盲目的权威中解放出来的人。但是笛卡尔的理性太过于思辨和抽象了。启蒙运动中的理性的模型是弗兰西斯·培根和约翰·洛克的经验理性、实验理性。要求做的事情就是对经验事实进行检验。理性现在被要求按照当时自然科学的模式发挥一种批判性的功能。"② 这一点对于正确理解"理性"在18世纪哲学，尤其是苏格兰启蒙哲学中的地位非常重要。为此有必要对"理性"作一点简要的考察。莱希（A. R. Lacey）在《哲学辞典》中给出的"理性"定义是，"所有的人或几乎所有的人共同拥有的普通官能，有时严肃地有时通过诗意的许可被当作是一种非个人的外在力量［'理性的命令（真理）'］。这种官能似乎有两种，一种是直觉（intuition）的官能，通过这种官能一个人可以'看见'（see）真理或者抽象的事物（'本质'或者共相，等等）；一种是推理（reasoning）的官能，即从诸前提传递到结论（推理）。动词'推理'（reason）局限于后一种意义，这种意义现在也最常用于名词，虽然这两种意义相互关联（从诸前提传递到结论就是直觉两者之间的联系）。"③ 赖尔（Peter Ryle）把"理性"定义为"头脑面对疑难问题进行的有序思维活动"，指出"启蒙运动常常以理性时代而著称，理性实际上成为衡量一切观念、学说和现实计划的标准"。另外，他认为"理性"不但表示人的知性能力，而且还可以用来指"一种普遍的探究和怀疑的心态"。所以，赖尔提醒人们注意这一术语的多重含义，避免引起混乱和误解。④ 可见，"理性"不是一个单

---

① 首先，休谟并不怀疑理性自身，而只是怀疑理性是否可以用来作为知识和宗教的基础；其次，或许正如托马斯·里德指出的那样，休谟利用理性反对理性，其结果恰恰是在证明理性而非否证理性。
② James C. Livingston, *Modern Christian Thought*, 2nd edition, Vol. 1, Minneapolis: Fortress Press, 2006, p. 7.
③ A. R. Lacey, *A Dictionary of Philosophy*, 3rd edition, London and New York: Routledge, 1996, pp. 287–288.
④ ［美］赖尔、威尔逊：《启蒙运动百科全书》，刘北成等编译，上海人民出版社2003年版，第43页。

义词、静态词，而是一个具有多重内涵的、动态的词语。归结起来，"理性"一词可以表示：（1）一种人所共有的普通官能，这种官能类似于常识，人们借之可以直观到事物的本质；（2）一种推理的官能，这种官能指的是逻辑上的有效论证，最能体现这种官能的是以数学为代表的演绎推理；（3）一种普遍的探究和怀疑的心态或精神气质，这种心态或精神气质使得理性在对他者进行批判的同时对自身进行批判成为可能，因而避免了理性的独断这一自反悖论。

18世纪的哲学家们虽然继续推崇理性，但是与17世纪相比他们所理解的理性已经有了新内容。17世纪哲学家大多企图构造一个包括所有知识的哲学体系，这种哲学体系是通过证明和严格推理的"数学模式"达到的。按照卡西尔（Ernst Cassirer）的观点，"这种方法从某种最基本的确定性演绎出其他命题，从而将可能的知识的整个链条加以延长，串连到一起。这根链条上的任何一个环节都不能挪离整体；没有一个环节能从自身得到解释。要对任何一个环节作出真正的解释，唯一可能的做法，是说该环节是'派生的'，是通过严密而系统的演绎，查明它在存在和确定性中的位置，从而确定它与这一源泉的距离，并且指明把它与这一源泉分隔开来的中间环节的数量。"不过，"18世纪摒弃了这种演绎和证明的方法。它不再在体系的严密和完美方面与笛卡尔、马勒伯朗士、莱布尼兹和斯宾诺莎一争短长了。它所探寻的是关于真理和哲学的另一种概念，其功能是扩展真理和哲学的范围，使它们更灵活、更具体、更有生命力。18世纪没有跟着以往的哲学学说中的那种思维方式亦步亦趋；相反，它按照当时自然科学的榜样和模式树立了自己的理想。"① 所谓"当时自然科学的榜样和模式"，实际上就是以牛顿为代表的"物理学模式"。一般来说，数学模式主张从某个或某些自明的命题出发，然后通过先验演绎的方式获得确定无疑的"真"知识。然而，从逻辑上说这种演绎的知识只是一种同义反复（tautology），不能给人以新知识。从实用主义的角度来看，这种知识既不能促进知识的增长，也不能推动社会的进步。物理学模式则在借鉴数学模式的严密性和精确性的同时克服了这一点，其做法是反数学模式之道而用之，即抛弃其纯演绎的方法而代之以分析的方法、实验的方法。实验的方法要求以观察和实验为基础，从现象出发对经验材料进行研究，

---

① ［德］卡西勒：《启蒙哲学》，顾伟铭等译，山东人民出版社1996年版，第5页。

而不是完全沉浸于思辨玄想之中。分析的方法则要求从特殊或个别的事实出发最后得到关于事物的普遍原理，而不是像演绎方法那样先从普遍的原理出发然后推出特殊的结论。套用培根的比喻，数学模式就像是"蜘蛛"，它用自己的材料做成蛛网；而物理学模式则如同"蜜蜂"，它先收集材料，然后进行消化，最后产生出有价值的新东西。总之，从某种意义上说，这种从数学模式到物理学模式的转变实际上反映了时代的普遍要求，即对增加新知识和改变现实的强烈渴望。

18世纪的哲学家们视理性为最高法庭，他们大多对理性的作用深信不疑。① 在他们看来，没有什么东西可以逃避理性法庭的审判。任何事物都要在理性的法庭上拿出证据以证明自己的清白。即使是所谓神圣的信仰领域也不例外。凯利·克拉克说，"知识分子中，对上帝的信仰自18世纪启蒙运动起就几经磨难。启蒙运动告诫大众用理智祛除迷信和轻信，甚至有人声称宗教信仰走到了尽头。启蒙时期的英雄们从知识上猛烈地批判宗教信仰的合理性。"在这份名单中，著名者就有休谟、狄尔泰、卢梭和康德等。按照克拉克的观点，启蒙运动最关键的假设可以恰如其分地被称为"证据主义"（evidentialism）。所谓证据主义，就是主张一种信念只有在一个人拥有充分的证据、论据或理由时，这个信念对他才是合理的。20世纪哲学家安东尼·弗卢（Antony Flew）甚至认为，启蒙运动证据主义的结果是无神论。他说，鉴于一事物的存在必然要求合理的原因，无神论的假定就是正当的。因为如果上帝存在的结论可以成立，那么我们就需要有充分的理由相信确实如此。如果没有理由，我们就没有必要去信。在这种情况下，唯一合理的姿态就是消极的无神论或不可知论。②

不难看出，18世纪之所以被称作"启蒙的时代"，在很大程度上正是因为启蒙哲学家们不妥协的勇气和抗争精神。"启蒙"（Enlightenment）一词是法语lumières的英译，意思是"知识""光明"，在德语中对应的

---

① 在18世纪哲学家中，可能只有休谟主张理性的有限性。他认为理性的职能在于判断真假，对于道德行动不起什么作用，因为后者属于情感的领域。不过，休谟虽然否证了理性在科学知识和道德知识中的基础地位，但他从未怀疑理性在实际中的作用。休谟的意思只是说，理性无法给出证据来说明科学知识何以是必然的，道德知识何以是客观的。

② ［美］凯利·詹姆斯·克拉克：《重返理性：对启蒙运动证据主义的批判以及为理性与信仰上帝的辩护》，唐安译，北京大学出版社2004年版，第2页。

词为 Aufklärung。从字面上看,"启蒙"可以理解为用"知识"或"理性"来照亮思想的天空,以祛除迷信和蒙昧的阴霾。也许,德国哲学家康德(Immanuel Kant,1724—1804)最能代表这种启蒙精神。康德极力捍卫启蒙的理性精神,并为其作了出色的辩护。在《答复这个问题:什么是启蒙?》① 这篇经典文章中,康德把"启蒙"定义为"人类摆脱自己加之于自己的不成熟状态(immaturity)"。所谓"不成熟状态"就是没有他人的帮助就没有能力运用自己的知性。所谓"自己加之于自己的"意思是,这种没有能力其原因与其说是缺乏知性,倒不如说是在没有他人的帮助时就缺乏决心和勇气来运用它。据此,康德批评了作为知性主体的人的惰性和懦弱,指出他们习惯于,甚至乐于在各种事务上接受别人的指导以至于丧失了自己的主体地位。在他看来,主体之所以为主体就在于其拥有理性以及对理性的自由运用。康德特别强调"自由"(freedom)的重要性,他指出对理性的自由运用不是指对理性的私下运用(private use),而是必须体现在理性对所有事务的公开运用(public use)上。只有在所有的事务上公开运用人的理性才能执行思想批判,从而打破禁锢,促进思想解放。因此,康德的号召即每个人都必须有勇气运用知性不仅是对德意志民族的呼吁,而且成为整个启蒙运动的座右铭。

第二节 苏格兰启蒙运动

苏格兰启蒙运动是一场始于 18 世纪初,一直持续近百年时间的智力和文化运动。在近代发生的几场启蒙运动中,苏格兰启蒙运动具有独特的重要性。从时间上说,它前承英格兰早期启蒙运动,后启德意志启蒙运动,另外还与同时期的法国启蒙运动相互影响,因此是整个启蒙运动中的重要一环。从表现上看,苏格兰启蒙运动既不同于法国启蒙运动,也不同于德国启蒙运动:法国启蒙运动发生在大革命的前夜,其任务是为革命创造舆论环境,因此这场运动具有鲜明的斗争精神和彻底精神。比较而言,由于各种条件的限制,德国没有产生像法国那样的资产

---

① James Schmidt ed., *What Is Enlightenment?*: *Eighteenth-Century Answers and Twentieth-Century Questions*, Berkeley and Los Angeles: University of California Press, 1996, p. 58.

阶级革命，再加上知识分子的软弱性，所以德国的启蒙运动只是停留在文化领域和思想领域作抽象的理论思辨。对于苏格兰启蒙运动来说，情况则大不一样，由于发生在它前面的英国资产阶级革命已经取得成功，所以其主要任务不再是为革命呐喊助威，而是更多地关注资本主义制度确立以后社会的进步和人的道德生活。因此，苏格兰启蒙运动的风格既不像早期英国启蒙运动那样既有批判性又有保守性，也不像法国启蒙运动那样具有战斗性和彻底性，也不像德国启蒙运动那样富于思辨性和内敛性，而是表现得比较温和、宽容和开放。这也正是苏格兰启蒙运动至今仍然具有吸引力的地方。

和历史上其他的重要事件一样，苏格兰启蒙运动的发生也有其深刻的社会历史背景。前面说过，苏格兰启蒙运动发生在英国资产阶级革命胜利（1688年的英国"光荣革命"）之后，这是它的一个优点。但是还必须结合另一个重要事件才能说明苏格兰启蒙运动的政治背景，这就是1707年英格兰与苏格兰的正式合并。在历史上，英格兰和苏格兰曾经是两个独立的国家，二者间发生过多次战争。为了对抗英格兰，苏格兰还与法国一直保持着密切的关系。1603年，英国女王伊丽莎白去世。由于伊丽莎白没有子嗣，所以就由具有王室血统的苏格兰国王詹姆斯六世继承王位，这样詹姆斯六世便同时兼任英格兰国王和苏格兰国王。英格兰联邦议会多次提出两国合并法案，但是没有成功，苏格兰因此仍然保留着自己的政府、议会和司法系统。1649—1660年，即处于克伦威尔统治下的共和国时期（其中，1653—1658年为"护国主"时期），英格兰和苏格兰合并过两次，但都为时不久。1688年英格兰"光荣革命"之后，两国的合并事宜又提上日程。经过双方的努力，1707年5月1日，英格兰和苏格兰完成最后合并，新国号为"大不列颠联合王国"。后来这一年一般就被视作苏格兰启蒙运动的起点。这个合并协议明显对苏格兰有利，例如协议规定苏格兰放弃政治独立，不再设立议会，但是可以选举代表参与大不列颠议会；英格兰则将贸易和航运等向苏格兰开放，并给予苏格兰以经济补偿，更重要的是，苏格兰的教会和法律制度都保持不变。对于两国的合并大多数苏格兰民众并不赞成，但是合并确实符合并且也达到了苏格兰的目的，即参与分享英格兰的经济成果，促进自身发展。近代以来，英格兰由于海外贸易积累了巨大的国家财富，而苏格兰由于地理和历史等条件的限制一直非常落后。通过政治合并，苏格兰也逐渐摆脱了落后的局面，为后来的社会发展和文化繁荣奠定了坚实的基础。

苏格兰启蒙运动的发生还有科学文化方面的原因。大体来说，自然科学、理性主义学说和经验主义学说共同确立了苏格兰启蒙运动的思想框架。17世纪以来自然科学取得了突飞猛进的发展，其中牛顿的物理学更是代表了当时自然科学所能取得的最高成就。牛顿既是彻底的经验主义者，也是完美的数学家。① 他把数学和实验结合起来，成功地揭示了宇宙的整个图景。牛顿的方法因此也成为其他科学纷纷效法的典范。英格兰是近代经验主义的故乡。培根、霍布斯和洛克，尤其是后者对经验主义的阐发使之成为英格兰最有影响力的知识理论。经验主义为启蒙运动在心理学和大部分科学（自然哲学）的革新奠定了基础，并和牛顿的物理学结合在一起成为启蒙运动的统治话语。② 欧洲大陆的理性主义也是不可忽视的一股力量。前面说过，在英格兰和苏格兰正式合并前，苏格兰一直和法国保持着紧密的联系，这种联系当然不仅是政治经济方面的联系，也包括思想文化方面的交往。当时去欧洲旅行在苏格兰社会中是一种时尚，由于苏格兰和法国的特殊关系，法国理所当然就成了苏格兰人求学、旅居的首选。法国是近代理性主义的发源地。笛卡尔的理性主义不仅在欧洲产生了极大的影响，而且对英格兰和苏格兰产生了影响。按照赖尔的观点，"机械哲学、理性主义和经验主义这三股思潮奠定了启蒙运动思想结构的基础。一旦人们力图赋予理性和自然等重要概念以实质内容，来自这三股思潮的结论以及它们之间内在的张力就决定了启蒙运动的话语"③。另外，由于政治环境的宽松、自然科学的进步以及宗教自身方面的改革，苏格兰启蒙运动中来自宗教方面的迫害相对来说也大为减少。1707年，英格兰和苏格兰的合并协议保留了苏格兰原有的国教即苏格兰长老会。苏格兰长老会是16世纪宗教改革的产物，其主张比较激进。不过，由于形势的变化，苏格兰长老会也进行了一些改革，开始奉行宗教温和主义，对于学术

---

① E. A. Burtt, *The Metaphysical Foundations of Modern Science*, Mineola and New York: Dover Publications, Inc., 2003, p. 212.
② [美] 赖尔、威尔逊：《启蒙运动百科全书》，刘北成等编译，上海人民出版社2003年版，第25页。
③ [美] 赖尔、威尔逊：《启蒙运动百科全书》，刘北成等编译，上海人民出版社2003年版，第12页。

研究持较为宽容的态度。① 这也在某种意义上促进了苏格兰启蒙运动中的思想繁荣。

苏格兰启蒙运动的发生还得益于诸如社团、俱乐部等这样的社会机构，它们对启蒙运动思想的传播起到了极大的推动作用。例如，1754年5月，画家拉姆齐（Allan Ramsay）和休谟、斯密在爱丁堡创立了一个可以进行正式辩论的团体"上流社会"（Select Society）。在休谟和斯密之后，苏格兰启蒙运动中的许多其他著名人物也大多出自这里，如休·布莱尔（Hugh Blair）、威廉·罗伯森（William Roberson）、亚当·弗格森（Adam Ferguson）以及亨利·霍姆（Henry Home，即后来的 Lord Kames）等。1758年，托马斯·里德和其他一些知识分子在爱丁堡发起成立了另一个学术团体"阿伯丁哲学学会"（Aberdeen Philosophical Society），也就是俗称的"爱智俱乐部"（Wise Club）。他们对推动苏格兰哲学的发展也起到了很大的作用。还有以自然科学研究为目的的组织，如1739年成立的私人学术团体"爱丁堡皇家学会"。另外，作为哲学社团的苏格兰共济会也发挥了一定的影响。除了这些组织外，还必须要提到大学在苏格兰启蒙运动中所起的作用。从历史上看，在法国和英格兰，大学并没有发挥多大的作用。但是在苏格兰和神圣罗马帝国这两个地方，大学却成为启蒙运动的重要中心。② 哈尔塞（Leroy J. Halsey）说，"苏格兰的文化生活、科学生活、哲学生活，甚至宗教生活都是围绕这些大学（形成的）。不考虑它们就不可能有任何苏格兰人的完整的历史。"③ 18世纪的苏格兰有4所大学，它们是圣安德鲁大学、格拉斯哥大学、阿伯丁大学和爱丁堡大学。其中，前三所大学最为古老，可以追溯到15世纪中叶，而爱丁堡大学则是到詹姆斯六世时才建立的。在这几所大学中，爱丁堡大学和格拉斯哥大学成为

---

① 18世纪上半叶，许多哲学教授仍然因为被控异端思想而受审，例如格拉斯哥大学神学教授约翰·西姆森（John Simson）分别于1717年和1727年两次受审，圣安德鲁大学的教会史教授阿奇博尔德·坎贝尔（Archibald Campbell）于1735—1736年受审，弗兰西斯哈奇森于1738年受审，格拉斯哥大学神学教授威廉·里奇曼（William Leechman）于1744年受审。其中，西姆森被停止教学，但是继续保留教授职位，直到去世。其他三人则都被宣判无罪。见 Alasdair MacIntyre, *Whose Justice? Which Rationality*? Norte Dame: University of Norte Dame Press, 1988, pp. 245–246.

② ［美］赖尔、威尔逊：《启蒙运动百科全书》，刘北成等编译，上海人民出版社2003年版，第11页。

③ Leroy J. Halsey, *Scotland's Influence on Civilization*, Philadelphia: Presbyteria Board of Publication, 1885, p. 148.

苏格兰启蒙思想的中心。这两所大学在医学、道德哲学、心理学、历史学和经济学等方面较为突出。大学发挥着核心的作用,这是苏格兰启蒙运动的一个重要特色。

近代苏格兰为人类思想史所做的重要贡献,如果可以用一句话来概括,那就是"小民族推动了大世界"（a small nation that pushes the big world）。① 之所以这么说,是因为在18世纪的苏格兰这块弹丸之地上涌现出一大批名垂史册的人物,例如哲学方面有弗兰西斯·哈奇森、大卫·休谟和托马斯·里德等,政治经济学方面有亚当·斯密,社会学方面有亚当·弗格森,另外还有发明家詹姆斯·瓦特,等等。他们在不同的方面丰富了人类的思想宝库。如果将苏格兰启蒙运动和早期英格兰启蒙运动相比较,我们会发现苏格兰启蒙运动虽然是对英格兰早期启蒙运动的继承,但是苏格兰启蒙运动所取得的成绩和所产生的影响则远远地超出了英格兰启蒙运动。对于苏格兰启蒙运动的历史贡献,麦金太尔这样评价道,"法国人常常公开承认自己留下英国模式;但与苏格兰启蒙运动所取得的成就相比,英格兰相形见绌,而所有国家中最伟大的人物无疑是德国人,如康德和莫扎特。但是,就理智所涉及的范围和多样性来说,德国人又比不上英国的大卫·休谟、亚当·斯密、亚当·弗格森、约翰·米勒、卡姆斯勋爵和蒙伯多勋爵。"② 作为苏格兰人,麦金太尔的赞美显然出于所谓的民族自豪感。但是,即使不带这种民族情感,应该说苏格兰启蒙运动的影响也是极其深远的,这一点从苏格兰启蒙哲学中不难得到证明。

第三节 苏格兰启蒙哲学

苏格兰启蒙哲学,有时亦称苏格兰哲学,是苏格兰启蒙运动的重要组成部分。不过,"苏格兰哲学"（Scottish philosophy）并不是18世纪苏格兰哲学家们给自己的哲学理论所贴的标签。以"苏格兰哲学"为名的著作最早出现在19世纪,包括J. F. 费瑞尔（J. F. Ferrier）的《苏格兰哲学：旧的和新的》（*Scottish Philosophy, the Old and the New*, 1856）、詹姆

---

① 苏格兰:《推动了大世界的小民族》,《重庆与世界》2005年第6期。
② ［美］麦金太尔:《德性之后》,龚群等译,中国社会科学出版社1995年版,第49页。

斯·麦考什（James McCosh）的《苏格兰哲学》（*The Scottish Philosophy, Biographical, Expository, Critical, From Hutcheson to Hamilton*, 1875），还有安德鲁·塞斯（Andrew Seth）的《苏格兰哲学：对休谟的苏格兰回应和德意志回应之比较》（*Scottish Philosophy, A Comparison of the Scottish and German Answer to Hume*, 1885）。当然，把"苏格兰哲学"等同于"常识哲学"也不是18世纪哲学家们的做法，按照戈登·格雷厄姆（Gordon Graham）的观点，不是18世纪而是19世纪那种叫作"苏格兰哲学"的东西才达到了自我意识，因此"苏格兰哲学"在很大程度上是一个后启蒙概念。①据此，有必要对"苏格兰哲学"重新进行审视以弄清其确切内涵。

先来考察一下"苏格兰哲学"的概念。"苏格兰哲学"这个名称，如上文所述，是19世纪创造的，它有时候被用来指从哈奇森到汉密尔顿的苏格兰哲学的历史，詹姆斯·麦考什持这种观点；有时候它被仅仅用于指称以托马斯·里德为代表的苏格兰学派的"常识哲学"或"自然实在论"，威廉·斯考特是这种观点的代表。②按照后一种观点，休谟这个最伟大的苏格兰哲学家就不能算作苏格兰哲学家，其哲学也不属于苏格兰哲学，这显然是不合理的。这种做法的错误在于没有从整体上看待从18世纪初出现在苏格兰这块土地上并且横亘上百年的哲学运动。本书正是在这一意义上使用"苏格兰哲学"的。同时，由于"苏格兰哲学"构成启蒙运动，尤其是苏格兰启蒙运动的一个重要组成部分，所以本书也用"苏格兰启蒙哲学"一词来强调这一点，此外并无分别。具体来说，"苏格兰哲学"或者"苏格兰启蒙哲学"包含四个方面的内容：第一，从地域上说，"苏格兰哲学"指发生在苏格兰这块土地上的哲学形态，这是"苏格兰哲学"的地域特征；③第二，从时间上说，"苏格兰哲学"不是指苏格兰历史上出现过的所有哲学形态，而是特指从18世纪初至19世纪中叶一

---

① Alexander Broadie ed., *The Cambridge Companion to the Scottish Enlightenment*, Cambridge: Cambridge University Press, 2003, pp. 339–340.
② William R. Scott, *Francis Hutcheson; His Life, Teaching and Position in the History of Philosophy*, Cambridge: Cambridge University Press, 1900, p. 262.
③ 哈奇森虽然是爱尔兰人，但是由于血统、教育和他在格拉斯哥大学担任道德哲学教授16年都使他和苏格兰紧密联系在一起。见 Henry Laurie, *Scottish Philosophy in Its National Development*, Glasgow: James Maclehose and Sons, 1902, p. 10。

个多世纪的主要哲学思想,这是"苏格兰哲学"的时间特征;第三,"苏格兰哲学"虽然涉及许多不同方面的内容,但却具有明显的内在联系,这是它的逻辑特征;第四,"苏格兰哲学"主要是在苏格兰启蒙运动中发生的,具有明显的启蒙性质,这是"苏格兰哲学"的启蒙特征。按照"苏格兰哲学"的这几个特征,不仅"常识哲学",而且哈奇森哲学、休谟哲学、亚当·斯密的哲学等也都属于"苏格兰哲学"。

苏格兰启蒙哲学和英格兰早期启蒙哲学之间关系密切。前面说过,大学在苏格兰启蒙运动中发挥着极其重要的作用。苏格兰几所比较古老的大学,如15世纪的圣安格鲁大学、格拉斯哥大学和阿伯丁大学很早就把经院主义的逻辑学、形而上学和伦理学引入苏格兰,而即使是在那些改革过的大学,像建立于16世纪末的爱丁堡大学中,亚里士多德的学说也仍然占统治地位。随着大学的不断发展和反对经院主义的斗争全面取得成功,人们的眼界不再局限于苏格兰,他们开始关注英格兰和欧洲大陆的科学发现。在哲学领域,格劳修斯、普芬道夫和洛克则取代了亚里士多德。[①] 1688年英国"光荣革命"的胜利以及1707年苏格兰和英格兰的合并更是为苏格兰的文化发展提供了千载难逢的机遇。在大学中乃至大学之外,培根、洛克的经验主义哲学和牛顿的物理学发现都得到了广泛的传播。而像莎夫茨伯利和贝克莱等哲学家们的学说也都为苏格兰知识界所熟悉。正如我们在后面将要看到的那样,培根对观察和归纳的强调,牛顿对归纳和演绎的结合,以及洛克对知识本质和范围的探讨等,无不在后来的苏格兰哲学中打下深深的印记。例如,哈奇森追求获得一种"关于人性及其不同的能力和倾向的正当知识",休谟明确提出要"把推理的实验方法引入到精神科学中来",里德认为可以通过观察和实验获得关于自然的知识,汉密尔顿则把关于心灵的归纳研究看作哲学家们的任务,认为科学的方法同样可以应用于哲学。[②] 比较而言,早期英格兰哲学家主要关注的是认识论问题,而苏格兰哲学家们则进一步扩大了哲学的研究范围,他们不仅在理解知识本质方面取得了新的研究成果,而且还在伦理学、美学等领域中作

[①] Henry Laurie, *Scottish Philosophy in Its National Development*, Glasgow: James Maclehose and Sons, 1902, Introductory.

[②] Henry Laurie, *Scottish Philosophy in Its National Development*, Glasgow: James Maclehose and Sons, 1902, Introductory.

出了新的理论发展。

　　从哈奇森到汉密尔顿，苏格兰启蒙哲学前后持续达一个多世纪之久。可以说，这种现象在哲学史上也是不多见的。如前所述，苏格兰启蒙哲学表现为一场前后有着内在关联的哲学运动或思想运动。哈奇森开启了苏格兰哲学的先河。休谟在哈奇森的基础上扩大了苏格兰哲学的研究范围，并将之推向最高峰。里德的研究使苏格兰哲学获得了进一步的发展。常识学派继承了里德的哲学思想，通过他们的努力，苏格兰哲学的影响一度达到顶点。另外，苏格兰哲学家对社会现实普遍给予关注，表现在哲学上就是道德哲学或伦理学的发达。哈奇森的哲学成就主要在于伦理学。作为苏格兰哲学的先驱，他的伦理学思想在某种程度上影响了苏格兰哲学的走向。休谟、斯密以及里德都在不同程度上汲取了他的伦理学思想，并且将之推进到一个新的高度。苏格兰哲学的启蒙性质也是很明显的。在启蒙运动中，理性和自然是最受关注的两个概念。卡西尔指出，"18世纪思想的特征，是自然问题与认识问题十分紧密地，甚至不可分割地联系在一起。"①赖尔则认为，"理性和自然成为两种基本的模式、隐喻和标准。所有的理论和制度，无论是否开明，都要从理性和自然的角度来加以判断。"② 就苏格兰哲学而言，休谟的怀疑主义认识论和里德的常识哲学虽然表面上相对立，但它们都没有越出理性和自然这一基本框架。此外，从苏格兰哲学对理性和情感、理性和直觉以及自由和必然之间的关注上也可以体现其启蒙性质，因为情感、直觉和自由等正是启蒙运动价值目标的重要组成部分。

　　如前所述，启蒙的时代亦称理性的时代。这种称谓容易给人造成一种印象，即启蒙哲学家们一致相信理性的作用和进步的价值。从总体上说，这个说法当然没有什么问题，因为包括休谟在内的苏格兰哲学家们既诉诸于感觉、情感、直觉、想象和常识，同时也强调理性之于人的重要性，这既和以理性开民智的启蒙理想一脉相承，也与近代以来的自然主义、情感主义以及世俗主义的潮流一致。然而，如果考虑休谟所做的工作，这个说法似乎尚有值得商榷之处。因为由于休谟对理性的解构工作，不仅道德

---

① ［德］卡西勒：《启蒙哲学》，顾伟铭等译，山东人民出版社1988年版，第90页。
② ［美］赖尔、威尔逊：《启蒙运动百科全书》，刘北成等编译，上海人民出版社2003年版，第12页。

和宗教的基础遭遇到前所未有的挑战，甚至连自诩建立在理性基础上的知识本身也成了问题。德国浪漫主义者正是从休谟的怀疑主义中看到了理性的局限，从而开辟了一个所谓的反启蒙运动领域。就此而言，休谟哲学可以说不仅属于启蒙的时代，甚至在某种意义上超出了启蒙的时代。

第一章 人性科学的方案

认识论或知识论是苏格兰启蒙哲学的重要组成部分。众所周知，近代西方哲学改变了自古希腊以来的本体论传统，而代之以认识论的研究，这就是所谓的"认识论转向"。可以说，这是一次意义重大、影响深远的哲学变革，因为这个变革导致了整个哲学重心的转移。勒内·笛卡尔和约翰·洛克是这个变革中的核心人物。他们同意，必须先考察人的认识能力，确定人类知识的起源、性质和范围才能最终彻底消除哲学中的各种分歧，从而将哲学建立在稳固的基础上。他们也都相信哲学的目的是获取，而且能够获取普遍必然的知识。不过，在知识的本质和获取途径等方面，二人则持不同的主张：简单说，笛卡尔强调"理性"，而洛克重视"经验"。由此，理性和经验的对立被看作近代哲学的主要特征，并被冠以"理性主义"和"经验主义"的标签。① 当然，"理性主义"和"经验主义"并不是近代哲学的独有现象——因为实际上早在古希腊哲学中就已经表现出这一倾向，② 但只是到了近代这一对立才格外地凸显出来并成为哲学中的焦点。

18世纪苏格兰哲学的出现从某种程度上说改变了其后哲学史的走向。之所以这么说，是因为这一时期的苏格兰出现了诸如大卫·休谟和托马

---

① "理性主义"和"经验主义"是近代哲学的粗线条，而不是真实的全貌。就苏格兰启蒙哲学家来说，经验主义者休谟虽然将经验主义原则贯彻到底，否认理性在认识论、道德学、美学和宗教哲学中的支配地位，但是他也承认理性不是完全不起作用的。而理性主义者如托马斯·里德虽然试图恢复理性在哲学中的地位，但是他也明确表示哲学必须从观察和实验开始。因此，"理性主义"和"经验主义"这种标签只能理解为一种哲学倾向，不可以绝对化。

② 参阅陈修斋主编《欧洲哲学史上的经验主义和理性主义》，人民出版社1986年版，第一章"欧洲近代经验主义和理性主义哲学产生的历史背景和思想渊源"。

斯·里德这样的著名哲学家。① 作为经验主义哲学的集大成者，休谟一方面证明理性不可能成为知识的基础，另一方面却也将经验主义发展到它的逻辑终点。这种局面迫使他之后的哲学家要么放弃哲学研究要么另辟新路。里德就是试图通过恢复"常识"的权威来"拯救"这场严重的哲学危机，虽然这种尝试并没有取得预期的成功。值得注意的是，理性和经验的张力不仅存在于以休谟为代表的经验主义哲学和以里德为代表的"常识哲学"的对立中，实际上也存在于休谟本人的哲学思想中。例如，休谟将经验视为哲学的当然前提，但是同时又认为只有关于"观念的关系"的知识如数学等才具有普遍必然性，而关于"事实"的经验知识则只是或然性的。休谟哲学一方面表明传统哲学中关于知识的种种论断得不到理论上的证明，而只能被看作一种自然的信念，这在某种意义上极大地推进了人们对于知识性质的认识；另一方面也表明近代以来的"第一人称哲学"包含着不可克服的内在局限性，这为后来哲学家们"超越"这一哲学形式提供了宝贵的理论资源。

第一节 人性科学的理想

彼得·赖尔说，"启蒙运动时期采用'人学'概念凸显出一种流行的信念：考察基本的人性，就能够为建立关于人类行为和性格的可靠知识体系提供素材。人学概念还包括另一层含义：应当把对人类的研究与神学、宗教和形而上学区分开来。"② 休谟的知识论便是试图为这种"人学"奠

---

① 托马斯·里德曾经一直是西方哲学史上受到忽视的哲学家。然而无论是就其哲学思想而言还是就其对哲学的影响来说，里德都称得上一位真正意义上的哲学家。通过当代哲学家如莱赫（Keith Lehrer）和沃特斯托夫（Nicholas Wolterstorff）等的努力，里德哲学的重要性已经为越来越多的人所认可。值得注意的是，这种情形在哲学史研究中还有很多，其原因主要在于把哲学史归结为"大哲学家们"的思想史，从而对那些"二流的""三流的"哲学家视而不见，甚至嗤之以鼻。从某种意义上说，这不是一个哲学史研究者应有的严肃态度。首先，所谓"大哲学家"的标准不是绝对的，而是经常随研究者的学术立场以及一个时期的学术风尚的变化而变化，例如休谟在康德那里受到高度重视，而在黑格尔那里则无足轻重。其次，"大哲学家们"的思想并不足以涵盖哲学史的全貌，也不能说明哲学的整个发展脉络。对于这种只研究"大哲学"的"大哲学史"的倾向应该给予适当的反思。
② [美] 赖尔、威尔逊：《启蒙运动百科全书》，刘北成等编译，上海人民出版社2003年版，第29页。

定基础。值得注意的是，由于休谟坚持一种严格的知识论，根据这种知识论，所有可以被认识的东西都被归结为"事实"（经验报告）或"观念的关系"（定义，或使用语词的规则），价值判断不可能被视为客观知识的真正来源。因此，诸如道德、美学和宗教这些非经验的主张便被当作对那些情感表述的投射式还原。① 本书大体上循此思路，即从知识问题开始，进而讨论道德、美学和宗教问题。这既是休谟哲学的走向，从宽泛的意义上说也是整个苏格兰启蒙哲学的脉络。

一 休谟的哲学意向

大卫·休谟，1711年出生于苏格兰，他"是一个典型地属于他那个地方和时代的人。然而，他超越了这两者，在很多方面，他看上去比其他任何一个人都更像是我们的同时代人。……在他的一生中，休谟主要还是满足于他作为一个历史学家、文学评论家和社会及政治哲学家所获得的名声。当然，在过去的两百年间，事情已经有了很大的不同。几乎毫不夸张地说，这个时期内的英语哲学的主流，至少直到维特根斯坦为止，大部分都是休谟哲学的一系列注脚"②。休谟是苏格兰启蒙哲学中最杰出的哲学家，他的"怀疑主义哲学"达到了他那个时代的最高成就；同时他也是最受争议的一位哲学家，他的哲学体系是建设性的还是破坏性的，他的哲学态度是真实的还是虚假的，等等，这些问题自休谟以来一直没有定论。对这些问题给出一个人人都满意的答案显然是一件非常困难的事情，不过下面这一点似乎容易被接受，这就是，任何一种具有某种程度解释力的理论必须建立在对休谟哲学体系的整体把握上。休谟的哲学意向就是我们把握其哲学的出发点。为此，需要简单了解一下休谟哲学的思想背景。

"直到牛顿去世以至更晚的一段时期，还没有一条普遍认识到的，哲学和自然科学的明确分界线。'自然哲学'是一个共同的概念，它既包含了我们可称之为形而上学的东西，也包含了可称之为物理学的东西。"③

---

① F. Clark Power et al eds., *Moral Education: A Handbook*, Vol. I, Westport, CT: Praeger Publisher, 2008, p. 174.
② Richard Schacht, *Classical Modern Philosophers: Descartes to Kant*, London and New York: Routledge, 1984, p. 128.
③ [美] S. 汉姆普西耳编：《理性的时代：17世纪哲学家》，陈嘉明译，光明日报出版社1989年版，导论。

近代自然科学，尤其是以牛顿为代表的经典物理学取得的巨大成功使其成为其他学科效仿的典范。物理学一方面以经验为基础，坚持观察和实验的方法，牛顿就说他从不制作假说，因为"任何不是从现象中推论出来的说法都应称之为假说，而这样一种假说，无论是形而上学的或者是物理学的，无论是属于隐蔽性质的或者是力学性质的，在实验哲学中都没有它们的地位"①；另一方面物理学又借鉴数学那种演绎推理的严密性，用几条简洁明了的数学公式就将全部宇宙规律揭示出来。自然科学的成就促使那些倦于令人窒息的经院哲学的哲学家们重新思考哲学的基础问题。勒内·笛卡尔（Rene Descartes）是第一个试图彻底解决这个问题的哲学家。他提出的方案就是众所周知的"方法论怀疑"（methodological doubt），也就是从怀疑一切出发，最终找到一个无可怀疑的绝对可靠的起点，即"我思"。笛卡尔认为，"我思"是自明的真理，任何人都不能否认，因此以"我思"为基石就可以推出上帝、外部世界等。这样，笛卡尔就建立了一个以形而上学为根，以物理学为干，以其他各种学科为枝条的哲学体系。笛卡尔对知识问题的重视和强调使近代哲学明显不同于以本体论为研究重心的古代哲学，这种变化就是所谓近代哲学的"认识论转向"，其标志就是（科学）知识的确定性问题受到了前所未有的关注和重视。洛克同意笛卡尔把哲学的目标限制在对知识的探讨上。他认为哲学不是别的就是真知识，不过与笛卡尔试图把哲学（形而上学）确立为其他所有学科基础的雄心相比，洛克则显得谦逊得多，他说自己的志向只是想做一名清扫地面，以去掉挡在知识道路上的垃圾的小工。② 在研究进路上洛克也与笛卡尔不同。洛克认为，任何类似"天赋观念"这样的假设都是没有根据的。在他看来，人的心灵就如同一张白纸，上面没有任何标记，知识只能是建立在经验的基础上，而只有以经验为基础的真知识才能解释科学理论与物理世界之间的符合关系。总之，近代自然科学的发展和以笛卡尔为代表的理性主义以及以洛克为代表的经验主义两大哲学思潮的对立，为休谟思考知识问题提供了一个开阔的背景。

---

① ［英］牛顿：《牛顿自然哲学著作选》，王福山等译，上海译文出版社2001年版，第9页。
② Locke, *An Essay Concerning Human Understanding*, New York: Dover Publications, Inc., 1959, "The Epistle to the Reader".

18世纪牛顿力学已经被公认为科学的范式，其真理性很少有人怀疑。① 柏林（Isaac Berlin）指出，"如果说统治17世纪的是数学模式，那么，在18世纪到处被模仿的则是力学模式，更准确地说，就是牛顿的理论体系。"② 经验主义哲学从培根、霍布斯一直到洛克虽然有了很大的发展，但是其内在的理论缺陷被贝克莱揭示无遗。贝克莱指出，洛克哲学关于"第一性质"和"第二性质"的划分、"抽象"理论以及"物质"概念都是站不住脚的。休谟认为，"哲学的耻辱"就在于其基础是脆弱的，经不起理性法庭的拷问。理性主义者把哲学建立在所谓"自明的"基础上，然后由此演绎出一个真理的体系。然而，在休谟看来，那些所谓"自明的"前提并不是自明的，它们都没有经验的基础，因而只是哲学家们的理论虚构。他说，"虽然我们必须通过将我们的实验追溯到尽头，并且用最简单和最少的原因解释所有的结果来使我们的所有原理尽可能获得普遍性，但是这一点仍然是确定的，即我们不能超越经验；任何自称发现了人性终极的原始性质的假设，应该首先被当作是狂妄和虚幻而予以抛弃。"③ 经验主义者虽然把哲学奠基于经验，但是他们在理论上也存在某些漏洞因而必须加以改造。可见，休谟的哲学意图是，通过摧毁建立在虚构基础上的"假哲学"，建立一门可以为所有科学奠基的"真哲学"，也即他的"人的科学"。用斯托克斯（Philip Stokes）的话说，休谟哲学的目标是双重的：其一是破坏性的（demolitionary），即把科学中所有建立在虚构（invention）而不是经验基础上的虚妄（falsehoods）加以清除；其二是建设性的（constructive），即在人性科学的基础上重建所有科学。④

二 休谟的心灵理论

休谟的心灵理论是其整个哲学的基石，不了解它就无法进入休谟哲学更不用说理解其哲学。有人说，"对于休谟来说，理解心灵的运作是了解所

---

① 莱布尼茨、贝克莱等人对牛顿的物理学持反对意见。
② ［英］伯林：《启蒙的时代：18世纪的哲学家》，孙尚扬、杨深译，凤凰出版传媒集团·译林出版社2005年版，导论。
③ David Hume, *A Treatise of Human Nature*, ed. Selby-Bigge, Oxford: Oxford University Press, 1946, pp. 12 – 13.
④ Philip Stokes, *Philosophy*: 100 *Essential Thinkers*, Brooklyn, NY: Entranted Lion Books, 2006, p. 85.

有别的东西的关键。从某种意义上说，书写休谟的心灵哲学就是书写他的所有哲学。"① 休谟的心灵理论主要包括两个部分即知觉理论和观念理论。

(一) 休谟的知觉论和摹本原则

近代哲学中有一个重大的理论问题即知识的起源问题。休谟接受了洛克的哲学前提，即观念是心灵的直接对象，但同时他又对其进行了改造。洛克认为知识有两个来源，即感觉 (sensation) 和反省 (reflection)，感觉的对象是外部的物质事物，而反省的对象则是心灵自身的内部活动。休谟取消了洛克的反省说，主张只有一个来源即知觉 (perception)。休谟把知觉分为两类，一类称为印象 (impressions)，另一类叫作观念 (ideas)。印象与观念的区别在于它们进入心灵时的"强烈程度和生动程度" (degrees of force and liveliness)，进入心灵最为强烈和生动的知觉是印象，包括我们所有的感觉、情感和情绪；观念则是思维和推理中的模糊微弱的影像 (faint images)。两者的差别，休谟认为就是感觉 (feeling) 与思维 (thinking) 的差别，每个人都能很容易察觉到。但是在某些情况下两者也可能非常接近，比如在睡眠、发烧、疯癫或任何心灵极为激动的情绪中，这时候就很难把印象和观念区分开来。不过休谟认为这只是极少数例子，不足以推翻上述区分。知觉还可以从简单和复杂两个方面划分为简单知觉和复杂知觉。简单知觉包括简单印象和简单观念，它们可以被称作知觉原子，不能再进一步区分，而复杂知觉则可以继续划分。简单印象和简单观念之间似乎有一种相互对应的关系，即每个简单观念都有与之相似的简单印象，而每个简单印象也都有一个与之相应的观念。据此休谟提出一个一般命题："我们的所有简单观念在初次出现时都是来自于简单印象，简单印象和简单观念相对应，并且为它们所精确地表象。"② 如何证明这个命题呢？休谟从两个方面入手：(1) 正面论证。首先，通过观察可以发现简单印象对简单观念的时间在先性，即简单印象总是先于简单观念出现而不是相反；其次，印象与观念之间有一种恒常结合的关系，即印象总是伴随着观念，而且恒常如此。由此证明，印象是观念的原因，观念不可能是印象的原因。

---

① David Fate Norton ed., *The Cambridge Companion to Hume*, Cambridge: Cambridge University Press, 1992, p. 33.
② David Hume, *A Treatise of Human Nature*, ed. Selby-Bigge, Oxford: Oxford University Press, 1946, p. 4.

（2）反面论证。没有印象也就没有相应的观念。比如天生的盲人或聋子，他们因为感官的原因不能获得事物的印象因而也就不能产生相应的观念。又如，一个从未尝过菠萝的人就无法形成关于菠萝滋味的恰当观念。由此，休谟确立了一条哲学根本原则，即"我们的一切简单观念或是间接地或是直接地从它们相应的印象得来"。这个原则也常被表述为"观念摹写于其相应的印象"或"观念是印象的摹本（或影像）"，因此亦称"摹本原则"（The Copy Principle），虽然这个原则极其简单但是却又非常重要，以至于休谟称之为他"在人性科学中建立的第一原则"。[①] 这个原则的重要性在于，根据它就可以判定一个观念是否有意义，从而避免不必要的争论。比如你说一个观念有意义那么你就必须指出与它相应的印象来。传统哲学中的大部分争论之所以沦为语词之争，原因就在于它们谈论的观念没有任何意义。后面我们将会看到在许多重大问题，如因果关系、外部物体的存在以及人格同一性的讨论上休谟都不断地强调并回到这个原则。与简单印象和简单观念之间的对应关系不同，许多复杂观念从来就没有与之相应的复杂印象，而许多复杂印象也不曾为观念所复制。对于复杂知觉来说我们必须将其还原为简单印象和简单观念，这样才能确定其真伪或是否有意义。

（二）休谟的现象—影像论

近代哲学的另一个重要理论问题是关于外部世界的存在问题。对此一般有三种解决方案，即直接实在论、间接实在论和反实在论。[②] 直接实在论或称朴素实在论认为我们当下知觉到的就是外部世界本身，它不依赖于我们对它的知觉而独立存在。朴素实在论符合常识的观点，但是它也遇到难以克服的理论困难，比如典型的错觉和幻觉论证。间接实在论也可称为知觉表象论，以洛克为代表。洛克认为我们知觉到的不是事物本身而是心中的观念，观念表象对象，因此我们可以通过观念这个中介物间接地知道对象。反实在论又分现象论和观念论。贝克莱的知觉理论属于观念论，即否认外部物理世界的独立存在。他认为一切物理对象都是心理现象，如果它们不被知觉，它们就不存在。[③] 休谟的知觉理论属于现象论，即认为我

[①] David Hume, *A Treatise of Human Nature*, ed. Selby-Bigge, Oxford: Oxford University Press, 1946, p. 7.

[②] Jonathan Dancy, *Introduction to Contemporary Epistemology*, Oxford: Basil Blackwell, 1985, Part Ⅲ. 10.

[③] ［美］波伊曼：《知识论导论：我们能知道什么？》第2版，洪汉鼎译，中国人民大学出版社2008年版，第79页。

们当下知觉到的并不是外部事物本身，我们知觉到的只是现象在心灵中留下的影像（即观念），因此更准确的说法应该是知觉的现象—影像论（phenomenon-image theory of perception）或知觉影像论（imagist theory of perception）。休谟的一段话最能说明这一点：

> 我们可以注意到，哲学家们所公认的，而且其自身也相当明显的一点就是：除了心灵的知觉或印象和观念以外，没有任何东西实际上呈现于心中，外界对象只是通过它们所引起的那些知觉才被我们所认识。去恨、去爱、去思想、去感觉、去看：所有这一切都只不过是去知觉（to perceive）。
>
> 既然除了知觉外没有任何其他东西呈现于心中，既然所有的观念又都是来自先前呈现于心中的某种东西；因此，我们不可能想象或形成与观念和印象有具体差别的任何事物的观念。让我们尽可能把注意转移到我们的身外：让我们追逐我们的想象到天空，或者直至宇宙的最尽头；我们实际上一步也没有越出自我之外，而且除了出现在那个狭窄范围的那些知觉以外，我们也不能想象任何一种的存在。这是想象的宇宙，除了那儿产生出来的观念外，我们没有任何观念。①

可以看出，休谟的影像论与洛克的表象论之间比较相似，相似之处在于二者的知觉理论都认为在知觉者和对象之间存在着一个中介物即观念，正是通过这个中介物知觉者才能得以认识对象。② 不过二者之间也有不同：洛克认为外部对象确实存在，只是我们不能直接知觉到它，而休谟则对外部对象的存在与否置之不论。休谟的这种态度是他的哲学不可知论的反映。

休谟的知觉理论较之洛克和贝克莱要精致得多，但是也存在一些明显

---

① David Hume, *A Treatise of Human Nature*, ed. Selby-Bigge, Oxford: Oxford University Press, 1946, pp. 67 - 68.
② 罗蒂认为，笛卡尔把心灵概念视为观念之幕背后的内部剧场，从而开启了构筑心物藩篱的第一步。笛卡尔还为这种新学科提供了对象和方法。洛克为笛卡尔的方案增加了内容，他的做法是通过和牛顿模式保持一致来使其变得科学。后者试图发现"外部空间"的法则，前者则是要发现"内部空间"的法则。休谟表明，认识论者是在从事一项悖谬的事业，这就是为了给内部世界划界，一方面承认怀疑主义者的怀疑，另一方面又承认自然性。然而，哲学家却无法消除这种怀疑。见 John W. Woell, *Peirce, James, and a Pragmatic Philosophy of Religion*, New York: Continuum International Publishing Group, 2012, p. 73.

的理论困难。第一是印象和观念的区分问题。休谟说印象与观念的差别在于它们进入心灵时的"强烈程度和生动程度"不同。这种做法受到许多质疑，因为按照这种划分印象和观念之间就不是种类（kind）的差别而只是程度（degree）的差别，但是心灵程度上的细小差别是根本无法通过观察识别的，因此在程度的等级上就没有绝对的分界线，而只能是个人说了算。显然，这种区分只具有个体的意义而不具有公共的意义。第二是印象和观念的先后问题。休谟说印象总是先于观念，但是同时他也承认这一点并不是绝对的，因为也存在观念先于印象的情况。① 第三是印象的起源问题。休谟说观念来自印象，但是印象又来自哪里？对此休谟拒绝回答。他的理由是，"对感觉的研究更多地是属于解剖学家和自然哲学家的事，而不是精神（moral）哲学家的事，因此现在就不加讨论。"② 第四是知觉的因果关系问题。休谟提出印象与观念之间存在着因果关系，即印象是观念的原因。休谟这里使用的正是未经证明而后来又被他摧毁的归纳推理。不过，休谟似乎对于这种自我挫败的理论并不是很在意。第五，对象的本质问题。有人指责休谟只是解释了对象影响感官的方式，而没有解释它们的真正本质和活动。对此，休谟承认自己的目的从来就不是要去洞究物体的本质或者解释它们活动的秘密原因，"因为除了这不是现在我的目的以外，我恐怕这样一种事业（enterprise）也超出了人类的知性范围，而且我们决不能妄称不通过感官发现它们的外部性质就可以认识物体。……现在，我满意于能够根据经验告诉我的情况完全了解对象影响感官的方式和它们之间的相互联系。这足以作为生活的指导；也满足了我的哲学，它只是要说明我们的知觉也即印象和观念的本质和原因。"③ 在该页的注脚中休谟又补充道：

---

① 休谟举了一个有名的"蓝色缺失（the missing shade of blue）"的例子：一个视觉正常的人熟悉各种颜色偏巧不幸没有遇见过一种特殊的蓝色调。现在把除那个特殊的蓝色调之外这种颜色的所有色调按照从最深到最浅的顺序放到他的眼前，这个人会看到什么呢？很明显，他会察觉到那个蓝色调缺失的地方有空白，并且会用想象把这个缺失的蓝色调的观念给补上。这个反例证明印象先于观念的论点是有问题的，休谟本人非常清楚这一点，因为这个反例不是别人恰恰是他自己提出来的。David Hume, *A Treatise of Human Nature*, ed. Selby-Bigge, Oxford: Oxford University Press, 1946, pp. 5 – 6.

② David Hume, *A Treatise of Human Nature*, ed. Selby-Bigge, Oxford: Oxford University Press, 1946, p. 8.

③ David Hume, *A Treatise of Human Nature*, ed. Selby-Bigge, Oxford: Oxford University Press, 1946, p. 64.

只要我们把思辨限制于对象对我们的感官的呈现上,而不是着手研究对象的真正本质和活动,我们就可以免于所有的困难,而且永远不会为任何问题所困扰不安。……对象对我们的感官的呈现都是一致的,除了我们使用的术语的模糊外不可能产生任何困难。如果我们将探究推进到对象对感官前的呈现之外,那么恐怕我们的绝大部分结论都将充满了怀疑主义和不确定性。因此,如果被问及,那个不可见的和不可触的距离是否总是充满物体或者某种在我们的器官改进之后就可以变成可见的或可触的东西,那么我必须承认,无论在哪一方面我都没有发现任何很有决定性的论证来;虽然我倾向于相反的意见,因为那个意见更加符合于通俗和一般的观念。如果牛顿哲学得到正确理解的话,人们将会发现它的意义也只是如此。……物体的这种状态的真正本质是不为人知的。我们只认识到它对感官的作用和它接纳物体的能力。对于那个哲学来说,没有什么比某种程度的温和怀疑主义更加适合的了,同时也要坦率地承认对于超出一切人类能力的那些题材,我们一无所知。①

综前所述不难发现,当休谟沿用笛卡尔、洛克等人关于心灵、知觉、观念这些语词及其基本内涵时,他已经将自己置于近代主体主义认识论的框架之中了。按照罗蒂的观点,笛卡尔的心灵概念使得观念之幕怀疑主义成为可能,同时也使得一门致力于设法规避这种怀疑主义的学科成为可能。洛克将笛卡尔的心灵视为当然,探讨心灵如何精确表象外部世界,从而获得关于对象的客观知识。然而,当洛克用"观念"来沟通心灵和对象时,不仅没有弥合二者的鸿沟,相反导致了休谟的怀疑主义和康德的先验论。②

三 心理原子主义与观念联想原则

(一) 心理原子主义

在建立了自己的知觉理论之后,休谟又进一步考察记忆和想象。这个考察非常重要而且非常必要,因为如果不说明记忆与想象的原理,那么前

---

① 这个重要的注脚保留在《休谟哲学著作集》第 1 卷中,而在 Selby-Bigge 编辑的《人性论》中却被删除了。见 David Hume, *The Philosophical Works of David Hume*, Vol. I , Edinburgh: Adam and Charles Black, 1826, pp. 92 - 93。

② Richard Rorty, *Philosophy and the Mirror of Nature*, Princeton: Princeton University Press, 1979, p. 140, p. 144.

面有关知觉的理论就没有任何意义，而后面的因果性理论等也都失去了根据。前面提到，休谟的知觉理论实际上是一种知觉原子论，就是说一切观念都可以最终还原为某种知觉原子即简单印象。按照休谟的知觉理论，知觉原子之间都是各不相同的，相当于莱布尼兹的单子。显然，在这种情况下不同的知觉原子间如果没有一定的原则将它们联系起来，那么人的所有观念活动和精神生活就不可能形成。休谟认为这就是记忆与想象的原则。根据休谟的观点，记忆与想象都是一种观念，即印象失去其强度和活泼性后在心灵中留下的影像。不过，虽然同为印象的微弱意象，记忆与想象之间还是有差别的。差别之一在于二者的程度不同：记忆的观念又要比想象的观念生动得多和强烈得多，用休谟的话说，记忆介于一个印象和一个观念之间；而想象则变成了一种完全的观念。差别之二在于二者的功能不同：记忆完全受原始印象的顺序和形式的束缚，没有任何变化的能力；而想象则不受这方面的约束。一句话，记忆的功能就在于保持观念的顺序和位置，而想象的功能则在于自由地对观念进行移位和变化。因此可以说，记忆是观念活动的基础，没有记忆所有的观念活动都是不可能的。休谟说，"要是我们没有任何记忆的话，我们就永远不会有任何因果关系的概念，从而也就没有构成我们的自我或人格的那一系列原因和结果的概念。"① 然而由于记忆只是被动地保持过去印象的痕迹，因而只能局限于过去的经验。实际上观念的大部分活动都依赖于想象，因为只有想象才能使心灵越出感官的当下经验指向未被经验的对象，所以可以极大地扩展人类的认识范围。记忆和想象一样都是人的一种自然能力，无须理性的介入。不过，和记忆相比，想象更能体现心灵的主动能力，就是说心灵能够根据需要自由地挪移和改变自己的观念。休谟特别重视想象的作用并将它与理性作了区分。在休谟看来，理性是人的一种反思官能，其作用在于作基于证据的推理；而想象是一种非反思的官能，其作用是自然地从经验推移到信念。② 想象的这种功能非常重要，因为它对"经验推理起了关键性的作用：它使原子状态的知觉以联想的方式互相关联、互相作用，从而使

---

① David Hume, *A Treatise of Human Nature*, ed. Selby-Bigge, Oxford: Oxford University Press, 1946, pp. 261–262.
② David Fate Norton ed., *The Cambridge Companion to Hume*, Cambridge: Cambridge University Press, 1992, p. 43.

能动的思维成为可能"①。在其后论证物体的独立存在、继续存在以及人格同一性时,休谟正是通过对理性作用和想象作用的比较,说明它们不是理性论证的结果而是来自想象(因果推理)。不过,需要注意的是,想象(imagination)与虚构(fancy)还不是一回事,虽然它们都可以自由地对观念进行移位和改变。在《人性论》第一卷第四章第四节"论近代哲学"中休谟区分了想象中的两种原则,一种是不变的、不可抗拒的和普遍的原则,比如从原因到结果和从结果到原因的这种习惯性推移;另一种是可变的、脆弱的和不规则的原则,比如儿童、诗人和古代的哲学家所犯的错误之类。休谟认为,"前者是我们一切思想和行动的基础,所以如果去掉了那些原则,人性必定立即毁坏和毁灭。后者对人类既不是不可避免的,也不是必然的,甚至也不是对人生事务有用的。……因此之故,前者被哲学所接受,而后者则被拒绝"②。总的来看,休谟对记忆和想象所作的基本上是一种心理学上的解释,这种解释曾经遭到许多人的批评,因为没有人可以站到心灵之后去验证这些假设。不过,休谟的这种心理学解释与他的整个哲学体系还是比较一致的,即怀疑主义的论证和自然主义的回答。

(二)观念联想理论

根据休谟的想象理论,那些完全失去了活泼性的纯观念借助于想象的作用可以被自由地移位和变化。这种按照某种"普遍的原则"把各种观念自由结合起来的想象被称作"观念联想"(association of ideas)。观念联想原则使得心灵可以在不同的观念之间进行推移和连结,从而构成各种复杂观念。休谟将观念分为两个系统,一个是记忆和各种感官(senses)的系统,另一个是判断的系统。印象和记忆观念构成第一个系统,由习惯或因果关系连结各种知觉构成第二个系统。③ 第一个系统使我们的观念活动成为可能,第二个系统则使我们能够拓展我们的观念空间。判断系统主要表现为三种关系形式,即相似、时空中的接近和因果关系。休谟指出,对这三种关系的理解不要仅仅局限于两个对象之间。当两个对象之间插入第

---

① 周晓亮主编:《西方哲学史》第4卷,凤凰出版社、江苏人民出版社2004年版,第426页。
② David Hume, *A Treatise of Human Nature*, ed. Selby-Bigge, Oxford: Oxford University Press, 1946, p. 225.
③ David Hume, *A Treatise of Human Nature*, ed. Selby-Bigge, Oxford: Oxford University Press, 1946, p. 108.

三个对象甚至更多个对象时,它们就变成多个两两对象之间的关系,而这些两两对象之间必定具有上述三种关系之一,因此仍然可以在想象中把它们联系起来。按照这种方式我们就能够把这种关系推得很远。在这三种关系中相似关系是基本的关系,因为在我们的思维中想象很容易将我们的观念从一个推移到与它相似的观念上去。因果关系是其中最为重要的关系,因为只有因果关系可以使我们超出感官的限制。休谟认为因果关系比其他两种关系作用更强范围更广,因为它不但应用于一般的对象之间,而且也应用于人类的社会关系之中。"观念联想"如此之重要,以至于休谟把它称为"宇宙的粘合剂"(cement of the universe),他说:"既然任何事情只有借思想才对我们的情感发生作用,而这些联想是我们思想的唯一纽带,那么,这些联想对我们来说实际上就是宇宙的粘合剂,心灵的一切活动必定在很大程度上依赖于它们。"① 休谟本人对观念联想的作用评价很高,并自信地把它看作自己的一个重大发现。他说,"贯穿全书有一些重大的哲学新发现,但如果有任何事情能使作者配得上'发明者'的光荣称号的话,那就是他对观念联想原则的运用,这个原则在他的大部分哲学中都是组成部分。"②

休谟的"观念联想"理论明显受到牛顿物理学关于引力和重力理论的影响,可以被视为对后者的类比。不同的是,牛顿的"引力"(attraction)是把自然界中的所有物体联系在一起,无论是物理粒子,还是星际天体;而休谟的"联想"(association)则是把心灵中各种精神粒子即孤

---

① 《人性论》概要,转引自周晓亮《休谟及其人性哲学》,社会科学文献出版社1996年版,第357页。
② 《人性论》概要,转引自周晓亮《休谟及其人性哲学》,社会科学文献出版社1996年版,第356—357页。不过,研究表明休谟并非第一个使用观念联想原则的人,因为"休谟似乎忽略了这样一个事实,即联想律至少可以追溯到柏拉图和亚里士多德,霍布斯也使用过联想律,洛克使用的程度较小,贝克莱则使用得广泛。然而,休谟对联想原则的依赖程度,使他的哲学成为联想主义的典型,倒是真的。"(B. R. Hergenhahn, An Introduction to the History of Psychology, Belmont, CA: Brooks/Cole Publishing Company, 1997, p. 124.)另外,与休谟同时代的哈特利(David Hartley)也独立发展了联想理论。哈特利与前人的不同之处在于他是一位真正的心理学家,他"明确认识到联想必须有彻底的生理学基础"([美]墨菲、柯瓦奇:《近代心理学历史导引》,林方等译,商务印书馆1980年版,第57页)。哈特利是一个心理原子论者,就是说通过分析把人的心理生活全部还原为心理原子,这些心理原子又通过联想律构成各种心理事件。可以看出,在这一点上休谟和哈特利并没有本质上的不同。无论对于哈特利还是对于休谟,联想律或观念联想原则在各自的理论体系中都占有非常重要的位置,因为如果没有这个原则,那么整个观念世界都会处在分崩离析的状态,心灵也就不成其为心灵,而是四处飘荡的幽灵了。

立的观念连结在一起。观念联想原则在休谟的哲学体系中非常重要,但是对于这个原则的产生原因休谟却并没有给出解释。休谟猜测,想象官能可能是受到某种"普遍原则"的支配,因为如果不是这样就无法解释它何以在所有的时间和地点都保持某种程度的一致性。至于这种"普遍原则"究竟是什么?就像牛顿不去思考重力的原因一样,休谟也选择了对联想的原因保持沉默。① 如果非要给出一个回答,按照休谟的观点,那只能是人性中的原始性质使然:

> 这些就是我们简单观念中的结合原则或联结原则,并在想象中代替了那种在我们记忆中结合这些观念的不可分离的联系。这里存在一种吸引作用,人们将会发现精神世界中的这种吸引作用和自然世界中的吸引作用一样有奇特作用,并表现于同样多的(many)、同样变化的(various)形式中。这种吸引作用的效果到处都表现得很明显;但是它的原因却大体上是未知的,而必须归结为人性中的原始性质,这种性质我并不妄想加以说明。对于一个真正的哲学家来说,最重要的就是必须约束那种不加节制的探求原因的欲望,而在把任何一个学说建立在足够多的实验之上以后,便应该感到满足,当他看到进一步的考察将会使他陷入模糊的和不确定的思辨之中。在这种情况下,把他的研究放在考察其原则的效果上比放在考察其原因上要好得多。②

这种解释可能不会使形而上学家感到满意,但是休谟认为人性科学的目标本来就不是通过现象去追究终极因,而是发现和阐明这些原则可以做什么。然而不可否认的是,休谟的类比的确造成了某种结果,这就是当休谟将观念类比于诸如原子这样的物理粒子时,已经预设了只能用它们之间的相似性和空间、时间上的接近关系来描述它们,从而规定了因果关系的怀疑主义性质。

---

① Paul Stanistreet, *Hume's Scepticism and the Science of Human Nature*, New York: Routledge, 2017, p. 47.
② David Hume, *A Treatise of Human Nature*, ed. Selby-Bigge, Oxford: Oxford University Press, 1946, pp. 12 – 13.

第二节 知识与辩护

在研究了人的心灵后,休谟进而探讨知识及其确定性。这个研究又包括两个部分,即因果关系理论和归纳论证。其中,因果关系理论是休谟知识论的核心。按照他的观点,因果知识构成了一切经验科学的基础,因为只有因果知识才能使我们超出感官的限制,由过去推出未来,从而扩大我们的总体知识。休谟试图给予这种因果知识以哲学上的证明。

一 知识的因果关系理论

休谟本人对因果关系理论非常重视,用他自己的话说就是"可以将它作为全书的一个样板"。① 因果关系理论代表了休谟认识论中的精华,因此也是休谟着力最多的地方。

我们可以将休谟对因果关系的论证过程简单地分为三个步骤:第一步是对知识进行分类,说明因果关系只能运用于事实知识;第二步是对因果推理进行预备性阐释,指出因果推理的条件;第三步证明传统的因果关系理论实际上是不成立的,并给出自己的心理学解释。首先根据对知识性质的判断,休谟将知识分为两类:一类叫作"观念的关系"(relations of ideas),即关于数学命题和逻辑命题的知识,几何、代数、算术等属于第一类,此类知识具有直觉的或演绎的确定性,其反面是不可能的,比如直角三角形中斜边的平方等于两直边的平方和,3 乘以 5 等于 30 的一半;另一类是"事实"(matters of fact),即关于事实的经验命题的知识,它们不具有直觉和演绎的确定性,一切事实的反面都是可能的,因为心灵在构想其反面的时候并不蕴含矛盾,比如"太阳明天可能升起"就和"太阳明天不升起"这个命题一样不矛盾。这种知识二分法被安东尼·弗卢(Anthony Flew)形象地称为"休谟之叉"(Hume's Fork),在西方哲学史上影响很大。② 休谟

---

① 《人性论》概要,转引自周晓亮《休谟及其人性哲学》,社会科学文献出版社 1996 年版,第 345 页。
② Anthony Flew, *An Introduction to Western Philosophy: Ideas and Argument from Plato to Popper*, London: Thames and Hudson, 1971, Part Three, XI, 2, Hume's Fork.

的意图很明显：只有像代数学和几何那样的演绎知识才是绝对确定可靠的知识，而像包含事实和实际存在的归纳知识则不具有同样的确定性。

接下来休谟区分了七种哲学关系，它们是：相似、同一、时空关系、量或数中的比例、任何性质中的程度、相反和因果关系。这七种关系又可以分为两类，一类是完全取决于我们对各个观念的比较的，另一类是可以不经过观念的变化而变化的。休谟举了几个例子加以说明。一个例子是关于三角形的观念：我们发现一个三角形的内角和等于两直角这一种关系，只要我们的观念不变这种关系也就不会变。但是像两个物体之间的接近和远离、同一关系和因果关系就不一样，它们是我们从经验中得到的关系，而不是来自任何抽象的思考或推理。据此，休谟认为这七种哲学关系中只有四种可以成为知识和确定性的对象，它们是：相似、相反、性质中的程度以及量或数中的比例。其中相似、相反和性质的程度三种关系具有直观的明见性而不属于解证的范围。至于量或数的关系，休谟认为几何学不如代数学和算术，因为虽然几何学的精确性远胜于一般感官的判断，但是由于其基本原理仍然来自对对象的现象观察，因此它不能像代数学和算术那样无论将推理进行到任何复杂程度同时还保持其精确性和确实性。根据休谟的观点，只有这四种关系才是科学的基础。很明显，这里明确暗示了剩下的三种关系，即同一关系、时空中的状况和因果关系不可能成为科学知识的对象，因为它们不是由观念决定的，而是来自经验——在休谟看来这与科学知识的本性即追求确定性是不相符的。科学的功能据说在于预测，即由过去（已知）推出未来（未知），这就涉及科学知识中的最关键部分——因果关系。正是根据这一点休谟又排除了同一和时空中的状况这两种关系，因为他认为只有因果关系才涉及推理，就是说可以"比较和发现两个或多个对象之间存在的那些恒常的或非恒常的关系"，更重要的是只有因果关系才能将结论推至感官以外的对象，而在同一和时空中的状况这两种关系中心灵都不能超出直接呈现于感官之前的对象去发现对象的真实存在或关系。休谟称这种情形为知觉（perception），因为其中不需要运用任何思想或活动，而只是被动地接受由感官而来的那些印象。①

接着休谟开始论证因果关系理论。根据休谟的一贯做法，要弄清一个

---

① David Hume, *A Treatise of Human Nature*, ed. Selby-Bigge, Oxford: Oxford University Press, 1946, p. 73.

观念是什么，首先要问它从何而来，也就是说必须找到产生它的印象。解决因果关系问题也不例外。为了方便起见，先考察一下原因和结果这两个对象。休谟发现存在的任何东西，不管是外在的还是内在的，没有不可以被当作一个原因或一个结果的。因此，没有任何对象可以单独获得因果关系之名。这样，因果关系的观念就只能是从对象间的关系中来。通过观察可以发现原因和结果间的第一条关系，这就是任何被当作原因和结果的对象总是接近的（contiguous）。第二条关系是，原因在时间上先于结果。休谟承认这条关系可能会有争论，但是他还是坚持，即使把它看作假设。① 休谟把接近关系（contiguity）和接续关系（succession）称作原因和结果的必要条件。至此休谟认为再不能得出其他结论了。说原因是能够产生其他东西的东西等于什么也没说，因为这不是下定义而只是绕圈子。在《人性论》中休谟自己给原因下了两个定义：（1）原因是"在另一个对象之前并与之接近的一个对象，其中与前者相似的所有对象和那些同后者相似的对象都被置于相似的在先关系和接近关系中。"（2）原因是"在另一个对象之前并与之接近的对象，它和这个对象结合起来，以至于一个对象的观念就决定心灵去形成另一对象的观念，并且一个对象的印象也决定心灵去形成另一对象的更为生动的观念"。② 前者属于休谟所说的"哲学关系"，即两个观念之间的比较；后者则是所谓的"自然关系"，即观念之间的联想。一般认为，前者属于本体论范围，后者属于认识论范围。在《人类理智研究》中，关于原因的定义是：（1）"被另一个对象所跟随的对象，并且和第一个对象相似的所有对象都伴随着和第二个对象相似的所有对象。"（2）"如果第一个对象不曾存在的话，那么第二个对象就永远不曾存在。"（3）"被另一个对象所跟随的对象，其出现总是会思及另一个对象。"③ 这里，（1）和

---

① David Hume, *A Treatise of Human Nature*, ed. Selby-Bigge, Oxford: Oxford University Press, 1946, pp. 92-93.
② David Hume, *A Treatise of Human Nature*, ed. Selby-Bigge, Oxford: Oxford University Press, 1946, p. 170.
③ David Hume, *Enquiries Concerning the Human Understanding and Concerning the Principles of Morals*, Oxford: Clarendon Press, 1963, pp. 76-77 (2). 这个定义很少受重视，而戴维·刘易斯认为它和另外两个定义有所不同，他称之为"因果关系的反事实分析"（counterfactual analysis of causation）。David Lewis, "Causation", *Journal of Philosophy*, 10 (1973), pp. 556-557.

(3) 与《人性论》中的两个定义基本一致，① 前者被称为因果的规则性理论，后者则被称作因果的必然联系理论。

必然联系（necessary connexion）被视为因果关系中最重要的关系。传统哲学一直认为凡是开始存在的事物必定有一个存在的原因，并将之视为当然的命题。对此，休谟提出两个问题：（1）"我们有什么理由宣称每个其存在有一个开始的东西也必然有一个原因？"（2）"为什么我们断定，这样一些特定的原因必然有这样一些特定的结果？以及，我们从其中一个向另一个所作的推理的本质和我们对其所持的信念的本质又是什么？"这两个问题有所不同：第一个问题追问事物存在的普遍原则，是个形而上学问题；第二个问题探讨具体的推理过程和信念，因而属于认识论范围。② 休谟从第一个问题开始研究：为什么一个原因总是必然的？哲学中有一条一般原理，即所有开始存在的东西都必定有一个存在的原因。对于这个推理人们一直不假证明就信以为真。但是休谟指出，这个推理既没有直观的确定性也没有解证上的确定性。首先，根据休谟对知识所作的二分法，只有观念的关系才（即只通过观念间的比较）具有直觉和解证上的确定性，包括相似关系、量和数的比例关系、程度关系和相反关系。而像"所有开始存在的东西都必定有一个存在的原因"这个命题则并不包含其中任何一种关系，因此它没有直观上的确定性。其次，要证明原因和结果之间的必然关系就得证明存在一个产生性原则（productive principle），借助这个原则每一个新的存在才会有一个原因。休谟说这是无法证明的。根据休谟的观念说，所有不同的（distinct）观念都是可以分离的，原因和结果的观念显然是不同的观念，因此我们很容易想象两者的分离而不包含任何矛盾，也就是说原因的观念和存在开始的观念是可以分离的，所谓的产生原则是多余的。这样，休谟就否证了关于原因和结果的直觉和解证上的证明。那么因果关系究竟从何而来？

还是要回到经验。以弹子球为例。一个弹子球沿着水平直线方向运动，碰到第二个弹子球，然后第一个弹子球停止而第二个弹子球开始运动。从这个现象中我们观察到除接近关系和接续关系之外构成因果关系的一个新关系，这就是原因和结果之间的恒常会合（constant conjunction）。

---

① 略有不同的是，在《人类理智研究》中，"接近关系"不再出现在定义里。可见，休谟对因果关系的看法后期又有所深入。
② 见周晓亮《休谟及其人性哲学》，社会科学文献出版社1996年版，第131页。

在上例中，第一个弹子球和第二个弹子球之间必须存在时间上和空间上的接近关系，这是所有因果关系的必要条件。另外，第一个弹子球的运动（即原因）必须在第二个弹子球的运动（即结果）之前，即原因具有对结果的时间在先性。最后，在相似的条形下始终会出现这种情形，即只要给定相似的条件，第一个弹子球碰撞之后总能伴随第二个弹子球的运动。既然前面已经证明接近关系和接续关系不足以使两个对象成为原因和结果，那么构成因果关系最重要的条件必定只能是这种新发现的关系，即因果之间的恒常会合。然而仅仅重复过去的经验，即使无限数次，也不能产生任何新观念。因果关系也是如此。虽然这样，"相似原因产生相似结果"这个命题还被认为是有效的推理。为什么呢？休谟认为这不可能给出理性的证据，因为"如果理性决定我们，那么它就会照这样的原则进行，即我们没有经验过的情况必定与我们经验过的情况相似，而且自然的进程总是继续保持均一（uniformly the same）"①。而自然的一致性被证明是无效的。到这里似乎钻入死胡同，没有办法再前进一步了。

休谟承认这是由于我们人类官能的狭窄性所致，我们必须满足于它。不过休谟从另一个角度即人性哲学的角度提出了自己对这个问题的替代性解答，这就是习惯（custom/habit）。什么是习惯？休谟说，习惯就是来自过去的重复而不需要任何新的推理或结论的所有东西。② 习惯和推理的不同之处就在于它是非反思性的和即时的。当一个对象的印象（或观念）被给予我们时，心灵的习惯便会立即把我们的思想推移到另一个印象的观念，中间没有任何停顿也没有任何反思。由于习惯是心灵的一种自发的内在倾向，因此休谟断言包括因果推理在内的所有经验推理都是习惯的结果，而不是推理的结果。③这个结论具有颠覆性的意义，因为传统观点把因果必然性看作一种存在于自然或对象之中的"客观必然性"，这种"客观必然性""不以人的意志为转移"，而休谟则颠倒了这种认识，他说这种因果必然性是虚假的，没有任何理性上的证据，因果必然性的真正根据

---

① David Hume, *A Treatise of Human Nature*, ed. Selby-Bigge, Oxford: Oxford University Press, 1946, p. 89.
② David Hume, *A Treatise of Human Nature*, ed. Selby-Bigge, Oxford: Oxford University Press, 1946, p. 102.
③ David Hume, *Enquiries Concerning the Human Understanding and Concerning the Principles of Morals*, Oxford: Clarendon Press, 1963, p. 43.

只能是发生在心灵内的习惯。用休谟的话说就是，"必然性是某种存在于心灵，而不是存在于对象之中的东西"①。在这个问题上，一些人批评休谟，指责他否认客观必然性而主张主观必然性。实际上，应该看到，作为经验主义者休谟关于因果关系的怀疑主义结论只是彻底贯彻其逻辑的结果。照此解释，规则性因果关系被理解为心灵对外部事物的投射倒是休谟的一个创见。另外，也应该看到：首先，作为一个哲学家、一个证据主义者，休谟要求凡事讲证据，就是说除非给出理性的证据，否则就没有理由相信。因果必然性没有理性的证据，因此没有理由相信它。其次，作为常人休谟并不否认常识，比如实体、自我和因果关系等。休谟不过是说它们没有理性的依据而已。因果必然性虽然没有理性上的证据，但是却可以给以心理学上的说明，这就是习惯。因此，虽然关于因果必然性的理性论证说服不了我们，但是我们可以用习惯指导我们的生活。哲学思辨和习惯是两码事。习惯经不起论证，但是却值得尊重，而且必须得到尊重。正是基于此休谟对习惯给予高度的评价，他说：

  习惯是人生的伟大指导。正是这个原则使我们的经验对我们有用，并且使我们期待过去出现的相似事件将来也会出现。要是没有习惯的这种影响，我们就会完全不知道超出当下呈现给记忆和感官的每一件事实。我们就永远不知道怎样调节手段来达到目的，或者怎样使用我们的自然能力产生任何结果。推理的主要部分会立刻停止，所有的行动也都会立刻终止。②

  斯特劳森（P. F. Strawson）将诉诸自然信念的休谟称为自然主义者休谟，并称他的自然主义像是躲避怀疑主义的避难所。按照自然主义者休谟的观点，怀疑主义的怀疑不会通过论证而得到解决。它们只是被忽略了。它们之被忽略在于它们是无用的，无力抵抗自然的力量，无力反抗我们身上自然根植倾向对信念施加的力量。在这一点上，我们甚至可以在维特根

---

① David Hume, *A Treatise of Human Nature*, ed. Selby-Bigge, Oxford: Oxford University Press, 1946, p. 165.
② David Hume, *Enquiries Concerning the Human Understanding and Concerning the Principles of Morals*, Oxford: Clarendon Press, 1963, pp. 44–45.

斯坦那里找到共鸣，虽然二者的差异也非常大。例如，和休谟相似，后期维特根斯坦也承认存在着"超越了被辩护和不可辩护"的确信（conviction）或信念（belief），它们好像是某种动物性的东西。（OC，359）由此，他认为在我们的信念体系中"某些命题是免于怀疑的"，(341) 它们属于我们的参照系，(83) 并构成了我们的世界图景（162）或思想的脚手架。(211)①

二 休谟的归纳论证

休谟的因果关系理论和他对归纳的论证紧密联系在一起。休谟提出，"所有关于事实的推理似乎都是建立在因果关系的基础上"，所谓"事实的推理"实际上就是归纳证明。休谟的"归纳问题"，即归纳的合理性问题是他对哲学的又一重要贡献。彼得·米利坎（Peter J. R. Millican）说，"休谟关于归纳的论证是他的哲学体系的奠基石，也是西方哲学史中最著名和最有影响的论证之一。"② 普莱斯（H. H. Price）则在其著名的论文《休谟哲学的永恒意义》中也称，休谟带给哲学的最大贡献就是发现了归纳问题。③ 这种赞誉不是没有缘由的。众所周知，归纳论证或归纳法在西方哲学史上由来已久，比如亚里士多德和培根都对它作过探讨。④ 但是只有到了休谟那里，归纳论证才真正引起哲学家们的广泛关注，因为它涉及归纳自身的辩护问题。

---

① P. F. Strawson, *Skepticism and Naturalism: Some Varieties*, London: Methun & Co. Ltd., 1985, p. 16.
② Peter J. R. Millican, *Hume, Induction and Probability*, PhD. Thesis, University of Leeds, 1996, p. 3.
③ See also Terence Penelhum, *David Hume: An Introduction to His Philosophical System*, West Lafayette: Purdue University Press, 1998, p. 107.
④ 归纳论证或归纳法（induction）源自拉丁词 inducere（in, into）和 ducere（lead），是对亚里士多德的 epagoge（leading to）的翻译，它表达的是从个别到一般的推理过程。在哲学史上归纳法和演绎法总是以一个对子的形式出现，这种做法亚里士多德可以说是"始作俑者"。在亚里士多德那里，归纳法远不如演绎法（三段论）那么重要，因为演绎法被认为是纯形式的，其结论（特殊）已经包括在前提（普遍）之中了，因而其结论具有无可置疑的确定性，而归纳法被认为是经验性质的，其结论因超出了前提的内容而不具有逻辑必然性。亚里士多德对归纳法的诠释影响极大，其后近两千年没有再出现类似深度的研究归纳逻辑的哲学著作。直到弗朗西斯·培根（Francis Bacon）的出现，归纳逻辑才又重新吸引了哲学家们的注意。培根批评了当时以及传统上的知识状况，认为人类的知识之所以始终没有进步就是因为哲学家们不重视经验知识，即知识的实用性的一面。他对以亚里士多德为代表的旧逻辑即三段论和枚举归纳法尤为不满，认为它们不能提供新知识，不能成为科学的基础。所以为了区别于亚里士多德的工具论，培根把自己的著作称为《新工具》（*Novum Organum* 或 *The New Organon*）。

休谟的归纳论证主要集中在《人性论》的第一部第三章第六节"论从印象到观念的推理"和《人类理智研究》第四章"关于理智活动的怀疑主义的怀疑"等章节中。前面说过，休谟在其著作中很少明确地使用归纳（induction）这个词，① 他更多使用的是"推理"（arguments/inference）、"经验推理"（reasoning/inference from experience）、② "或然推理"（moral reasoning/ probable reasoning）、③ "因果推理"［arguments/reasoning(s) concerning cause and effect］④ 和"事实推理"［reasoning (s) concerning matter of fact］。⑤ 为了说明因果知识的或然性本质，休谟先做了两件预备性工作，其一是对知识进行分类，即把知识划分为"观念的关系"知识和"事实"知识两类（见下文"知识的因果关系理论"）；其二是相应地把推理也分为两类，即解证性推理（或观念的关系推理）与或然性推理（事实和实际存在推理）。根据休谟的观点，解证性推理（或观念的关系推理）是一种演绎推理，其前提与结论之间是一种蕴含关系，因而结论必然为真；而或然性推理（事实和实际存在推理）是一种归纳推理，或者其结论超出了前提的内容，因此其结论不必然为真。解证性推理（或观念的关系推理）因其自明的确定性休谟未加过多讨论，休谟重点要探讨的是或然性推理（或事实和实际存在推理），因为以因果关系为基础的事实知识就是通过或然性推理得到的。休谟证明这种推理是不可能的。

　　休谟的策略是通过还原法最后将问题追溯到科学知识的基础即归纳上：如果能够证明归纳的合法性则表明科学知识是稳固的，而如果归纳论证是不合法的，那么科学知识自然也是不合法的。归纳论证的要点在于通过过去的经验推断将来，即过去重复出现的事情将来也一定会出现。休谟的问题是：我们何以能这么说？虽然常识告诉我们，太阳过去每天都会升

---

① David Hume, *A Treatise of Human Nature*, ed. Selby-Bigge, Oxford: Oxford University Press, 1946, p. 27 and Appendix, p. 628.
② David Hume, *A Treatise of Human Nature*, p. 43. David Hume, *Enquiries Concerning the Human Understanding and Concerning the Principles of Morals*, ed. Selby-Bigge, p. 38.
③ David Hume, *A Treatise of Human Nature*, p. 103. David Hume, *Enquiries Concerning the Human Understanding and Concerning the Principles of Morals*, p. 35.
④ David Hume, *Enquiries Concerning the Human Understanding and Concerning the Principles of Morals*, p. 84.
⑤ David Hume, *Enquiries Concerning the Human Understanding and Concerning the Principles of Morals*, p. 26.

起，但是有什么理由证明明天太阳一定还会升起？就时间而言，过去并不涵盖将来，就逻辑而言，太阳明天不升起也没有任何矛盾之处，因此这个命题没有理性上的根据。从经验中我认识到面包可以提供给人体营养：我一直吃面包都得到营养。所以我得出结论：明天我吃面包还会继续得到营养。这个推断有任何理性证据吗？也许明天我吃的面包没有营养甚至将我毒死，这都是完全可能的，这里不包含任何矛盾。又比如，我们发现到目前为止观察到的乌鸦都是黑色的，我们就说所有的乌鸦都是黑色的。这个结论靠得住吗？靠不住，因为我们完全可以想象一只白色的乌鸦。这里所举的几个例子都有一个共同的特点，即从已观察到的对象或事件推至未被观察的对象或事件，也就是说从过去推断将来。休谟认为，已观察到的对象或事件与未被观察的对象或事件是完全不同的：对于已观察到的对象或事件，我们有感官和记忆的直接证据，但是未被观察的对象或事件超出了我们的感官和记忆之外，因此凭理性我们无论如何也无法从前者推出后者。据此，休谟得出两条原则：一条是，"对象中没有任何东西就其自身来说可以提供给我们一个得出超出它的结论的理由"；另一条是，"即使在观察到对象间的经常或恒常结合之后，我们也没有任何理由作任何超出我们现在观察到的对象的所有对象的推理"①。既然如此，我们何以断言两者之间存在着必然联系呢？有人说原因在于他发现在过去的所有事例中，如此这样的感官性质都与如此这样的隐秘能力（secret powers）结合在一起，所以相似的感官性质总会伴有相似的隐秘能力。休谟指出，此人的说法不能被指为同义反复（tautology），这些命题在任何方面也都不相同。不过，如果你说一个命题是从另一个命题推理而来的，那么你必须承认这个推理既不是直观的也不是解证的。这个推理的本质究竟是什么呢？说它是经验性的不过是在"窃取论题"（begging the question），因为从经验而来的所有推理都预设了一个作为它们基础的原则，这就是：将来与过去相似。这个原则假设了自然进程永远不会改变，因此也称"自然的一致性原则"（Uniformity of Nature Principle）。根据自然的一致性原则就能合理地解释前面几个例子：

---

① David Hume, *A Treatise of Human Nature*, ed. Selby-Bigge, Oxford: Oxford University Press, 1946, p. 139.

(1) 太阳今天升起。
将来和过去一致。
所以，太阳明天还将升起。
(2) 我一直吃面包得到营养。
将来和过去一致。
所以，明天我吃面包还会得到营养。
(3) 目前观察到的乌鸦都是黑色的。
将来和过去一致。
所以，所有的乌鸦都是黑色的。

可见，自然的一致性原则在从过去到将来的推理中作用非常关键，没有这个原则此类推理就都是不合法的。然而，自然的一致性这个原则又是从何而来呢？休谟发现还是来自经验。具体说，就是从过去的过去与过去的将来相似的经验中得来。但这明显是个循环论证：过去的过去与过去的将来相似并不等于过去的将来与现在的将来相似，而且我们完全可以设想自然的进程突然停止或者相反，而不包含任何矛盾，因此自然的一致性原则是无效的。至此休谟就从理性和经验两个方面证明归纳推理既得不到理性的辩护，也不能为经验所辩护，这样归纳推理的神话就彻底破产了。显然，这个结论是消极的，更是破坏性的。如休谟本人所言，"如果怀疑自然的进程可以改变，过去不能用来指导将来，那么所有的经验都将变成无用的，它们也不能产生任何的推理或结论。"[1] 有人指责休谟的态度是不真诚的，因为如果他真的相信自己那一套论证的话，那么他连一天都不能生活——他的行为已经驳倒了他的理论。不过休谟似乎早已预料到这样的反驳，他答复道："你说，实践就驳斥了我的怀疑。但是你误解了我的问题的要旨。作为一个行动者，我非常满意这一点；但是作为一个有些好奇心的哲学家，我并不说怀疑论，我只是想知道这个推理的基础。"[2] 可见，休谟与皮浪（Pyrrho）那样的古希腊极端怀疑论者是不同的，他并不怀疑

---

[1] David Hume, *Enquiries Concerning the Human Understanding and Concerning the Principles of Morals*, Oxford: Clarendon Press, 1963, pp. 37–38.

[2] David Hume, *Enquiries Concerning the Human Understanding and Concerning the Principles of Morals*, Oxford: Clarendon Press, 1963, p. 38.

归纳推理在人生中的实际作用和价值，而只是追问其认识论基础。正如罗尔斯（John Rawls）指出的那样，"休谟关于归纳的怀疑主义是认识论上的；他并不怀疑归纳推理是有意义的。"①

休谟关于归纳推理之不可能性的论证激起了后来哲学家们的极大兴趣。许多哲学家都试图来解答休谟的这个问题，其中比较有影响的方案包括康德的先验方法、波普尔的假说—演绎主义、古德曼的新归纳之谜和莱辛巴哈等的实用主义等。② 这些方案对于推动知识论和方法论的研究起到了积极的作用，但是它们都没有从根本上解决休谟提出的问题。布罗德（C. D. Broad）把这称为"科学的光荣""哲学的耻辱"。③ 不过，应该注意到休谟的归纳推理实际上是一种"预测归纳"（predictive induction），而不是通常的"全归纳"（generative induction）或"概率归纳"（probable induction）。全归纳或概率归纳是从特称命题到普遍命题，从一定数量的前提样本中推断其结论的可能性即概率的大小，概率大小介于 0 和 1 之间，数值越接近于 1 则概率越大，数值等于 1 时则概率变成确定性。预测归纳则是从过去或已观察对象推断将来或未观察对象。概率归纳与统计数据有关，而预测归纳则与时间有关。休谟所说的因果关系主要是一种预测归纳，即由过去推知未来。概率归纳可以通过增加样本的量来提高其结论的准确度，而预测归纳由于涉及过去和将来两个完全不同的对象而无法从理性上予以合法化。

第三节 "二元论者"休谟

如果从《人性论》第 1 卷、第 2 卷出版算起，休谟哲学出现至今已有两个多世纪，但是，对它的研究和关注却从未停止过。对休谟哲学的研

---

① John Rawls, *Lectures on the History of Moral Philosophy*, Cambridge and London: Harvard University Press, 2000, p. 23.
② 参见周晓亮《休谟及其人性哲学》，社会科学文献出版社 1996 年版，第四章第十节"归纳：休谟的问题和后人的解决"。
③ See also Laurence BonJour, *In Defense of Pure Reason*, Cambridge: Cambridge University Press, 1998, p. 188.

究产生了两个主要的,也是影响最大的结论,即怀疑主义和自然主义。①前者以托马斯·里德(Thomas Reid)和托马斯·格林(T. H. Green)等为代表,认为休谟哲学的主要倾向是怀疑主义的,其结果是消极的,即我们关于世界的那些根本信念都得不到理性的辩护。后者则以坎普·斯密(Norman Kemp Smith)、巴里·斯特德(Barry Stroud)等为代表,认为这些信念虽然得不到任何理性的辩护,但这并不说明它们是没有理性的(irrational)或者混乱的(confused),而只能说它们是非理性的(non-rational),是理性之外的一种解释。② 自斯密之后,这两种观点一直处于此消彼长之中,不过近来怀疑主义派似乎又有复兴之势。实际上,休谟既不是完全的怀疑主义者,也不是最终的自然主义者,而是一个二元论者,即认为我们可以同时坚持怀疑主义和自然主义。

一 怀疑主义:不可信

毫无疑问,怀疑主义是休谟哲学最为显著的特征。休谟本人清楚地意识到这一点,而且也明确地予以承认。例如,在"《人性论》摘要"中,休谟便提醒读者注意:"包含在这本书中的哲学是很有怀疑主义性质的,而且倾向于给我们一种人类知性不完善和范围狭窄的观念。几乎所有的推理在那里都被还原为经验;伴随着经验的信念被解释为只是一种特殊的情感,或由习惯所产生的生动的概念。……我们这位作者还坚持其他几个怀疑主义的主题;总之,(他)断言,我们赞同我们的官能,并且运用我们的理性,仅仅因为我们不得不这么做。"③ 这里要提出的问题是,休谟的这种怀疑主义究竟是为了故意耸动视听,还是其哲学的必然结论?

按照里德的观点,休谟的怀疑主义是其经验主义哲学的逻辑结局。④

---

① 休谟因此也被割裂为"怀疑主义者休谟"(Hume the skeptic)和"自然主义者休谟"(Hume the naturalist)。见 P. F. Strawson, *Skepticism and Naturalism: Some Varieties*, London: Methuen, 1985, p. 13。当然,除此之外,休谟还被冠以"实证主义者""物质论者""实在论者"和"现象主义者"等称号。见 Fenton F. Robb, *Hume's Abstract Exhumed*, Systems Practice, Vol. 10, No. 3, 1997。在这些纷杂的论述中,最可注意的是所谓的"新休谟"学说。这种学说试图调和休谟的怀疑主义和自然主义,提出"怀疑主义的实在论"。不过,这种尝试并不成功。
② John Shand, *Philosophy and Philosophers: An Introduction to Western Philosophy*, London: UCL Press, 1993, p. 143.
③ David Hume, *A Treatise of Human Nature*, Oxford: Oxford University Press, 1978, p. 657.
④ 简单说,里德认为休谟哲学的错误主要在于其"观念论"这个前提,即我们只能认识呈现于自己心灵中的观念。

如果结合休谟的早期思想历程、《人性论》中的哲学方案以及休谟的论证来看，里德的这一论断不仅有充分的根据，而且也是可以成立的。众所周知，休谟年轻时曾经因为过度思考而患上了"学者病"，不过后来终于获得了重要发现。在一封信（1734）中，休谟曾这样描述自己在发现之后的狂喜："在经过许多研究和思考之后，最终，当我 18 岁那年，我的面前似乎展开了一片思想的新景象。"① 休谟并未说明这个"思想的新景象"究竟是什么，以至于后来引起种种猜测。② 但是无论作何种解释，有一点毋庸置疑，即休谟认为自己当时已经找到了解决哲学分歧的方法。《人性论》无疑便是休谟这一持续哲学思考的最主要成果。《人性论》的目标是将"实验的推理方法"引入精神科学中来，以建立一门为所有科学奠基的新科学，即"人性科学"。显然，休谟的最初意图是建设性的，而不是破坏性的。③ 从论证的顺序来看，休谟试图通过确立人性科学的"第一原则"，进而逐步完成整个大厦的构建。在这一点上，他和笛卡尔等近代哲学家可以说是基本一致的。④ 另外，在《人性论》的启示中，休谟曾宣称，第一、第二卷关于知性和激情的主题自身构成了一个"完整的推理链条"，如果获得成功，他将接着考察道德学、政治学和批评学以完成这部人性论。并且，直到第一卷结束前，休谟对他的哲学方案似乎还是持乐观态度的。⑤

---

① Charles W. Hendel, *Studies in the Philosophy of David Hume*, Princeton: Princeton University Press, 1925, p. 20.
② 莱尔德（John Laird）认为，"思想的新景象"指的是休谟在整个人性领域发现了归纳的、实验的方法或牛顿的方法这一资源，坎普·斯密则认为休谟所指的是无论何种价值判断都不是建立在理性洞见或证据的基础上，而仅仅是建立在情感的基础上。麦克纳布（D. G. C. Macnabb）认为休谟发现的是对人性的研究如何能被用于解决长期争论的哲学问题，福布斯（D. Forbes）认为自然法教义以及牛顿的或培根的实验科学一起促发了休谟的发现，而帕斯莫（J. Passmore）认为联想主义就是"思想的新景象"。见 Oliver A. Johnson, *The Mind of David Hume: A Companion to Book of a Treatise of Human Nature*, Urbana and Chicago: University of Illinois Press, 1995, p. 8.
③ 杜伊格兰也认为，"休谟的哲学意图是以人文主义的方式收获由牛顿物理学播下的种子，将自然科学的方法应用于人性。然而，这个令人敬佩的目标的矛盾结果却是一个破坏性的怀疑主义危机。"见 Brian Duignan ed., *Modern Philosophy: From 1500 CE to the Present*, New York: Britannica Educational Publishing, 2011, p. 116.
④ 休谟批评笛卡尔的普遍怀疑方法以及由此而确立的"我思"这一"第一原则"，但是休谟哲学其实也有自己的"第一原则"，这就是所谓的"摹本原则"，即没有印象就没有观念。
⑤ William E. Morris, *Hume's Conclusion*, *Philosophical Studies: An International Journal for Philosophy in the Analytical Tradition*, Vol. 99, No. 1, 2000, p. 89.

然而，休谟的乐观到第一卷最后一部分"本书的结论"的开篇处时却变成了"绝望"。休谟意识到，如果严格遵循经验主义的逻辑，怀疑主义就是不可避免的结论。不过，作为哲学家，休谟的过人之处在于他敢于坚持理论自身的逻辑性，将经验主义的原则贯彻到底，从而使经验主义哲学自身的内在矛盾被彻底地揭示出来。我们知道，和洛克、贝克莱一样，休谟哲学的出发点也是经验。不同之处在于，他认为经验的来源只有一个，即知觉，同时又把知觉解释为"印象"。在休谟的哲学里，印象是心灵的原子，是最基本的单位，不可再分，所谓"观念"不过是印象的摹本而已。这里，休谟显然是继承了传统哲学的"简单性原则"，即越少假设越有解释力。休谟把"没有印象便没有观念"作为其人性科学的"第一原则"，并且提出一切观念或词语如果找不出其对应的印象便没有任何意义，因此，"第一原则"在某种意义上也可以说是休谟哲学的"意义证实原则"。在此基础上，休谟又提出观念之间的活动原则，即联想原则，包括相似、时空接近和因果关系。休谟特别强调其中的因果关系，因为在他看来，只有因果关系才能使我们摆脱感觉的被动性和当下性而推及未来。休谟的另一个重要做法是区分了"观念的关系"和"事实"这两类命题形式，认为前者可以提供必然性知识，而后者的知识只能是或然性的。可以说，休谟哲学的所有后果基本上都是由此处而来。

从上述理论出发，休谟证明我们关于因果关系、外部世界、实体、心灵以及自我等所有根本信念都得不到理性的辩护。一句话，理性无用。这个结论使得从古希腊以来关于人的理性观被整个倒置过来了，因为人和动物一样都是依靠本能而非理性生活。很明显，观念论导致了怀疑主义。怀疑主义的可怕之处在于，它不仅使世界变得虚无化，而且还导致人的虚无化，最终动摇人类的理性根基。这种怀疑主义的荒谬性是显而易见的，因为它们背离和颠覆了人们的常识。再者，如果这种怀疑主义的解释是真的，那么一切知识——包括科学在内——便都是不可能的，但是实践表明，人类的知识，例如科学知识，的确是可能的，至少在一定的范围内是可能的。对此，休谟本人也感到非常困惑。他说，"在经过我的最准确和最精确的推理之后，我并不能给出任何应该赞同它的理由。"[1] 因为，"当

---

[1] David Hume, *A Treatise of Human Nature*, ed. P. H. Nidditch, Oxford: Oxford University Press, 1978, p. 265.

我们将人类的知性追溯到其第一原则时,我们发现它把我们带入这样一些情感,即它们似乎把我们过去所有的痛苦和辛劳都变成了可笑,并且使我们对未来的研究失去了信心。……当我们知道,这种连结、联系或能力只是存在于我们自身,(它)不是别的而就是由习惯所获得的心灵的决定,(它)使我们从一个对象转移到其通常的伴随物,从一者的印象转移到另一者的生动观念上,我们该是怎样的失望呢?"① 显然,按照这种推理,我们几乎没有任何希望获得"真理和确定性",因为它们并不存在于对象之中,而是存在于我们自己身上。于是,对客观性知识的追求最后变成了唯我论。甚至,这个"我"也不存在,因为"我"不过是"一堆知觉"。

怀疑主义的荒谬性至此暴露无遗。其结果正如里德引用霍布斯的话所批评的那样,"当理性反对人时,人就会反对理性"②。虽然这种怀疑主义的论证很严谨,但是任何稍具常识的人都不会相信它。罗素也指出,"很明显,他开始于这样一个信念,即科学方法可以产生真理,全部的真理,而且只是真理;然而,他最后却以这种信念结尾,即信念决不会是理性的,因为我们什么都不知道。"③ 从其哲学意图和结论来看,《人性论》无疑是失败的。

二 自然主义:不可证

休谟本人也承认其《人性论》是一个失败。不过,他认为失败的原因主要是由于自己的叙述方式,而不是书中所阐述的原则。例如,1751年3月或4月,休谟在给吉尔伯特·艾略特(Gilbert Elliot of Minto)的信中说,《人性论》是自己在21岁前计划好,25岁前完成的一项巨大的事业,有缺陷是必然的。他认为,《关于人类知性的哲学论文集》(1748)和《人性论》中所包含的原则是一样的。自己最感到懊悔的就是当初出版过于急促了。④ 后来,里德的批评,尤其是贝蒂(James Beattie)对

---

① David Hume, *A Treatise of Human Nature*, ed. P. H. Nidditch, Oxford: Oxford University Press, 1978, p. 266.
② Thomas Reid, *The Works of Thomas Reid*, ed. Sir William Hamilton, 8th edition, Edinburgh: Maclachlan and Stewart, 1846, p. 425.
③ Bertrand Russell, *The History of Western Philosophy*, London: George Allen and Unwin, 1961, p. 671.
④ J. Y. T. Greig ed., *The Letters of David Hume*, Vol. I, Oxford: Oxford University Press, 1932, p. 158.

《人性论》的攻击，使休谟不得不为自己进行公开的辩护。他重申《人性论》是不成功的，但错误在于自己付印过早。新编《论几个主题的文集》（1753）才真正包含了他的哲学原则。因此，人们不应该利用那部"幼稚的作品"对他进行肆意的批评。① 可见，休谟并没有否认自己的哲学原则。

然而，休谟的怀疑主义其实已经在某种意义上宣告了"哲学的终结"，因为它表明无论经验还是理性都无法为我们的那些根本信念提供合法性辩护。既然怀疑主义行不通，答案似乎只能是：要么放弃哲学，要么另找出路。休谟选择的是后者，即自然主义的途径。怀疑主义派认为这是休谟的无奈之举，自然主义派则认为这正是休谟哲学的积极面，因为休谟的目的就要揭露人类理性的局限性，从而为怀疑主义和形而上学提供治疗。② 坎普·斯密指出，休谟面对的问题不是个小修小补的问题，而毋宁说，是能够从残骸中抢救出什么东西的问题。③ 无论作何种理解，自然主义显然都是一种试图摆脱怀疑主义困境的出路。按照这种解释，虽然我们对因果关系、外部世界以及自我等信念缺乏理性的根据，但是在我们身上却存在着一种自然赋予的前哲学的或前反思的官能，它强制我们把事物的观念直接领会为事物本身，把事物之间的接近和接续领会为因果关系，把一系列连续的知觉领会为自我。这种前反思是一种"自然本能"，或先天官能，它是由自然先行植入心灵的，因此不可证明，也无须证明。对人而言，这种官能的产生和活动机制具有某种"神秘性"，因为它超出了人的理智。在哲学和自然之间，后者享有对前者的权威。用休谟的话说，"自然会永远保持她的权利，并且最终将压倒任何抽象的推理"④。"要不是自然过于强大，哲学就会把我们变成十足的皮浪主义者。"⑤

这种自然的或常识的信念的重要性不言而喻，因为它不仅是日常生活的基础，而且也是一切推理或哲学的前提。例如，在答复自己是否是怀疑

---

① David Hume, *Essays and Treatises on Several Subjects*, Vol. 2, Edinburgh, 1825, "Advertisement".
② H. O. Mounce, *Hume's Naturalism*, London and New York: Routledge, 1999, "Introduction".
③ Norman Kemp Smith, *The Philosophy of David Hume*, New York: Macmillan, 1941, p. 531.
④ David Hume, *An Enquiry Concerning Human Understanding*, ed. Peter Millican, Oxford: Oxford University Press, 2007, p. 31.
⑤ David Hume, *An Enquiry Concerning Human Understanding*, ed. Peter Millican, Oxford: Oxford University Press, 2007, p. 142.

主义者的问题时，休谟说，"这个问题完全是多余的，因为我，以及其他任何一个人都不曾真心地和经常地持有那种观点。通过一种绝对的和不可控制的必然性，自然不但决定了我们的呼吸和感觉，而且也决定了我们的判断……"① 再以物体的存在为例。休谟指出，"我们尽可以问，什么导致我们相信物体的存在？但是问，物体是否存在则是徒劳的。（因为）这是我们在所有的推理中必须视作当然的一点。"② 由于理性既不能给我们的根本信念以辩护，又不能对我们的行动产生影响，所以休谟断言，"不是理性，而是习惯，才是人生的指南。只有它才能决定心灵去设想将来和过去一致。无论这一步看上去多么容易，但是理性决不可能做到这一点。"③ 然而，从本性上说，这种常识观和哲学是相抵牾的，因为哲学要求论证，而常识则回避推理。哲学家的尴尬在于，尽管他们在哲学中嘲笑常人的信念，但是在日常事务中，他们却不得不像常人一样生活。哲学是深奥的，常识是浅易的，不过后者却和大多数人类站在一边，而且比前者有用。

值得注意的是，虽然休谟提出自然主义的主张，但是并没有因此抛弃他的怀疑主义原则。休谟清楚地意识到，自然主义与其说消除了我们的理智困惑，倒不如说只是暂时压制了它，因为"只要我们的注意一集中在这个主题上，那个哲学的和研究过的原则就会占上风。"④ 换句话说，自然的本能的确是不可抗拒的，然而一丁点儿的哲学便可以将它完全摧毁。就此而言，如果说休谟最终放弃了怀疑主义的立场，那肯定也是不准确的。

三　哲学：治疗还是娱乐

从某种意义上说，怀疑主义和自然主义不仅涉及对休谟哲学性质的理解，而且甚至也涉及对整个哲学性质的理解。由于其怀疑主义哲学中所蕴含的反形而上学倾向，休谟常被视为"哲学终结"论的首倡者。对于其

---

① David Hume, *A Treatise of Human Nature*, ed. P. H. Nidditch, Oxford: Oxford University Press, 1978, p. 183.
② David Hume, *A Treatise of Human Nature*, ed. P. H. Nidditch, Oxford: Oxford University Press, 1978, p. 187.
③ David Hume, *An Enquiry Concerning Human Understanding*, ed. Peter Millican, Oxford: Oxford University Press, 2007, p. 139.
④ David Hume, *A Treatise of Human Nature*, ed. P. H. Nidditch, Oxford: Oxford University Press, 1978, p. 214.

哲学的破坏性后果，休谟本人非常清楚，并且还作过一段经典的描述："当我们到图书馆去的时候，我们必定会造成什么样的破坏呢？如果我们手里拿起任何一卷书，例如有关神学或经院形而上学的书，我们就问，它包含关于量和数方面的任何抽象推理吗？不包含。它包含关于事实和存在的任何经验推理吗？不包含。那就把它投到火里去：因为它包含的只是诡辩和幻觉。"① 休谟的描述显然具有实证主义者所说的反形而上学特征，即形而上学命题的不可证实性和无意义性。因此，逻辑实证主义者以及后来的分析哲学家们将休谟引为先驱也就不足为奇。②

有趣的是，休谟哲学进而又被看作维特根斯坦的"治疗哲学"（therapeutic philosophy）的先声。众所周知，维特根斯坦哲学的主题是语言。早期维特根斯坦认为哲学问题产生于对语言逻辑的误解，这些问题不可能被回答或解决，而只能通过指出它们是无意义的而加以消除。因此，在他看来，哲学不过就是一种对思想进行逻辑澄清的活动。后期维特根斯坦则倾向于认为哲学无用；不仅无用，而且还有害，因为它是产生理智疾病和思想错误的根源。③ 这个时期的维特根斯坦特别强调哲学的治疗性一面，甚至说哲学家处理问题就是治疗疾病。④ 弗里德里克·施密茨把后期维特根斯坦哲学的特点概括为四条：（1）哲学方案有一个治疗的目的，因为它努力解决情感的或行为的问题；（2）这种哲学努力是试图结束由哲学误解而导致的担忧和后果；（3）作者批评哲学图像说，并对其起源和结果进行诊断；（4）作者提供了那个有问题图像的正面的替代物，而没有做出任何潜在的有争议的断言。通过将它们与休谟著作中论因果关系和归纳的部分进行对比，施密茨认为休谟算得上是一位治疗哲学家、后期维特根斯坦的先行者，而不是一个怀疑主义者、窃取论题的自然主义者或无知

---

① David Hume, *An Enquiry Concerning Human Understanding*, ed. Peter Millican, Oxford：Oxford University Press, 2007, p. 120.
② 需要注意的是，逻辑实证主义者的休谟并非就是"真正的休谟"，因为实际上，"休谟在反对形而上学命题的正当性的同时，也明确提出了形而上学的信念，他相信客观物质世界的存在，相信精神活动的自然基础，相信自然过程中一律性的作用，他接受了常识的形而上学观点，在这一点上，休谟又是一个形而上学家，他并没有同形而上学分道扬镳。"见周晓亮《休谟及其人性哲学》，社会科学文献出版社1996年版，第237—238页。
③ 江怡主编：《西方哲学史》第八卷（下），凤凰出版社、江苏人民出版社2005年版，第509页。
④ 江怡主编：《西方哲学史》第八卷（下），凤凰出版社、江苏人民出版社2005年版，第564页。

的经验主义者。①

施密茨的论证和结论当然都可以商榷，但是毫无疑问，休谟哲学中的确包含有治疗的思想。例如，休谟指出，"关于理性和感觉的怀疑主义的怀疑是决不可能被根除的一种疾病（malady），它随时都会在我们身上复发，无论我们怎样将它逐走，有时候似乎已完全不受它的影响。……只有淡漠（carelessness）和不去注意（inattention）才能给我们提供治疗。"②"虽然理性不能够驱散这些乌云，但是自然却足以达到这个目的。要么通过放松心灵的这种倾向，要么通过某种爱好或感觉的生动印象来消除这些怪物，（它）治愈了我的这种哲学忧郁症和精神错乱。"③视哲学为治疗这种思想并非始于休谟。例如，早在古希腊时期怀疑派和斯多葛派等就要求人们顺应自然，放弃判断（即理性的独断），追求心灵的宁静。在这一点上，休谟和希腊哲学家们的一致之处明显大于维特根斯坦。按照佩雷鲁姆的观点，"维特根斯坦的治疗是哲学研究，而休谟的治疗则只部分地是哲学性的，因为它们大多取决于对人性的理解，和我们今天所持的心理学。不是因为休谟在性格上轻率而不严肃地对待哲学，毋宁说，休谟认为哲学本身就不应该被严肃地对待，因为它是精神混乱的潜在来源。"④

所以，把休谟哲学看作某种治疗哲学似乎结论过早，因为休谟本人实际上并没有严肃地对待他的这个思想。在某种意义上，休谟更倾向于把哲学看作一种思想的自娱，并且认为它不像迷信和宗教那样可以干预人生事务和行动，所以哲学是无害的，即使它是错误的。用休谟的话说，"宗教中的错误是危险的，而哲学中的错误仅仅是荒谬而已"⑤。所以，与其说休谟做哲学是为了治疗语言疾病，还不如说主要是为了消遣，因为"休

---

① Friederike Schmitz, *Philosophy as Therapy Before Wittgenstein*: *David Hume and the Conception of Therapeutic Philosophy*, www.uea.ac.uk/phi/research/conferences/philosophy-as-therapy/schmitz.
② David Hume, *A Treatise of Human Nature*, ed. P. H. Nidditch, Oxford: Oxford University Press, 1978, p. 218.
③ David Hume, *A Treatise of Human Nature*, ed. P. H. Nidditch, Oxford: Oxford University Press, 1978, p. 269.
④ Terence Penelhum, *David Hume*: *An Introduction to His Philosophical System*, Purdue University Press, 1992, pp. 10 – 11.
⑤ David Hume, *A Treatise of Human Nature*, ed. P. H. Nidditch, Oxford: Oxford University Press, 1978, p. 272.

谟把哲学看作一个快乐点，和一种打发时间的愉快方式"①。休谟说，"我必须承认，哲学没有任何东西可以用于反对这些情感（指忧郁和怠惰），胜利的期望只能是来自于愉快性情的重现，而不是来自于理性和信念的力量。"② 正如佩雷鲁姆指出的那样，"哲学家们从未严肃对待休谟的一个原因是他似乎根本就没有严肃对待过自己。……他打趣，揶揄，无论在体裁还是在方式上他都是自苏格拉底以来最明显的反讽思想家"③。

四 钟摆：在哲学和常识之间

对于休谟哲学的研究者来说，怀疑主义和自然主义在某种意义上已经变成了休谟哲学的二律背反。坚持其中一者似乎就意味着同时要反对另一者。然而，这种非此即彼的态度却并非休谟的性格。众所周知，休谟曾经在自传中这样描述自己：性格温和、有自制力、没有偏见、喜欢社交、有令人愉快的幽默感、有同情心，但是很难有敌意，而且极为节制。④ 休谟的哲学与其性格有相似之处，即不走极端。例如，休谟明确表示，他的怀疑主义是一种"弱化了的怀疑主义"（mitigated scepticism）或学园派哲学，而不是皮浪主义或极端的怀疑主义。

可以看出，无论是对休谟哲学作怀疑主义的解释，还是作自然主义的解释，实际上都是在试图寻求对休谟哲学的某种统一性解释。然而，这种努力恰好背离了休谟的本意。因为如果说休谟是彻底的，那么其彻底性是在于：一方面，他坚持我们只能从经验出发，其结果必然是怀疑主义；另一方面，怀疑主义和常识相悖，我们不得不按自然的指示生活。从休谟的认识论、道德学以至宗教哲学来看，无不如此。在这个意义上，我们可以说怀疑主义和自然主义之间的张力贯彻了休谟哲学的始终。要理解休谟哲学就必须把这二者结合起来，因为"上述对立的两方面，对于休谟的全

---

① Burton F. Porter, *What the Tortoise Taught Us: The Story of Philosophy*, London and New York: Rowman & Littlefield Publishers, Inc., 2011, p. 130.
② David Hume, *A Treatise of Human Nature*, ed. P. H. Nidditch, Oxford: Oxford University Press, 1978, p. 270.
③ Terence Penelhum, *David Hume: An Introduction to His Philosophical System*, West Lafayette: Purdue University Press, 1992, p. 9.
④ Terence Penelhum, *David Hume: An Introduction to His Philosophical System*, West Lafayette: Purdue University Press, 1992, p. 174.

部怀疑主义理论是不可分割的,休谟并未打算完全抛弃哪一个"①。非此即彼的一元论解释显然不符合休谟哲学的精神。② 或许,把它看作出于研究者的某种体系癖倒更加准确。

休谟主张的"弱化了的怀疑主义"不是对皮浪主义和常识进行调和,而是加以平衡。众所周知,在休谟哲学中存在着一系列的对立关系:如,理性和自然的对立、哲学家和常人的对立、真哲学和假哲学的对立等。但是,这种对立并没有导致非此即彼的结果,像弗兰克斯说的那样,"哲学是不可能的;知性是不可能的。我们要么不得不承认任何东西都没有意义,我们所作的一切都是非理性的;要么干脆就非理性地行动,因为并无任何选择。"③ 这种决然的对立在休谟哲学中可以说是不存在的。休谟无意调和这两者,因为它们根本就无法调和。所以,"在人生的所有事务中,我们仍旧应该保持我们的怀疑主义。如果我们相信,火可以取暖,或者水可以提神,这只是因为我们要是作其他想法就会付出太高的代价。如果我们是哲学家,那么它就只应该是基于怀疑主义的原则,以及我们所感到的一种照此方式从事它的倾向"④。

故此,休谟的二元论既非调和主义,也不是折中主义。其含义不外乎是说,在现实中我们只能按照常识生活,而在哲学思辨中我们则不得不保持怀疑主义。这是两个完全不同的领域,其中一方就是另一方的界限。我们所要做的和所能做的就是保持二者的平衡。用休谟的话说,"既然调和不了这两个敌人,我们就只有尽可能地努力使自己宽心,……"⑤ 因此,为了强调休谟哲学的统一性而作非此即彼的取舍其实正是对休谟哲学的某种误解。这种二元论看似奇怪,然而却正是休谟的性格使然:作为常人,休谟同意必须尊重生活和现实;作为启蒙哲学家,休谟认为必须保留哲

---

① 周晓亮:《休谟及其人性哲学》,社会科学文献出版社1996年版,第206页。
② 福格林指出,大部分伟大的哲学立场其实都充满了不一致,或其他形式的不一贯,诸如柏拉图、笛卡尔、斯宾诺莎、康德、黑格尔、维特根斯坦,包括休谟在内都是如此。见 Robert J. Fogelin, *Garrett on the Consistency of Hume's Philosophy*, Hume Studies, Vol. XXIV, No.1, (April, 1998), p.161。
③ Richard Francks, *Modern Philosophy: The Seventeenth and Eighteenth Century*, London and New York: Routledge, 2003, p.265.
④ David Hume, *A Treatise of Human Nature*, ed. P. H. Nidditch, Oxford: Oxford University Press, 1978, p.270.
⑤ David Hume, *A Treatise of Human Nature*, ed. P. H. Nidditch, Oxford: Oxford University Press, 1978, p.215.

学，因为哲学虽然不能对人生有所助益，但是却能够使我们免于包括宗教在内的一切迷信。在休谟看来，也许这就是哲学的无用之用。

第四节　近代哲学和第一原则

近代哲学以"认识论的转向"而在哲学史上占有重要的地位。认识论，也称知识论，探讨人类知识的起源、本质和范围，其中关于知识和确定性的问题尤其引起哲学家们的重视，表现在他们都试图追求某种"第一原则"，从而把知识大厦建立在一个绝对坚实的基础之上。这种基础主义观点主要来源于古希腊的亚里士多德，又在某种程度上影响了后来的哲学思想。就近代哲学而言，"理性主义者"把"理性"作为基础，"经验主义者"把"经验"看作起点，"常识哲学家"则把"常识"当作其基石。这几种基础主义理论实际上只是两种，即构成性基础主义和陈述性基础主义，它们对后来的哲学思想如逻辑原子主义和逻辑经验主义等产生了一定的影响。

一　"第一原则"和知识的基础

所谓"第一原则"（first principle 或 first principles），就是处于某个研究的基础地位的那些原则。① 换句话说，"第一原则"是其他所有原则必须由之推出，而其自身却不依赖于其他任何原则的基础性原则。亚里士多德可能是最早明确提出"第一原则"，并从理论上加以说明的哲学家。在《物理学》中，他说："直到我们熟知了一个事物的基本条件或第一原则，并将我们的分析尽可能远地推进到其最简单的要素，我们才能认为我们认识了这个事物。"② 按照他的观点，我们所获得的科学知识都是通过证明，即三段论而来，但是这种证明的前提必须是真实的、在先的、直接的和自明的，否则就会陷入无穷倒退。亚里士多德承认，直接前提的知识本身是

---

① Simon Blackburn, *The Oxford Dictionary of Philosophy*, Oxford: Oxford University Press, 1996, p. 141.
② Aristotle, *The Works of Aristotle*, Vol. Ⅱ, Physica, ed. W. D. Ross, Oxford: Clarendon Press, 1930, p. 184a.

不可证明的，只有通过直觉才能领会到。他把这种直接前提的确定知识称为"第一原则"，认为通过它我们可以认识到终极真理。① 可见，亚里士多德不仅把确定性作为知识的目的，而且为此提出了（作为基础的）第一原则知识和（由此推出的）高级知识这种知识的等级结构思想。

这种关于知识的确定性和等级结构的思想可以说是认识论中的基础主义理论的最早来源。所谓基础主义，简单地说，是指这样一种理论，即存在着安全可靠的基础，在牢固的和不可动摇的基础之上可以建立起知识的任何大厦。② 按照这种理论，知识是结构性的，其中处于结构底部的是那些自明的或自我辩护的论题，它们构成这个理论的基石并为之提供根本前提，而其他的非基础的论题都来自基础论题。洛克莫（Tom Rockmore）把这种知识比作一个直接依靠概念基础的"建筑"或"结构"，索萨（Ernest Sosa）则把这种基础主义的观点比作"金字塔"，其中作为基础的信念支撑处于上面的信念。③ 显然，对于基础主义理论来说，如果这个基础是确实可靠的话，那么不仅它的上层，而且它的整个体系都是"不可动摇的"。正是在这一点上，布拉德雷（F. H. Bradley）发现了可疑之处。他说，"我的已知的世界被看作是建立在如此这般的基础之上的一栋建筑。因此，它在原则上被认为是依赖于这些支撑的一个上层建筑。毫无疑问，你可以继续往它身上增加东西，只要这些支撑能够继续存在；所以除非它们可以继续存在，否则整个建筑就会倒塌。"④

不过，近代哲学家们似乎并没有对这个问题产生任何疑问，因为自从17世纪以来，在"几何精神"和科学精神的影响下，哲学家们普遍相信通过应用相似的研究方法哲学也可以达到同样的精确性。一般来说，"理性主义者"倾向于数学和几何学的方法，而"经验主义者"则更加偏爱自然科学的方法。"理性主义者对数学所享有的那种似乎是不可动摇的基础及其在纯粹理性中的基础印象深刻。他们试图把所有的知识都置于相同

---

① Aristotle, *Posterior Analytics*, ed. Hugh Tredennick, E. S. Forster, Cambridge: Harvard University Press, 1960, p. 39.
② Tom Rockmore and Beth J. Singer eds., *Antifoundationalism: Old and New*, Philadelphia: Temple University Press, 1992, Introduction.
③ 转引自陈嘉明《知识与确证：当代知识论引论》，上海人民出版社2003年版，第181页。
④ F. H. Bradley, *Essays on Truth and Reality*, Oxford: Oxford University Press, 1914, p. 209.

的立足点之上。"① "经验主义者"推崇自然科学，尤其是以牛顿为代表的物理科学，因为这门科学建立在经验的基础上，并且其真理性为经验所证实。毫无疑问，数学和几何学的力量主要来自其逻辑上的严密性，而物理科学的力量则是由于其对各种经验现象的成功解释。但是，无论是前者还是后者，它们都依赖于"第一原则"，也即各自所设定的理论前提。所以，虽然"理性主义者"和"经验主义者"因为哲学立场的不同而采取不同的研究方法，但是他们在这一点上大致相同，即都认为只要从一个（些）自明的前提出发便可以构造出一个可靠的、自洽的知识体系。

在近代哲学家中，笛卡尔第一个表达了这种理想。按照他的观点，数学是理性的典范，如果把数学的推理方法同样应用于其他科学领域，那么便能够建立一门包括所有知识在内的"普遍学科"（universal discipline）而不用考虑任何给定情形中的那个主题的特殊本性。② 因此，笛卡尔认为重建知识的关键在于确定其基础，这就是他的新哲学的"第一原则"，也即"我思"（the Cogito）。和笛卡尔把"追求真理"作为目标一样，洛克的方案是寻求"知识的确定性"。不同的是，洛克反对笛卡尔把纯粹理性作为知识的出发点。在他看来，知识的基础只能是经验。在这一点上，贝克莱和休谟完全继承了洛克的观点，他们都强调只有经验才能作为知识的"第一原则"。托马斯·里德（Thomas Reid）认为无论是"理性主义者"还是"经验主义者"都没有能真正为知识奠基，因为他们的"观念论"前提必然导致怀疑主义的结论。按照他的观点，"第一原则"只能是"常识"。

二 "第一原则"及其证据

近代哲学家们之所以如此关注"第一原则"，是因为它（们）涉及知识的合法性问题。在认识论中，知识的合法性和有效性一直是认识论者研究的焦点，其中知识的合法性讨论的是知识的基础问题，而知识的有效性则关心知识的普遍性和必然性问题。对于近代哲学家们来说，前者比后者

---

① Stewart Shapiro, *Thinking About Mathematics: The Philosophy of Mathematics*, Oxford: Oxford University Press, 2000, p. 3.

② John Cottingham, *A Descartes Dictionary*, Oxford: Wiley-Blackwell Publishers, 1993, pp. 112–113.

更为紧迫，因为一方面他们要回答怀疑论者关于我们是否拥有任何知识的问题，另一方面他们还面临着诸如宗教的信念能否成为知识等问题。他们认为，要解决这些问题必须首先确定知识的基础。只有新的知识基础确定了，才能由此构建一个稳固的知识大厦。需要注意的是，近代哲学家关于知识基础，也即"第一原则"的讨论主要是在"命题"的意义上进行的——当然，它们和现代语言哲学中的"命题"又是完全不同的，而在亚里士多德那里，"第一原则"既包括"命题"，也包括它们指所涉的"非命题性事物"。①

笛卡尔关于"第一原则"的"命题"便是著名的"我思，故我在"。由于这一"命题"的重要性，笛卡尔甚至将之作为其新哲学的"阿基米德点"。众所周知，在笛卡尔所处的时代以亚里士多德主义为核心的经院主义哲学仍然有不小的势力，虽然和中世纪时期所享有的绝对权威已经不可同日而语。从某种意义上说，笛卡尔的新哲学就是试图取代这种旧哲学，从而为建立一门统一的科学铺平道路。在笛卡尔看来，亚里士多德的三段论逻辑并没有什么帮助，相反还会阻碍人们原本清楚的理性之光，使人们变成理智上的懒汉。② 他提出四条用来指导研究的规则，其中第一条说，凡是没有清楚地认识到为真的东西，就决不把它们当作如此；第三条说，首先从最简单、最容易认识的对象开始，以便一点点地、逐渐地上升到最复杂事物的知识。③ 这些规则后来发展成一个著名的方法论原则，即"普遍怀疑"。

从某种意义上说，笛卡尔的方法论怀疑实际上已经至少包含了一个有待认识的不可怀疑的真理，因此他所要做的只是证明这个目的。④ 笛卡尔的论证主要包括，即感觉论证、做梦论证和恶魔论证。通过这些论证，笛卡尔表明无论是感觉还是哪怕像上帝都不能提供真理性认识的保证，因此一切都是可以加以怀疑的。但是，他认为只有一样东西是不容置疑的，这

---

① Terence Irwin, *Aristotle's First Principles*, Oxford: Oxford University Press, 1988, p. 4.
② Justin Skirry, *Descartes: A Guide for the Perplexed*, London and New York: Continuum International Publishing Group Ltd., 2008, p. 7.
③ Descartes, *Discourse on Method and Meditations on First Philosophy*, trans. Donald A. Cress, Indianapolis and Cambridge: Hackett Publishing Company, Inc., 1998, p. 11.
④ C. G. Prado, *Starting with Descartes*, Continuum International Publishing Group Ltd., 2009, p. 39.

就是怀疑本身。笛卡尔的这一思想实际上早已为奥古斯丁所预示。例如，后者在列举了怀疑的种种情形后说，"你可以对任何别的东西加以怀疑，但对这些你却不应有怀疑；如果它们是不确定的，你就不能怀疑任何东西。"① 由于怀疑和思维等都是心灵的属性，所以既然怀疑存在，那么心灵必然存在。用笛卡尔的话说就是，"我思故我在"。显然，这个命题既具有自明性，又是理性分析的结果。② 笛卡尔认为这个命题具有无可辩驳的真理性，任何具有理性的人都可以通过这种方法认识到它，因此将之作为自己哲学的"第一原则"。笛卡尔关于"第一原则"，也即"我思"的论证的意义在于，仅仅通过理性而不是依赖传统的权威，人们便可以发现终极真理。

和笛卡尔相比，洛克的抱负要谦逊得多。笛卡尔的目标是"一种科学，一种方法"，③ 而洛克把自己比作清扫知识道路上的杂物的"小工"，只是为惠更斯和牛顿等自然哲学家做些预备性工作。不过，在对方法的重视上两人倒是完全一样。不同的是，笛卡尔推崇理性的分析方法，而洛克则强调"历史的、平常的方法"，也即"实验的"或"观察的"方法。洛克之所以强调实验的方法，是因为在他看来建立在先天原则基础上的演绎方法以及传统的三段论方法都是错误的：它们既不能提供新知识，也不能给予知识的基础以合法的说明。洛克主要考察了先天原则。按照他的观点，先天原则或原则知识的先天性主要依赖于两个论证，即"普遍赞同论证"与"自明性和必然性论证"。④ 洛克认为这两个论证都是无力的，例如就前者而言，一些所谓的先天原则并没有得到所有人的赞同，例如儿童；而对于后者来说，自明的并不就是先天的（先于经验的），有些原则虽是自明的但却不是先天的，例如数学原则，因为其自明性只是概念分析的结果。

---

① ［古罗马］奥古斯丁：《论三位一体》，周伟驰译，上海人民出版社 2005 年版，第 275 页。
② 关于这个命题，笛卡尔的态度前后发生过变化，例如，在《谈谈方法》中他的表述是"我思故我在"，而在《第一哲学的沉思》中这一表述则改为"我思，我在"。前者明显是一个推论，而后者，笛卡尔认为是被直觉到的。
③ Tom Sorell, *Descartes: A Very Short Introduction*, Oxford: Oxford University Press, 2000, Chapter 3.
④ Richard I. Aaron, *John Locke*, 2nd edition, Oxford: Oxford University Press, 1955, pp. 84–85.

既然先天原则不是知识的基础，那么这个基础是什么？简单地说就是"经验"。在《人类理解论》的早期草稿中，它被表述为这一命题，即"一切知识都建立于感觉之上，并且最终来自感觉（sense），或者某种和它相类似的东西，可以被称为感觉作用（sensation）"①。这个命题后来被修正为"我们的知识建立于经验之上，并且最终来自经验"②。这里的"经验"既包括"感觉"，又包括"反省"。不同之处在于，前者的对象是外部事物，而后者的对象是心灵的活动；外部对象为心灵提供感觉性质的观念，心灵则为知性提供自身活动的观念。由于心灵进行反省的材料仍是由感觉提供的，所以从归根结底的意义上来说，知识的来源只有一个，这就是感觉。洛克认为他的这个命题的真理性是毋庸置疑的，因为无论是通过思想实验还是观察儿童的知识获得过程，都可以证实这一点。③ 当然，感觉提供的知识的范围毕竟是有限的，这表明人的理性能力也是有限的，例如在信仰领域中，就是启示而非理性向人们揭示其中的"真理"。这种态度体现了洛克哲学的温和主义。

由于"观念论"导致了怀疑主义的结局，里德提出只有"常识原则"才能作为知识的基础。所谓"常识"（common sense），里德指的是，"我们可以与之交谈和处理事务的人们所共同具有的那种程度的判断"。④ 他特别强调，"常识"中的 sense 并不是"感觉"，而是"判断"（judgment）。按照他的观点，判断不需要任何定义，每个人只要反思便可以认识到。⑤ 里德把"判断"和"简单领会"（simple apprehension）区分开。

---

① 转引自 P. P. Hallie, Maine de Biran and the Empiricist Tradition, *The Philosophical Quarterly*, Vol. 1, No. 2, Blackwell Publishing Ltd., 1951, p. 159。

② John Locke, *The Works of John Locke*, 12th edition, Vol. 1, London: Rivington, 1824, p. 77.

③ 洛克提出，"一个人相信而又没有任何好的理由相信，可能只是爱恋自己的幻想"，由于假设"好的理由"和"好的证据"是相同的，所以他的断言至少在精神上是证据主义的。（见 Earl Brink Conee, Richard Feldman, *Evidentialism: Essays in Epistemology*, Oxford University Press, 2004, p. 1.）这一断言也预见了后来休谟的名言，即"一个明智的人因此使他的信念和证据相称"。

④ Thomas Reid, *The Works of Thomas Reid*, 8th edition, Vol. Ⅰ, ed. W. Hamilton, Edinburgh: Maclachlan and Stewart, 1895, p. 421.

⑤ 里德认为，逻辑学中对判断的定义尚可接受，即"判断是心灵借以肯定一个事物或否定另一个事物的活动"，但是需要补充两点：（1）我们的确是通过肯定或否定来表达判断，但是可能存在着没有被表达出来的判断，即默会的（tacit）判断；（2）肯定和否定经常是证据（testimony）的表达，这是心灵的一种不同的活动，应该与判断区别开来。

在他看来，"判断"可以用命题（proposition）来表达：命题是一个完整的句子，而"简单领会"（一个事物的单纯概念）只能使用一个或几个词。至于判断和命题之间的关系问题，即先有判断还是先有命题，里德承认这是一个悖论，无法澄清。① 里德认为，判断的官能是概念的来源，因为如果没有这种官能，它们便不可能进入我们的心灵。再者，一个人在具有理解力的年龄时，判断必然会通过感觉、记忆和意识伴随其所有的感觉和知觉，但却不是概念。里德进而将判断分为两种，即对偶然事物的判断和对必然事物的判断。对偶然事物的判断依赖于感觉、记忆和意识这些心灵活动，而对必然事物的判断，如"3×3=9"，则不依赖于它们，因此可以称之为"对必然事物的纯粹判断"。②

里德认为，在日常语言中，sense 也意味着判断。③ 哲学家们，如洛克和哈奇森（Francis Hutcheson）等所犯的错误在于，他们把 sense 看作一种与判断无关的能力，认为 sense 是我们从对象那里接受而来的某种观念或印象，而判断则是对这些观念进行比较，以及知觉其中的一致和不一致。④ 他们的错误是过于强调理性的功能，而忽视了常识的作用。在他看来，理性和常识来自同一个造物主，构想二者之间存在任何对立都是荒谬

---

① 按照里德的推测，在婴儿期时二者的区别很小，甚至没什么分别。不过，随着人的成熟，二者开始互相给予对方以支持，并从对方那里得到支持。
② Thomas Reid, *The Works of Thomas Reid*, 8th edition, Vol. I, ed. W. Hamilton, Edinburgh: Maclachlan and Stewart, 1895, p. 414. 里德认为，建立在感觉、记忆和意识之上的判断使所有人都处在同一水平上，在这一点上哲学家和常人无异，哲学家们的长处只是在于对那些抽象的和必然的事物做出判断。里德称前者为"自然的判断"，因为它们纯粹是"自然的礼物"，即使通过文化也不能加以促进。
③ 例如，a man of sense 是有判断的人，good sense 是良好的判断，nonsense 是和正确的判断明显相反的东西，而 common sense（常识）则可以说是共同的判断。
④ 里德认为，sense 的这种通俗的意义其实也并不是英语所特有的，甚至欧洲的所有语言都有这种相同的意义。康德在其《任何一种未来形而上学的导言》的序言中曾经批评里德等不去深究理性的本质，而是权宜地诉诸浅薄的常识，即"大多人的判断"。从某种意义上说，这是对里德的很大误解。西季维克就说，康德批评里德没有理解休谟的要点，但是康德理解里德的要点了吗？这是值得怀疑的。［见 Mind, *New Series*, Vol. 4, No. 14（April, 1895）, p. 147.］应该这么说，里德并非没有对理性进行考察，相反正是通过研究看到了理性的局限性他才提出了自己的常识理论。同时，常识也并非简单地诉诸"大多数人的判断"，因为"大多数人的判断"可能会随着时间和情境的改变而改变，但是常识无论在时间、地域上还是在人类的行为和语言结构中都具有普遍性，而且违背它就必然招致人们的嘲笑。

的，因此没有理由厚此薄彼。① 里德提出，理性的职能或程度主要有两个：（1）判断那些自明的东西；（2）从那些自明的结论中推出并不是自明的结论来。第一种职能是常识的唯一领域，因此在其整个范围内是和理性同时发生的。里德甚至称之为"理性的一个分支或一种程度的另一个名称"。他把第一种职能看作上天赐予的礼物，因为在上天没有给予它的地方任何教育也弥补不了。第二种职能则是在前者并不缺少的前提下通过实践和规则习得的。显然，常识处于理性的基础地位。按照里德的观点，所有的知识和所有的科学都必定建立在那些自明的原则之上，而每个具有常识的人都有能力对之作出判断。简言之，这些自明的原则就是"第一原则"，也称"常识原则"。里德认为，要结束所有的争议最后只有诉诸"常识原则"，也只有在"常识原则"的基础上才有可能重建一切科学。

三 两种基础主义

可以看出，近代哲学，无论是理性主义哲学、经验主义哲学还是常识哲学，都是一种基础主义理论，都主张某种基础主义思想。然而，虽然它们都坚持基础主义的立场，但是它们之间也存在着明显的不同。例如，理性主义哲学把理性作为基础，经验主义哲学把经验看作起点，而常识哲学则把常识当作其基石。表面上看，这里似乎有理性主义基础主义、经验主义基础主义和常识基础主义三种基础主义理论。不过，如果进一步地考察，便可以发现，近代哲学的这三种基础主义理论实际上只是两种，即要素式基础主义和陈述式基础主义。简单地说，理性主义哲学和经验主义哲学的"第一原则"虽然都是"陈述"或"命题"，但是其基本构成要素都可以还原为某种"要素"，例如前者可以还原为"理性"，后者可以还原为"经验"，所以在某种意义上可以称之为要素式基础主义或构成性基础主义，而对于常识基础主义来说，由于其"第一原则"最终只能以某种"陈述"的形式来表达，而不能被还原为某种"要素"，因此可以称之

---

① 需要指出的是，里德所说的理性的含义在18世纪英国哲学中是不言而喻的，即把理性（reason）等同于判断（judging）和推理（reasoning）。

为陈述性基础主义。① 此外,在"第一原则"的真理性问题上,二者的论证方案也不同,例如构成性基础主义重视该命题的证据,而陈述性基础主义则强调其直觉性。

在认识论中,证据之于命题的重要性自然是不言而喻的,齐硕姆甚至把知识论称作"证据的理论"(theory of evidence)。② 如前所述,构成性基础主义追求理论的自洽性,认为只要"第一原则"(即基本前提)的真理性或者说对其为真的信念获得证据的保证,那么这种理论就能避免无穷倒退和循环论证,因此就是稳固的。分歧在于,"理性主义者"认为知识的基础信念来自理性自身的证据,"经验主义者"则主张它们来自感觉和记忆的证据。很明显,前者诉诸内在的证据,而后者既包括内在的证据,也包括外在的证据。"理性主义者"指出,无论感觉,还是记忆都不是不可错的,因此它们都不能提供关于基础命题的信念的充分证据。"理性主义者"认为,的确存在着自我辩护的信念,这就是关于"我在"的信念,它完全是由"我思"即理性运用怀疑的方法推理而来的,由于和感觉无关,从而具有绝对的确定性。然而,对于"经验主义者"来说,前者所谓的不可怀疑性和不可错性并不能为其基础信念提供保证,因为所谓的"先天原则"并不具有明证性。为了避免构成性基础主义的这些缺陷,陈述性基础主义主张,我们关于基础命题的信念是直觉到的,是直接自明的,因为它(们)来自我们的本性的构造,是人性的一部分。

一些现当代的哲学家们也注意到近代哲学的这种基础主义思想及其理论特征。例如,普兰廷加(Alvin Plantinga)就认为近代哲学中的基础主义可以分为两种,一种是"近代古典基础主义"(modern classical foundationalism),另一种他称之为"里德式基础主义"(Reidian foundationalism),沃特斯托夫(Nicholas Wolterstorff)则称之为"常识基础主义"。古典基础主义者认为,当我相信关于过去、他人或者外在对象的命题时,

---

① 关于近代的其他哲学家,诸如"理性主义者"马勒伯朗士和莱布尼茨,以及"经验主义者"贝克莱和休谟,他们的哲学理论显然都属于前者,即构成性基础主义。至于康德,他的知识论也是一种基础主义,例如在他那里,"范畴"便是一种基础信念,它们作为知识得以可能的根据,为数学的、自然科学的以及形而上学的知识提供客观有效性上的支持。(陈嘉明:《康德哲学的基础主义》,《南京大学学报》(哲学社会版)2004年第3期,第67页。)康德的基础主义与后者基本一致。

② Roderick M. Chisholm, *Theory of Knowledge*, Englewood Cliffs: Prentice-Hall, Inc., 1966, p. 38.

我必须有这些信念的命题性证据，如果它们要获得我的保证的话：证据越强，保证就越大。① "里德式基础主义"，顾名思义，其观点主要来源于"常识哲学家"里德，这种理论承认某些信念是基础的，因为它们都是自明的而不是推理性的。另外，这种理论还是开放的，也就是说，它并不预先规定基础信念的限度。普兰廷加反对"近代古典基础主义"，而支持"里德式基础主义"。在他看来，前者是一种失败的知识理论，因为正如里德指出过的那样，笛卡尔和洛克的古典基础主义导致了怀疑主义，而这种结果在认识论上几乎是不可接受的。普兰廷加认为，古典基础主义者关于基础信念的标准过于严格，因此很难解释其如何支持许多其他的日常信念，而且在自我指涉方面这种理论也是不融贯的。② 按照他的观点，只有"里德式基础主义"才是合理的。

弗雷德·迈克尔（Fred S. Michael）和艾米莉·迈克尔（Emily Michael）在讨论经验主义和等级性时认为，无论是早期经验主义还是晚期经验主义（如逻辑经验主义）都是一种基础主义理论，但是表现形式有所不同。他们称其中一种是"以要素为基础的理论"（element-based theories），另一种为"以陈述为基础的理论"（statement-based theories）。按照他们的观点，洛克、贝克莱和休谟的那种古典经验主义理论并不是由论题、陈述或其他的命题单位构成的，而是由观念、感觉经验和经验项所构成的，许多有关基础主义的讨论误将这种"以观念为基础的理论"（idea-based theories）当作了"以陈述为基础的理论"。因此，有必要区分两种基础主义理论：一种是具有推理等级结构（inferential hierarchy）的"以陈述为基础的理论"，另一种是具有构成性等级结构（compositional hierarchy）的"以要素为基础的理论"。③ 弗雷德和艾米莉关于经验主义哲学的这种讨论对于理解整个近代哲学的基础主义性质也是有帮助的，例如不仅（早期）经验主义，实际上理性主义也是一种以要素为基础的基础主义理论，它们都属于上述的构成性基础主义。

---

① Alvin Plantinga, *Warrant and Proper Function*, Oxford: Oxford University Press, 1993, p. 183.
② Alvin Plantinga, *Warrant: The Current Debate*, Oxford: Oxford University Press, 1993, p. 85.
③ Tom Rockmore and Beth J. Singer eds., *Antifoundationalism: Old and New*, Philadelphia: Temple University Press, 1992, pp. 85 – 86.

四 结语

在寻找知识的基础，也即"第一原则"时，近代哲学把自己表现为一种基础主义的理论。但是，这种基础主义并不是一种单一模式，而是一种二元结构，即构成性基础主义和陈述性基础主义。当然，无论何种基础主义，它们都是在寻求对世界的终极理解，都试图一劳永逸地把握人和实在的"本质"。基础主义思想的这种思想不仅见之于古希腊和近代的哲学中，而且对现当代哲学的发展也产生了一定的影响，例如罗素和早期维特根斯坦的逻辑原子主义就表现为一种基础主义，这种理论认为有意义的语句拥有描画世界的逻辑结构，简单地说，它们可以分析为简单的语句，这些简单语句和它们所描画的"原子事实"之间具有相同的逻辑构造。[1] 逻辑实证主义或逻辑经验主义也是一种基础主义的理论，其认识论框架也是一种经验主义的基础主义，这种观点认为经验主义的感觉经验构成了合法的科学知识的不可错的基础。[2] 对此，也许可以这么说，即基础主义思想是人性中的一种普遍的形上冲动，因此总是会以这样或那样的形式表现出来，或早或晚。

---

[1] Tom Rockmore, *On Foundationalism: A Strategy for Metaphysical Realism*, London: Rowman & Littlefield, Publishers, Inc., 2004, p. 112.

[2] D. Wade Hands, "Reconsidering the Received View of the 'Received View': Kant, Kuhn, and the Demise of Positivist Philosophy of Science", *Social Epistemology*, Vol. 17, Issue 2-3, 2003, p. 169.

第二章　常识哲学及其发展

休谟哲学以其彻底性和破坏性对其后的哲学世界产生了深远的影响，以至于索利（W. R. Sorley）甚至说，"对于休谟之后的思想家来说，只有一件事值得去做——那就是如果可能的话，回答他；如果不可能，那就保持沉默。"① 里德的"常识哲学"和康德的"批判哲学"就是回应休谟哲学所产生的积极成果。不夸张地说，如果没有休谟的哲学也就没有里德的"常识哲学"和康德的"批判哲学"。里德和康德都试图从被休谟破坏处重建哲学。前面说过，一方面由于休谟坚持彻底的经验主义立场，结果将经验主义带入了死胡同；另一方面由于休谟坚持理性的被动性这一基本观点，从而使对理性的研究也陷入了困境。关于经验主义的基本原则即知识来源于经验，里德和康德大体上都表示赞同，不过在必然性知识的来源问题上，里德和康德则放弃了经验主义的方法转而诉诸人的先天结构。对于里德来说，这种先天结构就是"常识"。

当然，这并非说里德不重视理性，恰恰相反，里德非常重视理性，只不过从总体上看他更加倾向于认为常识拥有对理性的权威，用他的话说就是，"理性如果不是常识的仆人，那么她必定是常识的奴隶"。按照里德的观点，理性的官能在于推理，而所有的推理必须有一个起点（否则就会陷入无穷倒退），这个起点就是"常识"。所谓"常识"，里德指的是所有人都拥有的信念或判断，例如关于外部世界、因果关系、自我或心灵的存在等。里德将这些常识的信念称为"常识原则""第一原则"或"自明的真理"。至于"常识"的来源，里德承认这是我们无法知道的，因为它出于人的"自然构造"。在里德的哲学中，"自然"往往也被称作"造物

---

① W. R. Sorley, *A History of English Philosophy*, New York and London: G. P. Putnam's Sons, 1921, p. 190.

主"或"至上的存在者"等,但它们基本上都是一个意思。这种"引证自然"的做法在近代哲学家中非常普遍,这也从某种程度上反映了近代自然科学对哲学的深刻影响。里德的"常识哲学"引起一些哲学家的共鸣,他们以"常识哲学"为根据形成了所谓的"苏格兰常识学派",共同反对以休谟为代表的哲学怀疑主义。常识哲学的出现使得哲学中理性和常识的对立变得明朗化。

第一节 里德和常识哲学

在18世纪的英国哲学家中,托马斯·里德(Thomas Reid,1710—1796)的影响力仅次于他的苏格兰同胞大卫·休谟。[①] 从某种意义上说,休谟对哲学的贡献在于他以怀疑主义的形式摧毁了传统哲学,从而使得在他之后的哲学家们要么保持沉默,要么另辟蹊径以"拯救"哲学。就后者而言,同为被休谟"唤醒"的哲学家,康德发现的是理性的先天综合作用,里德则诉诸"常识原则"。所以,如果说休谟是第一个在真正意义上造成了"哲学危机"的哲学家的话,那么里德就是第一个严肃地对待这个危机并试图加以解决的哲学家。

一 里德对"观念论"的反思和批判以及对心灵的重新解剖

托马斯·里德是所谓苏格兰"常识哲学"(common sense philosophy)的创始人,但是他本人从未使用"常识哲学"这一名称来命名自己的哲学体系。里德哲学是在休谟的怀疑论哲学的直接刺激下产生的,在给休谟的一封信中他毫不掩饰地说:"为了给这些深奥的题目以新的阐释,我希望可以在自信与失望之间保持一个合适的方法。但是无论这个企图成功与否,我都将把自己看作是您的形而上学的门徒(disciple)。我从您的这种著作中学到的东西比所有其他人的加起来还要多。在我看来,您的体系不仅所有的部分都连贯一致(coherent),而且同样是正当地从为哲学家们普遍接受的原则推演出来的。这些原则我从未想到过质疑,直到您在

[①] Samuel E. Stumpf & James Fieser, *Socrates to Sartre and Beyond: A History of Philosophy*, 8th edition, New York: McGraw-Hill, 2008, p. 266.

《人性论》中由它们得出的结论使我怀疑起它们。"① 不过，作为基督教哲学家里德认为休谟的怀疑主义结论是不可接受的，因为它"推翻了所有的哲学、所有的宗教和德行以及所有的常识"②。

里德正确地注意到，包括休谟哲学在内的近代哲学都试图寻找某种"第一原则"以作为人类的确定无疑的知识的基础，这种努力又和他所说的"类比的方法"（way of analogy）联系在一起。③ 按照里德的观点，把事物还原为几条原则源于对"简单性"的热爱，而所谓"类比的方法"，则是把心灵类比于自然，从而形成关于心灵及其能力和活动的概念。"简单性"诚然有一种美，类比推理的确也很重要，但是它们也可能使"哲学家"犯错误，因为"简单性"并不能保证通过原则所发现的就是自然的本来目的，而类比推理则容易把一切事物都加以物质化。休谟的怀疑主义就是一例。

1734年，在写给一位医生朋友的信中，休谟提到当他18岁的时候，在经过许多的研究和反思之后，他的面前似乎展开了"一片思想的新天地"（a new scene of thought）。莱尔德（John Laird）认为，休谟所发现的其实就是在人性的全部领域中应用实验方法或牛顿方法这一资源，因此休谟的意图就是要成为"人类心灵的牛顿"④。不管这个结论是否准确，但休谟受到牛顿的科学思想的影响却是无疑的，⑤ 其哲学中的"心理原子主义"和"心理联想主义"可以说就是这种影响的集中表现。例如，休谟努力地列举和确定作为心理原子的"简单观念"，认为它们的相互联系产生精神生活的一致性现象。在他看来，这已经为牛顿的成功所证实。⑥ 显然，休谟的心灵便是缩小版的牛顿式宇宙，其中印象和观念是"粒子"，

---

① Thomas Reid, *The Works of Thomas Reid*, 8th edition, Vol. I, ed. W. Hamilton, Edinburgh: James Thin, 1895, p. 91.
② Thomas Reid, *The Works of Thomas Reid*, 8th edition, Vol. I, ed. W. Hamilton, Edinburgh: James Thin, 1895, p. 96.
③ Terence Cuneo, René van Woudenberg eds., *The Cambridge Companion to Thomas Reid*, Cambridge: Cambridge University Press, 2004, "Introduction".
④ John Laird, *Hume's Philosophy of Human Nature*, London: Methuen & Co. Ltd., 1932, p. 20.
⑤ James E. Force, Richard Henry Popkin, *Essays on the Context, Nature, and Influence of Isaac Newton's Theology*, Dordrecht, Boston and London: Kluwer Academic Publishers, 1990, p. 182.
⑥ Georges Canguilhem, *Knowledge of Life*, New York: Fordham University Press, 2008, p. 37.

它们为接近、相似和因果关系这些准牛顿法则所控制。①

既然"简单性"和"类比的方法"是近代哲学家们的普遍追求,何以唯独休谟的哲学导致了怀疑主义的结局？里德认为,这并不是偶然的,因为实际上近代哲学之父笛卡尔已经为怀疑主义掘下了坑,马勒伯朗士和洛克将之挖得更深,贝克莱干脆放弃物质世界以保证精神世界,休谟则连这一基础也挖去,使一切都淹没于一个共同的洪涛巨浪之中。② 也就是说,怀疑主义原本就植根于近代哲学思想之中,休谟只不过把它给揭示出来了而已。对于里德来说,休谟式怀疑主义无异于一种理智自杀,或者一种精神疾病。由于它颠覆了一切哲学、宗教和道德的基础,所以必须加以驳斥。

通过仔细研究,里德认为休谟哲学的错误出在其理论前提即"观念论"上。所谓"观念论"（theory of ideas/ideal theory）,按照里德的理解就是,呈现于我们心灵中的东西除了观念（idea）和影像（image）外没有别的。具体说,"观念论"主要包括：(1) 心灵只能知觉自己的内容；(2) 心灵的内容只是感觉的影像或摹本或印象；(3) 在实际存在的世界和我们关于世界的知识之间仅仅存在一种未知的,甚至是神秘的关系；(4) 人类理智中往来的不过是由诸如接近、相似和因果关系这些原则胶合在一起的主观印象；(5) 我们大部分的根本信念——甚至我们自己——都只是一束知觉。③ 很明显,"观念论"实际上潜伏着怀疑主义的种子,因为既然我们只能认识自己的观念,而观念又被认为是与实际存在的对象完全不同的,结果必然是否认外部对象的独立存在。根据里德的观点,"观念论"始于柏拉图,由笛卡尔加以精致化,而后马勒伯朗士、洛克、贝克莱和休谟等都不加批判地接受了这个近代哲学的理论前提。不过,在这些哲学家中只有休谟看出了"观念论"中隐藏着的"特洛伊木马",即怀疑主义。里德说,"现代怀疑主义,我指的是休谟先生的怀疑主义,是建立在被哲学家们普遍接受的原则之上的,虽然他们没有看出它

---

① Terence Cuneo, René van Woudenberg eds., *The Cambridge Companion to Thomas Reid*, Cambridge: Cambridge University Press, 2004, "Introduction".
② Thomas Reid, *An Inquiry into the Human Mind on the Principles of Common Sense*, ed. Derek R. Brookes, Edinburgh: Edinburgh University Press, 2000, p. 23.
③ Daniel N. Robinson, *Toward a Science of Human Nature*, New York: Columbia University Press, 1982, p. 46.

们导致怀疑主义。通过用极大的敏锐（acuteness）和智巧（ingenuity）追溯被普遍接受的那些原则的后果，休谟先生表明它们推翻了所有的知识，并且最终推翻了它们自己，使心灵完全悬而不决"。①

里德认为，观念论的错误在于知觉的影像论。按照他的观点，知觉的影像论有三个假设理论：第一，灵魂（soul）有自己的场所，或者说在大脑（brain）中有自己的空间；第二，存在形成于心灵中的所有感觉对象的影像；第三，心灵或灵魂知觉大脑中的这些影像，它不能直接知觉到外部对象，而只能借助于这些影像知觉到它们。对此，里德一一给予批驳。关于第一点，里德认为这个问题争论了多少年也没有结果，明智的做法是停止争论，因为它们超出了人类的官能。关于第二点，里德认为没有任何证据或可能性能够表明外部对象的影像是形成于大脑之中的。解剖学家们已经对大脑进行过无数次的解剖，无论是用肉眼还是显微镜都没有发现任何外部对象的影像所遗留的痕迹。因此，在他看来影像说大部分都是些没有意义的语词。关于第三点，里德认为如果我们的知觉能力不全是虚妄的，那么我们知觉到的对象就不在我们的大脑之中，而是在我们之外。里德指出，我们不但知觉不到大脑中的影像，甚至连自己的大脑都根本知觉不到。如果解剖学没有通过解剖发现大脑是身体的一个组成部分，那么任何人都将不知道他有一个大脑。② 可以看出，里德已经开始自觉地把自然科学的方法和研究成果引入哲学批判中来。就像他说过的那样，只有一种方法可以获得"自然之作"（nature's works）的知识，这就是观察和实验的方法，而那些猜想和理论都不过是人的创造物。③ 不过，里德也承认，知觉机制的真正本质我们是不知道的，例如我们虽然知道眼睛如何在视网膜上形成可见物的图像，但是这个图像是怎样使我们看见对象的我们就不知道了。用他的话说，这只能归之于按照"至上的存在者"的意志所建立起来的自然法则。既然"观念论"是错误的，那么建立在其上的各种哲学体系也就都是错误的。因此，里德认为有必要"重建"哲学。

---

① Thomas Reid, *The Works of Thomas Reid*, 8th edition, Vol. I, ed. W. Hamilton, Edinburgh: James Thin, 1895, p. 438.
② Thomas Reid, *The Works of Thomas Reid*, 8th edition, Vol. I, ed. W. Hamilton, Edinburgh: James Thin, 1895, p. 257.
③ Thomas Reid, *The Works of Thomas Reid*, 8th edition, Vol. I, ed. W. Hamilton, Edinburgh: James Thin, 1895, p. 97.

里德同意休谟把"人性"作为所有科学的中心这一观点。在他看来，宇宙中所有物体的体系可以称为物质世界，所有心灵的体系可以称作理智的世界，相应地，人类的知识可以划分为两个部分，即物体的知识和心灵的知识。这两类知识共同构成了哲学的对象，其中物体的性质和法则构成"自然哲学"（natural philosophy）的对象，而心灵的本质和活动则是"灵物学"（pneumatology，按照汉密尔顿的解释，指当时所称的心理学）的对象。里德认为关于心灵的知识是所有知识的基础，用他的话说，人类心灵的知识是其他知识得以生长和汲取营养的根基。[①] 在他看来，要获得关于心灵的知识我们可以对心灵进行"解剖"（anatomy），正如我们所有关于身体的知识都来自对身体的解剖一样。当然，对心灵进行"解剖"要困难得多：首先，我们并不能真的去解剖心灵，而只能通过专注于心灵的活动使其成为心灵的对象来进行考察。其次，我们只能考察自己的心灵，而对于他人的心灵我们则没有直接的经验。我们关于他人心灵的知识来自对他人的外部表现所进行的观察、记录和解释。这种解释当然也是在"我"之内作出的，因此不可避免带有主体的印记和局限。如果把这种解释应用于人类全体，其结果必然带有缺陷和错误。里德消解这种主体性哲学的途径是把主体置于社会之中，通过诉诸主体的社会性来把心灵从原子式主体中解放出来。

和休谟不同，里德肯定"能力"（power）概念。他认为，人不但具有"理智能力"（intellectual power），而且还具有"主动能力"（active power）。在他看来，这些能力是我们的（先天）构造的一部分，虽然不可以从逻辑上加以定义，但是每个人都能够清楚地领会。理智能力使我们能够认识外部世界，主动能力使我们必须为自己的行为承担责任。正是由于人具有理智能力和主动能力，知识论和道德哲学才可以建立在"可靠的"基础上。

二 里德的直接实在论

如前所述，里德认为"观念论"最终导致哲学家们否定外部世界的存在，而这是明显违反常识的。经过考察，里德认为这一错误的根本原因

---

① Thomas Reid, *The Works of Thomas Reid*, 8th edition, Vol. I, ed. W. Hamilton, Edinburgh: James Thin, 1895, p. 218.

在于先前的哲学家们没有区分"感觉"（sensation）与"知觉"（perception），或者是错把知觉当作了感觉。以休谟为例，他认为我们只能认识自己心灵中的观念，这种观念是印象的摹本，至于印象的来源则是不可知的。显然，这种观点把知觉固执于心灵之内，最终导致对外部对象存在的怀疑。为彻底驳倒这种"荒谬的"怀疑主义哲学，里德提出了自己的观点，这就是他的"直接实在论"或"朴素实在论"。所谓"直接实在论"，就是认为外部世界就是我们所直接知觉到的那样，它们是实际存在的而不是虚妄的。直接实在论的基础是里德的知觉理论。

里德认为所有的知觉都有相应的感觉相伴随，因此确实容易将两者混淆。在日常语言中人们对此也往往不加区分，而是用同一个名称来称呼它们。按照里德的观点，感觉与知觉之间的确是不同的，对此可以通过对它们的描述来加以分别，但是要给出定义也是无法做到的。里德举出两个例子来说明。一例是，"我感觉到疼痛"（I feel a pain）；另一例是，"我看见一棵树"（I see a tree）。里德认为，前一例中表示的是感觉，而后一例中表示的是知觉。从语法上分析，两个句子都含有一个及物动词和一个宾语。但是如果注意一下这些表达所指的事物，那么可以发现，在第一例中行为与对象之间的区分不是"实在的"（real），而是"语法上的"（grammatical）；而第二例中这种区分就不是"语法上的"，而是"实在的"。就"我感觉到疼痛"这句话来说，它好像暗示疼痛感是与被感觉到的疼不同的东西，然而，实际上，两者之间没有任何区别。正如思想一个思想（thinking a thought）表达的不过是思想（thinking）一样，感觉到疼痛（feeling a pain）也不过表示在疼痛（being pained），二者是一回事。

由此，里德认为感觉的特点在于：首先，感觉没有独立的存在，而只能存在于一个有生命的心灵中，换句话说，感觉预设了一个有生命的存在者。其次，感觉中不可能有错误，因为感觉是直接的，例如，当一个人不感到疼痛时他是不可能疼痛的，而当一个人感觉到疼痛时他的疼痛不可能是不真实的。另外，感觉既不包含概念，也不包含对任何外部对象的信念。① 按照里德的观点，外部对象是通过人的自然构造直接"提示"

---

① 在这个问题上，里德的观点前后不完全一致。例如，一开始他认为感觉提示当下存在的概念以及我们所知觉到和感觉到的东西现在存在的信念（p. 111），后来则放弃了这一观点（p. 312）。

(suggest) 给感觉的,而无须印象或观念这样的中介物。比较而言,知觉总是有一个对象,这个对象与知觉它的行为不同,因为无论被知觉到与否,这个对象都可以是存在的。比如,我知觉到窗前的一棵树。这里有一个被知觉到的对象,以及心灵借以知觉它的行为。这两者之间不仅显然不同,而且在本质上也非常不一样。这个对象是由树干、枝条和叶子构成的;但是心灵借以知觉它的行为却既没有树干、枝条,也没有叶子。显然,如果说感觉和感觉的对象是同一的,那么知觉与其对象则是完全不同的。通过和感觉的比较,里德认为知觉也具有几个特点,即:(1)对被知觉对象的概念(conception)或观念(notion);(2)对知觉对象当下存在的强烈的和不可抗拒的确信(conviction)和信念(belief);(3)这种确信和信念是当下的,并不是推理的结果。可以看出,知觉与感觉的最大不同处在于知觉是有对象的,而且和概念和信念相联系。至于知觉为什么会带来这种信念,里德承认这是我们所无法知道的,只能说是我们的构造使然。用他的话说,"对一个对象的知觉包含着对象形式的概念以及对其当下存在的信念。……这种信念不是争论和推理的结果;它是我的构造的直接结果。"①

里德举了一个经典的例子:当我闻一朵玫瑰花的时候,在这个活动中既存在感觉也存在知觉。我闻到的芳香气味,就其自身而言,与任何外部对象没有关系,它仅仅是一种感觉。它以某种方式影响心灵,这种对心灵的影响可以不用思想玫瑰或任何其他的对象而被构想。这种感觉不是别的,而就是它被感觉到的那样。它的本质就在于被感觉;当它不被感觉时,就不存在。换句话说,"感觉"(sensation)和"对感觉的感觉"(the feeling of it)之间没有差异——它们就是同一个东西。因此,在感觉中,没有任何对象与感觉到它的心灵的行为之间有明显不同。这个结论适用于所有的感觉活动。在这个例子中,知觉是如何活动的?里德认为,知觉总是有外部对象的,在上面的例子中知觉的对象就是我通过嗅觉而辨认的存在于玫瑰花中的性质。可以观察到,当玫瑰花靠近的时候,就产生了芳香的感觉;而当玫瑰花被撤去的时候,这种芳香的感觉就消失掉。根据我的本性,我就自然地得出结论:玫瑰花中存在某种性质,而它正是这种感觉

---

① Thomas Reid, *The Works of Thomas Reid*, 8th edition, Vol. I, ed. W. Hamilton, Edinburgh: James Thin, 1895, p. 183.

的原因。根据这个例子,里德认为"事物中的性质"就是被知觉的对象,而对这种性质的信念的心灵行为就是所谓的知觉。关于玫瑰花的芳香是在玫瑰花中还是在感觉它的心灵中这个问题,里德认为玫瑰花的香味指示了两种不同的东西:一种是存在于心灵中,而且除了存在于一个有生命的存在者中外不可能存在于别的东西上;另一种就是真实地存在于玫瑰花中。我感觉到的感觉存在于我的心灵中,心灵是一个有生命的存在者,而玫瑰花是无生命的,因此其中不可能存在感觉或者任何与感觉相似的东西。可以看出,里德已经注意到认识中的主客统一性。

里德还用"符号"(sign)与"符号所指物"(the thing signified)理论来说明感觉与知觉之间的关系。里德把符号分为两种,一种是人为符号,另一种是自然符号。无论哪一种,符号和符号所指物都是不同的,二者之间没有任何相似之处。例如,"金子"这个词和所指物之间没有任何的相似性。另外,像触觉指示的是不可入性(hardness),但是触觉和不可入性之间也没有任何相似性。在两类符号中里德尤其重视自然符号,因为在他看来这类符号是基础,没有它们,诸如语言这样的对象也永远不可能为人所发明。为此,他又将自然符号区分为三类:第一类自然符号包括那些符号和符号所指物之间的联系是由自然所建立的,但是仅仅由经验所发现。里德认为,整个的真哲学(genuine philosophy)就在于发现这样的联系,并将它们还原为普遍的法则。第二类是那些其联系不仅由自然所建立,而且通过自然原则被发现,无须推理或经验,例如人的思想、目的和欲望这些符号。第三类包括那些虽然我们对所指物没有任何观念或概念,但是通过自然的魔力的确提示出它或者想象出它,并且立刻给予我们一个概念,以及产生对它的信念。里德认为,自然符号及其所指物之间的这种联系是我们的构造的结果,应该被看作人性中的原始原则。① 需要指出的是,日常语言对符号和符号所指物往往不加区分,所以它们经常既表示一个感觉,又表示通过这个感觉而被知觉到的性质。按照里德的观点,对二者进行区分只是哲学家为了研究的需要,而就生活的目的来说则无此必要。

---

① Thomas Reid, *The Works of Thomas Reid*, 8th edition, Vol. I, ed. W. Hamilton, Edinburgh: James Thin, 1895, p. 122. 里德认为,人为符号与其所指物之间的联系是习惯(habit)和习俗(custom)的结果。

总的来说，里德的知觉理论独树一帜，具有强烈的个人风格，并且在其整个理论体系中占有非常重要的基础地位。如果用知识树来对整个知识进行形象的刻画，那么在他看来知觉就是这棵大树的树根。他说，"所有我们知道的关于自然和存在的东西可以比作一棵树，其中有根、树干和枝条。在这棵知识树中，知觉是根，共同的知性（common understanding）是树干，而各种科学则是枝条。"① 如果由此出发，就有可能构造一个坚实的知识体系。

三 "常识"原则：所有推理和所有科学的基础

"直接实在论"可以说是里德哲学取得的第一个积极成果，而里德哲学中影响更大的是他提出的一系列"常识原则"。在里德的哲学体系中"常识原则"也是非常重要的，它与笛卡尔为其哲学所寻求的"第一原理"以及休谟为其人性哲学所设定的"第一原理"没有本质上的不同。和休谟一样，里德认为人类知识进步的最大障碍是语词的歧义性（ambiguity），而诡辩论以及一切错误的哲学体系之所以最后沦落为仅仅是语词之争，就是因为对概念不加辨析，滥用词语。诡辩论之所以在数学和自然哲学中没有立足之地，就是因为数学通过准确地定义其使用的术语，制定了由以进行推理的第一原则，即公理。

相似地，自然哲学在经过波义耳和牛顿等的改造后也开始建立在清楚的定义和自明的公理之上，由此自然哲学也将自身奠定在坚实的基础上，从而避免了无谓的空论和争吵。里德认为哲学如果要获得像数学和自然哲学那样的确定性，也必须遵循同样的法则和进路，即首先通过确立一些自明的"第一原则"，然后一步步推出其他的知识，这样整个知识大厦才能稳固。在里德看来，哲学中的确存在"第一原则"，但是它们既不是笛卡尔式的"我思"也不是休谟的"印象"，而是他所谓的"常识"。

里德将常识定义为，"我们可以与之交谈（converse）和处理事务（transact business）的人们的那种共同的判断程度。"② 为进一步说明"常

---

① Thomas Reid, *The Works of Thomas Reid*, 8th edition, Vol. Ⅰ, ed. W. Hamilton, Edinburgh: James Thin, 1895, p. 186.
② Thomas Reid, *The Works of Thomas Reid*, 8th edition, Vol. Ⅰ, ed. W. Hamilton, Edinburgh: James Thin, 1895, p. 421.

识"原则为什么是"第一原则",里德引入了一个重要概念,即"判断力"(judgment)。里德认为判断力是心灵的一种活动,它对于每一个有知性能力的人来说是如此之普遍,以至于不需要加以定义。如果非要给一个定义的话,里德认为古代一些作者在逻辑学中给出的定义还是可以接受的,这就是,判断力是心灵的一种行为,其中一个事物被另一个事物所肯定或否定。人们为什么会相信常识?里德认为原因在于我们是"社会动物"(social creatures),我们必然要从他人那里接受最大部分的信息。有两个原则植根于我们的本性中,这就是"说真话原则"和"轻信原则"。所谓"说真话原则"(the principle to speak truth),也可以叫作"诚实原则"(the principle of veracity),即我们使用语言符号是为了传达我们的真实情感,因此我们的本性要求我们说真话。里德认为,"说真话原则"就像吃东西一样自然,它是我们心灵的一种强有力的运作形式,即使在最大的说谎者那里也是这样,因为当他们说一次谎的时候,他们一百次地说出了真相。而所谓"轻信原则"(the principle of credulity)就是,我们有信赖别人之诚实的天性,并且相信他们告诉我们的东西。

在里德那里,理性包括"推理"(reasoning)和"判断"(judging)两种能力。他说,"推理的能力非常接近于判断的能力,但在生活的普通事件中却没有什么将它们分得那么精确。因为这个原因这两者经常被给予同一个名称。我们把它们包括在理性这个名称之下。"[1]里德认为存在着"当然原则"(principles taken for granted),这种"当然原则"既不需要任何证据,也不容许有直接的证据。他列举了如下的一些"当然原则":

(1)首先,我将此认作是理所当然的,即我思想,我记忆,我推理,以及一般来说,我意识到我确实进行过这些心灵活动。里德认为心灵活动必然有意识相随,这种意识就是它们存在的唯一证据。一个人如果怀疑意识的存在或者怀疑意识欺骗他而要求给出意识存在的证明,里德认为这种证据是无法给出的,因为每个人都处于相信意识所证实的一切的必然性之中,这是人们由以进行推理的"第一原则"。

(2)正如通过意识我们确定地知道我们现在的思想和情感的存在,我们通过记忆而知道过去。意识报告给我们的是当下发生的事情,具有真

---

[1] Thomas Reid, *The Works of Thomas Reid*, 8th edition, Vol. I, ed. W. Hamilton, Edinburgh: James Thin, 1895, p. 475.

实性、清晰性和可靠性,而记忆则是对意识的保存,因此其结果也是真实的、清晰的和可靠的,只不过在程度上要次于意识。

(3) 我将此认作是理所当然的,即通过留心的反思,一个人可以对自己的心灵活动有清楚的 (clear) 和确定的 (certain) 知识;这种知识没有他对置于他眼前的外部对象的知识那样清楚和确定。

(4) 我将此认作是理所当然的,即所有我意识到的或者记忆的思想就是我称之为自我 (myself) 或者我的心灵的同一个思维原则的思想。

(5) 我将这一点认作是理所当然的,即有一些不能靠自身而存在的东西,但是它们必定处于它们作为其性质或属性所属的某物中。

(6) 我将这一点认作是理所当然的,即在心灵的大部分活动中,必定存在与此活动自身显然不同的对象。

(7) 我们同样应该将之认作是理所当然的第一原则的是,我们在不同的国家和不同的世代间,在博学者和未受教育者之间的事情中所发现的普遍一致 (universal agreement)。

(8) 我几乎不用说,我将这些事实认作是理所当然的,即它们都是为所有清醒的 (sober) 和公道的 (reasonable) 人们的确信所证实了的,要么是通过感觉、记忆,要么是通过人类的证据。

里德又将判断力分为两种,一种是对必然事物 (things necessary) 的判断力,另一种是对偶然事物 (things contingent) 的判断力。像三乘以三得九,整体大于部分,就是关于必然事物的判断力。里德认为这些必然命题不是建立在任何感觉、记忆或意识的基础上的,也不需要它们同时发生,除了概念外它不需要任何其他心灵的活动。这种判断力可以称为对必然事物的纯粹判断 (pure judgment)。而偶然事物的判断力必定总是依赖于一些其他心灵活动,比如感觉,或记忆,或意识,或对证据的信任,而它们本身也是建立在感觉的基础上的。

里德把"常识"原则看作是自明的真理,认为它们是一切推理和一切科学之基础的共同原则,这些共同原则几乎不容许有直接的证明,也不需要直接的证明。甚至,没有必要向人们讲授它们,因为它们是一切有通常理智的人都知道的那种原则,或者至少是一被提出来或得到理解,人们就乐于同意的那种原则。当然,具体而言,这些原则在性质和内容上也并不完全一样。为了澄清其中的差别,里德又将这些原则进一步区分为"必然真理"和"偶然真理",前者的反面是不可能的,后者的反面则是可能的。① 先来看偶然真理的第一原则（the first principle of contingent truths），它们有：

（1）首先，我将这一条作为第一原则，这就是我意识到的每一东西的存在。

（2）另一条第一原则，我认为是，我意识到的思想就是我称之为自我、我的心灵、我的人格的一个存在者的思想。

（3）另一条我当作第一原则的是，那些确实发生过的事情我都清楚明白地记得。

（4）另一条第一原则是，就我们清楚记得任何事情而言，我们具有我们自己的人格同一性和持续的存在。

（5）另一条第一原则是，我们通过感官清楚地知觉到的东西都确实存在，而且就是我们知觉到它们的那样。

（6）另一条第一原则我认为是，我们拥有某种程度的支配我们行动的能力以及支配我们的意志的决定的能力。

（7）另一条第一原则是，我们用以区分真理和谬误的自然的官能不是虚妄的。

（8）另一条与存在（existence）有关的第一原则是，我们与之交谈的同胞身上都有生命和智慧（intelligence）。

（9）另一条我当作第一原则的是，表情的某种特征、说话的声响、身体的姿态都暗示（indicate）心灵的某种思想和性情。

（10）另一条第一原则在我看来就是，在事实中存在着对人类证据的某种考虑，在意见中甚至存在着对人类权威的某种考虑。

（11）存在许多依赖于人的意志的事件，其中，根据环境有着或大或小的自明的可能性。

（12）偶然真理中我提到的最后一条原则是，在自然现象中，将要发生的事情可能与类似条件下已经发生过的事情相似。

必然真理的第一原则（first principle of necessary truths）则包括如下方面：

（1）存在一些可以被称为语法原理的第一原则。比如一个句子中的

---

① ［英］科普勒斯顿：《英国哲学：从霍布斯到休谟》，周晓亮译，天津人民出版社2020年版，第364页。

每个形容词必定从属于一些被实际表述或被理解的东西；每个完全的句子必定有一个动词。

（2）逻辑公理（logical axioms）。比如，不构成命题的任何语词的结构既非真也非假；每一个命题要么为真要么为假；任何命题都不能同时既为真又为假；循环论证（reasoning in a circle）证明不了任何东西；无论什么被真实地肯定于一个种类（genus）的东西，也可以被真实地肯定于所有的物种（species），而且所有的个体都属于那个种类（genus）。

（3）每个人都知道存在着数学公理（mathematical axioms）。

（4）我认为，甚至存在趣味方面（matters of taste）的公理。

（5）在道德也存在着第一原则。非正义的行为比不慷慨的行为有更多的过失（demerit）；一个慷慨的行为比一个仅仅是正义的行为有更多的美德（merit）；任何人都不应因为不在他的能力之内阻止某事而受指责；我们不该对别人做我们认为别人会同样对我们做的非正义（unjust）或不公平（unfair）之事。

（6）我提及的最后一类第一原则，我们可以称之为形而上学原则。第一条是，我们通过感官知觉到的性质必定有一个主体（subject），我们称之为身体（body）；我们意识到的思想必定有一个主体，我们称之为心灵（mind）；第二条形而上学原则是，凡开始存在的东西必定有一个产生它的原因；我提及的最后一条形而上学原则，也就是同一位作者所反对的原则是，原因中的设计和智慧可以从它在结果中的标记（marks）或符号（signs）确实无疑地推出。

根据上述里德所列的必然真理和偶然真理清单，可以看出其中既有逻辑公理、数学公理，也有道德原则和形而上学原则等。考普斯顿（Frederick Copleston）认为，里德当然有权主张关于必然真理的第一原则也即必然命题的观点和立场，虽然其中也不乏有争议之处，但是在偶然真理的第一原则方面，里德并没有解释得特别清楚，尤其是他和休谟在自然信念问题上的异同。无须赘言，里德的常识实在论的确很容易使人联想到休谟的自然主义立场，因为二者都不否认人们持有许多自然信念，例如外部世界存在，自然进程具有一律性等。所以，有人认为里德对休谟的反驳是否成功，以及在多大程度上是成功的，都是一个存疑的问题。在他们看来，里德对休谟的回应并不是真正的回答，因为那不过是言说休谟早已肯定过的东西的另一种方式,顶多就是强调的重点有所不同而已。① 照此理解,休谟和里德是同归而殊途:休谟主张我们的自然信念得不到理性上的证明,但是我们又不能不相信它;里德则认为我们必须相信这些原则,虽然它们不能够从理性上加以证明。例如,麦金塔什(Sir J. Mackintosh)就曾对托马斯·布朗说,他认为里德和休谟在语词上的差别要多于观点上的差别。布朗的回答是:

> "是的",里德叫道,"我们必须相信有外部世界";但是又小声地补充说,"对于我们的信念,我们不能够给出任何理由"。休谟则喊道,"我们不能为这样一个概念给出任何理由";但是却低声说,"我承认我们不能消除它"。②

还有人,如刘易斯(G. H. Lewes),认为里德根本就没有驳倒休谟。按照他的观点,虽然里德经常宣称不能给出关于我们的信念的任何理由,但是又说如果要达此目的,就只有诉诸于植根于我们自身构造的原始本能原则。果真如此,那么里德通过反驳观念论假说而称道自己驳倒了观念论和怀疑主义的借口又是什么?如果是用本能而非理性来解决问题,那么它就和观念论假说无关。如果反驳观念论假说就足够了,那么它就和本能无关。无论哪一种方式,在刘易斯看来,都既没有触动观念论,也没有触动怀疑主义。因为对于这两种学说中的任何一种来说,如何获得知识几乎不重要,它们完全是主观的。③ 从某种意义上说,刘易斯的观点显然是过于苛刻了。如果里德攻击的当真只是一个稻草人,并为此虚构了一套理论,那么就很难解释自19世纪以来里德的常识哲学何以仍然受到哲学家而不仅仅是历史学家的尊重,甚至还有复兴的趋势。④ 比较而言,麦金塔什和布朗的看法似乎中肯一些,也就是说,里德和休谟之间确实存在差异,但

---

① Richard Henry Popkin, *The High Road to Pyrrhonism*, Indianapolis: Hackett Publishing Company, 1993, p. 69.
② Peimin Ni, *On Reid*, Belmont, CA: Wadsworth, 2002, p. 37.
③ George Henry Lewes, *The History of Philosophy: From Thales to Comte*, 3rd edition, Vol. II, London: Longmans, Green and Co., 1867, p. 384.
④ Susan Manning, Francis D. Cogliano, *The Atlantic Enlightenment*, Hampshire and Burlington: Ashgate Publishing, Ltd., 2008, p. 69.

是并没有想象的那么大,因为里德主张"哲学家"必须尊重"常识",哲学研究必须以"常识"为基础,而休谟则认为"常识"的确应该得到尊重,但是必须同时坚持"哲学家"的批判立场。可以看出,休谟并没有期望人们会放弃关于心灵和外部世界存在的日常信念,而只是坚持这些信念不可能从哲学上得到辩护。里德的看法是,如果哲学论证或者科学论证的结论与常识相冲突,那么哲学就应该让步。既然休谟的哲学结论无法与常识相容,那么必定是休谟误入了歧途。① 不管怎样,作为启蒙时代的两位重要的哲学家,里德对休谟的批评从某种意义上说既反映了他们本人对待"哲学"和"常识"的不同立场,也反映了当时哲学家们对待"哲学"和"常识"的一般态度,即必须坚持"哲学"对"日常生活"的批判,同时也要尊重"日常生活"的本源地位。应该说,这种批评具有普遍的意义。

四 "常识原则"的证据

里德及其常识哲学之所以受到指责,主要原因在于近代认识论哲学家普遍持一种"证据主义"的立场。根据他们的原则,任何观点在被证明清白之前都应该被假定为有罪。笛卡尔的怀疑方法就是最典型的例子。众所周知,笛卡尔拒绝一切可能受到怀疑的信念,只接受那些无可置疑的东西或者通过绝对确定的证据而得以确立的东西。作为某种回应,休谟也提出明智的人应该使其信念和证据成比例。克利福德(W. K. Clifford)更是主张,"任何时候,任何地方,任何人,相信证据不充分的任何东西都是错误的。"克拉克(K. J. Clark)称之为"克利福德准则"(Clifford Maxim)。② 显然,这是一种强证据主义的立场。按照克利福德准则,一个人如果不能先提供证据,就几乎不能相信任何东西了。里德坚决反对关于信念的这种有罪推定,转而提倡一种"证明有罪之前清白"的理性原则。在他看来,我们应该信任我们的理智官能的判决,除非理性能够提供质疑那种信念的实质性根据。但是,我们没有理由偏爱理性这种推理官能,甚

---

① Peter Gilmour, *Philosophers of the Enlightenment*, London: Rowman & Littlefield, 1990, p. 82.
② Kelly James Clark, *Return to Reason: A Critique of Enlightenment Evidentialism and a Defense of Reason and Belief in God*, Grand Rapids: Wm. B. Eerdmans Publishing, 1990, pp. 101 – 102.

至将其置于常识之上，因为如果没有常识原则，我们甚至什么也信不了。可以说，在我们的信念结构中，常识属于基础信念，类似于"第一原则"这样的东西。

从哲学史上看，寻找"第一原则"是自古希腊以降一直到近代的哲学家们的共同倾向，例如亚里士多德就说他在自己的哲学著作中努力要做的就是寻找第一原则。① 不过，在究竟哪些原则可以当作"第一原则"方面哲学家们存在分歧，比如笛卡尔把"我思"作为"第一原则"，休谟则把"印象"作为"第一原则"。里德认为他们的观点都是错误的，只有"常识"才可以真正充当"第一原则"。康德在《未来形而上学导论》中曾对以里德为代表的苏格兰"常识哲学"进行过尖锐的嘲讽。②应该说，康德对"常识哲学"以及"常识哲学家"的批评是一定的道理的，但是如果应用到里德的身上则有失公允，因为里德并不像他想象的那样浅薄。康德以为，诉诸于"常识"等于诉诸于大多数人的普遍一致，而这无异于把思辨的形而上学降低到"常识"的水平，从而关闭了理性的大门。里德承认"常识原则"无法从理性上给出证明，但是在他看来这种做法明显是把理性凌驾于常识之上，而这是值得怀疑的。

首先，里德反对把理性与常识截然对立起来。他说，理性和常识都是来自同一个造物者，构想两者之间存在任何的对立都是荒谬的，没有理由

---

① Terence Irwin, *Aristotle's First Principles*, Oxford: Oxford University Press, 1988, p. 3.
② 康德说："形而上学一向受恶意对待的命运注定休谟不被任何人理解。他的反对者们，里德、奥斯瓦尔德、贝蒂，最后还有普里斯特利都完全没有理解他的问题的要害，而错把他暗示的东西当作是改进——（他们）常常把他所怀疑的对象认作是当然的，相反，却把他心中从未打算要怀疑的东西热烈地，而且经常是傲慢无礼地加以证明，这样，所有的事情就都还是保持原样，好像什么都不曾发生过似的。看到这一切，不能不让人感到某种痛心。为了公平地对待这个问题，这位杰出人物的反对者们应该深入钻研理性的本质，而就理性主要在于纯思想来说，这与他们是不相宜的。因此，他们不加洞察地发现了一种更加便利的方法，即诉诸于普通人的常识（ordinary common sense）。拥有正确的（或者，像近来一直被称呼的那样，平常的）常识的确是上天给予的伟大礼物。但是这种常识必须是通过事实、通过一个人思考过和说过的那些经过考虑周详的和合理的事情，而不是在找不到更为聪明的办法在辩护中进步时像求助于神谕一样去求助于常识。在洞察和科学都有所不足时求助于常识，而不是在这之前，这是近世的精巧发明之一。用这种发明，最迟钝的饶舌之士也能自信地与最深刻的思想家过招，并且与之抗衡。……初看起来，这种诉求不是别的而就是诉诸于大多数人的意见，这是哲学家们为之脸红，而普通的小丑为之得意洋洋、目中无人的东西。"参见 Immanuel Kant, *Prolegomena to Any Future Metaphysics That Will Be Able to Come Forward as Science*, Cambridge: Cambridge University Press, 2004, pp. 8 - 9。

厚此薄彼。里德认为，理性的功能（office）主要有两个：（1）判断那些自明的东西；（2）从那些自明的结论中推出并不是自明的结论来。里德认为第一种功能是上天赐予的礼物，没有了它任何教育也不能加以补救。第二种功能是在第一种功能不缺失的情况下通过实践和规则习得的。其次，里德所说的"常识"并不简单地等于多数人的同意。他明确地说："如果我们把判断力（sense）这个词理解为意见和判断，把共同的（common）这个词理解为大多数（generality）或者人类任何一个相当大的部分，那么都会很难发现常识（common sense）的主体在哪里；因为那样的话，就是根据人类中一部分的感觉来反对另一部分的感觉。如果由大多数人（the majority）来决定常识，那么它就会经常随着人们的改变而改变。"①

可见，里德提倡"常识"并非因为害怕缺乏证据从而排斥证据，而是认为命题性证据并不优先于非命题性证据或经验性证据。按照里德的一贯观点，科学应当建立在以观察和实验为基础的经验之上，而不能建立在理论假设之上，因为假设的本质是不确定性。里德说，"任何建立在猜想基础上的东西称作科学都是不适当的，因为猜想可以得到意见，但是却不能产生知识。自然哲学必须要建立在以观察和实验所发现的物质系统的现象之上。"②"虽然一些假设可能有相当大程度的可能性，然而明显的是，假设在本质上就是不确定的。在每一情形中，同意都应该与证据成比例；因为坚定地相信只有很小程度可能性的东西是对我们的知性的明显滥用。"③ 这和休谟所说的命题"一个明智的人必须使他的信念和证据相称"几乎如出一辙。因此，把里德看作一个完全的独断主义者显然是不准确的。④ 注意一下，可以发现里德关于"常识原则"的证据既有正面的，也有反面的。

---

① Thomas Reid, *The Works of Thomas Reid*, 8th edition, Vol. I, ed. W. Hamilton, Edinburgh: James Thin, 1895, p. 423.

② Thomas Reid, *The Works of Thomas Reid*, 8th edition, Vol. I, ed. W. Hamilton, Edinburgh: James Thin, 1895, p. 234.

③ Thomas Reid, *The Works of Thomas Reid*, 8th edition, Vol. I, ed. W. Hamilton, Edinburgh: James Thin, 1895, p. 235.

④ 里德的观点是，我们有"常识原则"存在的证据，但是至于"常识原则"是如何获得的我们并不知道。用他的话说，"我如何以及何时获得这些所有推理建立于其上的第一原则，这一点我是不知道的；因为在我可以记忆之前我就拥有了这些原则。但是我确信，它们是我的构造的一部分，我不可能摆脱它们。" Thomas Reid, *The Works of Thomas Reid*, 8th edition, Vol. I, ed. W. Hamilton, Edinburgh: James Thin, 1895, p. 130.

正面的证据有：

（1）时间上的普遍性。在里德看来，"常识"既不是某一时也不是某一时期大多数人都一致同意的东西，而是所有时代的人们都一致同意的东西。（2）地域上的普遍性。从地域上说，"常识"是所有国家所有地域的人都接受的原则。（3）人类行为中的普遍性。无论是常人还是哲学家，所有的人都一律按照常识生活，无一例外。（4）语言结构中的普遍性。在苏格兰启蒙哲学家中，里德可能是对语言最为重视的一个。里德发现，人类的语言——无论是哪里的语言——都有着惊人的相似之处，比如每种语言中都有类似名词、动词、形容词等这样的词类划分；另外，一些句法规则也基本相同，如句子中都有主语（施动者）、动词和宾语（对象）等。里德认为，语言中的区分，如实体与属性，思想与在思想的存在者，思想与思想的对象，在所有的语言结构中都能找到。在他看来，"取消这些区分的哲学体系就是与人类的常识开战。"① 总之，这种语言结构中普遍的现象表明建立在以这种结构为基础上的各种观点中存在着一致性（uniformity）。从某种意义上说，这也等于表明在人类的先天结构中就存在着普遍一致的东西，用里德的话说就是"上天的礼物"。里德以儿童为例：儿童在还没有达到懂事的年纪时便"知道"凭借常识去判断事物，如果等到他的理性成熟才能进行判断的话，人类早就不存在了。著名语言学家乔姆斯基（Noam Chomsky）也持这种语言先天论的观点。他认为，存在着所谓的"普遍语法"（universal grammar）。借助于有限的语法规则和术语，人们原则上可以表达无限多个语句，包括他此前从未说过的句子。众所周知，儿童是学习语言的天才，他们可以轻松地掌握任何一门语言中的基本语法结构。作为理性主义者，乔姆斯基认为语言能力就是人的一种天赋知识。从总体上看，里德的常识原则诉诸于人的先天结构，这和理性主义的立场基本上是一致的。

反面的证据包括：

"嘲笑感"（ridicule）可以说是支持"常识"立场的又一证据。里德说，"与第一原则相矛盾的意见和其他的错误区别在于：它们不仅错误（false），而且荒谬（absurd）。为了抵制这种荒谬性，自然给予我们一种

---

① Thomas Reid, *The Works of Thomas Reid*, 8th edition, Vol. I, ed. W. Hamilton, Edinburgh: James Thin, 1895, p. 441.

特殊的情感，也即嘲笑感——它看上去好像就是为了使荒谬的东西难堪这个目的，不管是在意见中还是在实践中。"①按照里德的观点，我们对于我们身上的各种官能之可靠性的信念并非植根于那些基于推理的命题性证据，而是某种非命题性证据，也即嘲笑感这种经验。他认为，对逻辑公理、数学公理、各种官能的可靠性以及其他常识真理的信念都植根于这种情感。如果有人考虑这些真理的反面，例如 $2+2 \neq 4$，那么嘲笑感自然就产生了。人们必定会说，"这太疯狂，太可笑了！"② 哲学家们常鄙视"常人"（the vulgar），认为他们认识肤浅不值一驳；而在常人看来，哲学家们弄出来的"哲学体系"怪诞骇异，不可相信。一个基本的事实是，常人可以不要哲学而生活，然而哲学家们却不可能不靠"常识"而生活。里德说："我认为，既然我们不能去除对外部世界的常人观念和信念，还不如就先将就不如意的事情，尽我们所能将理性与之调和起来；因为即使理性在这点上不能容忍而一直如此烦躁，她也不能把它抛开；如果她不愿是常识的仆人，那她就必定是她的奴隶。"③ 里德对常识充满信心，他说，"在常识与哲学之间的不平等竞赛（contest）中，后者总是以不名誉和失败而告终；而且只有放弃这种对抗（rivalship），放弃这种侵犯，恢复衷心的友谊，她才有可能繁荣：因为，实际上，一方面常识不要求哲学任何东西，也不需要她的帮助。但是，另一方面，哲学（如果可以允许我改变这个比喻的话）除了常识原则外没有别的任何根基（root）；它从常识哲学中生长出来，并且从它们身上汲取营养。要是切断了这个根基，它的名誉就会萎缩，它的汁液就会干涸，它就会死亡和腐烂。"④

总的来看，里德对怀疑主义哲学的解构与对"常识哲学"的重建是同步进行的。因此可以说，凡是休谟怀疑和破坏的地方，里德在常识原则的基础上把它们给重新恢复了起来。里德在基本的哲学倾向上赞同经验主义，他也认为获得自然的知识的唯一途径只能是观察和实验，这表明他没

---

① Thomas Reid, *The Works of Thomas Reid*, 8th edition, Vol. I, ed. W. Hamilton, Edinburgh: James Thin, 1895, p. 438.
② Kelly James Clark, Raymond J. Van Arragon, *Evidence and Religious Belief*, Oxford: Oxford University Press, 2011, pp. 123–124.
③ Thomas Reid, *The Works of Thomas Reid*, 8th edition, Vol. I, ed. W. Hamilton, Edinburgh: James Thin, 1895, p. 127.
④ Thomas Reid, *The Works of Thomas Reid*, 8th edition, Vol. I, ed. W. Hamilton, Edinburgh: James Thin, 1895, p. 101.

有脱离英国经验主义的主流。但是,里德也不是一个纯粹的、彻底的经验主义者。在他看来,经验的本性决定其无法提供科学知识所要求的那种普遍必然性,而不能提供普遍必然性的任何理论体系都是不可靠的,因此里德转而向理性主义哲学那里借取资源。① 这从某种意义上,说明里德试图把经验主义和理性主义结合起来或者说调和起来,因此,里德被称为"苏格兰的康德"(Scottish Kant)也不是没有道理的。

第二节　苏格兰常识学派的兴起

1758年,里德和其他知名学者一道发起成立著名的"阿伯丁哲学学会",也称"爱智俱乐部",主要成员包括詹姆斯·贝蒂、乔治·坎贝尔、杜阁尔德·斯图尔特等。对休谟哲学的最明确和最有力的反应首先就是来自阿伯丁的这群学者。这个哲学团体主要以休谟的哲学著作为讨论对象。休谟的哲学表明,人的理性官能是极其有限的甚至是无用的,因为它不能为我们的知识诉求提供合理的辩护。里德揭示了休谟哲学中潜藏的怀疑主义后果,指出哲学不能违反常识,相反哲学必须以常识为前提。里德对常识哲学的阐释得到许多其他苏格兰哲学家的响应和支持。他们后来逐渐形成了以里德为首的苏格兰常识学派。常识学派不断地修正里德的观点,以至于逐渐偏离了里德。正如布莱特(G. S. Brett)所说,里德之后,常识学派的继承者们不断修正里德的观点,从而出现了杜阁尔德·斯图尔特纠正里德,布朗纠正斯图尔特,汉密尔顿则纠正所有人的现象。②

一　贝蒂论真理

詹姆斯·贝蒂(James Beattie,1735—1803)出生于默恩斯(the Mearns)的劳伦斯凯克(Laurencekirk),现在属于苏格兰阿伯丁郡。贝蒂就学于阿伯丁大学,并于1760年被任命为阿伯丁大学马里沙尔学院的道德

---

① 参见周晓亮主编《西方哲学史》第4卷,凤凰出版社、江苏人民出版社2004年版,第536页。
② G. S. Brett, *A History of Psychology*, Vol. 3, London: George Allen & Unwin Ltd., 1921, p. 15.

哲学和逻辑学的教授。贝蒂的哲学代表作是《论真理的本质和不变性，反对诡辩论和怀疑主义》（*Essay on the Nature and Immutability of Truth in Opposition to Sophistry and Scepticism*，1776）。亨利·格雷汉姆（Henry Grey Graham）曾说，18世纪文学名人的桂冠并没有给予苏格兰最伟大的作家们——没有因为其杰出的哲学文集而给予休谟，没有由于其令人敬佩的历史学而给予罗伯森，没有因为对政治经济学无与伦比的阐述而给予亚当·斯密，没有给予由于其尖锐的、机敏的和智性的著作而给予里德——而是给予了詹姆斯·贝蒂博士，《行吟诗人，一首诗》和《论真理的不变性》的作者，为被羞辱的基督教报了一箭之仇，并且极大地羞辱了大卫·休谟先生。① 的确，贝蒂的这本书在当时出版后好评如潮而且一版再版。1776年，《论真理》就出了6版，而到18世纪末的时候已经出到第14版。这本书还被译成法语、荷兰语和德语等。无怪乎贝蒂在其"伦敦日记"中得意地提到，"国王和女王……都用最高的词汇称赞我的这本书，他们说会一直把这本书保留在身边。国王陛下说，'我从来没偷过一本书，只有一本例外，那就是您的这本书。我从女王那里偷来并把它送给赫特福德阅读'……他已经听说自从我的书出版以后休谟的书就卖不出去了。"②

　　贝蒂的《论真理》的"吸引力"究竟在哪里？其中又阐述了什么样的"真理"？从雷诺兹（Joshua Reynolds）给贝蒂这本书所绘的图画就可以略知端详。雷诺兹在封面上画的是贝蒂腋下挟着他那本书，带着某种满足远眺，他的身后是一个复仇的天使在把几个恶魔赶往下界，其中一个畏缩着的人是伏尔泰，另一个则是大卫·休谟。很明显，雷诺兹试图传达的意思就是贝蒂代表的才是真理。在《论真理》这本著作中贝蒂也确实是把自己当作真理和德性的代言人，而把休谟等人称为怀疑主义者和不信教者（infidel），并给予严厉的批判。贝蒂的批判武器是从里德那里借取的常识原则。在导言中贝蒂认为怀疑主义造成的危害很大：它不仅制造无谓的语词之争，而且还从思辨领域延伸到实践领域，对现有的道德原则和宗教原则构成了威胁。贝蒂给自己确定的目标是维护真理和德性，推翻

---

① Henry G. Graham, *Scottish Men of Letters in the Eighteenth Century*, London: Adam and Charles Black, 1901, pp. 259–260.
② James Beattie, *Essay on the Nature and Immutability of Truth in Opposition to Sophistry and Scepticism*, Bristol: Thoemmes Press, 1996, "Introduction".

"伪装的哲学"（pretended philosophy）。所以贝蒂首先从真理入手，试图给真理确立一个标准。不过，贝蒂发现很难给真理下一个逻辑上的定义，而只能进行描述。在他看来，真理是存在的，而且真理是某种固定的、不变的和永恒的东西，没有人会否认这一点。一些命题我们很容易意识到其真理性，比如：我存在，上帝存在，忘恩负义应该受到谴责和惩罚，三角形的三个角等于两直角，等等。这些命题表达了和事物的本质相一致的东西。贝蒂认为本质上存在的事物必定存在，心灵驱使我们作如此想法。至此，贝蒂给出关于真理的描述性定义，真理就是我的本性构造决定我去相信的东西，反之，谬误就是我的本性构造决定不去相信的东西。相信和不相信都属于信念，在他看来，信念是伴随对一般真理的知觉而产生的心灵行为。① 贝蒂认为真理不同，其伴随的信念也不同。真理有两种，一种是确定的真理（certain truth），另一种是或然的真理（probable truth）。可以认为，或然真理是理性存在者被其本性的构造决定而承认的任何或然的东西，而确定真理则是理性存在者由其本性构造决定而相信的任何确定的东西。两种真理各自伴随的信念也不相同：伴随对确定性进行知觉的心灵行为称作"确信"（conviction），而伴随对或然性进行知觉的心灵行为则叫作"同意"（assent）。所有的确信强度都一样，但是同意就有众多的差异，其中道德确定性程度最高，往下经过几个意见（opinion）的阶梯就是"怀疑"（doubt）。可以看出，贝蒂所说的真理本质上是一种"客观的"真理，理性存在者由于其"客观必然性"而不得不去相信它存在。那么理性存在者是如何知觉到真理的呢？贝蒂认为，通过两种知觉官能即"理性"（reason）和"判断"（judgement），理性可以知悉确定真理，判断可以知觉或然真理。不过，在贝蒂看来确定真理也并不是只有一种。根据确定真理的来源贝蒂将确定真理又分为两种，一种是通过直觉知觉到的，另一种是通过证明得来的，例如几何公理就是由前者而来，而欧几里德的大部分命题都是从后者而来。由证明知觉真理的官能是理性，而知觉那些自明真理的官能贝蒂称之为常识。贝蒂所谓的常识接近于一种本能，他说常识就是"心灵无须一步步的论证而是通过即时的、本能的和不可抗拒的冲动来知觉真理或控制信念的能力；它既不是来自教育也不是来自

---

① James Beattie, *Essay on the Nature and Immutability of Truth in Opposition to Sophistry and Scepticism*, Bristol: Thoemmes Press, 1996, p. 29.

于习惯，而是来自于'本性'(nature)；它独立于我们的意志，无论对象何时呈现；它作用于所有的人或绝大多数人"①。在对待理性与常识的态度上贝蒂认为常识比理性重要。当然，这也是其他所有常识哲学家所持的基本立场。

根据贝蒂的观点，如果理性能够一直保持在自己的范围内，并用于有用的目的，那么理性还是一个很可宝贵的官能，但是问题就在于它常常越出自己的界限而踏入许多禁区。贝蒂把矛头指向贝克莱和休谟。常识告诉我们每个人都既有身体又有心灵，我们的身体是实在的，我们脚下的大地也是实在的，而贝克莱却说物质是不存在的，存在的一切都只是心灵。休谟更是连实体、心灵、自我等统统抛弃，最后只剩下一堆知觉。贝蒂认为这是极其荒谬的，因为它违背了人的常识原则。据此，贝蒂质疑哲学中的一个习惯看法，哲学起于怀疑；不可将任何东西视为当然；没有证据不可相信任何东西。如果这样，则理性就成了真理的最终裁判，而常识必须处于从属地位。贝蒂认为事实恰好相反，只有常识才是检验真理的真正标准。和里德相似，贝蒂说这是因为理性的证明需通过推理，而所有的推理不可能永远没有穷尽，必定要终止于某个原点，这个原点就是所谓的"第一原则"(first principle)，也即常识。因此，常识是其他一切推理的基础。不过，为什么常识就是第一原则呢？以数学推理为例。纯数学中的证明被认为具有最高的确信度和最高的确定性，数学是何以达到这一点的？贝蒂认为是由于数学中的自明原则和解证原则。解证有两种，一种是直接的，就是结论是从一个使其必然为真的前提中推出来的；另一种是间接的，也叫归谬法或反证法，即通过假设一个命题为假，再证明其结果的荒谬来确证其为真。贝蒂认为演证最后也归为直觉的或自明的原则。这些自明原则是我们既不能证明又不能不相信的东西。可见，自明原则是贝蒂也是其他常识哲学家的底线，用贝蒂的话说，"我们就是这样被构造成的，因此我们必须相信它为真，必须和我们的普遍本性保持一致；这一点是通过我们的知性的源始提示告诉我们的。如果这些提示是错误的，那么

---

① James Beattie, *Essay on the Nature and Immutability of Truth in Opposition to Sophistry and Scepticism*, Bristol: Thoemmes Press, 1996, p. 40.

这是上帝让它们这样的;因此我们永远无法矫正甚或察觉这种谬误。"①对于外感觉和内感觉的证明,贝蒂采取的是同样的策略,即我们无法给予证明,但是却又不能不相信它们的存在。这样,贝蒂就把它们都"确立为"常识原则。

贝蒂确立这些常识原则的目的最终是对以休谟为代表的怀疑主义进行批判。常识哲学家几无例外都批判怀疑主义,但是这其中要数贝蒂的反应最为激烈。休谟在其哲学中不但否定了因果关系,而且还否定了自我和心灵。贝蒂认为滥用推理是休谟所犯的主要错误,因为在他看来推理只是人的理性官能之一而不是唯一;再者,推理的基础在于常识,任何违反常识的推理是无效的。针对休谟对因果关系的攻击,贝蒂回答说,像"凡是开始存在的东西必定来自某种原因"这个命题就像公理(axiom)一样地清楚和确定。休谟认为这个命题既没有解证上的确定性,也没有直觉上的确定性。贝蒂同意休谟的前一个判断,而不同意他的后一个说法。休谟提出,最高的确定性只能来自于观念的比较,而观念的比较存在于四种关系,即相似、量和数的比例、性质程度和相反之中。显然,上述命题不是这四种关系中的任何一种,因此不具有直觉上的确定性。对此,贝蒂的反驳是:其一,科学中的确定真理可以说是来自观念的比较,因为作为科学对象的任何真理都是通过语词和命题表达的,而命题要么是肯定的要么是否定的,因此必然涉及对对象的比较。但是同时我们也看到绝大多数人相信很多确定的东西而不会想到用语词来表达,比如普通人都相信自己存在,相信自己的房屋存在等,这些都不包含比较。其二,他认为休谟对产生确定性的关系的列举是不完全的,因为直觉真理和解证真理一样也有不同的种类。有些直觉真理其反面是不可设想的,如几何公理;有些直觉真理其反面则是可以设想的,比如"我感觉到一个硬的物体"和"我没有感觉到一个硬的物体"。因此,贝蒂认为休谟的推理是有问题的。在他看来,"凡是开始存在的东西必定来自某种原因"这个命题的确定性无可置疑,不过其真理性不是来自于推理而是来自于常识原则。贝蒂说,"这条公理是常识原则之一,每个理性的心灵都必定承认其为真;不是因为它可以被证明,而是因为自然律决定我们无须证明就去相信它,并且把它的反

---

① James Beattie, *Essay on the Nature and Immutability of Truth in Opposition to Sophistry and Scepticism*, Bristol: Thoemmes Press, 1996, p. 59.

面视作完全荒谬的、不可能的和不可设想的。"① 休谟关于心灵和同一性的学说也受到贝蒂的批评。休谟认为心灵和同一性是不存在的，心灵只是一堆不同的知觉而已，这些知觉以不可想象的速度前后接续并且永远处于变化之中。贝蒂指出，有两点需要注意：其一，心灵和同一性是自明的；其二，休谟的一些第一原则是不可想象的也是不可能的。根据贝蒂的观点，作为与身体不同的心灵其存在是被普遍承认的，除了少数皮浪主义者外所有的哲学家都承认这一点。心灵的观念来自意识，我们意识到我们有一个和身体不同的心灵，这种意识是不可抗拒的。贝蒂认为这是一种内感觉的证明，这种证明是直观的。推理既不能证明它也不能否证它。同一性原则也是通过意识被知觉到的，并且是同样地自明，其真理性为人类所普遍同意。如果一个人在早晨和晚上的言行像是完全不同的两个人，全世界都会认为他是精神病。因此，在他看来，许多形而上学争论的困难只是字面上的而非实在的。对于同一性问题，有人可能反驳说，如果同一性是通过意识被知觉到的话，怎么解释意识的不连续现象呢，比如在梦里意识就可能会中断。对此，贝蒂的回答还是人的本性构造使然。他说："我们的心灵存在，而且在同一个个别存在者身上持续终生，这是常识的命令（dictate）；这是我们的本性使我们不能不信的真理……"② 休谟的信念学说也是贝蒂所不同意的。休谟说信念就是观念的生动性，我们不会相信对之没有任何生动概念的东西，也不会怀疑任何对之有生动概念的东西。贝蒂认为这种观点是荒谬的，经不起反驳。比如，一个人可能认为堂·吉诃德的概念比当时的普鲁士的概念还生动，但是他相信后者是存在的而前者是不存在的。又如，一个人小时候在读鲁宾逊漂流记的故事时相信其中的每一句话，及至长大后再读这本书当然会获得更大的知觉生动性，但是他却不再相信其真实性了。所以，在贝蒂看来，知觉的生动性与我们对被知觉对象的存在的信念没有必然联系。他说，"我们从不怀疑一个对象的存在，只要我们确信我们通过感官知觉到了它，而不管这个知觉是强是弱，是清晰的还是混乱的；但是一旦我们开始怀疑这个对象是否被我们的感官

---

① James Beattie, *Essay on the Nature and Immutability of Truth in Opposition to Sophistry and Scepticism*, Bristol: Thoemmes Press, 1996, p. 114.

② James Beattie, *Essay on the Nature and Immutability of Truth in Opposition to Sophistry and Scepticism*, Bristol: Thoemmes Press, 1996, p. 91.

所知觉到，或者我们是否仅仅想象我们知觉到了它，那么我们就会同样开始怀疑其存在了。"① 据此，贝蒂还进一步批评了休谟对记忆观念和想象观念所作的区分，因为在那里休谟正是依据所谓的"生动性"进行划分的。应该说贝蒂的这个批评是比较中肯的。

总的来看，贝蒂的《论真理》与其说是一本哲学著作，还不如说是一本论战之作。贝蒂之所以享誉一时，显然不是因为这本著作已经从学理上完全驳倒了休谟的怀疑主义，毋宁说他的著作的出现适逢其时，即正好迎合了当时许多人尤其是宗教人士对怀疑主义的厌恶心理。今天很少有人还能知道贝蒂的名字以及他的学说，正如格雷汉姆所说，"今天他的名声就像是传说中的故事。他的散文著作在他那个时代如此受到称颂，现在都被遗忘了。"② 不过，客观地说，贝蒂绝非一无可取。例如，众所周知，康德就是通过贝蒂的著作而了解到休谟的《人性论》的。而贝蒂对休谟的批评也包含着一定的合理性。比如，贝蒂批评休谟哲学存在着许多"悖论"和"不一致"。在这一点上，休谟著作的编辑者塞尔比－比格（Selby-Bigge）持相同看法，但表述得更为清晰。他说："读休谟的哲学著作需要极为小心。他写的每一页，尤其是《人性论》中的每一页，都有丰富的内容。他以各种不同的方式，在各种不同的联系中，说了那么多不同的事情，而且毫不在意他以前是怎么说的，这就使人很难肯定地说出他是否讲过这个或那个特定的学说。……这就使得在休谟那里很容易找到所有哲学，要不就是把一段陈述和另一段陈述对立起来，以至于什么都找不到。"后来的莱尔德（John Laird）、本尼特（Jonathan Bennett）和弗卢（Antony Flew）等也都批评休谟哲学中的这种相互矛盾的方面。③ 另外，贝蒂指责休谟持有白人至上主义观点。例如，休谟在《论民族特征》一文中曾明确提到，"我怀疑，黑人，以及一般而言，所有其他人种（有4或5种）都要天生低于白人。没有一个其他肤色的文明国家超过白人，也没有一个杰出的个人超过白人，无论是在行动上，还是在思辨上"。后

---

① James Beattie, *Essay on the Nature and Immutability of Truth in Opposition to Sophistry and Scepticism*, Bristol: Thoemmes Press, 1996, p. 96.
② Henry G. Graham, *Scottish Men of Letters in the Eighteenth Century*, London: Adam and Charles Black, 1901, p. 272.
③ C. M. Schmidt, *Hume: Reason in History*, PA: Pennsylvania State University Press, 2003, P. 4.

来，休谟将之改为："我怀疑，黑人要天生低于白人。极少有这种肤色的文明国家，也很少有这种肤色的杰出个人，无论是在行动上，还是在思辨上。"据说，休谟把所有其他非白色人种减至只有黑人低于白人就是为了规避贝蒂的批评。① 然而，即便如此，休谟仍然难以为他的种族主义立场辩护，虽然他本人对奴隶制坚决反对。

二 坎贝尔和证据理论

乔治·坎贝尔（George Campbell, 1719—1796）出生于阿伯丁，15岁入马里沙尔学院学习逻辑、形而上学、圣灵学、伦理学和自然哲学。1762年坎贝尔出版了针对休谟的著作《论神迹，对休谟提出的原则的考察》（*A Dissertation on Miracles, Containing an Examination of the Principles Advanced by David Hume*）。由于这部书，1770年坎贝尔成为马里沙尔神学院的教授。坎贝尔的常识哲学思想主要受到里德的影响，强调感官证据的可靠性。坎贝尔的代表作是《哲学的修辞学》（*The Philosophy of Rhetoric*, 1776），其中的主要内容都曾在阿伯丁哲学学会上宣读过，并得到其他哲学家的高度评价。麦考什甚至认为坎贝尔的哲学才华在阿伯丁学派中仅次于里德。②

一般来说，苏格兰哲学家大多重视语言在哲学中的作用，这一点在坎贝尔身上表现得尤为突出。坎贝尔首先考察了证据的来源及其范围。逻辑真理存在于我们的概念和它们在事物中的本质中的原型之间的一致（conformity）。这种一致性要么是心灵直接知觉到的，要么是心灵通过将一些观念和其他观念相比较而知觉到的。前一种证据称为直觉证据，后一种则叫作演绎证据。坎贝尔首先考察了直觉证据。他把直觉证据分为三种：1. 纯粹来自理智（intellection）的证据；2. 产生于意识的证据；3. 产生于常识的证据。第一种证据的命题主要来自数学公理，像："1加4等于5，和同一物相等的事物相互全等，整体大于每一个部分"。不过，坎贝尔指出，其中一些所谓的公理不过就是定义而已。比如，说"1加4等于5"

---

① Andrew Valls, *Race and Racism in Modern Philosophy*, New York: Cornell University Press, 2005, p. 133.
② James McCosh, *Scottish Philosophy, Biographical, Expository, Critical, From Hutcheson to Hamilton*, New York: Robert Carter and Brothers, 1875, p. 244.

和说"我们把 1 加上 4 命名为 5"是完全一样的。在他看来，这些公理都可以还原为一个公理，即"凡存在者，存在"①。第二种直觉证据产生于意识。每个人都确信自己的存在，他不仅确信自己存在而且还确信他在思想，他在感觉，他在看和听，等等。坎贝尔认为，这种直觉不仅涉及源始情感或印象的真理，而且还涉及在将它们进行比较时所形成的许多判断。这种判断可以是关于可见对象的相似性或不同或物体的大小、颜色的轻重、口味或气味的浓淡等，这些都是自明的，可以立即被发现。根据同样的原则，我们可以准确无误地判断有关情感、美丑、和谐不和谐、雅致和荒谬。这种直觉证据和第一种直觉证据的差别在于，前者仅仅关系到抽象的概念（notions）和观念（ideas），尤其是有关数和广延，它们纯粹是知性的对象；而后者则仅关系到心灵自身及其实际的情感、印象等的存在。前者产生普遍的真理、第一原则或公理，它们可以作为科学的基础；后者虽然对于个体来说也是关键的，但是不能形成任何推理链条可以与之固定的普遍命题。② 第三种直觉证据产生于常识。坎贝尔认为这一类证据对所有的人来说都非常重要，因为它是人类知识的最初源泉。关于常识的命题通常有："凡是有一个开端的东西有一个原因""当结果中明显有将几个部分用于某种目的时，原因中有智力存在""明天自然的进程会和今天相同或将来会和过去相似""存在身体这样的东西，或存在独立于心灵概念之外的物质实体""在宇宙中除我之外还有其他的智能存在者存在""我的记忆对过去事件的清楚再现无疑都是真的"。任何人都不可能通过推理来证明它们以及更多的此类命题。③ 接着坎贝尔又考察了演绎证据。他认为演绎证据适用于两个题材，即科学题材和道德题材。他说，"所有理性的或演绎的证据都来自这两个来源中的一个或另一个：不变的属性或一般观念的关系；或者是存在于事物中的实际的，虽然可能是可变的联系。前者我们称作解证的证据；后者则叫作道德的证据。解证建立在纯理智之上，并且由一系列无可争辩的公理构成……道德证据建立在我们从经验中完善的意识原则和常识原则之上；因为它从这个普遍的假定或道德公理开始，所以就有关从过去到将来以及从我们熟知的事物到未知的事物这些特

---

① George Campbell, *The Philosophy of Rhetoric*, New York: Harper & Brothers, 1844, p. 58.
② George Campbell, *The Philosophy of Rhetoric*, New York: Harper & Brothers, 1844, p. 60.
③ George Campbell, *The Philosophy of Rhetoric*, New York: Harper & Brothers, 1844, p. 62.

殊事物（particulars）来说，它决定了将要到来的自然进程相似于迄今为止的自然进程。"① 坎贝尔认为，第一种证据主要是关于数学和广延，其性质是可以测量的，而像苦乐、德恶、智愚、美丑这些范畴，虽然它们有程度上的差别，但是却没有一个共同的标准或尺度，不可以用数字来表达，因此它们永远不可能成为解证推理的题材。修辞学在这里无事可做。修辞学的适用领域是第二种证据或道德证据，所有关于事实以及和我们无涉的事物的决定都属于第二种。两者的差别在于：其一，二者的主题不同。解证证明的主题是抽象的、独立的真理，或者说是不变的和观念的必然联系；而道德证明的主题是存在于实际存在的事物中的真实的，但却是经常变化的和偶然的联系。其二，道德证明承认有程度之别，而解证证明则不承认这一点。在道德推理中，通过一种难以察觉的渐进过程我们也可以从可能性（possibility）进到或然性（probability），并以同样的方式达到道德确定性的顶点。其三，解证证明永远不可能有反面的证明，而对于道德证明来说则不仅可能有，而且几乎总是有这种反面证明。其四，科学证明仅仅由一个连贯的系列构成，其中每一个部分都依赖于前者，而道德证明则一般都是复杂的，实际上是一堆独立的证明。对此，坎贝尔举了一个形象的例子。他说，"前者可以比作一道拱门，没有任何部分可以独立于其余部分而存在，如果其中有任何破坏，那么你就摧毁了全部。后者可以比作一座塔，其高度是由几个部分的高度叠加而成的，所以可以逐渐地减少，正如原来是逐渐地增加一样。"②

可以看出，在对知识及其证明上包括坎贝尔在内的常识学派的哲学家们基本上都接受了休谟关于"观念的关系"和"事实"的二分法。他们同意休谟关于"观念的关系"的论述，认为像数学、几何这些涉及数和量的关系的知识，因为只是对抽象观念的属性的阐释而具有无可置疑的确定性。当然他们同时也指出，正因为如此，这类知识不可能成为有关实际存在的结论的基础。他们和休谟的区别主要在于休谟否认存在"事实"的真理，而他们则认为"事实"真理也是存在的，虽然这种真理的确定性程度不如前者那么高。坎贝尔的修辞学就是以事实真理或道德真理作为其研究对象，因为毕竟较之数学公理，事实真理在数量上要多得多，在程

---

① George Campbell, *The Philosophy of Rhetoric*, New York: Harper & Brothers, 1844, p. 65.
② George Campbell, *The Philosophy of Rhetoric*, New York: Harper & Brothers, 1844, p. 68.

度上要复杂得多，而且与人生的各种经验事务也更加息息相关。因此，坎贝尔考察了经验的本质和起源。坎贝尔认为我们知觉经验事实的来源主要有两个即感官和记忆。不论是外感觉还是内感觉都是知觉的最初通道，它们给心灵提供各种事实。记忆则类似于一个储藏室（repository），它将从感觉那里获得的材料加以保存。很明显，记忆的作用非常重要，因为如果没有记忆心灵中就只有来来去去的瞬时感觉材料，知识就变得不可能。和里德一样，坎贝尔也认为记忆是过去的感觉印象所留下的痕迹，是过去的实在存在过的源始证据。不过，坎贝尔指出，这两个官能只能让我们获得关于个别事实的知识，如果要进一步发现事物的本质以及调节我们的行为，那么它们还是不够的。比如，我们经常观察到一块石头在没有受到阻碍时会落向地面，仅有这个孤立的事实不会在心灵中留下什么影响。但是在其他时间我们又观察到一个瓦片、一个苹果也会往下落。这些不同的事实有一个相似之处，就是它们都会往下落。当这些相似的事实不断重复时，心灵就形成了一种保持它们的习惯。据此，坎贝尔得出结论：任何对象，如果一致地为某种特殊的结果所接续，那么心灵就会立即从前者的观念联想到后一个观念，并且期待这种习惯性结果的出现。这种保留（retention）和联想（association）就是经验。实际上，这种期待不过就是从经验得来的特殊结论。① 坎贝尔把道德推理分为三种，即经验、类比和证据（testimony）。第一种是经验的证明。坎贝尔认为经验要么是一致的，要么是不同的。比如，铁块扔到河里会下沉，而松木则会漂浮，这些结论在建立在全部的和一致的经验基础上，而像12月的最后一周不列颠的任何地方会下雪就是或然的。② 不过，坎贝尔认为虽然感官和记忆只涉及个别者，但是我们的最初的类（species）的观念却还是来自对具有相似性的个别物的经验。例如，从查尔斯、托马斯、威廉，我们得到人的观念；从不列颠、法国、西班牙，我们得到王国的观念。不仅如此，坎贝尔认为根据经验的恒常性我们还可以做出从过去到将来的决断，以及从熟悉的事物和与之相似的不常见的事物的推断。这样，我们就可以得出结论说，在相似的条件下相似的原因总是产生相似的结果；相反，相似的结果总是出

---

① George Campbell, *The Philosophy of Rhetoric*, New York: Harper & Brothers, 1844, p. 70.
② George Campbell, *The Philosophy of Rhetoric*, New York: Harper & Brothers, 1844, p. 72.

自相似的原因。① 和经验证明相比，类比证明是一种更加间接的证明，因为它是建立在遥远的相似性上的。比如，我们根据人体中存在着血液循环的事实推测动物身上也存在血液循环，这是一种合理的类比推理。但是当我们据此推断植物体内也存在血液循环时，这个结论就不成立。因此，坎贝尔认为所有的经验推理的正确性都会由于前提和结论之相似性的遥远程度而成比例地减弱。他说，"类比证明最多只是一种软弱的支持，几乎难以被敬以证据之名。"② 第三种是证据的证明（evidence of testimony）。坎贝尔说，证据的证明被认为是严格合乎逻辑的，这种证据的真实性（veracity）不曾被经验驳倒过。就那些单一事实而言，证据是比从经验得来的任何结论更为适当的证明。从经验得来的直接结论是普遍的，表述起来像这样："这是自然的通常进程""这样一个事件可以合理地被预期，当所有的伴随条件都相似的时候"。这种结论如果应用于个体，则结论就会变弱。经验是哲学的基础，而哲学是由一系列系统整理的一般真理所构成的。相反，从证据得来的直接结论是特殊的，表述为："这就是在规定的事例中的事实。"因此，证据是历史的基础。正如我们从过去熟知经验，我们从经验中发现有关将来的一切。但是前者被荣称知识之名，而后者则仅被看作猜想（matter of conjecture）。③

三　奥斯瓦尔德论第一真理

詹姆斯·奥斯瓦尔德（James Oswald，1703—1793）也是苏格兰常识学派中的一员，他是一位牧师。他的哲学思想主要受托马斯·里德、亨利·霍姆（Henry Home，即后来的 Lord Kames，1696—1782）以及法国哲学家克劳德·布费尔（Claude Buffier，1661—1737）的影响。奥斯瓦尔德的常识哲学思想主要体现在《为了宗教利益诉诸常识》（*An Appeal to Common Sense in Behalf of Religion*）一书中。这本著作最初是以第一卷和第二卷的形式先后出版的，其中第一卷于 1766 年匿名出版，由于销量不错曾在 1768 年出过第二版，第二卷则于 1772 年出版。在第一卷中奥斯瓦

---

① George Campbell, *The Philosophy of Rhetoric*, New York: Harper & Brothers, 1844, pp. 73 – 74.
② George Campbell, *The Philosophy of Rhetoric*, New York: Harper & Brothers, 1844, pp. 75 – 76.
③ George Campbell, *The Philosophy of Rhetoric*, New York: Harper & Brothers, 1844, p. 77.

尔德强调理性与常识的不同作用，指出常识的作用在于发现包括自然律、宗教真理和道德真理在内的基本真理，而理性的作用是在基本真理的基础上推出第二真理，因此我们不可能根据理性推出上帝的存在和本质。在第二卷中，奥斯瓦尔德主要说明宗教和道德真理。

为了抵制怀疑主义，奥斯瓦尔德强调要重视常识的权威。人们看到，在日常生活中无论是有学识者（the learned）还是无学识者（the unlearned）都依常识而行，但是在对待常识的态度上二者却截然不同：无学识者尊重常识而有学识者鄙视常识。按照有学识者的观点，常识的标准随时间、地点和条件的改变而改变，这等于实际上取消了常识，因此常识不存在。显然，这种观点最后必然倒向怀疑主义。奥斯瓦尔德认为人们之所以不重视常识甚至对常识抱有误解，原因在于他们混淆了常识（common sense）与公众意见（common opinion）之间的差别。在他看来常识总是站在真理一边，而公众意见却经常是在错误的一边。那么，对于奥斯瓦尔德来说常识究竟是什么呢？奥斯瓦尔德提供了关于常识的三个非正式定义：(1) 常识是所有的理性存在者所具有的对那些明显真理的知觉和判断。① (2) 常识就是理性心灵所独具的那种对明显真理的知觉和判断。② (3) 常识是理性存在者所具有的那种知觉和判断的能力，通过这种能力，理性存在者与白痴和低等动物区别开来。③ 这三个定义的共同之处在于，都强调常识是理性存在者的一种能力；常识不是一种推理能力而是一种知觉和判断的能力。为此奥斯瓦尔德区分了人的心灵的三种官能，即知觉、判断和推理。通过简单的知觉我们知道许多存在者的明显性质，就像通过同样简单的知觉我们获得知识或者意识到我们自身的存在以及那些明显的性质和能力。通过简单的判断行为，我们能够立即断言那些是知觉对象的存在者的所有明显关系，它们之间的相互关系以及它们和我们之间的关系。通过推理能力，我们考察那些不是知觉和判断的直接对象的存在者的性质和关系，并从那些是知觉和判断的直接对象的存在者的性质和关系中将它们推

---

① James Oswald, *An Appeal to Common Sense in Behalf of Religion*, ed. James Fieser, Bristol: Thoemmes Press, 2000, p. 68.

② James Oswald, *An Appeal to Common Sense in Behalf of Religion*, ed. James Fieser, Bristol: Thoemmes Press, 2000, p. 85.

③ James Oswald, *An Appeal to Common Sense in Behalf of Religion*, ed. James Fieser, Bristol: Thoemmes Press, 2000, p. 86.

演出来。奥斯瓦尔德认为通过这三种官能我们就可以获得真理，不过真理是有不同等级的：通过知觉和判断我们得到的是基本真理（primary truth）或第一真理（first truth），而通过推理我们只能获得第二真理（secondary truth）。奥斯瓦尔德的第一真理概念可能来自布费尔。布费尔在其代表作《第一真理》（*First Truth and the Origin of Our Opinions Explained, With an Enquiry into the Sentiments of Modern Philosophers Relative to Our Primary Ideas of Things*）① 中提出第一真理的概念，他认为存在着常识的第一真理，这些第一真理不是由任何别的东西中推演出来的，相反它们是其他真理的推理前提。奥斯瓦尔德接受了这一论断，并对之作了进一步的发挥。奥斯瓦尔德认为基本真理是常识的对象，对于所有的知性来说都是极其明显的，而第二真理则是探究的对象，只为那些有学识者所知。基本真理包括诸如地球引力、动植物的运动等自然律等，第二真理则是由基本真理推出的其他真理。奥斯瓦尔德认为宗教教义和道德义务等也属于基本真理，而且宗教真理、道德的基本真理和其他通过身体器官知觉到的基本真理一样明显。他说，"虽然宗教和道德的基本真理不曾同样地被注意过，但是它们却和其他的基本真理一样自明。"② 对于宗教和道德基本真理的真理性，奥斯瓦尔德认为每个理性存在者都可以求证于自己的知觉和判断，也即求证于自己的内心证据。怀疑主义者和不信教者试图通过人的推理官能来否认宗教真理。奥斯瓦尔德认为与这些人就基本真理进行推理有害无益，在他看来怀疑主义者和不信教者应该受到常识法庭的审判。为了彻底消除人们对宗教基本真理的疑问，奥斯瓦尔德还设想了这样一个问题：即既然宗教和道德的基本真理和其他基本真理一样自明，那么它们是否具有和数学真理一样的证据呢？奥斯瓦尔德承认一个人不可能形成和数学原理相反的概念，但是却可以构造与物理学、神学和伦理学等基本真理相反的概念。不过，除了疯子之外没有人会把它当作现实。所以奥斯瓦尔德回答：这只是一个好奇心的问题（question of curiosity），而不是一个有用的问题（question of use）。他说，如果任何基本真理的证明就是那些不可抗拒、不容反驳的东西的话，那么不仅是推理的规则，而且就连理性的权威自身

---

① 这本书的法文版出版于1717年，英文版出版于1780年。
② James Oswald, *An Appeal to Common Sense in Behalf of Religion*, ed. James Fieser, Thoemmes Press, 2000, p. 78.

以及常识这些真理都有人们希望的或可以很好构想的证明。① 奥斯瓦尔德认为只有知觉和判断才能发现基本真理，而推理和直觉都不能发现基本真理。这里有一个问题，就是动物也有知觉，是否动物也可以发现基本真理呢？答案是否定的。奥斯瓦尔德认为，虽然人和动物都具有原始的动物知觉（animal perception），但是除此之外人还具有所谓的理性知觉（rational perception）。只要具有正常的感觉器官，无论是人还是动物都可以通过动物知觉来知觉到外部对象，比如冷热。理性知觉则是具有理性心灵的人即理性存在者所特有的，人还可以通过观念来把握对象，即形成对象的观念。奥斯瓦尔德的最终目的是通过树立常识的权威来排除宗教中的怀疑主义。在他看来，怀疑主义主要是由推理而起，所以要驱逐怀疑主义就必须把推理放到一边去。奥斯瓦尔德认为虽然推理和常识都是理性存在者的官能，但从地位上说常识是在推理之前而不是相反。因此对于所有的人来说，首要的任务不是去推理而是去判断。可以看出，和里德一样，当哲学家的理论与常人的常识发生矛盾时，奥斯瓦尔德总是坚决站在常识一边。他说："毫无疑问，一个哲学家应该超越庸俗的偏见；但是为了其本人的品格的安全起见，他不能把自己置于人类的常识之上。"②

第三节　晚期常识哲学的发展

苏格兰哲学后期的发展主要是由常识学派的哲学家们来维系的。晚期常识哲学的主要代表人物是杜阁尔德·斯图尔特、托马斯·布朗和威廉·汉密尔顿。布朗是斯图尔特的学生，然而他并没有完全接受常识学派的观点。相反，他却同情休谟的观点，反对里德对休谟的批判。布朗的哲学立场代表的是"更老的经验主义的联想主义倾向与里德的直觉主义观点的某种妥协"。③ 汉密尔顿不同意布朗对里德的批评，他仍然坚持里德的常

---

① James Oswald, *An Appeal to Common Sense in Behalf of Religion*, ed. James Fieser, Thoemmes Press, 2000, p. 93.
② James Oswald, *An Appeal to Common Sense in Behalf of Religion*, ed. James Fieser, Thoemmes Press, 2000, p. 36.
③ Rudolf Metz, *A Hundred Years of British Philosophy*, trans. J. W. Harvey, T. E. Jessop and Henry Sturt, London: George Allen & Unwin Ltd., 1938, p. 31.

识哲学。不过,汉密尔顿也注意到德国哲学(主要是康德哲学)的重要性,并试图把康德哲学和里德哲学结合起来。汉密尔顿之后,常识哲学逐渐衰落。

一 斯图尔特与常识哲学的新动向

杜阁尔德·斯图尔特(Dugald Stewart,1753—1828)出生于爱丁堡。他是亚当·弗格森(Adam Ferguson)的学生。1771年,斯图尔特去格拉斯哥大学听过一年里德的课。1775年至1785年斯图尔特担任爱丁堡大学的数学教授。1785年斯图尔特接替弗格森的道德哲学教席,并且在这个位置上一直工作到1810年退休。在此期间由于斯图尔特的努力,苏格兰哲学在19世纪初期的欧洲占据支配地位,影响扩展到英格兰、欧陆和美国。许多人前来向他求学,其中就包括沃特·斯考特爵士(Sir Walter Scott)、弗朗西斯·杰弗里(Francis Jeffery)、托马斯·布朗、詹姆斯·密尔(James Mill)和詹姆斯·麦肯塔什爵士(Sir James Mackintosh)等后来著名人物。斯图尔特的主要哲学著作包括:《人类心灵的哲学要义》第一卷(Elements of the Philosophy of the Human Mind,1792)[①]、《道德哲学大纲》(Outlines of Moral Philosophy,1793)、《哲学论文集》(Philosophical Essays,1810)、《人的主动能力和道德能力的哲学》(The Philosophy of the Active and Moral Powers of Man,1828)。

斯图尔特代表了常识哲学发展过程中的一种新动向,即试图把常识理性化。第一个系统提出常识原则的哲学家是里德,但是他从未使用"常识哲学"(common sense philosophy)这个名称,他的目的只是通过区分常识和理性的不同作用来使常识充当理性的基础,以此化解理性自身的危机。贝蒂、奥斯瓦尔德等则主要是站在维护宗教和世俗道德的立场上利用常识对抗理性。他们采取的策略一般都是把理性与判断区别开来,认为理性的主要功能在于推理,而判断的功能则是常识。从起源上看,判断先于理性。从地位上说,常识高于理性。因此,在他们看来,常识应该是理性的基础而不是相反。从客观上说,一方面通过他们的著作和言论的确使"常识哲学"扩大了影响,但是另一方面他们对常识的过分强调也容易给人造成"常识哲学"只讲常识不讲理性的反理性印象。正因为如此,常

[①] 第2卷出版于1814年,第3卷一直到1827年才出版。

识哲学后来受到许多理性主义哲学家们的批评和攻击。斯图尔特的工作重心就是对理性、常识以及其他相关概念作重新界说，以消除人们因为哲学语言的模糊性和歧义性而对常识哲学形成的负面看法。在进行考察之后，斯图尔特认为理性有两种意义，一种是通俗的意义，另一种是狭窄的意义。理性的通俗意义既指我们用以区别真假和对错的能力，也指我们用以结合手段来达到某种特殊目的的能力。理性的狭窄意义是指我们用以区别真假的能力和结合手段来实现目的的能力。这两种意义的不同之处在于，其中区别对错的能力被认为是一种不同的官能而被划到伦理学中。斯图尔特进一步区分了理性（reason）和推理（reasoning）。如上所言，理性是我们用以区别真假和结合手段来达到目的的能力。而推理，在斯图尔特看来，仅仅是理性的功能之一。判断（judgement）也是一个容易混淆的词语。判断通常意味着一种洞察力，这种洞察力是心灵的一种能力，它可以使人免于不适当的权威的影响。在有些情形中判断和知性（understanding）似乎是同义词。斯图尔特认为如果二者有区别，那么区别只在于知性要比判断包含更大程度的肯定能力，换句话说，知性是强烈的、有力的、全面的、深奥的，而判断是正确的、冷静的、没有偏见的、公正的和坚定的。① 斯图尔特接着讨论了第一真理（primary truth），但是他对基本真理的讨论与其他常识哲学家有明显的不同。其他的常识哲学家一般是把第一真理归结为自明的真理，并且认为自明真理来自判断或常识。也就是说，常识或判断是知觉自明真理的阿基米德点，不容置疑。显然，这些哲学家对常识原则的过分强调很容易给人以独断论的印象。斯图尔特处理这个问题的新颖之处在于，他是从定义而不是从判断入手。斯图尔特把焦点集中在两处，一是数学公理，二是和意识、知觉、记忆以及推理紧密联系的真理（斯图尔特称为 laws of belief，即信念的法则）。数学公理或数学真理的真理性没有任何人怀疑，为什么？数学公理被当作第一原则就是因为它们在直觉上是自明的吗？斯图尔特认为不是这样。数学公理和科学都建立在第一原则的基础上，而所谓第一原则都是由一些基本命题构成的。在斯图尔特看来，数学中的一些命题不过就是些定义而已，或者就等于定义。比如"1＋4＝5"不过是说我们给 5 这个数一个名称并且说这个 5 就

---

① Dugald Stewart, *Elements of the Philosophy of the Human Mind*, Boston and Cambridge: James Munroe and Company, 1855, pp. 378 – 379.

等于 1 加上 4。因此，斯图尔特认为，定义而非公理才是数学的第一原则。几何学中的定义也是其解证推理的第一原则。比如"所有的直角都和其他直角相等""整体等于部分之和"等命题的真理性都可以从定义中分析出来。定义何以能成为数学推理的前提呢？斯图尔特认为这是因为定义是纯观念之间的比较，而完全不涉及事实。换句话说，定义并不是从经验和观察中来，而是理智的纯粹创造物，因此可以避免由于感官的不完善而带来的错误。与道德真理等经验真理相比，纯数学、纯逻辑和纯理性可以被称为形而上学真理或先验真理。在数学和几何中它们也被叫作公理（axioms/maxims）。不过，斯图尔特认为这种公理不足以成为科学的基础，因为它们不过是同义反复，不能对知识有所增益。斯图尔特对第二个问题即意识、记忆、知觉和推理的讨论也非常重要。其他的常识哲学家在讨论这个问题时都是把它们置于常识原则的基础上，斯图尔特则称常识原则为人类的信念法则或信念的根本法则（fundamental laws of belief），通过意识的当下证据，我们确知各种感觉、各种情感和意志等的存在。那么我们又是如何获得自身存在的知识的？有些哲学家（如贝蒂）认为是通过意识。斯图尔特不同意这种观点。他说，根据这个词的严格的逻辑意义来看，我们自身的存在并不是意识的直接的或当下的对象。我们意识到感觉、思想、欲望、意志，但是我们没有意识到心灵自身的存在。如果没有印象作用于我们的外感觉，我们就不可能达到对它的知识。当感官受到印象刺激时，我们了解到两件事实，其一是感觉的存在；其二是我们自己作为有生命的存在者的存在。换句话说，意识活动不仅暗示了被感觉到的东西的存在，而且也暗示了在感觉和在思考的东西的存在亦即我或自我的存在。①对斯图尔特来说，我们自身存在的信念不过是意识活动的伴随物或附属物。据此斯图尔特提出，我们关于我存在以及自我的人格同一性观念不是来自意识而是来自记忆。意识只给予感觉活动的当下证明，而记忆则提供心灵在时间上持续的证明。人格同一性主要牵涉时间观念，因此它不仅预设了意识，而且也预设了记忆。而记忆的明证性是我们在推演或论证过程中必然要信任的，如果否认这一点，那么整个科学的基础就被推翻了。物质世界是否存在是近代哲学中的一个重大问题。对这个问题的回答一般有

---

① Dugald Stewart, *Elements of the Philosophy of the Human Mind*, Boston and Cambridge: James Munroe and Company, 1855, p. 392.

三种，即存在、不存在和不可知。洛克和常识哲学家们属于第一种，贝克莱属于第二种，休谟则属于第三种。常识哲学家认为物质世界的存在不是通过证明得来的，而是由我们的本性构造所决定的，他们称为常识原则、第一原则或第一真理。斯图尔特同意这种看法，但是他放弃了常识原则等名称，而代之以"人类信念的根本法则"（fundamental laws of belief）或"人类理性的第一要素"（primary elements of human reason）。除了拥有物质世界存在的信念外，斯图尔特认为我们还持有对自然律一致性的信念、对动力因的信念以及在我们之外还有其他有智慧的存在者的存在信念等。这些都是"思想的基本法则"（elemental laws of thought）。① 虽然这些思想的基本法则各不相同，但是都存在于我们的理性能力中。

前面说过，这些思想的基本法则本身实际上并不能扩展我们的知识范围，斯图尔特也承认这一点。他要强调的是这些思想的基本法则应该是而且也必须是所有推理的原点和基础。数学中的演绎证明被认为可以达到最高的确定性，洛克认为之所以如此是因为构成演证的每一步都具有直觉上的明证性，里德则认为是由于第一原则必须是直觉上确定的。斯图尔特认为并不是因为直觉的保证，而是因为数学推理中的第一原则是定义。总之，无论前提始于何处，数学的确定性无疑是被普遍承认的。这与精神科学（moral science）中的意见纷纭形成了鲜明的对比。哲学家们很早就被数学的这种魔力所吸引，并且一直试图找出数学和其他科学的差异。一些逻辑学家如孔迪亚克和莱布尼兹认为，数学之所以比其他科学精确，并不在于其本身有什么特别的优点，而只是因为它使用了更好的语词或语法（phraseology），因此通过构造同样的语法其他科学也可以达到和数学一样的精确性。斯图尔特认为这是一种空想的理论，因为它忽视了数学和其他科学之间的本质区别。数学的精确性是由于它避免了由于感官的不完善所造成的错误，而像精神科学等由于和事实（通过感官证据）相联系所以永远达不到数学的那种精确性。不过，斯图尔特承认，通过对语词的重新解释，精神科学确实也可以获得成功。按照他的观点，这种通过设计任意的定义来构造的科学能够达到和几何一样的确定性，只要这些定义表达的内容是可能的而且相互之间是融贯的。这些定义无须和事实保持一致，因

---

① Dugald Stewart, *Elements of the Philosophy of the Human Mind*, Boston and Cambridge: James Munroe and Company, 1855, pp. 394–395.

此真假并不适用于它们。显然，这种经过重新构造的科学实际上就是一门理论科学，就其自身而言它是精确的，但是由于仅仅是概念构造，所以它并不负有解释事实的义务。可以看出，斯图尔特对常识哲学的解释理性化色彩很浓。正如前文所说，他的理论预示了常识哲学发展的新动向，即试图把常识加以理性化。这种努力后来在汉密尔顿那里表现得更明显。

二 布朗论因果关系

托马斯·布朗（Thomas Brown，1778—1820）出生于苏格兰，14岁进入爱丁堡大学，1793年夏他读了杜阁尔德·斯图尔特（Dugald Stewart）的《人类心灵的哲学要义》第一卷，这使他参加了第二年冬季斯图尔特举办的系列讲座。在斯图尔特的影响下，布朗对哲学和文学产生了极大的兴趣，但是他仍然选择了医学作为自己的职业。五年后，斯图尔特生病不能正常教学，他任命布朗代替他行使在爱丁堡的道德哲学教学工作，这个机缘使得布朗又回到了哲学。1810年他正式接替了斯图尔特的道德哲学教席。在年仅20岁时，布朗就发表了名为《对伊拉斯莫斯·达尔文的动物学的考察》（Observation on the Zoonomia of Erasmus Darwin, M. D.）一书。1818年出版的《因果关系研究》（Inquiry into the Relation of Cause and Effect）更是成为他的代表作，在当时广为人知。和其他常识哲学家不同，布朗公开批评里德的常识哲学，但是此书表明他并没有脱离常识哲学的基本立场。

布朗的《因果关系研究》一书主要是对休谟的因果关系理论的回应。这本书的主要目的是：确定构成因果关系的要素；考察因果关系的信念在心灵中产生的各种条件；对休谟学说的评价以及对其他哲学家对休谟评价之评价。在哲学倾向上布朗基本上也是沿着经验主义的路线，即把观察和经验作为哲学研究的起点。关于因果关系，布朗赞同休谟的观点，即无论是理性还是经验都不能为自然的齐一性信念提供基础，但是在因果关系的来源上他又不同意休谟的"习惯说"，而提出"直觉说"或"本能说"。为了考察因果关系的构成要素，布朗把因果关系、变化和变化的规则性结合起来。他首先指出外部（物质）世界是一个充满变化的系统，所有的物体都处在永不止息的运动之中。内部（精神）世界的现象虽然与外部的物质世界有着不同的秩序，但是它们也在永远地变化着。每时每刻我们的意识、感觉、思想、情绪都在不断地前后相续。通过观察可以发现，这些变化虽然各不相同，但是它们有一个共同的特点即规则性（regularity），就是说在相似的条件下，过去发生的不但现在会发生，而且将来还会发生。这样我们就不但获得关于过去和现在的知识，而且还获得了关于将来的知识。这种关于将来的知识尤其重要，它不仅对于研究科学，而且对于保存生命和指导人生也都是必不可少的。

那么这种规则性究竟是什么呢？布朗认为，是一致的先行关系（uniform antecedence）。在他看来，这种一致的先行关系构成了能力（power）和因果关系（causation）的所有哲学意义，并且对于物质现象和精神现象同样适用。布朗特别强调这种所谓的"一致的先行关系"，指出这种先行关系不是偶然的在先性，而是不变的在先性，也就是说一个对象或事件不是一次先于另一对象或事件，而是过去、现在和将来都一致地为另一对象或事件所伴随。据此，布朗给原因和结果下了一个定义，他说："我们把原因这个给予这样的对象即我们相信它是某种特殊变化的不变的先行者；相反地，我们把结果这个名称给予那个不变的伴随者；这种关系，如果抽象地考虑的话，我们将不变的先行者的对象命名为能力（power），而将在变化中表现出不变的伴随者的对象命名为易感性（susceptibility）。"① 以火为例。火有熔化金属的能力，而金属则易于被火所熔化。在这里，火是金属熔化的原因，而熔化则是使用火的结果。不过，布朗认为原因的最全面的哲学定义应该是："当下先于所有变化，而且存在于相似条件中的任何时间，一直是，并将总是立即为一个相似的变化所伴随。"② 可以看出，布朗关于原因的定义包括三部分，即先行者、伴随者和二者间的一致关系。先行者即引起变化者，即原因或能力；伴随者是被变化者，即结果；先行者和伴随者之间必须是一致的关系，即先行者总是有伴随者跟随，三者缺一不可。在布朗那里，能力的概念是和因果关系相当的概念，非常重要。休谟否定了能力概念，布朗则保留了能力概念。不过和休谟一样，布朗也抛弃了能力的神秘性观念，即把能力看作存在于原因中的某种神秘的性质。为此，他区分了能力、属性和性质三个概念。在他看来，三者非常

---

① Thomas Brown, *Inquiry into the Relation of Cause and Effect*, 4th edition, London: Henry G. Bohn, 1835, p. 12.
② Thomas Brown, *Inquiry into the Relation of Cause and Effect*, 4th edition, London: Henry G. Bohn, 1835, p. 13.

接近，唯一的区别在于属性和性质既包含能力也包含易感性，即产生变化的能力和对被改变的易感性，而能力则不能应用于后者。他说，"实体的能力、属性或性质不可被认作任何添加到实体中去的东西或者是和它不同的东西。它们就是实体自身，就是实体出现在特定的状况中时和所发生的各种变化的关系。"① 用布朗自己所举的例子就是，我们并没有给绿宝石（emerald）加上绿性（greenness），或者给黄金加上黄性（yellowness），或者给明亮的拱形天空加上蓝性（blueness），或者给偶尔遮挡了它的雾状云块加上黑暗性（darkness）；而是绿宝石、黄金、天空、云彩以某种方式影响了我们的视觉。② 可见，布朗的能力概念不是实体的某种隐秘性质而只是和实体发生的变化有关，具体来说就是先行者和伴随者之间的一致的变化关系。布朗说，我们知觉到一系列物体，它们按次序发生变化，当我们说这些物体的能力时，我们说的不过是这些物体在其变化中的某种不变的次序的规则性。比如在外部世界的任何序列中，当我们说 A 是 B 的原因时，我们的意思不过是，A 现在为 B 所伴随，而且一直总是为 B 所伴随。我们说的不是在一个单个的例子中的在先性，而是不变的在先性；并且相信没有即时的伴随者 B 也就永远不会发现 A。在被我们用来表示这种一致关系的所有字面区分中我们想象不出更多的东西。③ 前面考察的都是因果关系的最简单的情况，即一个先行者 A 为一个伴随者 B 所跟随：A→B。实际当中的情况要比这复杂得多，所以布朗又假设了这样一个问题：在 A→B→C 这个序列中，A 有能力在 B 中产生一个变化，如 X，这个变化既不同于 A 也不同于 B，即 A→X→B；同样，B 有能力在 C 中产生一个变化，如 Y，这个变化既不同于 B 也不同于 C，即 B→Y→C。这样，我们有没有给这个序列添加什么新东西？布朗认为没有。在他看来，这种做法最多只是改变了序列的数目，使得原来简单的序列变得复杂起来，即由 A→B→C 变成 A→X→B→Y→C，而没有产生任何不同于这个序列的新内容。

---

① Thomas Brown, *Inquiry into the Relation of Cause and Effect*, 4th edition, London: Henry G. Bohn, 1835, p. 16.
② Thomas Brown, *Inquiry into the Relation of Cause and Effect*, 4th edition, London: Henry G. Bohn, 1835, p. 21.
③ Thomas Brown, *Inquiry into the Relation of Cause and Effect*, 4th edition, London: Henry G. Bohn, 1835, p. 32-33.

根据前文可知，布朗的因果关系概念，即能力概念既和实体有关也与时间有关，这两者都涉及变化。能力离不开实体，离开实体就没有能力，能力是实体的变化。能力也离不开时间，离开时间也不存在能力，能力是实体在时间中的一致变化。① 因此，因果关系或能力实际上就是一种关系，即先行者和伴随者之间的关系，这种关系必然地包含了对将来的某种变化的期待，即期待这种变化和先前的变化一样精确地相似。这种期待从何而来？解决这个问题就是要说明因果关系信念的来源问题。休谟此前已经否定了理性和经验作为因果关系信念来源的证明，而把因果关系信念的产生归结为习惯。布朗同意休谟关于理性和经验不能证明因果关系信念的观点。他说，"如果仅仅我们的感官就可以使我们预测某种我们从未观察到过的现象，那么所有的人都可以成为哲学家，而不用麻烦去做哲学推理了（philosophizing）。"② 当我们说，B 明天会伴随着 A，因为今天 A 为 B 所跟随，我们并没有证明将来和过去相似，而是把将来会和过去相似视作当然。我们只需问自己，我们为什么相信这种序列的相似性；我们不能陈述这个推理的任何理由就可以说服我们，这种信念——我们不可能感觉不到，是其他某种原则而不是理性的结果。③ 但是布朗不同意休谟关于因果关系信念所作的习惯解释。在他看来，习惯不能用来说明因果关系信念的来源，因为习惯本身也是来自经验。知觉、推理、直觉是信念的唯一来源；如果，甚至在经验之后——因为经验在每种情形中都是必然的，当我们相信将来的序列和我们观察到的过去相似时，我们的信心不是来自知觉，也不是来自推理，我们必须将之归于唯一剩下的来源。我们的确不是在我们周围的对象中也不是在任何我们内在的情感中知觉到能力；因为作为瞬间的情感，知觉局限于其所是的东西（what is），而不会扩展到其将是的东西（what is yet to be）。确实，我们不是通过理性发现它的；因为，没有证明可以显示，为什么将来应该精确地和过去相似，而不是在任何方面与之不同，这是不依赖于我们的不可抗拒的信念本身的。简单说，我们

---

① 按照布朗的观点，实体可以不需要空间，比如在意识中，但是如果没有时间实体的变化就是不可想象的。
② Thomas Brown, *Inquiry into the Relation of Cause and Effect*, 4th edition, London: Henry G. Bohn, 1835, p. 170.
③ Thomas Brown, *Inquiry into the Relation of Cause and Effect*, 4th edition, London: Henry G. Bohn, 1835, p. 178.

相信一致性，不是因为我们可以向别人或向我们自己解证它，而是因为我们不可能不去相信它。这种信念在每种情形下都是直觉的；而直觉不需要论证，作为直觉自身，它是迅捷的和不可抗拒的。① 因此，如果直觉是真的，那么把信念的起源归于一种直觉的原则就是把它固定在最为坚实可能的基础上。② 可以看出，布朗用直觉信念而不是习惯来解释因果关系的来源，这和常识哲学的论证思路是完全一致的，说明布朗并没有脱离里德哲学的范围。格莱夫（S. A. Grave）说布朗和里德之间的不同更像是家庭争吵，可谓一语中的。③

三 汉密尔顿论知识的相对性

威廉·汉密尔顿（William Hamilton, 1788—1856）出生于格拉斯哥大学，他的父亲托马斯·汉密尔顿博士（Dr. Thomas Hamilton）是这个大学的解剖学和自然史教授。1803 年，汉密尔顿进入格拉斯哥大学，在那里学习逻辑和道德哲学。1807 年，他获得去牛津深造的斯内尔奖学金（Snell Foundation），从而又进入贝列尔学院（Balliol College）学习。1817 年和 1820 年汉密尔顿曾两次前往德国，接受了德国哲学尤其是康德哲学的影响，而德国哲学在当时几乎被所有的英国大学所忽视。1820 年托马斯·布朗去世，其职位处于空缺状态，汉密尔顿被选为爱丁堡大学的道德哲学教席的候选人，不过后来由于政治背景方面的原因败给约翰·威尔逊（John Wilson, 1785—1854）。1821 年汉密尔顿被任命为国内史教授，1836 年被选为爱丁堡大学逻辑和形而上学教授。汉密尔顿的著作有《形而上学和逻辑讲演集》（*Lectures on Metaphysics and Logic*, 1859—1860）、《哲学和文学讨论集》（*Discussions on Philosophy and Literature*, 1861）等。汉密尔顿的贡献主要在于从 1846 年至 1863 年编辑出版了《托马斯·里德著作集》（*The Works of Thomas Reid*），以及将英国哲学和德国哲学结合方面进行的初步尝试等方面。

---

① Thomas Brown, *Inquiry into the Relation of Cause and Effect*, 4th edition, London: Henry G. Bohn, 1835, pp. 245-246.
② Thomas Brown, *Inquiry into the Relation of Cause and Effect*, 4th edition, London: Henry G. Bohn, 1835, p. 372.
③ S. A. Grave, *The Scottish Philosophy of Common Sense*, Oxford: Oxford University Press, 1960, "Introduction".

如前所述，由于常识哲学家重常识抑理性，以至于容易给人以常识哲学家不重理性而与俗见站在一边的印象。斯图尔特通过概念的改造而在调和常识与理性的道路上迈出了第一步。汉密尔顿则进而试图把康德的哲学和里德的哲学给结合起来。由于其极为丰富的学识，汉密尔顿被称为所有苏格兰形而上学家中最为博学的人。① 汉密尔顿对哲学的最重要贡献是1829年他发表在《爱丁堡评论》(*Edinburgh Review*)上的一篇文章《无条件者的哲学》(*Philosophy of the Unconditioned*)以及他在编辑里德著作时所作的注释等。《无条件者的哲学》主要阐述一种知识相对性理论，其核心思想是只有在某种条件下人类的知识才是可能的，通过这些条件我们不得不相信一个超越的无条件的实在。所有我们的知识都是相对的和有限的。我们知道的每件东西都是相对于其他的知识对象和一个认知的心灵，因此是有条件的。根据这一点，我们形成的关于无条件存在的任何概念都是否定的。比如绝对（the Absolute）是对相对（the Relative）的否定，无限（the Infinitive）是对有限（the Finite）的否定。汉密尔顿认为无条件者是不可认识的和不可设想的，作为只是相对者之否定的观念最后才可能被肯定地知道和设想。汉密尔顿对无条件者中的无限者和绝对者又作了区分。在他看来，所谓无限者，是无条件地无限（unconditionally unlimited）；而绝对者则是无条件地有限（unconditionally limited）。心灵不能构想它们中的任何一个。因此，"思维就是设限"（To think is to condition）。我们只能局限于有条件的有限者（the conditionally limited）。就知识而言我们不可能超越于有限者、相对者和现象之上。② 我们的知识，不管是关于心灵的知识还是关于物质的知识，都只是现象的知识。因此，"从某种意义上说，沉思物质世界和心灵世界的哲学家是一个无知的崇拜者。"③汉密尔顿认为，无限者只是一束否定——对处于其极端对立面的有限者的否定，它们仅仅是由于语言以及它们的不可理解的共同特性的帮助才被绑定在一起。"但是明显的事实是，有限者和相对者并不是对立的，它们甚

---

① James McCosh, *Scottish Philosophy, Biographical, Expository, Critical, From Hutcheson to Hamilton*, New York: Robert Carter and Brothers, 1875, p. 416.
② Henry Laurie, *Scottish Philosophy in Its National Development*, Glasgow: James Maclehose and Sons, 1902, p. 257.
③ Henry Laurie, *Scottish Philosophy in Its National Development*, Glasgow: James Maclehose and Sons, 1902, p. 260.

至不是不同的。在语言里可以对它们进行正式的区分，但是这只是意味着同样的东西可以从不同的角度去看而已。"按照汉密尔顿学说，有限者是相对于其他的东西而言，而相对者由于受和它相对的东西的限制，因而是有限的，这样，建立在相对和有限区分基础上的绝对者和无限者的区分就不能够成立。①

汉密尔顿的常识哲学是以意识为出发点的。他同意常识学派的基本原则即存在着意识的基本信念或原始材料，这些必须被认作可靠的。在他看来，任何论证都不可能无穷回溯，因此必定存在着自身就具有明证性的命题，这些命题必须被认作其他真理的保证（warrant）和标准（criteria）。即使是宣称所有的知识都来源于经验的经验主义哲学，实际上也承认某种法则或原则，这个法则或原则被用来保证其论证过程的进行。作为知识的根本条件，认知的基本要素存在于心灵自身的构造中，它们证明自己，因此必须被认作真的。汉密尔顿说，"假设它们是错误的，就是假设我们被创造成有理智能力，只是为了变作幻觉的牺牲品；就是假设上帝是一个骗子，我们的本性之根是一个谎言。但这样的假设，虽然没有理由，明显是不合法的。"② 汉密尔顿把意识区分为两种，即"意识的材料"（data of consciousness）和"意识的表达"（deliverances of consciousness）。意识的材料是仅就自身考虑的意识，意识的表达是证明某种它自身之外的东西。前者超越了所有的怀疑主义，因为怀疑自身也是意识的一种表现。在汉密尔顿看来，只有这一点得到所有哲学家的一致同意，不管是怀疑主义者还是观念主义者，古代的还是近代的。而后一种则有可能受到怀疑。在知觉中我们直接地意识到一个物质的和广延的非自我。对于这种意识的证据我们不可怀疑，因为我们不论在哲学中还是在生活中都必须建立在意识真实性的基础上。非广延的主体是如何认知到一个非广延的对象的？这个问题无法回答，因为这是由意识的源初材料给予我们的。意识的真实性原则就确立了心灵和物质的实在性。自然实在论是唯一和意识的事实相符的学说。在这种学说中哲学和常识达成了和解。和里德以及其他常识哲学家

---

① Henry Laurie, *Scottish Philosophy in Its National Development*, Glasgow: James Maclehose and Sons, 1902, p. 262.
② O. W. Wight ed., *Philosophy of Sir William Hamilton*, New York: D. Appleton & Company, 1866, p. 21.

诉诸于常人的判断不同，汉密尔顿认为虽然常识对于哲学家和常人都是一样的，但是只有哲学家才能对其作出判断。按照他的观点，常识原则有四个特点即：（1）不可思议性。就是说，作为常识原则的基本信念是不可解释的。（2）简单性。就是说不可能有比常识原则更简单的成分。（3）必然性和普遍性。（4）相对的明证性和确定性。所谓相对的明证性和确定性是说，常识原则的第一真理比其他的真理更为明白和确定。亨利·洛瑞（Henry Laurie）认为，在提出必然性和普遍性之后明证性和确定性就是多余的。①

汉密尔顿不同意布朗对里德的指责，但是也不同意里德的一些观点。里德把意识看作心灵的众多认知官能之一，而汉密尔顿则认为意识是所有理智活动的共同条件和根本形式。"每一种理智活动都是变相的意识（modified consciousness），意识是其余认知能力的全称。"② 汉密尔顿提出，"意识和直接知识因此是可以普遍地进行转换的词语；如果有对外部事物的直接知识，那么必然就有对外部世界的意识。"③ 按照他的观点，里德对意识的错误分析就其本身而言与其说有多重要，还不如说导致了结果上的混乱，因为如果他要是把这个词等同于一般的直接知识来使用的话（不管是不是关于自我的知识），布朗就不会误解他的学说。汉密尔顿认为，里德的第二个错误是没有区分"表象知识"（representative knowledge）和"直觉知识"（presentative/intuitive knowledge）。在他看来，意识或直接知识是仅仅关于现在的和实际的东西，而过去的或可能的东西要么根本不能为我们所知，要么只能通过现在的或实际的东西为我们所知，也就是说，间接地为我们所知。按照他的观点，间接的知识必然是表象知识，因为"如果现在的和实际的东西通过自身而使过去的和可能的东西为我们所知，那么就只有通过间接地替换或表象才能做到"。汉密尔顿认为，过去的知识由记忆给出，而可能的知识由想象给出，这两种官能都是一种表象知识的能力。他说，在记忆和想象中没有任何我们意识到的对象

---

① Henry Laurie, *Scottish Philosophy in Its National Development*, Glasgow: James Maclehose and Sons, 1902, p. 269.
② O. W. Wight ed., *Philosophy of Sir William Hamilton*, New York: D. Appleton & Company, 1866, p. 172.
③ O. W. Wight ed., *Philosophy of Sir William Hamilton*, New York: D. Appleton & Company, 1866, p. 177.

超出自我的范围之外,而且已知的对象都是相对于一个假定的实在。在他看来,正是由于对"观念论"的恐惧,里德没能看到这两种官能必然是间接的和表象的。①

　　汉密尔顿的知识相对性理论和他的知觉理论之间存在明显的矛盾。在知识相对性理论中汉密尔顿认为我们只能认识现象而不能认识事物自身,因此我们的知识都只是关于现象的知识。用洛瑞的话说,"里德发明的用来防范怀疑主义和观念主义的常识哲学,经过汉密尔顿的改变后又被带回到这样一种结论即任何东西都不可知,除了转瞬即逝的意识现象之外没有任何东西可以被肯定或否定"②。但是,他的知觉理论又认为我们可以获得关于事物的知识。因此,汉密尔顿的哲学包含着内在的、不可调和的矛盾。汉密尔顿本人对此也感到非常困惑,他说,"非广延的东西如何能够理解广延的东西?不可分的东西如何能衡量可分的东西?对人来说,这是神秘中的神秘。"③

　　汉密尔顿是晚期苏格兰常识哲学的代表性人物。通过他的努力,苏格兰常识哲学的影响力曾一度达到顶点。然而在他之后,常识哲学迅速走向衰落。其原因大致如下:第一是由于常识哲学自身的理论局限性,常识哲学过多地诉诸直觉和本能,因此在理论上显得不够深刻,而且也不利于理论研究的深入;④ 第二是由于后来苏格兰没有再出现大的哲学家;第三当然也是由于康德批判哲学的出现,哲学世界的中心已经开始从苏格兰转移到了德国。苏格兰常识哲学不得不面对和因应这种变化。

第四节　常识哲学的观念论转向

　　进入 19 世纪后,德国观念论在本土日渐式微之际,却意外在英国获

---

① O. W. Wight ed., *Philosophy of Sir William Hamilton*, New York: D. Appleton & Company, 1866, p. 178.
② O. W. Wight ed., *Philosophy of Sir William Hamilton*, New York: D. Appleton & Company, 1866, p. 291.
③ Henry Laurie, *Scottish Philosophy in Its National Development*, Glasgow: James Maclehose and Sons, 1902, p. 283.
④ 周晓亮主编:《西方哲学史》第四卷"近代:理性主义和经验主义,英国哲学",凤凰出版社、江苏人民出版社 2004 年版,第 566 页。

得了一段新生，而英国观念论最为盛行的地方又是苏格兰。就像布歇尔（David Boucher）指出的那样，"如果说观念论统治了19世纪上半叶直至第一次世界大战时期的英国哲学，那么同样可以说苏格兰人统治了英国观念论。就其成为一场国际运动来说，正是苏格兰哲学家处在探究的最前沿。"① 具体原因大致有三。其一，在对待苏格兰自己的哲学遗产上，苏格兰哲学家们内部存在分歧。作为苏格兰观念论的先行者，费瑞尔一方面拒绝常识哲学，另一方面又宣称其哲学的苏格兰性质。凯尔德明确站在德国哲学一边，主张绝对观念论。塞斯则既反对英国经验主义，也反对黑格尔主义在英国的变种，提倡个体观念论。其二，外部影响尤其是德国哲学的影响日益加深。塞斯说，"众所周知，近来许多苏格兰最好的哲学系学生都只是若即若离地秉持民族传统这根线了。很难否认，我们年青一代的大学人的哲学作品更多地打上了德国的印记而不是本土的印记。"② 包括塞斯本人在内，许多苏格兰哲学家都曾前往德国学习哲学。费瑞尔甚至对法国哲学家库辛的折中主义体系也很熟悉。其三，和那些体系哲学家相比，苏格兰哲学家显然更为关注社会、政治和宗教等方面的问题。③ 例如，斯特林之所以向英国人介绍黑格尔主义，是因为他认为后者有助于恢复信仰。凯尔德则从学生时代起就对进步事业感兴趣，并且终身支持自由教育和妇女权利。总之，19世纪及以降的苏格兰哲学可以说是一方面背负着传统前行，另一方面也在寻找新的方向。

一 费瑞尔：观念论的先行者

詹姆斯·费瑞尔（James Frederick Ferrier）1808年6月16日出生于爱丁堡一个显赫的家庭。父亲约翰·费瑞尔（John Ferrier）是一位成功的

---

① Gordon Graham ed., *Scottish Philosophy in the Nineteenth and Twentieth Centuries*, Oxford: Oxford University Press, 2015, p. 154.
② Andrew Seth, M. A., *Scottish Philosophy*: *A Comparison of the Scottish and German Answers to Hume*, Edinburgh and London: William Blackwood and Sons, 1855, pp. 1 – 2.
③ 威廉·詹姆斯在谈到这一现象时也说，"这是一件奇怪的事情：黑格尔在德国被埋葬之后，在英国和这里（美国）却复活了。我认为，他的哲学对于我们自由形式的基督教的发展可能将有重要影响。它给予这种神学以准形而上学的骨架，而这正是后者历来需要的。" 在德国，黑格尔主义完全不能阻止唯物主义的发展；事实是它被介绍到英国就是为了实现这一目的。见[澳]约翰·巴斯摩尔：《哲学百年 新近哲学家》，洪汉鼎等译，商务印书馆1996年版，第55页。

律师。姑母苏珊·费瑞尔（Susan Ferrier，1782—1854）是小说家。母亲玛格丽特·威尔逊（Margaret Wilson）是约翰·威尔逊（John Wilson，1785—1854）的妹妹，后者是当时一流的诗人、作家，还担任过爱丁堡大学精神哲学教授职位。① 甚至托马斯·德·昆西（Thomas De Quincey，1785—1859）等名人都是他们家的座上宾。1825 年，费瑞尔在爱丁堡大学接受教育，后转到牛津大学麦格达伦学院（Magdalen College），1832 年完成学业，并获得学士学位。正是在这里的最后一年，费瑞尔遇到了威廉·汉密尔顿爵士。不过，费瑞尔一开始对哲学似乎并没有太大兴趣。1833 年，费瑞尔做了一名律师。然而，几年的律师生涯未能让他产生丝毫的留恋。部分原因可能是，在此期间费瑞尔已经被形而上学思辨的激情所占据和缠绕。他积极参加汉密尔顿的知识分子圈子，并于 1834 年去德国海德堡大学学习哲学。可惜的是，此时德国古典哲学已处在巨星陨落的时代：康德（1724—1804）、费希特（1762—1814）、黑格尔（1770—1831）相继去世，只有谢林（1775—1854）尚在。

德国古典哲学，尤其是黑格尔的形而上学在多大程度上影响了费瑞尔不得而知，但是这种影响肯定存在，从一件小事上就可以看得出来，例如费瑞尔听过谢林的课，当他从德国返回时还特意捎了一枚黑格尔的纪念章和一张照片。② 1837 年，费瑞尔迎娶了威尔逊教授的女儿。1838—1839 年，费瑞尔在《布莱克伍德杂志》（*Blackwood Magazine*）③ 上发表题为

---

① 1820 年，威尔逊"出乎意料地"以 21 票对 9 票的优势击败当时另一位被认为是最合适不过的候选人，即哲学家威廉·汉密尔顿爵士，当选为爱丁堡大学的精神哲学教授。本来，威尔逊的专长并不在此，但是由于他所在的托利党占据镇议会的大多数，并且得到他的朋友沃特·司科特爵士（Sir Walter Scott）强力支持，所以最后赢得了选举。可见，这场选举实际上变成了一个政治事件。

② E. S. Haldane，*James Frederick Ferrier*，Edinburgh and London：Oliphant Anderson，1899，pp. 32 – 33.

③ 该杂志是由出版商威廉·布莱克伍德（William Blackwood）建立的，最初被称作《爱丁堡月刊》（*Edinburgh Monthly Magazine*）。第 1 期出版于 1817 年 4 月，编辑是托马斯·普林格（Thomas Pringle）和詹姆斯·克雷格霍恩（James Cleghorn）。由于不太成功，布莱克伍德解雇了普林格与克雷格霍恩，亲自主编，并将杂志改名为《布莱克伍德爱丁堡杂志》（*Blackwood Edinburgh Magzine*），最后简称为《布莱克伍德杂志》。《布莱克伍德杂志》被认为是辉格党支持的《爱丁堡评论》（*Edinburgh Review*）的对手。和托利党的另外一个主要杂志《评论季刊》（*Quarterly Review*）相比，《布莱克伍德杂志》在风格上要更具战斗性。这一点主要归功于当时化名为克里斯托弗·诺斯（Christopher North）的约翰·威尔逊的作品。费瑞尔能在《布莱克伍德杂志》上发表文章，多少也得益于威尔逊的帮助。

"意识哲学导论"的系列文章，开始崭露头角。1842年，他获聘爱丁堡大学文明史教授。在这里，费瑞尔与汉密尔顿建立了良好的私人关系。在汉密尔顿的推荐下，1845年费瑞尔担任圣安德鲁斯大学的精神哲学和政治经济学教授。1852年，费瑞尔申请因威尔逊退休而空缺的爱丁堡大学精神哲学教授职位，可惜以微弱劣势未获通过。于是，在接下来的时间里他安心地完成了哲学著作《形而上学基本原理：认识论和存在论》。1856年，费瑞尔又申请因为汉密尔顿去世而留下的爱丁堡大学逻辑学和形而上学教授职位，但是爱丁堡镇议会选择了另一位哲学家弗雷泽（A. C. Fraser，1819—1914），因为他们希望任命一位能够承续里德常识哲学传统的人，而费瑞尔哲学究竟是苏格兰的还是德国的受到质疑。对于这件事，费瑞尔没有再沉默，而是专门写了一个有力的小册子即《苏格兰哲学：老的和新的》来回应对手的攻击。① 后来，费瑞尔仍旧执教于圣安德鲁斯大学一直到1864年去世。费瑞尔的主要哲学著作有《形而上学的基本原则：认识论和存在论》（1854）、《论希腊哲学以及其他哲学遗留问题》（1866）等。

如前所述，自19世纪初以来，以德国古典哲学为代表的体系哲学逐渐走向衰落，以至于这个阶段没有再出现过像康德、黑格尔这样的举足轻重的哲学家。在描述这一情形时，帕斯摩尔说道，"哲学的门户大多关闭了；就某些方面而言，从此之后，哲学研究主要是为宗教和传统道德辩护，以抵御机械论世界观的侵袭。进言之，哲学本身的安全性受到威胁。人们粗暴地指责它贫乏、空洞、无用。"例如在德国，物理科学的发展快速摧毁了后康德观念论的整个结构。其结果是，以"回到康德去"口号相号召的新康德主义者们不再致力于哲学体系的建构，而开始专门化了，比如有人专注于知识理论，有人专注于价值理论，有人专注于宗教哲学。由此导致了一种极为奇怪而有趣的结果，这就是德英两国在短时间内竟然互换了传统的角色，表现在英国哲学在德国产生了极大影响，而德国哲学

---

① 对于那些指责他哲学属性的人，费瑞尔的答复是，无论其优缺点如何，他的哲学都是生长于苏格兰这块土壤上的。用他自己的话说，"我的哲学是彻头彻尾苏格兰的；它的每一根纤维，每一结构的表达都是这个民族。它是旧苏格兰土壤的民族生长，没有从其他任何土地吸收任何养料。"见［澳］亨利·洛瑞《民族发展中的苏格兰哲学》，管月飞译，浙江大学出版社2014年版，第176页。

却在英国得以盛行。① 不过如果仅就英国而言，实际的情况却是另一个样子，即由于在 19 世纪头几十年里的高度孤立，英国哲学被批评对欧洲哲学研究了无贡献。1828 年，法国哲学家库辛曾经写道，"在过去的 50 年里，不列颠没有出版过任何伟大的形而上学著作"②。洛瑞（Henry Laurie）也作过类似的描述。他说，当斯图尔特去世时，不列颠的哲学正处于衰落的状态。由休谟的怀疑主义和里德的常识哲学所带来的推动力几乎消失殆尽。在英格兰的大学中，以及对于公众来说，哲学甚至完全被人们忽视了。汉密尔顿爵士更是夸张地说道，对于这些思辨的兴趣现在似乎都绝种了。③

实际上，哲学的火星只是暂时暗淡，然而并未熄灭，无论是在不列颠，还是在欧陆。例如，英语国家的哲学家们正在着手将他们从康德和黑格尔那里所学到的东西本土化，将其用于取代此前在英国和北美占统治地位的两种哲学，即英国经验主义和苏格兰常识实在论，因为它们都被认为没有能够回应时代的各种形形色色、忧心忡忡的思想。这个时代的最大问题就是由基督教福音派和其他各种知识形态对抗而导致的信仰危机。在这些知识中，最具挑战性的就是对《圣经》的历史考证以及达尔文的生物学。它们动摇了人们对于《圣经》字面真理的信念。④ 这一时期，法国哲学由于库辛和乔弗里的影响也处在复兴之中。例如，库辛在研究了苏格兰常识哲学和德国哲学之后，认为各种哲学体系都包含部分真理，但并不是全部真理，故此提出一个所谓包容各种哲学体系于其中的折中主义学说。关于基督教信仰问题，库辛倾向于强调哲学和宗教的共存，乔弗里则主张以哲学代宗教。⑤ 在苏格兰，汉密尔顿继承了里德的哲学遗产，同时也注意到康德哲学的重要性，并且试图调和二者。汉密尔顿对费瑞尔产生了很

---

① ［澳］约翰·巴斯摩尔：《哲学百年 新近哲学家》，洪汉鼎等译，商务印书馆 1996 年版，第 52 页。
② Jeremy Dunham, Iain Hamilton Grant, Sean Watson, *Idealism: The History of a Philosophy*, Durham: Acumen Publishing Limited, 2011, p. 159.
③ ［澳］亨利·洛瑞：《民族发展中的苏格兰哲学》，管月飞译，浙江大学出版社 2014 年版，第 150 页。
④ ［英］托马斯·鲍德温编：《剑桥哲学史（1870—1945）》，周晓亮等译，中国社会科学出版社 2011 年版，第 42、43 页。
⑤ Fredrick Copleston, S. J., *A History of Philosophy*, Vol. IX, New York: Doubleday, 1994, p. 47.

大影响，虽然他们之间是亦师亦友的关系。费瑞尔称赞汉密尔顿是"伟大中之最伟大者"，甚至说"我从他那儿学到的比其他所有的哲学家加在一起还要多。"不过，他又补充了一句："我同意他的和不同意他的是一样多。"①

这后一句话颇值得玩味。显而易见，费瑞尔并不是无条件地接受汉密尔顿的一切观点，而是以自己的眼光来审视前人的理论得失。当然，这也是任何一个从事独立思考的学者的特点。其实早在费瑞尔之前，考德伍德、密尔和斯特林就已经分别对汉密尔顿哲学展开批判性的考察了。考德伍德（Henry Calderwood）是汉密尔顿的学生。1854 年，当汉密尔顿还在世时，考德伍德就在《无限者的哲学》中对他进行了批评，认为人可以拥有关于无限者的积极概念。1865 年，密尔（John Stuart Mill）出版了《威廉·汉密尔顿爵士哲学的考察》，嘲讽汉密尔顿虽然学识渊博，但是并没有写作哲学史，而只是选择了哲学本身。同年，斯特林（Hutchison Stirling），即《黑格尔的秘密》的作者，发表《威廉·汉密尔顿爵士：知觉哲学的一个分析》一书，指责汉密尔顿败坏了一代英国哲学。虽然汉密尔顿的其他学生如曼塞尔和维奇等极力捍卫他的学说，但是他的哲学名声仍然不可避免地衰落下去了。② 费瑞尔对汉密尔顿也非常崇敬，不过他并没有掩饰两人在哲学问题上的差异。例如，在 1828—1829 年，汉密尔顿和库辛曾经就如何对待笛卡尔主义哲学遗产这个问题发生争论。从其折中主义哲学出发，库辛认为为了革新笛卡尔主义，仅仅复述苏格兰人的反思性哲学是不充分的，里德的心理学或现象学必须建立在本体论或依照德国方案的先天形而上学基础之上。汉密尔顿则主张，包括里德的反思性心理学于其中的这种笛卡尔主义与谢林或黑格尔的本体论是不可调和的，因为其哲学基础只能诉诸于康德的形而上学批判。在这个问题上，费瑞尔选择了支持库辛，而不是汉密尔顿。和库辛一样，费瑞尔认为如果按照苏格兰心理学来重新改造笛卡尔主义就必须从谢林或黑格尔那里寻找本体论支持。1842 年，费瑞尔给库辛寄过两篇文章，表达了他的这一立场。1856

---

① ［澳］亨利·洛瑞：《民族发展中的苏格兰哲学》，管月飞译，浙江大学出版社 2014 年版，第 153 页。
② William J. Mander, *The Oxford Handbook of British Philosophy in the Nineteenth Century*, Oxford: Oxford University Press, 2014, pp. 138 – 140.

年，由于在爱丁堡大学逻辑学和形而上学教授职位竞争中受到指责，尤其是信仰方面的指责，他更是激烈地反对以里德为代表的苏格兰常识哲学，斥之为对苏格兰的威胁，声称要用一个通过贝克莱并从笛卡尔主义过渡到德国本体论的新苏格兰哲学取而代之。①

费瑞尔强烈反对常识哲学的目标和方法，并且对里德本人冷嘲热讽。他说，"除了哲学之外，他对于一切事情都具有极其良好的意图和非常杰出的才能"，但是"他不具有任何思辨天赋，肯定地说他的思维中具有一种反思辨的倾向，他把完全不能相提并论的精明和幼稚搅合在一起，喜欢将上述倾向称之为'常识'"②。费瑞尔主张，"哲学的真正任务是纠正日常思维的粗疏。如果不是人类在他们的自发判断中容易陷入错误和困惑，哲学就没有任何存在的理由。如果人们已经，并且是不用努力就拥有了真理，那么这个职业早就消失了。"因此，费瑞尔认为，对于里德及其追随者来说，他们应该尽其所能地认可和体系化对日常思想的陈述，而不是纠正它。在其《形而上学的基本原则》一书中，费瑞尔主张哲学应该同时是真的和逻辑上有效的。如果非要区分二者的重要性，费瑞尔认为后者要高于前者，"因为一个不是建立在逻辑基础上的哲学不能够保证其真理性，而一个逻辑上有效的体系，即使它可能不是真的，但是因为使用了达至真理的恰当手段，因此作为一门精神学科而具有价值"。在他看来，"哲学家必须在某些必然真理中找到真正的出发点，一个演证的体系就是从中推出来的。"所谓必然真理，就是真理或法则，其对立面是不可设想的、矛盾的、无意义的和不可能的。显然，这种真理的标准就是逻辑的同一律或矛盾律。判断一个命题是否是真理，不是看它是否被普遍地接受，而是看它是否能够在不违反矛盾时被否认。如果不能够，它就是必然真理。③ 据此，费瑞尔发展出一种一元论的观念论形而上学，以反对汉密尔顿等主张的主体—客体或思维—存在区分的二元论，他将之描述为绝对观

---

① George Elder Davie, Victor Cousin and the Scottish Philosophers, *The Journal of Scottish Philosophy*, 2010, 7 (2), pp. 193 – 214.
② [澳] 约翰·巴斯摩尔：《哲学百年 新近哲学家》，洪汉鼎等译，商务印书馆1996年版，第57—58页。
③ [澳] 亨利·洛瑞：《民族发展中的苏格兰哲学》，管月飞译，浙江大学出版社2014年版，第178、179页。

念论体系。①

关于上述思想，费瑞尔作了进一步的阐释。在《形而上学的基本原则》一书中，他将哲学分为三部分，即认识论（或知识论）、无知学（或无知论）和本体论（或存在论）。可以看出，费瑞尔的哲学兴趣主要还是在认识论和本体论，这与近代哲学的基本倾向是一致的。不同的是，费瑞尔的本体论完全依赖于认识论，因为在他看来何物存在（what is）问题决定于何物被认识（what is known）问题，否则就会陷入独断。故此，哲学必须从研究知识的条件开始。费瑞尔首先使用了"认识论"（epistemology）一词，认为知识的条件就是自我意识，因此自我意识必须成为哲学的起点。按照他的观点，认识论开始于这一基本命题，即："伴随理智所认识的一切，它必定将对自身的认识作为知识的根据或条件。"（命题Ⅰ）费瑞尔将此视为一切知识的基本法则或条件。他认为，自我意识恒常伴随着所有的经验。在认识事物时，无论是在知觉中还是对抽象观点的思考，一个人都会同时获得关于其自身的某些知识。由此，费瑞尔推演出41个命题，其中最主要的是论证主体加客体的综合如何构成知识、无知以及生存的最小单位。② 简单地说，他的证明是：首先，至少能够被认识的东西既不是一个纯粹的客体，也不是一个纯粹的主体，而是一个在认识客体的主体。其次，这必定还是一个至少是能够存在的东西，是绝对存在的唯一的东西。费瑞尔认为，心灵不可能是绝对即独立的存在物，因为心灵仅仅当它们理解客体时才存在。同样，客体也不是绝对的，因为仅仅在它们为心灵所理解时才能存在。所以，把绝对看作我们对之完全无知的某种东西是不对的，因为仅仅对于可能的知识对象而言，我们才可能是无知的。③最后，达到的结论就是："一切绝对存在都是偶然的，除了一；换句话说，存在着大写的一，但仅仅是一，即这个具有严格必然性的绝对存在；这个存在是至上的、无限的和永恒的大写心灵，是和所有事物的综合。"（命题Ⅺ）

---

① W. J. Mander and Stamatoula Panagakou, *British Idealism and the Concept of Self*, London：Palgrave Macmillan, 2016, p. 27.
② W. J. Mander and Stamatoula Panagakou, *British Idealism and the Concept of Self*, London：Palgrave Macmillan, 2016, pp. 27 – 28.
③ ［澳］约翰·巴斯摩尔：《哲学百年 新近哲学家》，洪汉鼎等译，商务印书馆1996年版，第57页。

费瑞尔的上述论断显然是针对汉密尔顿哲学中割裂知识与实在的做法。汉密尔顿在其无条件者的哲学中断言，无限者或绝对者是不可能的，除非以否定观念的形式。然而，在将绝对者和无限者降格为不可设想的和矛盾的悬而未决状态后，他又主张把上帝看作具体个体性的，并且信仰这样一个上帝是我们的义务。① 于是，和康德一样，汉密尔顿的无条件者哲学包含着不可克服的矛盾。费瑞尔的无知学（agnoiology）或无知论（theory of ignorance）正是用来反对汉密尔顿的这一无条件者学说的，被认为是对他的认识论的一种扩展。如前所述，汉密尔顿认为人类的知识只有在某些条件下才是可能的，所以从某种意义上说思维就是给出条件。由此可以反推出，我们被迫相信一个超越的无条件的实在。按照他的看法，既然一切知识都是关于相对者和有条件者的，那么绝对者和无条件者显然是不可认识的和不可设想的。洛瑞认为，汉密尔顿的这种无条件者哲学强化了休谟以来的现象论，并且得到了专门追求事实和一致性的现代科学的进步的鼓舞。赫胥黎甚至称之为不可知论的最初源泉。② 为了反驳汉密尔顿的上述观点，费瑞尔指出心灵和自在之物既不是知识的对象，也不是无知的对象。我们能够知道的是一个和客体综合起来的主体，要么就对之无知。在命题Ⅲ中，费瑞尔提出，"我们只会对那可能被认识的东西无知；换句话说，只可能存在着一种对其可能是一种知识的东西的无知。"这就使得自在自我和自在之物都处于可设想性的界限之外，因为如果不破坏认识的法则，我们就既不可能认识它们，也不能说对它们无知。③

通过这种无知学说，费瑞尔就摧毁了我们绝对不认识的不可知的实在，或者不可知的能力这种断言。因此，通往本体论或存在论的道路就被打开了。在这里，绝对的存在不可能是矛盾的，因为它必定要么是我们所认识的东西，要么是我们所不认识的东西，但是在任何一种情况下它都不可能是殊相自身或共相自身。所以，归根结底，"绝对的存在就是主体和客体的综合，而且不管我们是否宣称拥有关于绝对存在的知识或者承认对

---

① ［澳］亨利·洛瑞：《民族发展中的苏格兰哲学》，管月飞译，浙江大学出版社2014年版，第174页。
② ［澳］亨利·洛瑞：《民族发展中的苏格兰哲学》，管月飞译，浙江大学出版社2014年版，第174页。
③ Jennifer Keefe ed., *James Frederick Ferrier: Selected Writings*, Exeter: Imprint Academic, 2011, "Introduction".

绝对存在的无知，这都必定是真的。因此，在所有本质的方面，被认识者和存在者都是相等的或者被证明为一致的"。费瑞尔最后还断言了一个具有严格必然性的绝对存在的存在。这就是上述命题XI所表达的内容："一切绝对存在都是偶然的，除了一；换句话说，存在着大写的一，但仅仅是一，即这个具有严格必然性的绝对存在；这个存在是至上的、无限的和永恒的大写心灵，是和所有事物的综合。"费瑞尔认为，为了把宇宙从矛盾中解救出来就必须要假定一个必然的绝对存在，这就是上帝，因为如果没有上帝，这个宇宙可能早就不存在了；而如果没有心灵，则时间、空间以及无论什么对象都是无意义的和矛盾的。结论就是，思想的必然性必定会把一个有神论的结论强加给我们。于是，"在这里，形而上学停止了；在这里，本体论融入神学之中"①。可见，费瑞尔试图打通近代以来的认识论和本体论之间的割裂，但最终还是落入神学的老路。戴维认为，费瑞尔的后期著作，尤其是《形而上学的基本原则》不仅和苏格兰启蒙运动的中断（blackout）在时间上是一致的，而且与其哲学的随后衰落也是一致的。②

对于费瑞尔的这种努力，既有称赞者也有批评者。称赞者认为，费瑞尔把形而上学从心理学中分离出来，并且实现了从知识论到存在论的转变。批评者则认为，费瑞尔过于依赖逻辑法则，并且虚构了一个为人类理智所不能理解的未知实体的存在。③ 此外，由于其哲学的演绎性质，费瑞尔经常被视为一个斯宾诺莎主义者和黑格尔主义者，虽然他对此坚决予以否认。帕斯摩尔认为，费瑞尔对黑格尔和谢林的作品是有某些理解，但是他对贝克莱也充满热情。不过，和其他英国哲学家不同，费瑞尔是一位寻求"绝对"的哲学家。这种哲学抱负在欧陆十分常见，然而在英国哲学家当中确属罕见。④ 费瑞尔和苏格兰哲学的关系也是争议的话题之一。费瑞尔第一个使用了"苏格兰哲学"这一概念，并用以指称里德的常识哲

---

① ［澳］亨利·洛瑞：《民族发展中的苏格兰哲学》，管月飞译，浙江大学出版社2014年版，第183—184页。
② Gordon Graham, *Scottish Philosophy in the Nineteenth and Twentieth Centuries*, Oxford: Oxford University Press, 2015, p. 85, "Footnote 10".
③ ［澳］亨利·洛瑞：《民族发展中的苏格兰哲学》，管月飞译，浙江大学出版社2014年版，第185—186页。
④ John Passmore, *A Hundred Years of Philosophy*, New York: Penguin Books, 1968, p. 52.

学及其学派。虽然他承认自己的哲学和里德的哲学不同，但是认为它仍然属于宽泛意义上的苏格兰哲学传统的一部分。确实，如果单从方法上看，费瑞尔的哲学似乎更接近欧陆哲学。然而，如果考虑到费瑞尔和贝克莱哲学的关系，① 那么他的自我辩护就不完全是蹈虚之词。费瑞尔及其哲学曾经一度湮没无闻，原因在于费瑞尔对他的同时代人的直接影响可能不是很大，但是他预见了欧洲大陆思辨的浪潮，它注定要改变那个世纪下半叶的苏格兰哲学的特征。② 应该说还不止如此。例如 20 世纪初，塞斯、索利和缪尔海德分别在各自的著作中讨论了费瑞尔哲学，其中缪尔海德更是将费瑞尔称作观念论运动的先驱。③ 哈尔丹（John J. Haldane）甚至认为，在费瑞尔的哲学体系和由达米特、普特南在分析哲学范围内发展的观念之间存在着某种平行关系。因此，对费瑞尔的哲学贡献进行恰当评价的时机应该说是迟到了。④

二 凯尔德："顽固不化的"黑格尔主义者

爱德华·凯尔德（Edward Caird）1835 年 3 月 23 日生于苏格兰的格里诺克镇（Greenock），是家里七个男孩中的第五个。父亲老约翰·凯尔德是一个工程公司的合伙人兼经理。不幸的是，1838 年他父亲就去世了。母亲詹尼特性格稳重、温和，从不抱怨。丈夫去世后，她独自照顾几个孩子，让他们每个人都接受教育。她对孩子们寄予厚望，而他们也的确都很出色，其中有四个儿子从商并取得成功。凯尔德和他的长兄小约翰·凯尔德（John Caird，1820—1898）更是其中的佼佼者。小约翰·凯尔德天资

---

① 虽然明显受到德国哲学的影响，费瑞尔仍然坚持认为自己的哲学是彻头彻尾地属于苏格兰的。确实，他没有接受黑格尔体系的全部，而且也承认没有能够完全理解后者的哲学。费瑞尔也拒绝康德的不可理解的自在之物概念。和近代许多哲学家一样，费瑞尔对贝克莱哲学评价很高，甚至将自己的哲学看作对贝克莱哲学的再改造。在 1842 年发表的"贝克莱和观念论"一文中，费瑞尔反对里德将贝克莱等同于笛卡尔等"违反"常识的"观念论者"，也反对把贝克莱仅仅看作洛克和休谟之间的一个过渡，而是视之为实在的精神本质的发现者。见 Gordon Graham, *Scottish Philosophy in the Nineteenth and Twentieth Centuries*, Oxford：Oxford University Press, 2015, p. 161。
② ［澳］亨利·洛瑞：《民族发展中的苏格兰哲学》，管月飞译，浙江大学出版社 2014 年版，第 187 页。
③ W. J. Mander, *British Idealism：A History*, Oxford：Oxford University Press, 2011, p. 28.
④ Edward Craig ed., *Routledge Encyclopedia of Philosophy*, London and New York：Routledge, 1998, p. 634.

聪慧，善于言谈，后来成为著名的神学家，再后来被选为格拉斯哥大学的校长。就凯尔德本人来说，他的长兄对他影响最大，当然这是后来的事了。值得一提的是，在童年时代的早些年里，凯尔德是由他的姑母简·凯尔德（Jane Caird）照顾的。简·凯尔德非常虔诚，是自由教会（Free Church）的成员，经常带他参加宗教仪式。这种宗教情感的影响是潜移默化的，几乎伴随了凯尔德一生。凯尔德先后在格林诺克中学、格拉斯哥大学和牛津大学学习。1863 年，凯尔德毕业于牛津大学的巴利奥学院（Balliol College）。正是在巴利奥学院期间，著名的黑格尔学者休伊特（Benjamin Jowett, 1817—1893）激发了凯尔德和他的好友 T. H. 格林学习黑格尔哲学的兴趣。1864—1868 年，凯尔德成为牛津大学默顿学院（Merton College）的助教。1866 年，凯尔德就任格拉斯哥大学的精神哲学教授，直至 1893 年。1893 年，休伊特去世，凯尔德重回牛津大学，担任巴利奥学院的院长一直到 1907 年。1908 年，凯尔德去世。凯尔德的主要哲学著作有《康德哲学的批判性解释》（1877）、《黑格尔》（1883）、《康德的批判哲学》（1889）等。

作为 19 世纪上半叶的苏格兰哲学家、新黑格尔学派的领袖，凯尔德是英国观念论运动的关键人物之一。在一封写给布拉德雷的信中，凯尔德把自己描述为一个大体上顽固不化的黑格尔主义者。[①] 这个说法应该是非常准确的，因为凯尔德不仅信奉黑格尔主义，而且这一立场几乎保持终身，没有改变。反过来说，黑格尔主义之所以能够在英国大行其道，也在一定程度上得益于凯尔德等人的著述和宣传。不过，黑格尔哲学真正进入英国实际上是比较晚的。按照缪尔海德（J. H. Muirhead）的观点，直到 1855 年，也就是黑格尔去世后 24 年其哲学才在英国翻译和出版。不过，在第一个翻译者和评论者究竟是谁的问题上仍然存在分歧。比如，缪尔海德认为斯洛曼（H. Sloman）和沃伦（J. Wallon）于 1855 年翻译的《黑格尔的主观逻辑》（*The Subjective Logic of Hegel*）是出现在英国的黑格尔哲学最早译本。尼科尔森（Peter Nicholson）认为这个译本只是对法译本的再译和选编，根本不能算是真正的翻译。他主张，黑格尔著作的第一个英译本应该是 1857 年希伯利（John Sibree）翻译的《历史哲学》。布莱克则提出，麦克法兰（Helen Macfarlane）早在 1850 年就已经发表了对黑格尔哲

---

① W. J. Mander, *British Idealism: A History*, Oxford: Oxford University Press, 2011, p. 128.

学的翻译和评论，因此在某种意义上构成了英国黑格尔主义思想的史前史。①

在苏格兰哲学家中，费瑞尔可能是第一个对黑格尔哲学有所了解的英国观念论者，但是也非常有限。费瑞尔把黑格尔看作一个高山仰止的人物。他说，黑格尔在某种程度上是无与伦比的，迄今还没有任何人关于黑格尔哲学说过一句容易理解的话。② 不过，有个人就曾经尝试揭示黑格尔的秘密，他就是斯特林（J. H. Stirling，1820—1909）。斯特林出生于格拉斯哥，在格拉斯哥大学学习期间研究过医学和哲学，做过医生，后来为了到德国和法国继续研究哲学而放弃了医生职业。1865 年，斯特林发表了《黑格尔的秘密》。这本书被认为是黑格尔哲学在英国产生实质性影响的开端。在这本书中，斯特林认为黑格尔纠正了康德的说法，证明感觉实际上是个人心灵所参与的神圣心灵的产物。于是，斯特林认为黑格尔通过消除自在之物这个心灵之外对象的源泉，完成了康德在哲学中的"哥白尼革命"。按照他的观点，对象是神圣心灵的物质化，这就是黑格尔的秘密所在。③ 贺麟先生认为，研究黑格尔有两条走不通的路，一条是"抽象的傅会的路"，另一条是"呆板的教本式的路"。斯特林的这本著作被认为就属于这种呆板而仍保存其晦涩的例子。甚至有人嘲笑斯特林，说他名为宣布黑格尔的秘密，其实他仍保守秘密。凯尔德对黑格尔哲学也是情有独钟，并有专门的研究成果问世，即《黑格尔》。关于凯尔德的这本书，贺麟先生认为不仅没有上面所说的两种通病，而且可以领导我们认识黑格尔，认识什么是真正的哲学。至于凯尔德（开尔德）其人，贺先生也不吝笔墨，说"格林以批评休谟，融会康德、黑格尔自成其理想主义的伦理系统著称，而开尔德别以从黑格尔之观点以批评叙述康德之学说著称。且开尔德以流利之文笔，动人之演讲，于发挥宣扬黑氏之学说，大为有功。"④

---

① David Black, *Helen Macfarlane: A Feminist, Revolutionary Journalist, And Philosopher in Mid-Nineteenth-Century England*, Lanham: Lexington Books, 2004, p. 72.
② James F. Ferrier, *Institutes of Metaphysic: The Theory of Knowing and Being*, Edinburgh and London: William Blackwood and Sons, 1854, p. 9, p. 192.
③ ［英］托马斯·鲍德温编：《剑桥哲学史（1870—1945）》，周晓亮等译，中国社会科学出版社 2011 年版，第 44 页。
④ ［英］开尔德、［美］鲁一士：《黑格尔 黑格尔学述》，贺麟编译，上海人民出版社 2012 年版，译序。

T. H. 格林和凯尔德等都是第一代英国观念论者。作为休伊特在巴利奥学院的学生，格林和凯尔德分别将新黑格尔主义传播到英格兰和苏格兰。他们在哲学上共同反对当时在英国流行的休谟的经验主义以及密尔的联想主义和功利主义，但是两人的兴趣不尽相同。格林虽然属于康德和黑格尔的传统，然而他却不盲目追随黑格尔，也不愿意背负黑格尔主义者的称号。比如，格林虽然接受黑格尔有关思想和实在的同一性观点，但是却批评黑格尔证明这种同一性的方式。黑格尔的论证据称是建立在对思想的分析之上，然而思想总是与感觉联系在一起。如果思想借助于感觉来规定，那么就会得出思想包括感觉的结论。因此，这个论证显然是不能服人的。① 格林在道德哲学和政治哲学方面用力尤勤，这时候他似乎更多地从康德那里汲取资源。对此，凯尔德洞若观火。他说，格林的全部哲学著作都致力于发展康德的知识批判和道德批判的结果，他与黑格尔的关系则有些可疑，因为他虽然大体上接受了黑格尔对康德的批评，认为黑格尔的观念论是对康德原则发挥的结果，然而他仍旧怀疑黑格尔的实际体系抱负太大，甚或在某种意义上是早产的。② 比较而言，凯尔德对康德和黑格尔也都有研究，不过他对黑格尔显然更为推崇。他的学生沃森（John Watson）说，凯尔德的主要哲学洞见都受惠于黑格尔。③ 这个说法大体上不差，因为凯尔德把康德哲学看作只是哲学过渡到一种更高形式的观念论的第一阶段，虽然是一个必然阶段。④ 他认为，黑格尔无论在形而上学、伦理学方面，还是在宗教哲学方面都胜过所有的对手，所以黑格尔当属可以和柏拉图、亚里士多德、斯宾诺莎以及康德并肩的一流哲学家行列。当然，和格林一样，凯尔德对黑格尔也并不是完全亦步亦趋。在他看来，就哲学的活的发展而言，康德、黑格尔虽然是形而上学方面两个最高级的思辨天才，但并非最后两个人。换句话说，即使再伟大的哲学家，包括他们的思想，也都只是发展着的哲学史或精神史的一个组成部分，而不可能是终点。每

---

① ［英］托马斯·鲍德温编：《剑桥哲学史（1870—1945）》，周晓亮等译，中国社会科学出版社 2011 年版，第 49—50 页。
② Andrew Seth, M. A., *Essays in Philosophical Criticism*, London: Longmans, Green, and Co., 1883, Preface.
③ A. B. McKillop, *A Disciplined Intelligence: Critical Inquiry and Canadian Thought in the Victorian Era*, Quebec: McGill-Queen's University Press, 2001, p. 184.
④ 参见 Internet Encyclopeadia of Philosophy, Edward Caird 词条, https://iep.utm.edu/caird/。

个时代的哲学家都必定要经历一个学徒期,但是固守师说的学徒期已经过去了。①

如前所述,在哲学方面,康德和黑格尔都给予凯尔德以极大影响,尤其是后者。早在给塞斯和哈尔丹合著的《论哲学批评》所撰的序言中,凯尔德就已经注意到德国哲学从康德到黑格尔的发展进程,提出哲学必须追随的研究路线就是由康德开启的,随后又由黑格尔所推进的工作。② 众所周知,近代哲学的任务之一就是为科学知识的合法性进行辩护。通过对此前几种哲学形态即理性主义、经验主义和常识哲学的考察,康德认为它们之所以最后都走入理论的死胡同,就在于它们未能预先对理性的性质、能力、作用和范围展开批判。他的所谓哲学中的"哥白尼革命"正是为了解决这一问题而提出的,其做法简单地说就是将心灵与自然、主体与客体对立起来,并试图将后者纳入前者的框架之中。这样,在康德那里,"把我们严密封锁住的自然法则,乃并非外界所强加于吾人的桎梏,而乃是我们自己所铸成的铁链。所知对象之必然的定律,乃是吾人知性所赋予,而事物所赖以呈现于吾人经验中的时空之形式,乃是吾人之感性所供给。所以就全部经验之概括结构或系统形式而言,我们乃是自然界之造作者"。凯尔德认为,"就其指出已知之实在是属于现象界,是与意识相关连而言,康德之论证颠扑不破。而其短处即在于未能将他所提出的论证,发挥出应有之结论。"因为,"他虽认物之自身是很成问题的东西,但他仍保留与意识不发生关系的物自身的观念"。正是"因为这种对立的关系,致使康德系统中发生绝对不可调和之二元论。康德虽不断地努力设法解除此二元的对立,但终未竟全功"③。

上述都是老调重弹,不过凯尔德意不在此,他重视的是康德哲学革命可能带来的后果。凯尔德发现,"近代文明之特长,即在于明白认识有限世界之为有限。就科学而言,近代精神是实证的,即是认个别事实为不多不少的个别事实之本来面目。就实行而言,近代精神是不为迷信所阻挠,

---

① [英]开尔德、[美]鲁一士:《黑格尔 黑格尔学述》,贺麟编译,上海人民出版社2012年版,第150、151页。
② Andrew Seth, M. A., *Essays in Philosophical Criticism*, London: Longmans, Green, and Co., 1883, Preface.
③ [英]开尔德、[美]鲁一士:《黑格尔 黑格尔学述》,贺麟编译,上海人民出版社2012年版,第83—87页。

即是不将个别事物和个人当作神秘而莫名其妙的"。此种后果便是知识论中的自然主义和实证主义的盛行,事实和价值之间则日益分离。凯尔德问道,"既然要解释一个东西,我们不能从其本身去解释,而必须于其原因或先决条件中求之,那么,如果能认任何事物之本身值得赞美或崇拜呢?既然科学告诉我们以时空和因果的观点以观认万物,那么哪会有超时间超因果的东西,值得我们敬畏呢?"诗人叹息,"天神已被推翻了,苍穹代替了他的地位"。不得不说,"一个受无穷的因果律所决定的世界,乃是一个尘俗的世界,在此世界中,既无宗教,也无诗歌"。① 对此,康德非常清楚,也曾试图加以解决,但是凯尔德认为康德的方案都不成功。他认为,康德的缺点在于不知道"即使两物间之消极关系,亦包含有超出其对立之合一体在内之理"。费希特和谢林正是根据这个思想依循两条迂回之路来解决康德的问题的。费希特采取的是一边倒的观念论路径,将自然还原为一种纯粹的否定性条件,这种条件是精神通过某种不可理解的行为而为自己设下的。凯尔德认为,费希特牺牲非我,抬高自我的做法对于道德生活来说确实值得称道,但是理论上仍不免因为陷于自我意识的怪圈而无法自拔。谢林试图用一种更为宽泛的原则"一切皆我"来代替费希特的"我即一切",因为在他看来,表现于自然世界和精神世界的是相同的理想原则。然而,谢林在纠正费希特时自己也落入另一个窠臼,这就是为了反对费希特的主观观念论,他不得不整个地抛弃观念论,而在自然和精神的统一体中去寻找实在,这个统一体将自然和精神都视为绝对的表现而无偏私。凯尔德认为,谢林的这种绝对统一体必定会变成纯粹的"无差别",最后只能靠神秘的直觉去把握。②

黑格尔反对谢林的上述观点,要求回到康德的最初教义,即"绝对不是实体,而是主体"。换句话说,"一切万物所归结,可以作万物之究竟的解释的统一体,乃是自我意识的统一"。当然,黑格尔并不想重蹈前人的误区,比如像康德那样通过摇摆于理智实在和现象实在之间,或者理性领域和信仰领域之间来逃避困境。对他来说,必须表明自然王国和精神王国是一,尽管它们之间是对立的。不仅如此,还要表明这种

---

① [英]开尔德、[美]鲁一士:《黑格尔 黑格尔学述》,贺麟编译,上海人民出版社2012年版,第80—81页。

② Edward Caird, *Hegel*, Edinburgh and London: William Blackwood and Sons, 1883, p. 127.

对立自身也是它们的统一体的表现。黑格尔认为，此前一直被视为绝对对立或矛盾的东西诸如心和物、精神和自然、自我决定和非我决定都必须统一和调和起来，不过不是外在的和谐，而是那种必须明确指出超出其差异，并赋予其意义的统一。① 要做到这一点，就必须打破所有迄今统治着各学派的逻辑方法观念，谢林的直觉方法自然更不可取。黑格尔认为，传统哲学一直以亚里士多德的矛盾律为思想的最高法则，而亚里士多德的矛盾律则是用以反对赫拉克利特的普遍流变学说。亚里士多德的矛盾律以同一律为前提，同时承认事物间的差异。他说，"除非坚持事物之间的区别，除非事物确定地是其所是，并且保持各自的定义，否则知识和思想将变得不可能。"亚里士多德注意到，"思想不仅是区分，同时还是关系"。那种固执于一端的做法，如只承认事物或思想的自身同一，或者只谈论事物间的绝对区别，都会导致不可思议。由此不难达到这样的认识，即"所有的差异都预设了一个统一体，并且其自身就是这个统一体的表达。如果我们让它扩充和发展到极致，那么最终它必定耗尽自身，而重新返回到这个统一体中"②。凯尔德认为，康德的失败乃在于仍然执守同一性观念的旧逻辑，黑格尔的逻辑则是一种新逻辑，这种逻辑既是逻辑，也是形而上学。换句话说，这种逻辑既讨论知识的方法，也讨论知识的材料；既讨论发现真理的过程，也讨论真理的最普遍性的方面。这样，黑格尔就打破了康德关于知识和存在、先天与后天之间的隔阂，达到了二者的完全统一。不仅如此，他还将这种逻辑的原则作为解决人生问题，尤其是道德、艺术和宗教中最高精神经验的关键。凯尔德认为，黑格尔的原则所发挥的和体现的正是基督教的精神，因为基督教教导的不外乎就是精神生命的法则同样适用于上帝和人，以及死以求生的精神就是上帝的精神。这样一种学说，黑格尔认为就是他的《逻辑学》中所概括的被证明了的整个观念论运动的结果。③

  黑格尔将自己的哲学建立在新逻辑亦即辩证逻辑之上，令凯尔德深为

---

① Edward Caird, *Hegel*, Edinburgh and London: William Blackwood and Sons, 1883, pp. 90 - 91.
② Edward Caird, *Hegel*, Edinburgh and London: William Blackwood and Sons, 1883, pp. 134 - 136.
③ Edward Caird, *Hegel*, Edinburgh and London: William Blackwood and Sons, 1883, p. 202, p. 218.

折服。而凯尔德的功绩则在于将黑格尔哲学介绍到英国，使之得以复兴。对此，既有赞誉，也有批评。批评者指责凯尔德的哲学缺乏原创性，说他只是一个解释者，而不是一个创造者。甚至连他的一个学生也认为，凯尔德的著作主要地就是对康德和黑格尔的结合与调和，他既没有发明一个新逻辑，也没有发展一种新方法。缪尔海德认为此说有失公允，因为真正的学徒是活的学徒，而绝不是模仿或重复。毫无疑问，凯尔德是他那个时代最伟大、最有成效的拿来主义者（borrower）之一，但是他却不是肤浅地做研究，而是深潜到西方的哲学遗产当中去汲取养分，特别是观念论传统。缪尔海德特别提醒读者注意的是，在凯尔德那里，哲学和宗教是分不开的，二者的目的都是消除神人之间的隔绝。解决这一问题的过程在于发现真理和习得善，因为二者都是永恒为真之物的自我显示和最高实现。凯尔德认为，哲学的必要性源自近代以来由于经验主义、功利主义和实证主义思想的盛行而导致的人类精神生活的支离破碎，哲学的任务因此就是要上升到这样一种观点，即调和我们与世界以及我们与自己的关系，[①] 从而使得我们重新获得从有限向无限进行超越的理想性维度。所以，客观评价凯尔德的哲学及其贡献不仅需要了解其本人的思想历程，而且还要看到支撑其思想的观念论哲学运动背后更为宏阔的社会背景。在这个方面，里克特的评价可以说比较中肯，他说"观念论哲学的突现兴起，连同它通过宗教与政治产生的广泛影响，似乎是无法解释的，除非将其视为对19世纪的信仰危机所做出的一种回应。英语国家的哲学家们在观念论中找到了一种为宗教情感辩护的东西，他们可以以此来支持社会改革事业。"[②] 这与黑格尔的密涅瓦的猫头鹰是大异其趣的。看不到这一点，就不能正确地对待历史，也不能正确地对待历史中的个人。

---

① Sir Henry Jones, J. H. Muirhead, *The Life and Philosophy of Edward Caird*, Glasgow: Maclehose, Jackson and Cp. , 1921, pp. 250 – 260.
② ［英］托马斯·鲍德温编：《剑桥哲学史（1870—1945）》，周晓亮等译，中国社会科学出版社 2011 年版，第 42 页。译文有改动。

三 塞斯：个体观念论者[1]

安德鲁·塞斯（Andrew Seth）生于 1856 年 12 月 20 日，死于 1931 年 9 月 1 日，1898 年时为了履行一笔遗赠条款而改名为安德鲁·塞斯·普林格尔 - 帕蒂森（Andrew Seth Pringle-Pattison）。塞斯有个哥哥夭折了，他的弟弟叫詹姆斯·塞斯（James Seth，1860—1924），后来也成为一个哲学家。他们的父亲（Smith Kinmont Seth）是苏格兰商业银行总部的银行职员。他们的母亲玛格丽特则是伯威克郡（Berwickshire）一个农场主的女儿，家境比较优越。1873 年，塞斯上了爱丁堡大学。在这里，塞斯爱上了卡莱尔和华兹华斯的作品，并保持终身。而这也极大影响了他对哲学的看法，使他相信宗教和更高的诗歌会比抽象的形而上学让我们更加接近世界的意义。[2] 1878 年，塞斯获得了希伯特旅行奖学金（Hibbert Travelling Fellowship），他用这笔钱在德国的大学，主要是柏林大学、耶拿大学和哥廷根大学学习。在哥廷根时，他的导师是洛采。[3] 1880 年回国后，塞斯被

---

[1] 本书尝试将 person 译为"个体"，将 personality 译为"个体性"，将 personalism 译为"个体论"。之所以没有遵照惯例把上述词语分别译作"人格""人格性"和"人格主义"，主要基于如下几点考虑：第一，虽然目前汉语世界大多选择后一种译法，但是这种译法失之于笼统，因为后者既可以用于法学、伦理学、心理学，也可以用于哲学和宗教等领域，结果造成理解上的困难。第二，上述问题在于没有深入考察上述词语在不同语境中的不同内涵。就本书讨论的问题来说，personality 明显是与 universality 相对照的。本书的译法也许不是最理想的，但是希望通过这种尝试来使读者体会两种译法的差别。第三，和本书译法最为接近的英文是"个人"（individual）、"个人性"（individuality）和"个人主义"（individualism）。区别在于，"个人""个人性"和"个人主义"主要用于伦理学、社会哲学和政治哲学，而本书所用译法主要在于哲学和宗教方面。第四，另外需要注意的是，塞斯所谓"个体"主要指的是亚里士多德意义上的"实体"，而不是全体的形容词或属性。见 Anthony Grayling, Andrew Pyle and Naomi Goulder eds., *The Continuum Encyclopedia of British Philosophy*, Vol. 3, London and New York：Continuum International Publishing Group, 2006, p. 2597。

[2] Anthony Grayling, Andrew Pyle and Naomi Goulder eds., *The Continuum Encyclopedia of British Philosophy*, Vol. 3, London and New York：Continuum International Publishing Group, 2006, p. 2595。

[3] 洛采（Rudolph Hermann Lotze，1817—1881）是 19 世纪上半叶哲学中的一个关键人物。1844—1880 年，洛采执教于哥廷根大学。当时，许多人前往哥廷根拜在他的门下。其中就包括英国观念论者哈尔丹（R. B. Haldane）、塞斯和沃德（James Ward）以及美国观念论者罗伊斯（Josiah Royce）、鲍恩（Borden Parker Bowne）等。洛采反对物质主义，强调世界的有机统一性，主张实在的本质是精神，但将二者截然区分开来，这使他的哲学又不同于黑格尔的绝对观念论。洛采的价值哲学和逻辑思想对 19 世纪晚期和 20 世纪初期的许多学派诸如新康德主义、英国观念论、现象学和分析哲学等都产生了一定的影响。

任命为爱丁堡大学逻辑学和形而上学教授弗雷泽（Alexander Campbell Fraser，1819—1914）的助教。1882 年，他将自己逗留德国两年期间所作的学术思考结成一书，即《从康德到黑格尔的发展》。从 1883 年到 1887 年，他担任了新创立的威尔士卡迪夫大学学院（University College of Cardiff）的逻辑学和哲学教授。1887 年，他返回爱丁堡大学出任因为弗雷泽退休而空缺的逻辑学、修辞学和形而上学教授。塞斯的主要哲学著作有《从康德到黑格尔的发展》（1882）、《论哲学批评》（1883）、《苏格兰哲学：苏格兰人和德国人对休谟的回答比较》（1885）、《黑格尔主义与个体性》（1887）、《人在宇宙中的位置》（1897）、《宗教哲学研究》（1930）、《关于实在论的巴尔弗讲座系列》（1933）等。

在其最早的著作《从康德到黑格尔的发展》中，塞斯试图表明德国观念论哲学从康德通过费希特和谢林，最后发展到黑格尔这个顶峰，有它自身必然的、内在的逻辑。按照他的观点，康德的二元论堵塞了通往本体实在的可能性。而在克服康德哲学的不彻底性方面，费希特的知识学和谢林的绝对同一学说"预示了黑格尔的所有结果"[①]。《论哲学批评》则是塞斯和 R. B. 哈尔丹共同献给 1882 年故去的英国哲学家 T. H. 格林的合著。在开篇的文章"作为范畴体系的哲学"中，塞斯高度称赞康德的范畴理论，但是认为还不够，因为康德没有批判感性和知性、被动心灵和主动心灵之间的二律背反，结果导致其解释一方面贬斥经验心理学，另一方面却仍然成为一种心理学理论，这种理论束缚于由某种外部事物作用于其上的心灵概念。[②]《苏格兰哲学：苏格兰人和德国人对休谟的回答比较》是塞斯于 1882—1883 年冬季所作的演讲内容。在这里，塞斯比较了以里德和汉密尔顿为代表的苏格兰常识学派以及以康德和黑格尔为代表的德国观念论对休谟的怀疑主义所作的不同回应，认为通过这种对相互对立的理论的比较或许可以使哲学获得进步。塞斯明确指出近代哲学不同于古代哲学的地方在于它的主观性特征，表现在前者更加强调个人以及个人意识。按照他的说法，"古代哲学主要研究存在（being）的本质，而近代哲学则越来

---

① Andrew Seth, M. A., *The Development from Kant to Hegel*, Edinburgh and London: Williams and Norgate, 1882, p. 86.
② Anthony Grayling, Andrew Pyle and Naomi Goulder eds., *The Continuum Encyclopedia of British Philosophy*, Vol. 3, London and New York: Continuum International Publishing Group, 2006, p. 2596.

越聚焦于认识（knowing）的本质"①。众所周知，在近代哲学中，经验主义经由休谟发展到它的逻辑终局，而德国哲学被认为就是对这一休谟困境的回应。塞斯提醒读者，其实早在康德的《纯粹理性批判》（1781）发表17年前，休谟的苏格兰同乡托马斯·里德就已经做出另一种回答了。和康德不同，里德拒斥从笛卡尔以来直至休谟的观念论学说，转而诉诸于常识，也即人们的自然信念，例如对外部世界的信念、对人格同一性的信念，甚至对上帝的信念等。里德认为常识是自明的，无须论证，并从中概括出常识的第一原则，将之作为知识的可靠基础。正是在这一点上，康德哲学与常识哲学分道扬镳，因为前者拒绝诉诸"普通的人类知性"，坚持"必须深入研究专司纯粹思维的理性的本性，"②从而重建观念论。

通过比较，塞斯认为普遍的怀疑主义的确是一种不可治愈的疾病，但是同样，理性也不可能一刻停歇，因为怀疑主义决不会是理性的永恒状态。哲学之为哲学，就在于它要求证明。哲学家相信事物如此这般，是不够的。他必须明白事物何以如此。他还必须能够给出这一过程的基本理由。③ 就此而言，里德常识哲学的明显缺陷在于既没有对常识原则的任何证明，也缺乏体系性特点。在塞斯看来，哲学应该是体系性的，甚至可以说，哲学就是体系。所以，对体系不抱希望就是对哲学不抱希望。④ 关于德国体系哲学自身，塞斯认为黑格尔哲学要比康德哲学更为融贯，因为其方法原则是直接从自我意识的本性得来的。但是，塞斯又提出黑格尔处置事物的方式可能促成一种错误概念，这种错误概念似乎存在于所有形式的观念论之中。这就是，观念论被认为为了充实主体，而剥夺了客体的实体性（substantiality）。绝对观念论更是被认为将实在还原成了观念或思想－关系的跳舞。对此，黑格尔负有一定的责任，因为用布拉德雷（F. H. Bradley, 1846—1924）的话说，正是他把宇宙还原为一幕怪异的苍白范畴的芭蕾舞剧。然而按照塞斯的观点，哲学就其自身而言就是一场反

---

① Andrew Seth, M. A., *Scottish Philosophy: A Comparison of the Scottish and German Answers to Hume*, Edinburgh and London: William Blackwood and Sons, 1855, pp. 7 - 8.
② [德] 康德：《未来形而上学导论》，李秋零译，中国人民大学出版社2013年版，第4页。
③ Andrew Seth, M. A., *Scottish Philosophy: A Comparison of the Scottish and German Answers to Hume*, Edinburgh and London: William Blackwood and Sons, 1855, p. 213.
④ Andrew Seth, M. A., *Scottish Philosophy: A Comparison of the Scottish and German Answers to Hume*, Edinburgh and London: William Blackwood and Sons, 1855, p. 192.

对抽象的战争，一场反对过早停下的战争，一场反对将部分当作整体的战争，一场反对将事物孤立于其各种联系的战争。黑格尔主义的问题是，把人仅仅当作一个凝视事物演展的普遍意识或知觉意识。在这个过程中，个人就消融于普遍之中了。这样的结果对于大多数人来说是难以接受的。甚至对于观念论者也是如此。例如，布拉德雷就说，即使被硬拉到这个结论，我们也不可能接受它们。① 在这里，常识显然发挥了它的作用。

塞斯对黑格尔主义的批判预示了他和绝对观念论的进一步决裂。他提出，如果我们要紧紧地抓住实在，就应该转向个人。对于个人来说，其个体性不应该被绝对所吞并。塞斯的这一实在论立场可能不仅受到常识哲学的影响，更有来自洛采哲学的影响。洛采主张，有限的个体不只是绝对的变体。每个个人都可以被设想为其自身的能动性中心。只有上帝才能在最完整的意义上说是个体。② 在他的第二个巴尔弗系列讲座"黑格尔主义与个体性"中，塞斯以一种更加尖锐的方式表达了对黑格尔主义的反对，其中也包括 T. H. 格林。他提出两个理由。其一，黑格尔哲学有一个从逻辑到自然的过渡，并将自然视为逻辑的实现，这种泛逻辑主义是不合法的，是对二者关系的颠倒。谢林曾经嘲笑黑格尔从绝对观念到自然的跳跃，称其为"丑陋的鸿沟"（the ugly broad ditch），认为即使是他的辩证法也无力沟通二者。塞斯同意谢林的观点，认为这个过渡确实是黑格尔体系的"困难之处"（mauvais pas）。③ 众所周知，黑格尔哲学试图从抽象的思想或纯粹的普遍来构造世界，但是这个任务是不可能实现的，因为实际需要的只是经验材料。塞斯说，"我们必须能在某处触摸到实在；否则我们的全部构造就都是悬而未决的……没有任何诡辩可以永远混淆我们的这一看法，即实在必定是被给予的。思想不可能制造它；思想只是描述它所发现的东西。"④ 其二，黑格尔拔高普遍性威胁到实在、自主性以及有限自我的价值。塞斯认为，"黑格尔主义及其英国同盟者的学说的根本错误

---

① Andrew Seth, M. A., *Scottish Philosophy: A Comparison of the Scottish and German Answers to Hume*, Edinburgh and London: William Blackwood and Sons, 1855, pp. 197 – 199.

② Eugene Thomas Long, *Twentieth-Century Philosophy of Religion*, 1900 – 2000, Dordrecht: Springer Science & Business Media, 2000, p. 35.

③ Andrew Seth, M. A., *Hegelianism and Personality*, Edinburgh and London: William Blackwood and Sons, 1893, p. 111, p. 113.

④ Andrew Seth, M. A., *Hegelianism and Personality*, Edinburgh and London: William Blackwood and Sons, 1893, p. 125.

在于将人的自我意识和神的自我意识等同起来,或者更广泛一点说,将意识统一到一个单一的大写自我中。"这种等同或统一实际上是把纯形式当成了真实的存在者。但是,对于塞斯来说,"我们每一个人都是一个自我。也就是说,我们为自己而存在,或者说,我们是自己的对象"①。塞斯特别强调个别自我的独一无二性(distinctness)。在他看来,这种独一无二性意味着自我具有排外性(exclusiveness)。就是说,即使众多自我彼此认识,彼此互动,认识世界,和世界互动,他们相互之间仍然保持各别性(separate)或不可渗透性(impervious)。用他自己的话说,"我有我自己的中心——我自己的意志——没有任何人与我分享或能够与我分享——甚至在我与上帝自己的相处中我也保持着这个中心。"② 换言之,我的个体性是任何人都拿不去的,包括神。

塞斯对包括格林在内的几位新黑格尔主义哲学家也略有微词。他认为格林哲学中的自我概念仍然是模糊不清的,甚至会导致将人的自我意识和神的自我意识等同起来。在他看来,纯粹自我的概念就是一个哲学虚构。虽然自我也包含一个统一性中的二元性,但是每一个自我仍旧是一个独一无二的存在,而且对于其他的自我来说都是不可渗透的。如果将自我还原为一个普遍思想者的对象,最后只能剩下一个没有任何个体性的自我以及一个没有任何个体性的普遍思想者。塞斯认为,绝对观念论者的这种错误在于,他们将个体主要地理解为认识的存在者,而不是行动的存在者;同时,他们的考察是从理性,从空洞的原则出发,而不是基于实际的经验。③ 总之,塞斯对普遍性的拒斥和对个体性的维护加剧了黑格尔主义内部的分裂。从某种意义上说,这也呼应了在德国以及欧洲大陆已经展开了的对黑格尔体系的存在主义批判。后来,在《新近哲学中的上帝观念》等著作中,塞斯的早期激进立场有所弱化,而主张取一条在绝对主义和极

---

① Anthony Grayling, Andrew Pyle and Naomi Goulder eds., *The Continuum Encyclopedia of British Philosophy*, Vol. 3, London and New York: Continuum International Publishing Group, 2006, p. 2596.
② Andrew Seth, M. A., *Hegelianism and Personality*, Edinburgh and London: William Blackwood and Sons, 1893, pp. 226 – 228.
③ Eugene Thomas Long, *Twentieth-Century Philosophy of Religion*, 1900 – 2000, Dordrecht: Springer Science & Business Media, 2000, p. 36.

端个体论之间的中道（via media）。① 曼德尔（W. J. Mander）指出，塞斯或许不是一个特别具有原创性的思想家，然而他却是观念论运动中一个不可忽视的重要人物。他对绝对观念论的分析和批判在黑格尔主义内部造成了激烈的争论。直到摩尔和罗素对绝对观念论发起决定性的一击，才真正宣告观念论的落幕。落幕不代表死亡。洛克莫尔（Tom Rockmore）提醒说，今天的我们忘了，100年前，分析哲学正是通过与观念论的殊死搏斗最终导致英国哲学灵魂的概念死亡才出现的。分析哲学确实令人瞩目地赢得了这场战斗，而被贴上"黑格尔主义观念论"标签的东西也被彻底击败了。然而，现今事情变得不那么清晰了，因为在当代后分析哲学中黑格尔主义又有复兴的迹象。② 因此，对英国观念论这一段思想史作一番考察，了解它与分析哲学的关系，就不再是可有可无的了。

---

① Anthony Grayling, Andrew Pyle and Naomi Goulder eds., *The Continuum Encyclopedia of British Philosophy*, Vol. 3, London and New York: Continuum International Publishing Group, 2006, p. 2598.
② Robert Sinnerbrink, *Understanding Hegelianism*, London and New York: Routledge, 2014, p. 33.

第三章　道德与道德感

伦理学或者道德哲学是苏格兰启蒙哲学的一个重要组成部分。关于道德哲学，赖尔（Peter Reill）和威尔逊（Ellen Wilson）说，"启蒙学者的观点具有两条共同的主线：一是探究人类善、恶观念的物质和自然起源，其次是力图解答人类行为的自由与必然性之间的关系。"① 对于苏格兰启蒙哲学家们来说，这两个问题也是他们面临的并且需要解决的问题。为此，这些哲学家们普遍关注人性问题，他们不但就此展开深入的探讨，而且还提出了许多极具启发性的学说。由此，道德哲学或伦理学的发达也成为苏格兰哲学中一个显著的特色。

苏格兰道德哲学的来源可以追溯到英格兰哲学家莎夫茨伯利（Shaftesbury，1671—1713）。② 莎夫茨伯利道德哲学的新颖之处在于提出道德可以与神学分离的观点，另外是把道德哲学建立在经验主义心理学的基础上，并提出所谓的"道德感"理论，认为道德善恶由道德感决定。哈奇森将莎夫茨伯利的伦理学思想从英格兰带到苏格兰，并使之进一步得以完善。和莎夫茨伯利一样，哈奇森反对利己主义伦理学，但同时他还反对理性主义伦理学。在他看来，"道德感"完全不涉及利害关系，也不受理性决定。哈奇森并不否认人性中的自利因素，但是他认为无私的仁爱才是人性的本质。哈奇森还提出关于道德功利的思想，不过他又认为道德动机才是决定道德善恶的标准。作为苏格兰启蒙哲学的先驱，哈奇森的伦理学思想直接影响了休谟、亚当·斯密和托马斯·里德等苏格兰哲学家。

---

① ［美］赖尔、威尔逊：《启蒙运动百科全书》，刘北成等译，上海人民出版社2004年版，第31页。
② 莎夫茨伯利原名安东尼·阿什利·库伯（Anthony Ashley Cooper），即后来的莎夫茨伯利伯爵三世（3rd Earl of Shaftesbury）。

休谟赞同哈奇森关于"道德知觉不应归类于理智的活动,而应归类于趣味或情感"的观点,① 认为道德区分的根据在于"道德感"。不过,后来休谟的伦理学思想有所转变,提出"同情"是道德区分的根据。此外,休谟还提出"功利"思想,认为道德行为或品质的价值在于对某人自己或社会有用。亚当·斯密伦理学思想的核心是"同情"说,这个理论主要来自哈奇森和休谟,尤其是后者。斯密扩大了"同情"的范围,并且使之成为伦理学的基础。托马斯·里德在一定程度上承认情感在道德判断中的作用,但是他反对休谟和斯密把情感作为道德区分的来源。里德认为理性而不是情感在道德判断中起决定作用,其作用就表现在发现道德中的"第一原则"。

要言之,道德问题成为苏格兰启蒙哲学家普遍关注的问题,并且他们大多将道德或价值与第二性质问题联系起来,甚至视之为"事实"的"投射",由此围绕道德的主观性和客观性等问题,苏格兰启蒙哲学家展开了一系列富有成果的讨论。

第一节 哈奇森和道德感学说

弗兰西斯·哈奇森(Francis Hutcheson,1694—1746)出生于爱尔兰,1711年至1717年入格拉斯哥大学学习哲学、文学等,其后还学习了神学。1729年,哈奇森接替其师格什姆·卡米克尔(Gershom Carmichael)在格拉斯哥大学的道德哲学教授职位,并一直担任到去世前。哈奇森对苏格兰哲学贡献很大。首先,他是格拉斯哥大学第一位用英语而非拉丁语讲授哲学课程的教授,从而扩大了哲学在苏格兰的传播。其次,哈奇森以其思想的影响力,推动了苏格兰年青一代研究哲学的风气和风格。② 哈奇森的贡献主要是在伦理学和美学方面,他的代表作包括:《关于我们的美和德行观念的起源研究》(*An Inquiry into the Original of Our Beauty and Virtue*,1725)、《论激情和情感的本质和行为,以及对道德感的说明》(*An*

---

① 周晓亮:《休谟及其人性哲学》,社会科学文献出版社1996年版,第246页。
② Henry Grey Graham, *Scottish Men of Letters in the Eighteenth Century*, London: Adam and Charles Bllack, 1901, p. 30.

Essay on the Nature and Conduct of the Passions and Affections and Illustrations on the Moral Sense，1728）、《道德哲学体系》（*A System of Moral Philosophy*，1755）。

一 莎夫茨伯利的"道德感"理论、利己主义伦理学和理性主义伦理学

在哈奇森的伦理学体系中"道德感"学说最为重要，这是哈奇森从莎夫茨伯利那里继承来的。第一个提出"道德感"这个词的实际上也不是莎夫茨伯利，而是卡德沃斯（Ralph Cudworth，1617—1688）的学生托马斯·伯内特（Thomas Burnet，1635—1715），不过莎夫茨伯利却是第一个对"道德感"思想的内涵进行探讨的人，因此成为道德感学派的开创者。莎夫茨伯利并没有从正面对"道德感"展开论述，而且"道德感"这个词也仅仅在书页的边栏里出现过几次。不过根据莎夫茨伯利的表述，所谓"道德感"实际上是相当于一种"是非感"（sense of right and wrong），即对道德行为"对""错"的直接感知能力。按照他的观点，道德感只存在于人的身上，它使人自然地倾向于社会的利益，因为人是社会的一部分。莎夫茨伯利把道德感比作"心灵的眼睛"。他说，"作为其他心灵的旁观者（spectator）和审计员（auditor），心灵不可能没有它的眼睛和耳朵，以便识别各种比例，区分各种声音，审视每一种出现在它面前的情感。它不会让任何东西逃避它的审查"①。显然，这在某种意义上是承认了道德感的"先天性"，因为他说即使是最邪恶的人也具有道德感。②不过，道德感并不因此就是一种"先天的观念"（innate idea），而是被视作一种"前概念"（preconception），因为我们只有在社会中到达某个阶段才会具有这种新的"本能"。③莎夫茨伯利认为道德感和反思能力也有关，说只有运用反思才能说喜欢或不喜欢道德行为，相应地才会有是非感。④这在某种意义上又承认了理性在道德活动中的作用。莎夫茨伯利对道德感（也即是非感）非常重视，甚至将之视为"第一原则"。他说，"对我们而言，是非感和自然情感本身一样是自然的，它是我们的构造和结构中的第

---

① James Bonar, *Moral Sense*, Bristol: Thoemmes Press, 1992, pp. 30 – 31.
② James Bonar, *Moral Sense*, Bristol: Thoemmes Press, 1992, p. 32.
③ James Bonar, *Moral Sense*, Bristol: Thoemmes Press, 1992, p. 41.
④ James Bonar, *Moral Sense*, Bristol: Thoemmes Press, 1992, pp. 30 – 31.

一原则。没有任何思辨的主张、信仰（persuasion）或信念（belief）可以立即或直接排除它或摧毁它。"① 莎夫茨伯利试图把善和真（当然还有美）统一起来，其依据是他的和谐思想。他说，自然是和谐的，其中到处可以发现对称和比例，人生（life）和礼节（manners）也是如此。"德行有相同的固定法则。相同的数、和谐、比例在道德中也有位置，并且可以在人的品格和情感中被发现，艺术和科学的基础就奠定于其中，它们超过了所有其他的人类实践和理解。"② 这种试图把伦理学加以数学化或客观化的努力可以说是近代伦理学的一个显著的特点。

莎夫茨伯利提出道德感学说是为了反对霍布斯和洛克的利己主义伦理学。然而，莎夫茨伯利的学说也遭到利己主义伦理学的另一位支持者伯纳德·曼德维尔（Bernard Mandeville，1670—1733）的反驳。曼德维尔是霍布斯学说的追随者，他认为莎夫茨伯利对人性的描述过于乐观，不符合实际。按照他的观点，自爱或自私才是人的真实本性，那些所谓人性本善的道德原则不过是政客们的骗人伎俩，实际上都只是伪装的自私而已。他的名言是："道德德行是谄媚（flattery）和骄傲（pride）相结合的政治产物。"③ 因此，曼德维尔赞成那种"没有克制就没有德行"的观点，换句话说，德行只是对自爱或自私欲望的克制。针对莎夫茨伯利关于人性的乐观主义假设，曼德维尔略带嘲讽地说，"这位高尚的作者（我指的是《特征》中的莎夫茨伯利伯爵）以为，人是社会性的，因此他应该天生就具有一种对他是其中一部分的整体的仁慈的情感，并且倾向于追求社会的福利。按照这种假设，他把每一种出于公共的善而做的行为称作善，而把完全排除这种考虑的所有自私称为恶。关于我们人类，他把德与恶看作在所有国家和所有时代都必定相同的永恒实在，并且想象一个理智健全的人通过遵循良好的判断力可以不仅发现道德和艺术作品中美和美德（pulchrum et honestum），而且同样地可以很容易通过其理性来控制自己，就像一个

---

① Shaftesbury, *Characteristics, Men, Manners, Opinions, Times*, Vol. Ⅱ, Indianapolis: Liberty Fund, Inc., 2001, p. 25.
② Shaftesbury, *Characteristics, Men, Manners, Opinions, Times*, Vol. Ⅱ, Indianapolis: Liberty Fund, Inc., 2001, p. 218.
③ Bernard Mandeville, *The Fable of the Bees, Or Private Vice, Public Benefits*, New York: Capricorn Books, 1962, p. 46.

优秀的骑手可以通过马缰绳来控制一匹被教得很好的马一样。"① 在他看来，莎夫茨伯利的伦理学的确很崇高，然而它忽视了普通人在善恶之间挣扎的人性现实，而他的理论则可以很好地解释这一切。曼德维尔的伦理学思想可以用一句话概括，这就是个人的恶成就了社会的善，或者如他自己提示的那样："私恶即公利"（private vices, public benefits）。

萨缪尔·克拉克（Samuel Clarke, 1675—1729）和威廉·沃勒斯顿（William Wollaston, 1659—1724）是理性主义伦理学的代表。他们的基本观点是：道德在于和理性的一致，而不是来自自爱或情感。克拉克和沃勒斯顿的伦理学都和宗教神学联系在一起，其中克拉克认为伦理学原则从属于宗教原则，沃勒斯顿则认为道德原则和宗教原则是同一的。克拉克的伦理学有一个显著的特点，即伦理学的数学化。伦理学的数学化实际上并非始于克拉克，因为在他之前洛克就已经提出这个思想。洛克在认识论上是经验主义的，但是在伦理学上却持一种理性主义的立场，认为"伦理学可以和数学一样得到证明"。② 近代自然科学对哲学的影响于此可见一斑。克拉克认为道德不是任意的，而是属于宇宙的秩序，③ 因此道德关系可以从宇宙关系或自然关系中得到说明。在他看来，由于自然事物各不相同，相互之间就存在着比例上的不同关系，于是从不同事物的不同关系中必然就会产生一些事物和另一些事物之间的"一致"（agreement）或"不一致"（disagreement），以及将这些不同的事物或不同的关系相互应用时所产生的"适宜"（fitness）或"不适宜"（unfitness）。在几何和数学中也存在这样的合比例或不合比例，以及物体形状间的相同（uniformity）或不相似（difformity）。克拉克进而认为，从不同的人的不同关系中也必然会产生一些人的行为和另一些人的行为之间的"适宜"或"不适宜"，比如在人的相互交往中所有的人都努力促进普遍的善和福利就比不断地图谋毁掉它们更"适宜"。④ 据此，克拉克认为，善的东西就是适宜的和合理

---

① Bernard Mandeville, *The Fable of the Bees, Or Private Vice, Public Benefits*, New York: Capricorn Books, 1962, p. 155.
② Frederick Copleston, *A History of Philosophy*, Vol. V, New York, London, Toronto, Sydney and Auckland: Doubleday, 1994, p. 123.
③ W. R. Sorley, *A History of English Philosophy*, New York and London: G. P. Putnam's Sons, 1921, p. 155.
④ D. D. Raphael, *British Moralists* 1650 - 1800, Vol. I, Oxford: Oxford University Press, 1969, p. 193.

的事情，而恶的东西就是不适宜的和不合理的事情。克拉克倾向于把事物之间的适宜或不适宜看作不变的。他说，就本性来说有些事情是善的和合理的，比如忠于信仰（keeping faith）；有些事情是绝对恶的，比如背弃信仰（breaking faith）；有些事情则是漠不相关的。这些只有通过正确的理性才能发现。对于上帝来说情况有所不同，因为他的道德属性——无限的善，决定了他必定只会做最适宜的事情。由于人是上帝的造物，所以这个最适宜的事情必然是所有人的幸福。相应地，对于人而言所有人的幸福也必然是最适宜的。要达到幸福必须实行三条"正义法则"（rule of righteousness）：第一条法则和上帝有关，要求每个人必须崇拜上帝。第二条法则和他人有关，其中又包括两条子法则即"平等法则"和"仁爱法则"。所谓平等法则（rule of equity）是说理性要求实践中的每个人应按照在相似情况下别人可能待他的方式来对待他人。① 这条法则和康德所说的道德绝对命令完全一致，即要求道德法则必须是普遍适用的。所谓仁爱法则（rule of benevolence）就是在和他人打交道时不仅只做正当的和正确的事情，而且还要尽我们最大的能力去促进"所有人的福利和幸福"。② 这条法则可以被看作哈奇森提出的"最大多数人的最大幸福"原则的先声。第三条法则和自己有关，要求每个人为自己尽义务，这个义务就是尽其可能保全自己——既包括身体方面也包括心灵方面。总的来看，克拉克一方面把伦理学数学化，试图把伦理学变成一门不依赖于经验的永恒的绝对真理；另一方面他又将"所有人的福利和幸福"作为伦理学的终极目的，因此其伦理学又带上"普遍功利主义的色彩"。③

受克拉克的影响，沃勒斯顿把行为也分为三种，即善的、恶的和漠不关心的，认为这种差异是宗教的基础。按照沃勒斯顿的观点，行为差异表明人是理智的和自由的行为者（agent），他有能力自己进行区别、选择和行动。沃勒斯顿用命题来表示发生的事情。他说，那些表达了事物实际存在的命题就是真的，或者说，真理就是表达事物的语词或符号和事物自身

---

① D. D. Raphael, *British Moralists* 1650 – 1800, Vol. Ⅰ, Oxford：Oxford University Press, 1969, p. 207.
② D. D. Raphael, *British Moralists* 1650 – 1800, Vol. Ⅰ, Oxford：Oxford University Press, 1969, p. 209.
③ 周晓亮主编：《西方哲学史》第四卷，凤凰出版社、江苏人民出版2004年版，第607页。

的一致。① 沃勒斯顿认为事物的本性是不可改变的：存在的事物就是它存在的那个样子，而发生过的事情也不可能没发生。所以，"如果一个虚假的（false）命题是错误的（wrong），那么包含这样一个命题或者见之于这个命题的行为就不可能是对的（right），因为它正是这个实践中的命题本身"②。沃勒斯顿认为，道德善恶和对错（命题的真假）是一致的，因为错误的东西不可能是善的，而正确的东西也不可能是恶的。③ 可以看出，沃勒斯顿和克拉克一样都试图把善和真，也就是说把道德原则和事物的真理统一起来。显然，他们的目的是把道德原则变成绝对的、普遍的道德真理。沃勒斯顿说得明白，人性中既有理性的部分也有本能的部分和情感的部分，道德原则不可能建立在常识（本能）和情感之上，因为常识的基础是脆弱的，而情感又不是一致的和恒常的。所以，只有使正确的理性成为法则，并以之指导和判断我们的行为才能从善避恶。沃勒斯顿把善和幸福也联系起来，认为善就是"终极的幸福"（ultimate happiness）。这种幸福和快乐有关，但又不是快乐主义者所说的当下快乐。在他看来，所谓终极的幸福就是所有快乐的总量超过所有痛苦的总量，或者说，终极幸福就是幸福的总和或真快乐的总和。④ 沃勒斯顿认为在这一点上宗教原则和道德原则是相同的，即都是通过对真理的实践追求幸福。沃勒斯顿关于幸福的计算思想对后来的功利主义产生了一定的影响。

二 哈奇森对利己主义和理性主义伦理学的批判及其道德感学说

在道德起源问题上，哈奇森明确站在莎夫茨伯利一边，支持他的"道德感"理论。在《关于我们的美和德行观念的起源研究》第一版的扉页中哈奇森声称他的这本书就是为莎夫茨伯利的原则作解释和辩护。事实上，哈奇森的伦理学正是在反驳利己主义伦理学和理性主义伦理学的基础上发展起来的。和莎夫茨伯利一样，哈奇森反对霍布斯的利己主义伦理

---

① D. D. Raphael, *British Moralists* 1650 – 1800, Vol. I, Oxford: Oxford University Press, 1969, p. 240.
② D. D. Raphael, *British Moralists* 1650 – 1800, Vol. I, Oxford: Oxford University Press, 1969, p. 244.
③ D. D. Raphael, *British Moralists* 1650 – 1800, Vol. I, Oxford: Oxford University Press, 1969, p. 250.
④ D. D. Raphael, *British Moralists* 1650 – 1800, Vol. I, Oxford: Oxford University Press, 1969, p. 256.

学。哈奇森指出,霍布斯试图从自爱中推演出所有人类的行为,但是他忽视了人类之中那些慷慨的和仁爱的一面,如爱、友谊和其他的社会情感,这是自爱论所无法解释的。对霍布斯的追随者曼德维尔,哈奇森也给予了批判。曼德维尔的核心思想是,利己乃人的本性,所谓利公的情感不过是伪装的自私而已。在他看来,正是由于对个人利益、虚荣和奢侈品的追求(这些恶)促进了生产和消费,因而在客观上推动了整个社会的进步。哈奇森认为,把利己看作人性的本质是站不住脚的,因为确实存在无私的仁爱。对于后者,哈奇森认为我们可以同样表明德行既可以促进个人的幸福也可以促进公共的幸福;而且没有这些恶也会有同样的对产品的消费。正如詹姆斯·塞斯指出的那样,哈奇森对利己主义伦理学的批判具有"历史的重要性",① 后来休谟、斯密等苏格兰哲学家基本上都是按照哈奇森的方向继续发展的。

　　哈奇森对理性主义伦理学也进行了批判。哈奇森赞同理性主义关于道德在于追求幸福和善的结论,但是反对他们用先天的方法来证明道德的真理性。理性主义者认为,行为的合理性在于和真命题或真理的一致。哈奇森认为这种观点显然是有问题的,因为每一个真命题及其对象之间都可以是一致的,但是其中任何一个命题都不能决定另外一个,因此这种一致性并不能使我们选择或赞同一个行为而不是与之相反的行为。② 哈奇森认为理性主义的错误在于对"理性"概念的误用。为此,他把理性区分为两种,即"激发理性"(exciting reason)和"辩护理性"(justifying reason)。所谓"激发理性",是指引发行为者去做某个行为的性质。哈奇森说,所有的激发理性都预设了本能和情感。所谓"辩护的理性",是指我们对某个行为表示赞同的性质。哈奇森认为,辩护理性预设了道德感的存在。③ 显然,按照这种解释,无论我们是在从事某个行为还在是对行为作判断,我们的依据都不是理性主义者所说的思辨理性,而是情感、

---

① James Seth, *The Scottish Contribution to Moral Philosophy*, Edinburgh: William Blackwood and Sons, 1898, p. 8.
② D. D. Raphael, British Moralists 1650 – 1800, Oxford: Oxford University Press, 1969, pp. 307 – 308.
③ D. D. Raphael, British Moralists 1650 – 1800, Oxford: Oxford University Press, 1969, pp. 308 – 309.

本能和道德感。① 这样，通过对利己主义和理性主义伦理学的批判，哈奇森就为其道德感学说铺平了道路。

如前所述，"道德感"一词在莎夫茨伯利那里还没有什么特别的重要意义，而在哈奇森这里，"道德感"却是其精致体系的基石。② 哈奇森的道德感学说建立在经验主义认识论的基础上。③ 洛克提出，观念来自感觉和反省，并且把反省称作"内感觉"。哈奇森吸收了洛克的思想，认为感觉就是"由于外部对象的呈现及其对我们身体的作用而产生于心灵中的那些观念"。④ 需要注意的是，不能由此推断哈奇森主张感觉就是观念，因为哈奇森明确表示感觉和观念不同：感觉是接受观念的能力。比如，他说："美这个词表示的是产生于我们心中的观念，而美感则表示我们接受这种观念的能力。"⑤ 哈奇森也把人的感觉分为两类，即"外感觉"（external sense）和"内感觉"（internal sense），但是哈奇森认为"外感觉"并不像通常说的那样只有五种，因为在他看来，有些感觉没有任何先前的观念就可以获得，例如饥饿感、饥渴感、疲惫感和恶心感，它们就不能被还原为其中的任何一种。所谓"内感觉"，哈奇森指的是接受诸如"美""和谐"等观念的能力。"内感觉"主要包括意识、美感、公众感、道德

---

① 周晓亮主编：《西方哲学史》第四卷"近代：理性主义和经验主义，英国哲学"，凤凰出版社、江苏人民出版社2005年版，第624页。当然，哈奇森也承认理性在道德活动中发挥一定的作用，例如它可以在"道德感"受无知、偏见和错误的信念干扰而发生偏差时给予纠正。（第625页）

② Leslie Stephen, *History of English Thought in the Eighteenth Century*, Vol. Ⅱ, New York and Burlingame: Harcourt, Brace & World, Inc., 1962, p. 48.

③ 麦考什说，哈奇森没有在任何地方非常完整地或正式地解释过他使用的方法，但是他到处都诉诸于事实和观察。"这些特征表明他属于那个他被看作其创立者的苏格兰学派，因为此前还没有任何和北不列颠有联系的哲学家把这些特征结合起来，事实上他给予了苏格兰的哲学思辨以现代的刺激。"（James McCosh, *The Scottish Philosophy*, *Biographical*, *Expository*, *Critical*, *From Hutcheson to Hamilton*, New York: Robert Carter and Brothers, 1875, pp. 68 - 69.）哈奇森的方法显然就是洛克的方法。正如詹姆斯·波纳指出的那样，在莎夫茨伯利和哈奇森的哲学中到处都有洛克的影子。（James Bonar, *Moral Sense*, Bristol: Thoemmes Press, 1992, p. 70.）

④ Francis Hutcheson, *An Inquiry into the Original of Our Ideas of Beauty and Virtue*: *In Two Treatises*, ed. Wolfgang Leidhold, Indianapolis: Liberty Fund, Inc., 2004, p. 19. 同样，哈奇森也认为心灵在接受观念时是被动的，而心灵对于进入其中的简单观念则可以通过复合、比较和抽象等来造成复杂观念。

⑤ Francis Hutcheson, *An Inquiry into the Original of Our Ideas of Beauty and Virtue*: *In Two Treatises*, ed. Wolfgang Leidhold, Indianapolis: Liberty Fund, Inc., 2004, p. 23.

感、荣誉感以及荒谬感。哈奇森承认,"内感觉"并不像"外感觉"那样可以清楚地观察到其所在,但是他认为这些"内感觉"的确是存在的,即使人们不去知觉那些观念。在这些"内感觉"中,哈奇森特别强调"道德感"的重要性。所谓"道德感",他指的是我们借以知觉我们自己或他人的德与恶的能力。这种"道德感"使我们在知觉对象时感到一种道德上的快乐或不快,并给予相应的赞同或不赞同。

哈奇森试图表明"道德感"是人的一种"先天的"或自然的官能,它不受任何教育(education)、教化(instruction)和习惯(custom)的影响,因此是普遍的。在他看来,这种道德感的普遍性可以从对儿童的情感的观察中获知。例如,儿童即使未受任何教育,但是只要理解了使用的语言,他/她就会站在仁爱一边而反对自私残忍的行为。① 哈奇森认为,如果我们不具有这种官能,教育也将无能为力,就像盲人无法通过教育知觉到颜色一样。另外,"道德感"不仅是"先天的",而且是"无私利的"。

我们并不是要虚构,这种道德感——而不是其他的感觉,假定了任何先天的观念、知识或实践命题。我们的意思只是说,当我们观察行为时,心灵接受关于这些行为的愉快观念或不愉快观念的决定,它先于任何我们将从中获益或受损的考虑。正如我们即使没有任何数学知识,或者看不出那个不同于当下快乐的规则的形式或和谐的曲子中的任何利益,我们仍然对之感到快乐一样。②

在他看来,"道德感"的"无私性"和"先天性"一样就扎根于人的本性之中,所以当我们看到一个善行时就会立即感觉到快乐并给予赞同,而不会考虑它是否对我们自己有利。用他的话说,"道德感"不会被贿赂。据此,哈奇森提出德行的真实源泉在于"无私的感情"(disinterested affection),这种"无私的感情"集中地体现为"仁爱"(benevolence)。由于仁爱都是指向他人的,所以仁爱都是利他的和无私的,仁爱

---

① 在道德感的先天性问题上哈奇森前后不太一致。例如,在《关于我们的美和德行观念研究》的前言中他认为道德感不是先天的。他说,外感官是每个人与生俱来的自然能力,而道德感一般来说不是。从儿童的成长过程来看,在学会反思之前他们并不具有美感和道德感,所以它们必定完全归因于教化和教育。见 Francis Hutcheson, *An Inquiry into the Original of Our Ideas of Beauty and Virtue*: *In Two Treatises*, ed. Wolfgang Leidhold, Indianapolis: Liberty Fund, Inc., 2004, Preface。

② Francis Hutcheson, *An Inquiry into the Original of Our Ideas of Beauty and Virtue*: *In Two Treatises*, ed. Wolfgang Leidhold, Indianapolis: Liberty Fund, Inc., 2004, p. 100.

不会建立在自爱或利益之上。哈奇森认为所有倾向于使他人幸福的仁爱的感情都是道德上善的，只要它们对一些人是仁爱的，而对其他人是无害的。据此，哈奇森断言，仁爱是道德感的普遍基础。① 哈奇森又提出，同情（compassion）是仁爱的动机。他说，仁爱对于我们来说是自然的（天生的），仁爱就是同情。由于同情我们愿意研究他人的利益而不考虑一己的便利。哈奇森认为这一点几乎无须例证，因为每个人都会由于他人陷入的苦难而感到不安，除非这个人在道德感中被设想为恶。但即使在这种情况下我们也几乎不可能完全无动于衷。② 哈奇森把同情看作源于人性的构造，认为这种构造恰好适合于激起同情。在他看来，作为旁观者（spectator）每个人都可以观察到从他人的"脸"（countenance）上表现出来的苦难和痛苦，并给予普遍的理解和同情。哈奇森关于"同情"的思想对休谟和斯密有一定的影响。

可以看出，哈奇森的"道德感"学说并不是对莎夫茨伯利学说的简单继承，而是有许多新的创造。塞斯说，"他（即哈奇森）不应该被看作仅仅是莎夫茨伯利的门徒和其学说的追随者。在他的思想的显著特征中，在他的'道德感'理论中，在他的仁爱学说中，他都具有明显的原创性。"③

三 哈奇森的道德功利思想

哈奇森的道德功利思想也非常引人注目。在伦理学史上，他是最早明确提出"最大多数人的最大幸福原则"（the greatest happiness for the greatest number）这一主张的人。哈奇森说，"能够为最大多数人获得最大幸福的行为是最好的行为，而在相似条件下引起痛苦的行为是最坏的行为。"④这条原则被后来的功利主义者奉为圭臬。

哈奇森不仅提出功利主义思想，而且还试图用数学方法来计算德行的

---

① 哈奇森承认仁爱有程度上的差别，比如当我们和对象之间有某种亲密的关系时，仁爱之心就会表现得更强。不过，在他看来这并不能改变仁爱的本质。
② Francis Hutcheson, *An Inquiry into the Original of Our Ideas of Beauty and Virtue: In Two Treatises*, ed. Wolfgang Leidhold, Indianapolis: Liberty Fund, Inc., 2004, p. 159.
③ James Seth, *The Scottish Contribution to Moral Philosophy*, Edinburgh: William Blackwood and Sons, 1898, p. 8.
④ Francis Hutcheson, *An Inquiry into the Original of Our Ideas of Beauty and Virtue: In Two Treatises*, ed. Wolfgang Leidhold, Indianapolis: Liberty Fund, Inc., 2004, p. 125.

大小程度。把数学计算引入道德领域可以说是哈奇森的首创，① 这种做法明显是受到当时自然科学的影响。众所周知，18 世纪的哲学家大多受自然科学的影响，特别是牛顿物理学的影响。牛顿物理学的非凡意义在于，使用几条简洁的数学公式就可以囊括宇宙间的一切规律。这在某种程度上赋予了哲学家们以极大的想象空间，他们认为如果哲学也能找出这样的公式或法则，那么哲学也可以像自然科学一样获得绝对的确定性。因此，对于确定性的追求不仅是科学家的目标，而且也成为哲学家的梦想。哈奇森就认为，如果善恶大小可以计算出来的话，那么就可以用来指导并规范人们的道德行为。为此，他以仁爱、自爱、能力和利益作为变量提出了五条计算道德的公式：

（1）$M = B \times A$，其中 B = Benevolence，A = Ability，M = Moment of Good，意思是任何行为者所造成的善的量是他的仁爱与能力的复合；

（2）$I = S \times A$，其中 I = Interest of oneself，S = Self love，A = Ability，意思是任何行为者所造成的私利的量是他的自爱和能力的复合；

（3）$M = B \times I$，意思是当两行为者的能力相等时，他们的行为在相同情况下造成的善的量与能力成正比；

（4）$M = A \times I$，意思是当两行为者的仁爱相等，其他情况也相同时，他们造成的善的量成正比，与他们的能力成反比；

（5）$B = M/A$，意思是行为者的德或他们的仁爱，永远与相同情况下他们造成的善的量成正比，与他们的能力成反比。

需要强调的是，哈奇森的道德计算思想并不是要通过计算人的德行程度高低，来划分人的身份等级；恰恰相反，他的目的是说明每个人只要努力都可以同样达到最高的道德境界。哈奇森说，无论任何人所能成就的公共善的量有多小，然而，如果他的能力也相应地小，那么表示德行程度的商就和任何人的一样大。因此，不仅是王子、政治家和将军能够成为真英

---

① 洛克虽然很早提出伦理学可以像数学一样证明，但是他并没有说如何去证明。

雄，而且那些诚实的商人、仁爱的朋友、好客的邻人等同样是德行的英雄。① 显然，这种思想对促进道德行为的普遍化具有积极的意义。借用斯多葛主义者的话说就是，"假定一个清白的人尽最大的能力去追求德行，那么在德行上他就可以和上帝相等了。"②

另外，需要注意的是，不能把哈奇森看作如后来边沁那样的功利主义者，因为哈奇森并不是一个单纯的后果论功利主义者，虽然他重视道德功利但是却更加重视行为的道德动机。在他看来，一个行为如果出于仁爱的动机，则它就是善的；如果不是，则不能被称为善。马克·斯特拉瑟（Mark Strasser）因此指出，哈奇森的功利主义与后果论的功利主义（consequential utilitarianism）是有区别的，可以称之为"动机论功利主义"（motivational utilitarianism）。恩内斯特·阿尔比（Ernest Albee）则认为哈奇森不是一个功利主义哲学家，而是一个道德感哲学家。在他看来，哈奇森只是第一个偶然发现功利主义原则的英国哲学家，道德感在他那里才是终极原则，是德行的试金石。③ 应该说，"道德感"思想和道德功利思想都是哈奇森伦理学的重要组成部分，过分强调其中任何一部分都是不准确的，也是有违事实的。

总之，哈奇森为苏格兰哲学做出了极大的贡献。简单地说就是，他把"人性"确立为哲学研究的重心。按照哈奇森的观点，以前的哲学家们（即洛克等英格兰哲学家）在关注理性和获取真理的方法时忽视了对"人性"的研究，而在他看来，"哲学中没有任何部分比关于人性，及其各种能力和倾向的正当知识更重要"，因为（思辨）知识仅仅是一种达至幸福和持久快乐的手段，我们不能停留在琐碎的研究上而忘记了目的本身。④ 在哈奇森的影响下，休谟、斯密和里德等哲学家无不重视对人性的研究，从而使道德哲学在苏格兰一度达到顶点。对于哈奇森的重要贡献，威廉·斯考特（William R. Scott）给予高度评价，认为他不仅改进了莎夫茨伯利

---

① Francis Hutcheson, *An Inquiry into the Original of Our Ideas of Beauty and Virtue: In Two Treatises*, ed. Wolfgang Leidhold, Indianapolis: Liberty Fund, Inc., 2004, p. 134.
② Francis Hutcheson, *An Inquiry into the Original of Our Ideas of Beauty and Virtue: In Two Treatises*, ed. Wolfgang Leidhold, Indianapolis: Liberty Fund, Inc., 2004, p. 130.
③ Ernest Albee, *A History of English Utilitarianism*, London: Swan Sonnenschein & CO., Ltd., 1902, pp. 62 – 63.
④ Francis Hutcheson, *An Inquiry into the Original of Our Ideas of Beauty and Virtue: In Two Treatises*, ed. Wolfgang Leidhold, Indianapolis: Liberty Fund, Inc., 2004, Preface.

的哲学，而且使其得以平民化，其结果是道德学对于所有人来说都是可能的，而不仅仅是为贵族阶层的。① 麦考什也说，"通过把道德学从古代的和现代的伟大伦理学作家们放置它的高处带回地面，他为亚当斯密的体系，甚至为休谟的体系铺平了道路。"②

第二节　从道德感到道德情感

休谟的伦理学具有明显的综合性倾向，它既有古代斯多葛主义和伊壁鸠鲁主义的痕迹，又包含近代道德感学派和霍布斯等哲学家的观点，其中后者对休谟伦理学的影响更为直接。一方面，休谟伦理学吸收了莎夫茨伯利和哈奇森的"道德感"思想，尤其是哈奇森的道德来自情感而非理性的观点，但是他本人却并不是一个道德感哲学家。在其著作中休谟很少直接提及"道德感"（moral sense），而是代之以"道德情感"（moral sentiment），因为在他看来道德感仅仅是一个假设的官能，实际上它可以按照人性的最普遍原则加以科学的解释。③ 另一方面，休谟又将功利（utility）概念首次引入伦理学，从而成为功利主义的先驱者，然而他又反对自爱提倡仁爱，所以也不完全是一个功利主义者。休谟的伦理学思想主要集中在《人性论》的第三卷和《道德原则研究》中。

一　道德经验

休谟的伦理学是建立在经验主义基础上的伦理学，这是它的一个显著特征。休谟把哲学分为思辨哲学和实践哲学，伦理学或道德哲学属于实践哲学。和他的知识理论一样，休谟伦理学或道德哲学的出发点也是经验。休谟说，"古人流传至今的道德哲学与他们的自然哲学一样存在许多麻烦即，它们完全是假设的，更多地是依赖于虚构而不是经验；每个人都诉诸

---

① William Robert Scott, *Francis Hutcheson, His Life, Teaching and Position in the History of Philosophy*, Cambridge: Cambridge University Press, 1900, pp. 185 – 186.
② James McCosh, *Scottish Philosophy, Biographical, Expository, Critical, From Hutcheson to Hamilton*, New York: Robert Carter and Brothers, 1875, p. 85.
③ Ernest Albee, *A History of English Utilitarianism*, London: Swan Sonnenschein & Co., Ltd., 1902, p. 91.

于其想象来建立德行和幸福的方案而不考虑每一种道德结论都必须依赖的人性。因此，我决定将此作为我的主要研究和我从批评学和道德学中演绎出每一条真理的源泉。"① 众所周知，在知识理论中休谟从知觉入手，将其分为印象及观念，然后根据他的"第一原则"对以往的哲学进行批判。休谟认为，知识理论依靠的是理性推理，而道德哲学的基础是直接的情感。根据前文，休谟所说的印象比较宽泛，它不仅包括各种感觉，同时包括情感和情绪在内。对诸感觉的讨论属于知识理论领域，而对情感和情绪的讨论则属于道德哲学的范围。这种共同的基础使休谟可以将知识理论中的原则顺理成章地应用于道德哲学中。略有不同的是，在知识理论中休谟把印象区分为感觉印象和反省印象，而在道德哲学中他把印象分成"原始印象"（original impression）和"次生印象"（secondary impression）。不过，这两种分法只是名称上的改变而已，在内容上则是完全一致的，其中感觉印象即原始印象，反省印象即次生印象。按照休谟的观点，原始印象全都是感觉印象，所有身体的痛苦和快乐都是属于这一种。次生印象或反省印象来自原始印象。换句话说，次生印象是那些对前者进行摹写的情感和其他情绪。在这二者中，休谟更为重视次生印象或者说反省印象，因为在他看来对原始印象的分析是属于解剖学或自然哲学的事。② 休谟把反省印象分为两种即平静的和激烈的。第一种是行为、性格和外部对象中的美丑感，第二种是诸如爱与恨、悲伤和欢乐、骄傲和谦卑这些情感或情绪。休谟承认这种划分不是非常精确，但是认为一般来说仍然是可行的。休谟把情感也划分为两种即直接情感和间接情感。直接情感是那些产生于善或恶、痛苦或快乐的情感，包括欲望、厌恶、悲伤、欢乐、希望、恐惧、失望和安全感。休谟认为这种情感来源于我们的本能。间接情感产生于同样的原则，但是结合了其他一些品质，比如骄傲、谦虚、抱负、自负、爱、恨、嫉妒、怜悯、恶意、慷慨以及它们的从属者。休谟认为道德哲学应该像自然科学一样也建立在少数简单的基本原则之上。休谟提出三条基本原则。第一，是他在知识理论中提出的观念联想原则。第二，是印象联想原则。按照他的观点，所有相似的印象都联系在一起，一个印象产生，另一

---

① James McCosh, *Scottish Philosophy, Biographical, Expository, Critical, From Hutcheson to Hamilton*, New York: Robert Carter and Brothers, 1875, p.117.
② David Hume, *A Treatise of Human Nature*, p.276.

个立即跟随。烦恼和不满产生愤怒，愤怒产生嫉妒，嫉妒产生恶意，恶意又产生烦恼，如此循环。同样，被欢乐促发的心境会导致爱、慷慨、怜悯和勇气等情感。变化是情感的本质属性，正是印象之间的吸引或联想把它们联结在一起。观念之间的联想通过三种方式，相似、接近和因果关系。至于印象之间的联想，休谟认为只有相似这一种方式。第三，这两种联想之间相互促进，当它们同时出现在同一个对象中时它们之间的转换就更加容易。对道德经验基础的说明一方面表明休谟的伦理学和心理学密不可分，另一方面也为后面把道德判断归结于道德情感铺平了道路。

二 道德区分

休谟伦理学的另一个重要特征是断言道德区分的根据来自情感而非理性。实际上这个特征在道德感学派那里已经有所体现，休谟的贡献是将之发展成形。关于道德区分的根据即道德善恶的分别来自何处一直是伦理学争论的焦点。在 18 世纪的苏格兰比较有影响的伦理学流派主要有两支，即理性主义学派和道德感学派。以克拉克（Samuel Clark，1675—1729）和沃勒斯顿（William Wollaston，1659—1724）为代表的理性主义哲学家认为道德的善恶可以单独由理性来确定：符合理性的就是善，不符合理性的就是恶。而以莎夫茨伯利和哈奇森为代表的道德感哲学家则认为道德判断来自一种特殊的官能即道德感，凭借这种先天的道德感我们可以直接知觉到行为的善恶。

在这个问题上休谟倾向于反对理性主义观点而支持道德感学派的立场，不过他的前后期观点有所变化。在《人性论》中休谟认为道德区分并非源于理性而是来自情感。为了证明这一点，他对理性和情德的不同之处进行了详细地考察。休谟的观点主要是：首先，二者属于不同的领域。理性属于思辨哲学，而情德属于实践哲学。其次，二者的性质不同。理性完全是惰性的、不活跃的，理性不能对情感或行为产生直接的影响；而情德则是主动的、积极的，可以产生或阻止行为。最后，二者的作用不同。理性的作用是发现真假，而真假在于要么和实际的观念关系一致或不一致，要么与实际的存在和事实一致或不一致。显然，作为道德的情感、意志和行为不存在这种一致或不一致的关系，因为它们本身就是初始的事实，因此作为自足的存在，它们不需要参照其他的情感、意志和行为。基于上述判断，休谟认为道德不可能是理性的对象，而只能是情感的对象。

显然，由于对理性的贬抑，休谟把伦理学中的道德判断实际上变成了一种道德情感活动，也就是他所说的对行为或品质的道德赞同和不赞同。因此，所谓德行就是我所赞同的行为或品质，而恶行就是我所不赞同的行为或品质。不过，休谟认为这种道德情感或道德赞同不赞同又和个体的苦、乐感觉联系在一起。按照他的观点，道德情感的基础是行为或品格所引起的痛苦或快乐。他说，"产生于德的印象是令人愉快的（agreeable），而来自恶的印象是令人不安的（uneasy）。"① 至于苦乐印象的根源，休谟则认为没有必要再去追问，因为在他看来，"感觉到德行不是别的，而就是由于沉思一种性格所感觉到的某种特殊的满足。正是这种感情构成我们的赞赏或羡慕。我们不用再往前走；也不必探究这种满足的原因。我们并不是因为一种性格令人愉快而推断它是有德行的；而是在感觉到它以某种方式令人愉快时我们事实上就感觉到它是有德行的"②。显然，休谟在这里想要强调的是：道德的善恶乃是一种情感，并且这种情感是直接的，理性在这里没有地位。可以看出，一方面休谟的伦理学是一种快乐主义的伦理学，另一方面在本质上它又是一种主观主义的伦理学。因为按照这种观点，道德情感只能是一种每个个体的主观感觉，并无客观的标准。这也正是休谟所要得出的结论。用他的话说就是，"道德是被感觉到的而不是被判断出来的。"③另一个有力的证明是，休谟明确把道德善恶看作类似于冷热那样仅仅存在于心灵中的第二性质。他说，"当你宣称任何品格或行为是善的或恶的时，你的意思不过是说根据你的本性构造你从对它的沉思中产生出一种赞同或谴责的感情（feeling）或情感（sentiment）。因此，恶与德可以比作声音、颜色、热和冷，根据现代哲学它们不是对象中的性质，而是心灵中的知觉。"④ 休谟将此视为道德科学中的一个重要发现，认为其重要性甚至可以与物理学中的其他发现相提并论。

和《人性论》相比，在《道德原则研究》中休谟的伦理学思想既有变化又有发展。首先，他放弃了在《人性论》中所持的道德区分来自道德感（moral sense）的观点，并且不再使用道德感这一称谓而是代之以道

---

① David Hume, *A Treatise of Human Nature*, p. 470.
② David Hume, *A Treatise of Human Nature*, p. 471.
③ David Hume, *A Treatise of Human Nature*, p. 470.
④ David Hume, *A Treatise of Human Nature*, p. 469.

德情感（moral sentiment）或者感情（feelings）。这种细微的变化可能是由于休谟认为道德感这个词容易给人以一种先天官能的印象，从而误以为他的哲学立场前后不一致。当然，不管具体出于何种原因，休谟仍然坚持"道德的对象是情感而非理性"这一基本立场。其次，对于理性在道德中的作用，休谟的态度也有所变化。在《人性论》中理性和情感几乎是完全对立的，并且这种对立几乎被推到极致。用休谟的一句最有名的话说就是："理性是，而且应该仅仅是情感的奴隶，而且除了服务和服从于情感之外绝不可能有任何别的作用。"① 他又举例为证："我宁愿毁灭整个世界而不愿划破自己的一个手指，这并不违反理性；我为了阻止一个印第安人或我完全不认识的人的最小的担心为选择整个毁灭自己，这也不违反理性；我宁愿要公认的更小的善而不要更大的善，并且热烈地喜爱前者有甚于后者，这同样不违反理性。"② 理性和情感之间的对立关系集中体现在休谟关于"是"和"应该"的一段简短阐述里。在《人性论》第三卷第一章第一节中休谟指出许多作者在他们的推理过程中经常把命题中的系词"是"（is）和"不是"（is not）换成了"应该"（ought）和"不应该"（ought not）。休谟认为这种转变虽然不容易察觉但却是非常重要的，因为后者表达了某种"新关系或断言"。在他看来，对这种"新关系或断言"应该加以解释和说明，否则是不能接受的。③ 如果用命题来表述这两种关系，可以说其中一类是关于"是"（what is）的描述性命题或事实命题，另一类是关于"应该是"（what ought to be）的规范性命题或价值命题。根据休谟的观点，事实命题只能来自事实命题，从事实命题不能够推出价值命题。简单说，从"是"推不出"应该"，这就是著名的"休谟法则"（Hume's law）。休谟法则在事实与价值之间筑起了一道不可逾越的鸿沟。马克斯·布莱克形象地称之为"休谟的铡刀"（Hume's guillotine）。④ 在《道德原则研究》中休谟虽然依旧强调理性和情感的区别以及情感的最后决定权，但是开始强调理性在道德判断中发挥的重要作用，提出"理性

---

① David Hume, *A Treatise of Human Nature*, p. 415.
② David Hume, *A Treatise of Human Nature*, p. 416.
③ David Hume, *A Treatise of Human Nature*, p. 469.
④ Max Black, "The Gap Between 'IS' and 'Should'", *The Philosophical Review*, Vol. 73, No. 2, (April, 1964), p. 166.

和情感在几乎所有的道德决定和道德结论中都同时发生"①。可以看出,休谟认识到将理性完全从道德判断中排除出去是不可能的,因此从前期的激进立场上有所后退,并试图把道德感学说和理性主义伦理学结合起来。这一转变和他的道德立场的微妙变化有关,即从原来主张道德感到推崇同情或仁爱原则。休谟指出,同情或仁爱原则植根于人性之中,它使人们对他人的快乐感到快乐。在他看来,道德行为或品格可以是令人愉快的,也可以是有用的。有用性构成了功利的基础,而行为的美德就在于其功利或增加幸福总额的自然倾向。这种功利或自然倾向正是理性官能所发现的,因为只有理性才能追溯"关系"和"后果"。总之,"同情"原则和"功利"学说是休谟伦理学思想的重要发展。

三 功利说

休谟伦理学的另一重要特征就是上述"功利"学说。按照休谟的观点,存在两种可能的评价根据或标准,即功利和情感,其一是客观的并且有待于理性的证实,其二则是主观的和个人的。② 约翰·布莱奇(John Stuart Blackie)认为,作为功利主义的先驱休谟的功利概念是经过慎重思考后加以选择的,这与哲学史上一些偶然得名的学派有着明显的不同。另外,在他看来道德哲学自亚里士多德以来一直被视作一门(终极)目的之学,而非手段之学,继承伊壁鸠鲁衣钵的功利主义者颠倒了这种关系,他们用外在的标准代替了内在的权威。③

休谟本人并非功利主义者,不过他的功利学说与伊壁鸠鲁的快乐主义确实有着某种内在的精神联系,因为它们都是从结果也即感觉的苦乐而非理性来"界定"道德善恶。从感觉主义的观点出发,伊壁鸠鲁提出快乐即是善,而痛苦就是恶。近代经验主义的奠基人洛克在其哲学中也是用感觉的苦乐来定义道德善恶。他说,"善和恶不是别的,而就是快乐和痛苦

---

① 当然,终审权还是取决于情感,因为正是情感使得性格和行为成为愉快的或可憎的、值得赞赏的或应受谴责的。见 David Hume, *An Enquiry Concerning the Principles of Morals*, p. 5。
② Donald M. Borchert, *Encyclopedia of Philosophy*, Vol. 3, New York, etc: Thomson/Gale, 2006, p. 408。
③ John Stuart Blackie, *Four Phases of Morals*, Edinburgh: Edmonston and Douglas, 1874, p. 270。

或者给我们带来快乐和痛苦的东西。"① 休谟发展了这一观点。在《人性论》中，休谟同样用感觉的苦乐来区分道德善恶。他说，"不安（uneasiness）和满足（satisfaction）不仅与恶和德不可分离，而且构成它们的本性（nature）和本质（essence）。赞同一种品格就是在它一出现时就感觉到快乐。不赞同它就是感觉到不安。因此，作为恶和德的基本原因痛苦和快乐也是它们的所有结果的原因，相应地也是这种区分所不可避免带来的伴随者即骄傲和谦虚的原因。"② 很明显，休谟注意到道德品质可以带来令人愉快的和有用的结果，但是他又强调不可将由道德而来的情感和由利益而来的情感混淆。在他看来，"只有当一个品格不考虑我们的特殊利益，这时它产生的感情或情感才可以称作道德上的善或恶"③。可以看出，这里实际上假设了一个第三方的存在，也即休谟所说的"旁观者"（spectator）。这个"旁观者"观察着我们的行为和品质，并根据道德感给予赞同或不赞同。"旁观者"的提出使休谟避免了感觉论的后果即伦理学的自我主义。

在《道德原则研究》中有关道德区分的心理学分析已经不见了，而是代之以对道德品质的令人愉快和有用的特性的讨论。对此，休谟解释说，"在整个《道德原则研究》中，我们一直在一般地考虑：什么品质是赞赏或谴责的题材（subject），而不用理解它们所激起的情感的所有细微的差异。……这些科学对于普通读者来说显得过于抽象，即使我们能够采取所有的预防措施来清除多余的思辨，并且使它们降低到每一种能力的水平。"④ 这种考虑实际上也是休谟改写《人性论》的整个动机的反映，就是说使他的哲学思想为世人所知——而不再是当初一心只想获得文名或者惊世骇俗。不过，休谟的基本立场并没有改变，即仍然认为道德情感是道德区分的根据，但是他开始更多地从"有用性"或"功利"的角度来看待道德。情感和功利似乎是完全不同的范畴：情感是内在的，而功利是外在的，然而休谟却把两者给统一了起来，因为在他那里道德判断既和品质

---

① John Locke, *An Essay Concerning Human Understanding*, Dover Publishing, Inc., 1959, p. 474.
② David Hume, *A Treatise of Human Nature*, p. 296.
③ David Hume, *A Treatise of Human Nature*, p. 472.
④ David Hume, *An Enquiry Concerning the Principles of Morals*, ed. Tom L. Beauchamp, Oxford: Oxford University Press, 1998, Appendix 4, Note 67.

有关也和行为有关。麦基（J. L. Mackie）将之比作心理学中的"投射"（projection）。① 在《道德原则研究》中休谟把德行区分为"个人美德"（personal merit）和"社会德性"（social virtue）。休谟首先探讨了仁爱和正义这两种社会德性。从旁观者的立场看，仁爱是值得赞同的品质，因为仁爱可以带来功利，不管是一般的仁爱还是个体的仁爱。休谟强调，人们并不是因为自私（self interest）而赞同仁爱。自爱论或伦理学自我主义认为一切德性都产生于自爱（self love），其他的德性如仁爱和友谊等都是自爱的变体（modification），换句话说，都是伪装了的自爱。休谟反对这种"道德的自私体系"（selfish system of morals），斥之为"邪恶的理论"和"有害的哲学"。在他看来，"无私的仁爱"（disinterested benevolence）是普遍存在于人性之中的一种品质，这可以从无数的事例中得到证实。比如，动物无论对同类还是对人类都很友好，两性之间由爱情产生出和欲望的满足不同的善良意志，所有的理性存在者都对后代充满柔情，这些情感都与自爱无关。所以，他认为假设存在和自爱不同的无私的仁爱比假设把所有的友谊和仁爱（humanity）都归结为自爱更符合自然的类比。②

休谟将仁爱称为"自然的德性"（natural virtue）。休谟认为正义也和功利有关。在他看来，人们之所以赞同正义，是因为正义对社会有用，换句话说它可以带来功利。在《人性论》中休谟说，心灵的品质就是自私（selfishness）和有限的慷慨（limited generosity），正是由于对我们自己的利益和公共利益的关切才使我们建立了正义法则，③ 他还甚至直接把自私看作建立正义的原始动机。④ 而在《道德原则研究》中休谟则说，"大众的功利是正义的唯一源泉，对这种德性的有利后果的反思是其美德的唯一基础。"⑤ 这种表述上的微妙变化也是休谟后期思想变化的一个反映。休谟还比较了仁爱和正义的区别。仁爱和正义都可以带来有利的结果，但是在他看来二者并不相同。原因在于，仁爱植根于人性之中，而正义则是人为设计的产物。按照休谟的观点，这种人为的设计并非如某些人所说的建

---

① J. L. Mackie, *Hume's Moral Theory*, London and New York: Routledge & Kegan Paul, 1980, p. 71.
② David Hume, *An Enquiry Concerning the Principles of Morals*, p. 94.
③ David Hume, *A Treatise of Human Nature*, p. 496.
④ David Hume, *A Treatise of Human Nature*, p. 499.
⑤ David Hume, *An Enquiry Concerning the Principles of Morals*, p. 13.

立在自主选择和同意之上的"人类的契约"（human convention），而是出于一种"共同的利益感"（a sense of common interest），也就是说，正义考虑的不是单个行为的后果，而是整个体系的利益。也正是由于这个原因，金银才可以成为交换的尺度，语言才能成为交流的工具。"如果人们生活于社会之外，从来不知道财产的概念，那么无论是正义还是非正义就都不存在。没有理性和先见（forethought），人类社会就是不可能的。联合在一起的低等动物受本能的指引，它们的本能代替了理性。"① 可以看出，休谟在这里强调了理性和判断在正义等德性中发挥的重要作用。这与休谟后期重视道德中的理性因素这一立场是完全一致的。② 基于上述论断，休谟将正义称为"人为的德性"（artificial virtue）。另外，休谟认为在政治社会中人们之所以赞同政治联盟以及贞洁的德性，也都是出于功利的考虑。休谟还回答了"功利为什么会使人愉快"这个问题。简单说，在他看来，功利之所以是令人愉快的，是因为我们假设了一个道德旁观者的存在，并且这个道德的旁观者具有同情的能力。正是由于同情，我们才能理解他人的苦乐。最后，休谟还讨论了个人美德。他将之分为：对我们有用的品质；对我们直接愉快的品质；对他人直接愉快的品质。和有用的品质不同，令人愉快的品质不是出自"有用性"（usefulness）而是"感染"（contagion）或"自然的同情"（natural sympathy）。这里不再赘述。

从功利的角度出发，休谟极力反对僧侣主义的自虐式道德，认为这种道德既无益于自身也无补于社会。休谟甚至还将僧侣的德性称为一种罪恶。他说，"独身、斋戒、苦修、禁欲、克己、谦卑、沉默寡言、与世隔绝以及一整套僧侣的德性，在任何地方都为有理智的人所抛弃，因为它们无助于达成任何目的；既不能促进人们在世上的财富也不能使他成为社会的更有价值的成员；既不能使他有资质参加众人的娱乐，也不能提高他的自我享受的能力；除此之外，还会有什么理由呢？……因此，我们可以正当地将它们移到对立的一栏，即把它们置于恶行的范畴。"③ 不过，休谟也认识到功利仅仅是手段，不足以为德性确立根基，因此必须有某种更高

---

① David Hume, *An Enquiry Concerning the Principles of Morals*, Appendix 3, Note 64.
② 在《人性论》中，休谟认为正义既不是建立在理性之上，也不是建立在永恒的、不变的和普遍强制性的观念的某种联系和关系的发现上，而是建立在我们的印象之上。见 David Hume, *A Treatise of Human Nature*, p. 496。
③ David Hume, *A Treatise of Human Nature*, p. 73.

的自足的情感，它使人们更喜欢有益的倾向而不是有害的倾向，这就是"仁爱"（humanity）。仁爱思想和休谟的"同情说"紧密相关，是对功利说的一种补充。

四 同情说

关于"同情"理论的阐述也是休谟伦理学的一个重要特征。亨利·斯托特（Henry Sturt）说，"在解释道德经验时，莎夫茨伯利主要强调我们的社会情感，哈奇森强调仁爱，休谟和斯密则强调同情。"[①] 前面说过，休谟的伦理学思想的基础是经验主义的感觉论，即从个体的感觉或经验开始讨论伦理学问题。从某种意义上说，这种感觉论可以很好地解释统一的知识理想即真理问题，也可以很好地解释不同的道德判断即价值问题，如果这个世界上只有自我存在的话。可是，一旦走出自我的范围，感觉论立即就遇到了大麻烦，即如何解释他者的存在问题，而与他者的相遇关系正是伦理学的起点。

休谟面临着这种困难：如果他逻辑一贯地坚持他对理性和情感的区分，那么作为个人体验的原子式情感便无法成为别人的感受，因此普遍的情感准则就成为不可能；如果功利主义的原则是正确的，那么每个人都只会赞同对自己有利的行为和品质，这样对他人有利的仁爱和正义就是不可能的。然而，在现实生活中我们看到普遍的情感准则不仅是可能的，而且确实是实际存在的，比如"己所不欲，勿施于人"就被公认为是普遍的道德准则。这里，实践向理论提出了挑战。休谟认为这个问题不是不可以解决的，解决之道在于所谓的"同情"。在《人性论》中休谟解释了同情的表现和产生机制。休谟首先指出，同情他人是人性中的一个显著的、普遍的品质。他说："就其自身和结果而言，人性中没有任何品质比我们同情他人的倾向以及通过传导接受他们的意向和情感更为显著，不管它们和我们自己的有多大的不同甚至相反。"[②] 在他看来，这种品质源于人的社会交往本性，而与土地和气候等条件无关。同情原则的这种一致性每个人都可以通过经验观察得出，无须证明。同情的最大特点是它的感染性。用休谟的话说："所有人的心灵在情感和活动方面都是相似的。没有（谁）

---

① Henry Sturt, *Moral Experience*, London: Watts & Co., 1928, p. 296.
② David Hume, *A Treatise of Human Nature*, p. 316.

在受到情感激动时，所有其他的人不会在某种程度上受到影响。正像在被同样拉紧的线中，一条线的运动就会传导至其余的线上去；同样，所有的感情也容易从一个人传到另一个人，从而在每个人身上产生相应的活动。"① 作出这种观察的基础是因果推理。根据经验主义哲学，经验在本质上都是个别的，我们永远无法拥有他人的经验，我们关于他人的经验只是从外在的结果中推出来的。休谟说，"当我在任何人的声音和姿态中看见情感的结果时，我的心灵就立刻由这些结果转移到它们的原因上，并且对那个情感形成一个非常生动的观念，不久就转变为那个情感自身。同样，当我知觉到任何情绪的原因时，我的心灵也立刻被传递到其结果上，并且为相似的情绪所激动。……他人的情感不会直接出现于心灵中。我们只是感觉到它的原因或结果。从这些我们推出情感：因此，这些导致了我们的同情。"②

从本质上说，同情是从一个观念到一个印象的转化。根据休谟的知觉理论，印象和观念只是程度上的差别，所以二者之间可以相互转化：当印象的生动程度减弱后就变成了观念，反过来，当观念非常生动的时候又会转化为印象。按照休谟的观点，"当任何情感借助于同情注入时，它首先是通过其结果，通过那些在表情和交往中的外在标记而被知道。这个观念立即被转化为一个印象，获得一定程度的力量和生动性以至于变成这个情感自身，并和任何源始的情感一样产生相同的情绪"③。这种观念、印象间的联系和转化建立在联想原则之上，也就是想象。所以，也可以说正是通过想象我们才得以理解他人的痛苦和快乐。需要注意的是，我们所同情

---

① David Hume, *A Treatise of Human Nature*, pp. 575–576.

② David Hume, *A Treatise of Human Nature*, p. 576. 因果关系在休谟的知识理论中曾经被否证，然而在其道德哲学中却被视作当然的前提。众所周知，休谟的抱负是要成为道德科学中的牛顿。因此，可以推断休谟在道德哲学中采取完全正面的态度说明他的确是想将道德哲学建成一门建立在经验和观察之上的科学。在《道德原则研究》中休谟说，"这是一个事实的问题，而不是抽象科学的问题。只有遵循实验的方法以及从对各种特殊事例中推演普遍的公理，我们才有可能期待成功。……人们现在已经不再热衷于自然哲学中的各种假设和体系，除了那些得自经验的论证外他们不听信任何论证。他们应该在所有道德研究中发起相似的变革，抛弃所有不是建立在事实和观察之上的伦理学体系，不管它们有多么地微妙和精巧，这个时机已经成熟了。"见 David Hume, *An Enquiry Concerning the Principles of Morals*, ed. Tom L. Beauchamp, Oxford: Oxford University Press, 1998, pp. 6–7。

③ David Hume, *An Enquiry Concerning the Principles of Morals*, ed. Tom L. Beauchamp, Oxford: Oxford University Press, 1998, p. 317.

的他人的苦乐感有可能并不是当下存在的，换句话说不是由他人立即呈现给我们的，而只是纯粹想象的产物。比如，一个睡在地上的人面临着被马踩踏的危险，而这个人自己完全不知道。虽然我并不认识这个人，但是出于同情（预期他被踩踏的后果）我还是立刻上前去帮助他。所以休谟说，"同情并不总是局限于当下一刻，通过传导（communication）我们经常可以感觉到他人的痛苦和快乐，而这种痛苦和快乐（实际上）并不在存在之中，我们只是借助于想象的力量才能加以预期。"① 另外，同情和利益之间也不一定存在直接关系，② 例如古代某个人物以及作品中虚构的角色虽然和我们的利益没有任何直接的关系，但是我们仍然对他们的命运、对他们的喜怒哀乐感到同情。不过，关于同情的最终根源，休谟认为是说不清的。他说："没有必要将我们的研究推进到如此之远，以至于质问我们为什么有人道主义或者说对他人的同胞之情。这被经验为人性中的一个原则，这就足够了。我们在研究原因时必定要止于某处；每一门科学中都有一些普遍原则，我们不可能指望发现任何超出它们的更加普遍的原则。"③

休谟对同情的作用非常重视，以至于把同情也看作道德区分的主要来源。他说："我们肯定，同情是人性中一个强有力的原则。"按照休谟的观点，同情原则可以在无须其他原则的情况下单独起作用，比如对于像正义、忠诚、贞洁和礼貌这些德行，任何人都只需凭借同情而给以赞同。特别是正义，如果不是由于同情原则我们没有任何理由赞同它，因为正义不是在所有的时候对每一个人都有利。当然，不仅是正义，而且大多数的德行都是由同情构成的。休谟断言，"同情活动所需要的所有条件都见之于绝大多数的德行。这些德行大部分都有促进社会的善的倾向或者促进拥有这些德行的人的善的倾向。如果我们比较所有这些条件，我们就不会怀疑

---

① David Hume, *An Enquiry Concerning the Principles of Morals*, ed. Tom L. Beauchamp, Oxford: Oxford University Press, 1998, p. 385.
② 不过，休谟有时又认为同情和利益有关，例如我们同情和自己关系密切的人以及本国人胜过同情和自己没有关系的人与外国人。他说，人类的慷慨是有限的，很少超出他们的朋友、家庭，或者至多自己的祖国之外。……当一个人的感情的自然倾向使他在自己的范围内成为能干的和有用的时，我们就通过对和这个人有十分特殊关系的人的情感的同情而赞同他的品格并且爱这个人。见 David Hume, *An Enquiry Concerning the Principles of Morals*, ed. Tom L. Beauchamp, Oxford: Oxford University Press, 1998, p. 602。
③ David Hume, *An Enquiry Concerning the Principles of Morals*, ed. Tom L. Beauchamp, Oxford: Oxford University Press, 1998, p. 38.

同情是道德区分的主要来源。"① 休谟的同情说受到莎夫茨伯利和哈奇森的仁爱思想以及巴特勒的良心说的影响。莎夫茨伯利和哈奇森反对霍布斯（Thomas Hobbes, 1588—1679）和曼德维尔（Bernard de Mandeville, 1670—1733）从个人利益出发的自爱论，②主张仁爱说。莎夫茨伯利可以说是一个性善论者，他认为仁爱是人的天性。按照他的观点，人的情感可以分为三种，即"自然的情感"（natural affections）、"自我情感"（self-affections）和"不自然的情感"（unnatural affections）。自然的情感导致公共的善，自我情感只能产生个人的善，而不自然的情感则是那种有害的情感。莎夫茨伯利重视有助于达成公共善的自然情感，反对不自然的情感，不过对于自我情感，他强调德行和真正的利益和自我享受并无冲突。③ 哈奇森和莎夫茨伯利一样反对自爱论，主张一切德行都来自仁爱。哈奇森强调仁爱的非功利性，在他看来，带有利益的仁爱严格说来根本就不是仁爱。④ 巴特勒也反对自爱论，不过他更加强调"良心"（conscience）的作用。根据巴特勒的观点，良心是一种和道德感相似的内感觉或者说反省原则。不同的是，良心主要是一种羞耻感（sense of shame），这是上帝赋予人的一种道德本性。巴特勒说，良心是上帝的总督（viceroy），它对行为作出权威的判断，断言什么是对什么是错，赞成这一个反对那一个。⑤ 由于上帝爱好善而憎恶恶，所以良心必然赞同所有人的幸福或者说社会的善，谴责与之背道而驰的恶行。值得注意的是，虽然同样是反对自爱论，但是和莎夫茨伯利不太一样，巴特勒承认自爱的存在，但是认为自爱只是人性的一部分，而不是人性的根基。

休谟吸收了前人这些有益的思想。在《人性论》中我们看到，休谟已经把"仁爱"（benevolence）和"同情"作为同义词使用。例如，休谟

---

① David Hume, *An Enquiry Concerning the Principles of Morals*, ed. Tom L. Beauchamp, Oxford: Oxford University Press, 1998, p. 618.
② 自爱论的观点典型体现于曼德维尔《蜜蜂的寓言》一书的副标题"个体的恶行，公共的福利"（private vices, public benefits）上。这种观点认为，人性是自私的，或者说人性本恶，但是从客观上说每一个人在追求自己的最大利益的同时也为社会创造了最大的财富，因此促进了社会的整体福利。这种观点对后来的亚当·斯密和凯恩斯（John Maynard Keynes）等都有很大的影响。
③ James Bonar, *Moral Sense*, Bristol: Thoemmes Press, 1992, p. 35.
④ James Bonar, *Moral Sense*, Bristol: Thoemmes Press, 1992, p. 74.
⑤ Leslie Stephen, *History of English Thought in the Eighteenth Century*, Vol. II, New York and Burlingame: Harcourt, Brace & World, Inc., 1962, pp. 40–41.

说,"仁爱是一种产生于对被爱者的快乐的源初快乐和对他的痛苦的痛苦:从印象这种一致性产生了相应的希望他快乐的愿望和对他的痛苦的厌恶。"① 仁爱的作用在于不仅构成人性的主要部分,并且给予其他的品质以正当的方向。按照休谟的观点,"勇气(courage)和抱负(ambition),在没有仁爱加以调节时,就只会制造一个暴君和公开的强盗(public robber)。这种情形也适用于判断力和才能(capacity),以及所有这一类品质。就其自身来说,这些品质都对社会的利益漠不关心,它们只是由于受到其他情感的指导才具有对人类的善恶倾向"②。在《道德原则研究》中同情更是被看作一种仁爱的倾向,以至于仁爱在某种意义上逐渐取代了同情。这种转变并不代表同情说有所改变,而是说明休谟成熟时期的道德思想更加趋于"保守",也就是说他更加重视和社会的主流价值保持一致。休谟说道:"总体来说,似乎不可否认,除了仁爱的情感外没有任何东西可以称得上人类的美德;至少,其美德中的一部分产生于促进我们人类的利益以及赐予人类社会幸福的倾向。"③

从某种意义上说,休谟的同情说是对功利说的一种矫正或补充。功利本质上源于自爱。在休谟那里,自爱和自私是同义词,都是从自我利益出发。正是同情和仁爱使人们得以超出自我。他说,"习惯和关系使我们深刻理解他人的情感;无论我们假设他们会遇到什么样的命运,通过想象这种命运都会被呈现给我们,并且就好像原来就是我们的命运似的。只是通过同情的力量,我们才会对他们的快乐感到高兴,对他们的悲伤感到难过。涉及他们的任何事情对我们来说都不是无动于衷的,因为这种情感的一致是爱的自然伴随物,所以它很容易产生这种情感。"④ 在另一处他又说:"只是由于同情我们才对社会有着如此广泛的关切;因此,正是因为这个原则使我们越出自我,并对他人的性格感到相同的快乐和不快,就好像它们对我们有利或有失一样。"⑤ 可以看出,休谟的伦理学从对个体的道德经验分析入手最后达到对他人情感的理解,同情在这其中起到了至关

---

① David Hume, *A Treatise of Human Nature*, p. 387.
② David Hume, *A Treatise of Human Nature*, p. 604.
③ David Hume, *An Enquiry Concerning the Principles of Morals*, ed. Tom L. Beauchamp, Oxford: Oxford University Press, 1998, p. 12.
④ David Hume, *A Treatise of Human Nature*, p. 389.
⑤ David Hume, *A Treatise of Human Nature*, p. 579.

重要的作用。同情理论的提出表明休谟的伦理学和其知识理论一样最后仍是回归常识的立场。① 另外值得一提的是，同情说不仅可以用来说明道德的普遍性现象，而且还可以用来说明美的普遍性问题，因此同情说在某种程度上把伦理学和美学给联系了起来。休谟说，"我们也肯定，和我们判断道德一样，当我们考虑外部对象时，它对我们的美感也有极大的影响。"② 总的来看，休谟的伦理学具有极大的包容性，它既有否定的一面，又有肯定的一面；既有主观的一面，又有客观的一面；既有功利的一面，又有仁爱的一面，因此其中有时也难免出现一些不一致的地方。然而，瑕不掩瑜，作为一个整体，休谟的道德思想在伦理学史上仍然是无可替代的。

第三节　斯密论同情和公正的旁观者

亚当·斯密（Adam Smith，1723—1790）是苏格兰启蒙运动时期著名的伦理学家，虽然作为经济学家的斯密更为人们所熟知。斯密自幼丧父，一直和母亲相依为命，终身未娶。1737年斯密进入格拉斯哥大学，导师是当时著名的哲学家弗兰西斯·哈奇森。1740年至1746年由于获得斯内尔奖学金，斯密转到牛津大学学习。1751年斯密担任格拉斯哥大学的逻辑学教授，第二年改任道德哲学教授直至1764年。1750年斯密和休谟相识并成为一生的挚友。1759年斯密出版了《道德情感理论》（*The Theory of Moral Sentiments*），这本书立即给他带来了极大的声誉。1776年《国富

---

① 大卫·诺顿（David Fate Norton）提出休谟是一个道德实在论者，这可以从两种意义上得到说明。首先，休谟认为道德区分建立在独立于观察者心灵的真实存在之上（形而上学立场）；其次，这些区分是可以知道的（认识论立场）。见 David Fate Norton，*David Hume: Common Sense Moralist, Sceptical Metaphysician*，Princeton：Princeton University Press，1982，p. 120。

② David Hume，*A Treatise of Human Nature*，p. 618. 实际上，关于美和善的统一，乃至真善美的统一这一思想在休谟之前已经由莎夫茨伯利明确地提出。在《道德主义者，哲学的狂想曲》中莎夫茨伯利说，"西考斯，你身上的美和善，我知觉到的只是同一个东西。"在别的地方他又说，"美的东西就是和谐的和匀称的（proportionable）；和谐的和匀称的东西就是真的东西；同时既美又真的东西也就是令人愉快的和善的。"这一思想对哈奇森、休谟以及后来许多伦理学家乃至美学家们都有重要的影响。见 Leslie Stephen，*History of English Thought in the Eighteenth Century*，Vol. Ⅱ，New York and Burlingame：Harcourt，Brace & World，Inc.，1962，p. 26。

论》(*An Inquiry into the Nature and Causes of The Wealth of Nations*) 一书的出版更是给斯密带来不朽的声名。在《道德情感理论》一书中斯密进一步发挥休谟的"同情说",并提出"公正的旁观者"理论。在《国富论》中斯密则用"看不见的手"形象地说明人们的利己心有助于社会的发展。斯密的伦理学思想和经济学思想反映了当时社会经济发展对伦理道德规范的要求。

一 斯密的"同情"说

斯密的伦理学思想主要集中在《道德情感理论》一书中,其核心思想是"同情说"和"公正的旁观者"理论。这两个学说都不是斯密的首创,比如他的"同情说"明显来自休谟,而"旁观者"理论在莎夫茨伯利、哈奇森以及休谟的著作中也早有阐述,但是毫无疑问是斯密将它们发展到成熟阶段。关于这一点,詹姆斯·伯纳(James Bonar)说道,"亚当·斯密的伦理学的最显著的特征应该是同情说和旁观者说。……如果同情说是由波利比斯(Polybius,约公元前200—前118,希腊历史学家——注)提出的,我们这位作者无疑读过波利比斯,(然而)休谟曾经在波利比斯的同一篇文章中发现他引述自爱而不是同情。如果旁观者说是由莎夫茨伯利提出的,那么他至少赋予了新的用法。这个词经常出现在休谟那里(休谟以前是他的朋友),就像对同情的留意一样;他想通过同情来扩展它以便从'快乐'中获得更多的东西;但是在这两种情形中亚当斯密都将这个观念加以不同地发展并更加全面。"①

斯密本人对道德的形而上学并不感兴趣。② 和休谟一样斯密试图通过对道德实践的经验观察来解释各种道德行为并找出其普遍性的根据,因此道德感学说在他的伦理学思想中也没有地位。斯密的伦理学具有明显的社会特征,这一点体现在他的"同情说"中。斯密认为,同情(sympathy)是人的一种普遍的情感,所有人身上都存在着某种程度的"同情心"。在他看来,"同情"(sympathy)和"怜惜"(pity)和"怜悯"(compassion)不同:"怜惜"和"怜悯"只是用来表示对遭遇不幸者的同胞之

---

① James Bonar, *Moral Sense*, Bristol: Thoemmes Press, 1992, p. 182.
② Knud Haakonssen ed., *The Cambridge Companion to Adam Smith*, Cambridge: Cambridge University Press, 2006, "Introduction".

情，而 sympathy 则可以应用于任何情感。① 斯密关于"同情"的这种看法实际上有一个发展和深入的过程：一开始他只是把同情局限于对当事人的愉快情感的感受上。休谟指出这种提法是不全面的，实际上我们对于他人的不愉快的情感也有一种同情，他建议斯密需要对此加以解释以使整个理论体系更加和谐一致。② 斯密接受了这个批评，并在改版的书中加入了对于痛苦的同情的讨论，肯定在对当事人的同情中我们对于痛苦的同情要远远大于对于快乐的同情。他说，"我们对于悲伤的同情，虽然不是非常的真实，比我们对喜悦的同情更加为人们所注意到。同情这个词，就其最准确的和最源始的意义来说，是指我们对于他人的苦难而不是享乐的同胞之情。"③

如前所述，斯密认为"同情"是一种普遍的情感，其存在是毋庸置疑的，因为无论是通过外在的观察还是求证于自己的内心，人们都不难证实这一点。不过他也承认要给同情下一个逻辑上的定义却几乎是不可能的，因为同情本身就是我们通过外在的观察和内在的体验来描述的。按照他的观点，同情是我们通过想象（imagination）设身处地地站在当事人的相似立场或情境中所体会到的情感以及对之形成的概念。可以看出，同情的实质是想象，因为对于我们来说，当事人（the person principally concerned）是一个他人，我们实际上无法真正进入他人的世界去感受他/她的感受，而只能凭借想象去换位体验。这和心理学中的"移情"（empathy）无疑非常相似。关于"同情"的原因，斯密认为既不是"自爱"（self love）也不是"道德感"，而是人性中的一种原始情感。斯密经常把"同情"和"同胞之情"（fellow feeling）作为同义词使用。众所周知，儒家思想特别重视同胞之情，比如孟子提出"恻隐之心"（《孟子·告子上》），张载主张"民胞物与"（《西铭》），然而，两者却存在很大的差异。儒家的同胞之情是在血缘关系的基础上所生发出来的一种自然情感，强调"老吾老以及人之老，幼吾幼以及人之幼"（《孟子·梁惠王上》），所谓推己及人。与此相反，斯密

---

① 休谟对"同情"这个词的使用并不严格。在《人性论》第二卷第二章第七节"论同情"中他同时使用了 compassion、pity 和 sympathy 几个词而未作意义上的区分，在同一章第九节中 pity 和 sympathy 也是作为同义词来使用的。

② *The Correspondence of Adam Smith*, 1987, p. 43.

③ Adam Smith, *The Theory of Moral Sentiments*, ed. D. D. Raphael and A. L. Macfie, Indianapolis: Liberty Fund, Inc., 1984, p. 43.

的同胞之情是从对邻人的判断然后返回到对自我的判断，强调的是他人或旁观者对我的优先性。斯密认为同胞之情与激起情感的某种情境有很大的关系。他说，"我们对他人的同胞之情与其说是由于看到某种情感而产生，还不如说是由于看到激起这种情感的情境而产生。我们有时候在他人身上感到一种连他自己都根本不可能感觉到的情感，因为当我们将自己置于他的情形中时，这种情感是通过想象产生于我们的胸中，而不是现实地产生于他的心中。"① 例如，我们对一个疯人的同情或者对一个死者的同情就属于这种情况。关于伦理学家们争论不休的道德赞同和不赞同问题，斯密认为最终可以归结为同情原则。对他来说，道德赞同就是同情他人的情感与其对象一致，道德不赞同就是不同情他人的情感，因为这种情感与其对象不一致。这样，所谓道德赞同和不赞同就变成了权衡他人的情感和我们的情感是否一致的问题。② 按照这种观点，道德赞同和不赞同随个体的不同而不同，因而也就没有了"客观的"、统一的标准。

值得注意的是，斯密认为"同情"有时也是有条件的，例如我们赞同一个笑话，认为众人的笑声也是合适的，但是我们自己并没有笑，这可能是因为我们想保持幽默或者被别的对象所吸引。据此，斯密提出道德判断中的"适当"（propriety/suitableness）和"不当"（impropriety/unsuitableness）问题。斯密认为，对情感的研究可以从两个方面进行：其一是从引起某种情感的原因（cause）或动机（motive）；其二是从产生某种情感的结局（end）或结果（effect）。因此，某种情感和激起它的原因或对象相称还是不相称就决定了由之而起的行为是得体（decency）还是无礼（ungracefulness）。在他看来，人们在判断某种行为以及引起这种行为的情感时应该把这两方面结合起来。不过，归根结底这种判断也还是一种主观判断。用斯密的话说就是，"当我们用这种方式来判断任何情感与激起它的原因之间的相称或不相称时，除了这些情感和我们自己的情感一致外我们不可能使用任何别的规则（rule）或准则（canon）"③。斯密把"适当"

---

① Adam Smith, *The Theory of Moral Sentiments*, ed. D. D. Raphael and A. L. Macfie, Indianapolis: Liberty Fund, Inc., 1984, p. 12.
② Adam Smith, *The Theory of Moral Sentiments*, ed. D. D. Raphael and A. L. Macfie, Indianapolis: Liberty Fund, Inc., p. 17.
③ Adam Smith, *The Theory of Moral Sentiments*, ed. D. D. Raphael and A. L. Macfie, Indianapolis: Liberty Fund, Inc., p. 18.

和"不适当"看作道德判断中的一个基本要素,并以此来反对休谟的功利主义解释。他说:"我们赞同他人的判断,并不是因为它是某种有用的东西,而是因为它是对的、恰当的,且和真理和实在一致。很明显,我们把这些品质归之于它没有别的原因,只是因为我们发现它们和我们自己的(品质)一致。……所有这种品质的功利观念都只是事后的考虑(afterthought),而不是首先将它们交付给我们赞同的东西。"① 斯密特别强调两种美德,简单说来就是仁爱(humanity)和自制(self government)。仁爱是他人的美德,而自制是当事人的美德。由于他人和当事人的实际情感存在着差距,因此对于当事人来说他需要适当降低自己的情感使他人可以保持一致,而他人也需要提升自己的情感以接近当事人的情感。伯纳将此形象地比作两人之间的合奏关系:只有一方将音高调高(tune up),另一方将音高调低(tune down),才能完成一首乐曲。② 显然,这种德行需要极大的努力才能达到,对于每个人来说都是如此,因为同情是相互的:每个人都既是当事人同时又是他人。正因为如此,斯密对这两种美德给予高度评价,他说:"正是这种多为他人着想而少为自己着想,压制我们自己的自私而满足于仁爱之心构成了完美的人性,并且唯有如此才能产生人与人之间的各种情感的一致,这其中存在着人类全部的善意(grace)和礼节(propriety)。"③

可以看出,斯密的同情伦理学从本质上说是以社会为取向的。对斯密来说,每个人都是社会的一分子,无论是出于天性还是出于利益他/她都只能存在于社会之中,因此每个人都需要将自己的利益和社会的利益统一起来,否则社会就无法维系。"同情"正是这样一条将所有社会成员团结在一起的纽带。④ 索利说,"斯密发展出的这个理论的极大优点是其对道德中社会因素重要性的认可,以及对作为这种社会因素运作方式的同情的

---

① Frederick Copleston, *A History of Philosophy*, Vol. 5, New York, London, Toronto, Syndeny and Auckland: Doubleday, 1994, p. 358.
② James Bonar, *Moral Sense*, Bristol: Thoemmes Press, 1992, p. 175.
③ Adam Smith, *The Theory of Moral Sentiments*, Indianapolis: Liberty Fund, Inc., 1984, p. 25.
④ 斯密认为维系社会价值的最重要纽带是正义。他说,"和仁慈相比,正义才是社会存在的根本。没有仁慈,社会在大多数并不舒畅的状态下仍能维系,但是如果非正义盛行必定会彻底毁掉它。……仁慈是用来装饰的点缀,而不是用来支撑建筑物的基石,因此劝告便已足够,而无须任何强制。相反,正义是支撑整个大厦的主要支柱。如果这根支柱被去掉,那么人类社会这个巨大的结构就会顷刻间化为乌有。"(见 *The Theory of Moral Sentiments*, Liberty Fund Indianapolis, 1984, p. 86。)

认可"。①

二 "公正的旁观者"理论

"旁观者"思想早在斯密之前就有哲学家作过阐述。例如莎夫茨伯利就说，"作为他人心灵的旁观者或听众，心灵也有自己的眼睛和耳朵，以识别比例，区分声音，审视每一种呈现于它面前的情感或思想。任何东西都逃脱不了它的审查。"② 对斯密影响比较大的可能是莎夫茨伯利的这一段话："在有神论信念完全和完善的地方，必定有一个至上存在者在监督的观念，他是人生的见证者和旁观者，并且意识到宇宙中任何感觉到的东西和做过的事情，即使在最隐蔽的地方和最孤僻的角落也必定有他和我们在一起。他的单独在场比世界上所有最庄严的集会更加重要。在这样的在场中，很明显，由于对罪行的羞愧一定最大，所以即使遭到世界的不公正指责，善行的荣誉也必定最大。"③ 可以看出，莎夫茨伯利的"旁观者"几乎和"上帝"相当，区别只是在于这个"旁观者"是"内心的上帝"而已。从另一个角度看，如果去掉其宗教内涵的话，则莎夫茨伯利的"旁观者"和中国儒家所说的"良知"非常接近。哈奇森对"旁观者"理论也有阐发，他说，"德行被称为是亲切的或可爱的，因为它可以在旁观者身上产生对行为者的善良意志或爱；而不是行为者感觉到德行会给他带来好处，或者竟为此考虑想要得到好处。德行被称为善或幸福……从这一点来说，每一个旁观者都相信有德行的行为者根据自己的秉性而行会给他带来最大的快乐。"④ 和莎夫茨伯利相比，哈奇森的"旁观者"理论显然更加强调旁观者的优先性、公正性和无私性。休谟的观点和哈奇森相似，他把德行定义为，精神行为或品质给予旁观者的任何赞同的愉快情感。⑤ 这同样是强调旁观者的优先性。

斯密的"公正的旁观者"理论与这些哲学家的"旁观者"思想存在

---

① W. R. Sorley, *A History of English Philosophy*, New York and London: G. P. Putnam's Sons, 1921, p. 185.
② James Bonar, *Moral Sense*, Bristol: Thoemmes Press, 1992, pp. 30 – 31.
③ James Bonar, *Moral Sense*, Bristol: Thoemmes Press, 1992, p. 33.
④ Knud Haakonssen ed., *The Cambridge Companion to Adam Smith*, Cambridge: Cambridge University Press, 2006, p. 159.
⑤ Knud Haakonssen ed., *The Cambridge Companion to Adam Smith*, Cambridge: Cambridge University Press, 2006, p. 160.

着明显的继承关系,① 但是和他自己的"同情"说的关系更直接。前面说过,在"同情"说中斯密提出,我们是根据他人的情感与我们的情感是否一致来判断其适当还是不适当,这具有明显的主观倾向。为了克服这一点,斯密发展了"公正的旁观者"理论。之所以说斯密发展了这一理论,是因为像莎夫茨伯利等哲学家已经在"公正"(impartiality)的意义上使用"旁观者"一词。不过,斯密无疑是首先明确使用"公正的旁观者"(impartial spectator)这一术语并给予系统阐述的人。如果说"同情"主要是从我的立场去判断他人的行为,那么"旁观者"就是要从他人的立场来看待我的行为。可见,这种转换不仅是身份的转换,更是观点和立场的转换。这就要求我们必须离开自己的原有立场,与之保持一定的距离,同时还要努力用他人的眼光来审视我们的行为。斯密说,"我们努力审视自己的行为,就像我们想象任何别的公平和公正的旁观者会审视的那样。如果我们将自己置于他人的情境中来彻底理解影响它的所有情感和动机,那么我们就会因为同情这个假设的公正的评判者的赞同而赞同他。如果相反,我们就会理解他的不赞同,并且谴责它。"② 斯密形象地把社会比作个体的镜子。正如一个人通过照镜子才知道自己的容貌一样,一个人只有在社会中才能看见自己情感的适当和不适当,自己心灵的美和丑。社会的镜子就置于和每个人生活在一起的他人的表情和动作中,所以如果一个人生来就离群索居脱离社会,那么他就失去了这面镜子。就此而言,他人的存在可以说是形成我们的德行的根据。我们不但渴望了解他人对我们的品质和行为的看法,有时候还试着站在他人的立场上来看待我们自己的行为。就是说:"我们假设自己是自己行为的旁观者,然后努力想象在这种情况下会对我们产生什么影响。在某种程度上这是我们可以通过他人的眼

---

① 《道德情感论》的最初形式来自斯密给学生们所作的授课内容。斯密在世期间这本著作一共出了 6 版,前 3 版的书名都是《道德情感理论》,后来由于受到批评,斯密将书名改成《道德情感理论,或论对人们关于行为和性格方面自然地先判断他们的邻人而后再判断他们自己的原则的分析》(*The Theory of Moral Sentiments*, *Or An Essay Towards an Analysis of the Principles by Which Men Naturally Judge Concerning the Conduct and Character, First of Their Neighbours and Afterwards of Themselves*)。其中第 2 版(至第 6 版)改动最大,所改之处就是对"公正的旁观者"理论加以发展和完善。
② Adam Smith, *The Theory of Moral Sentiments*, Indianapolis: Liberty Fund, Inc., 1984, p. 110.

光来审视自己行为是否适当的唯一一面镜子。"①

在这种情况中,我们实际上是借助于想象将自己分为两个人,其中一个我是检查者和评判者,另一个我是其行为受检查和受评判的人。换句话说,第一个我是作为旁观者的我,即评判者;第二个我是作为当事人的我,即被评判者。在斯密看来,由于作为当事人的自我局限于内在于主体的情感和经验,因此无法客观公正地看待自己的品质和行为,只有外在于主体的旁观者才能对此加以公正的裁决。旁观者为什么就能够成为评判的标准呢?不难理解,由于每个人既是当事人又是旁观者,所以这个旁观者的标准实际上并不是某个具体的旁观者的标准而是社会的共同价值标准。斯密说,唯有通过这个公正的旁观者的眼睛才能纠正对于自爱的自然歪曲。② 拉斐尔(D. D. Raphael)认为斯密的"公正的旁观者"理论的原创性在于他发展了这个观念以解释良心的来源和本质,也即一个人判断自己的行为,尤其是他的义务感的能力。同时指出,斯密的"公正的旁观者"并不是一个实际的"外在的人"(man without),而是一个想象出来的"内在的人"(man within)。③ 根据"公正的旁观者"理论,斯密还对古代和现代的各种哲学体系提出了批评,认为它们都没有给出借以确定和判断情感的合宜(fitness)或适当(propriety)的准确的或明白的标准,而这种标准在他看来除了公正的和见闻渊博的旁观者的同情外,没有任何地方能够找得到。④

从某种意义上说,斯密的伦理学是一种他人优先的伦理学。索利(W. R. Sorley)说,"和他的前人一样,斯密的中心问题就是解释道德赞同和道德不赞同的事实。他抛弃了由莎夫茨伯利和哈奇森提出的特殊的'道德感'学说,对之不作分析。像休谟一样,他把同情看作道德意识的根本事实;他寻求的是比休谟更加精确地表明同情如何能够成为道德的验

---

① Adam Smith, *The Theory of Moral Sentiments*, Indianapolis: Liberty Fund, Inc., 1984, p. 112.
② Frederick Copleston, *A History of Philosophy*, Vol. 5, p. 359.
③ Adam Smith, *The Theory of Moral Sentiments*, Indianapolis: Liberty Fund, Inc., 1984, "Introduction".
④ Adam Smith, *The Theory of Moral Sentiments*, Indianapolis: Liberty Fund, Inc., 1984, "Introduction", p. 294.

证"。① 埃德蒙德·伯克（Edmund Burke）对斯密的伦理学思想极为赞赏，他说"我一直认为旧道德体系太过狭窄，因此除了整个的人性这门科学永远不可能站立在任何更加狭窄的基础上。在您之前写过这个主题的所有哲学家就像是那些哥特式建筑师，他们喜欢把大拱顶安置在一根细细的柱子上。这里面是有艺术在，毫无疑问也有一定程度的创造性。但是这是不明智的，它并不能长久地令人喜爱。像您这样建立在人的永远相同的本性基础上的理论会持久，而那些建立在自己的意见基础上的理论总是在不断地变化，它们将，而且必定会被遗忘。"②

第四节 里德和常识道德

托马斯·里德既不同意休谟的伦理学立场，也不同意斯密的伦理学观点。里德认为休谟关于道德判断伴随着赞同和不赞同的情感这一主张是正确的，但是反对他把情感看作道德区分的来源。基于此，里德对斯密把那些关于我们自己的和他人的情感作为道德赞同和不赞同的对象这一点也表示反对。在他看来，一个人的道德品质并不取决于他感觉到什么，而是他如何行动。③ 从某种意义上说，里德的伦理学带有明显的综合倾向，即把情感和理性统一到道德中来。里德的伦理学思想主要集中在他的《论人的主动能力》一书中。

一 主动能力、主动性以及道德感

里德的行为理论建立在一个基本原则之上，即我们拥有主动能力（active power）、主动性能力（power of agency）和作为动力因的行为能力（power to act as an efficient cause）。④ 他首先恢复了被休谟解构了的"能力"（power）概念。里德认为"能力"这个词只是被哲学家们模糊了它

---

① W. R. Sorley, *A History of English Philosophy*, New York and London: G. P. Putnam's Sons, 1921, pp. 184 – 185.
② *The Correspondence of Adam Smith*, 1987, p. 46.
③ "Thomas Reid on Adam Smith's Theory of Morals", *Journal of the History of Ideas*, Vol. 45, No. 2, University of Pennsylvania Press, 1984, p. 314.
④ Keith Lehrer, *Thomas Reid*, London and New York: Routledge, 1989, p. 203.

的含义，实际上在日常语言中它的意思非常清楚。当然，里德也承认"能力"的概念是无法从逻辑上进行定义的，就像思想、数目、运动等一样。如果试图对它们进行定义，那也不过是给出一个同义词或同义的短语而已。①虽然无法定义，但是里德认为可以通过观察来对它进行描述。

里德给出如下论证。（1）能力不是我们任何外感觉的对象，甚至也不是意识的对象。里德认为，"能力"不是心灵的活动，因为心灵的活动只是心灵的能力的使用而不是心灵的能力本身。我们的能力概念正是从其使用中推出来的。（2）有些事物我们对之有"直接的概念"，其他一些事物我们对之则仅有"相对的概念"。②"能力"就是相对概念，因为能力只是相对于它的使用或结果。里德认为应该将"能力"和"能力的使用"分开。比如问什么是心灵？答：心灵就是那个在思维的东西。这个回答显然没有切中要害，因为它说的是心灵"在做什么"，而不是它"是什么"。（3）"能力"是一种性质，没有所属的主体就不能够存在。里德的这个论点明显是针对休谟的，因为在他看来正是由于休谟否认能力和自我等，最后导致怀疑主义。（4）我们不能从能力没有被使用就断言没有"能力"，也不能从能力使用的程度较低就断言主体中没有更大的能力。很明显，我们不能因为一个人不说话就断言说那个人没有说话的能力，也不能因为一个人举起10磅重量就断言他没有能力举起20磅重量。（5）有一些性质有相反性质，另一些则没有相反性质，能力属于没有相反性质的后一种。比如恶和德相反，苦和乐相反，爱和恨相反，但是能力没有相反性质，软弱和无能只是表示能力的程度而并不和能力相反。由此，里德认为我们的确拥有"能力"的观念。

里德将能力区分为"主动能力"和"思辨能力"。"思辨能力"（speculative power）包括像看、听、记忆、区分、判断和推理这些能力，"主动能力"则是进行艺术作品（work of art）或工作（labour）的能力。里德认为许多事物都和"能力"相关，例如"行为"和"因果"。在他看来，如果没有能力的观念，则我们也就没有这些相关观念。里德提出，

---

① William Hamilton ed., *The Works of Thomas Reid*, Vol. Ⅱ, 8th edition, Edinburgh: James Thin, 1895, p. 512.
② 里德认为像物体和心灵都是相对概念。洛克所谓的第二性质的概念也属于相对概念。直接概念是所有那些物体的第一性质，如形状、广延、不可入性等。还有一些事物我们对之既有直接概念又有相对概念。

"行为"（action）和"主动能力"不同，"行为"是对主动能力的使用。由于每一个行为都会产生变化，因此每一个变化都必定是由某种对能力的使用所引起的。里德把这种由于对能力的使用而产生一个变化的东西称作"原因"，而所产生的变化则是那个原因的"结果"。显然，前者是主动的，而后者是"被动的"（passive），或"被作用的"（being acted upon）。[1] 里德认为，这种"作用"（acting）和"被作用"的观念在任何语言中都有所反映，例如任何一门语言中都有主动动词、主动分词以及被动动词和被动分词，其中一者表示某种行为或作用，而另一者则表示被作用。另外，在所有的语言中主动动词的"主格"（nominative case）都是"行为者"（agent），而被作用者则被置于"从格"（oblique case）。在被动动词中，被作用者是主格，而行为者则是从格。例如这样两个句子：（1）拉斐尔画了这些漫画（Raphael drew the cartoons）；（2）这些漫画是拉斐尔画的（The cartoons were drawn by Raphael）。可以看出，通过恢复"能力"概念，里德就把"主动能力""行为""因果关系"和"行为者"等相关概念重新结合了起来，而通过"能力"及相关概念在语言中的证据，里德表明它们是一种普遍的东西或者说一种"原始的概念"，从而为其道德理论奠定了基础。

在人的诸多"能力"中，"道德感"是其中非常重要的能力之一。如前所述，由莎夫茨伯利创立的"道德感"理论经过哈奇森的发展在苏格兰哲学家中影响很大，以至于形成了所谓的道德感学派，休谟、斯密和里德都属于这个学派。里德反对休谟和斯密的伦理学立场，但是并不反对"道德感"学说，相反，他在某种程度上还吸收和改造了"道德感"理论。"道德感"理论认为，我们身上存在着一种可以直接知觉道德善恶的官能，这种官能即"内感觉""道德感"或"良心"。在里德看来，所谓"道德感"（moral sense）实际上是一种类比，即将我们知觉行为中的对错的能力类比于我们的外感觉。他说，"通过外感觉，我们不仅拥有对物体的各种性质的源始概念，而且还有对这个物体有这种性质那个物体有那种性质的判断。通过道德官能（moral faculty），我们既得到对行为中的对错的源始概念，还得到对这个行为对那个行为错这种性格有价值那个性格没

---

[1] William Hamilton ed., *The Works of Thomas Reid*, Vol. II, 8th edition, Edinburgh: James Thin, 1895, p. 515.

价值的判断。"按照他的观点,"道德官能的证据和外感觉的证据一样都是自然的证据,我们同样依靠它。为外感觉予以证明的真理是我们关于物质世界进行推理的第一原则,我们的所有关于它的知识都是由之推出的。同样,由道德官能给予证明的真理是道德推理的第一原则,我们的关于义务的所有知识都是由之推出的"①。何为"道德推理"?里德说,所谓道德推理,是指用来证明这样的行为是对的,应该得到道德的赞许,或者是错的,或者是不好不坏的,就其本身来说既不是道德上的善也不是道德上的恶。可见,"道德感"的作用在于发现道德中的"第一原则",而道德推理则是运用这些"第一原则"进行道德判断。

二 道德第一原则和道德体系

如上所说,"道德第一原则"是我们进行道德推理的基础。所谓"道德第一原则",里德认为就是指道德官能的当下命令(dictate)。它不是表明"人是什么",而是"人应该是什么"。② 里德似乎注意到休谟关于"是"和"应该"的论断,并且接受了休谟关于道德是一种价值判断的观点。不同的是,休谟认为道德只是主观的感受,而里德则强调道德是实在的。里德特别强调道德第一原则的基础地位。他说,"没有这样的原则,我们在道德中建立的任何结论就像我们在空中建造一座城堡一样没有任何基础。"③

里德将"道德第一原则"分为三类:一般的德性;德性的不同特殊分支;在德性似乎冲突的地方所作的比较。第一类包括:(1)人类行为中存在着一些值得赞许和赞赏的东西,另外一些则应给以谴责和惩罚;不同的行为得到不同程度的赞许或谴责。(2)不是自愿的行为既不应获得道德赞许也不应获得道德谴责。(3)由于不可避免的必然性而做的事情,可能是愉快的也可能是不愉快的,可能是有用的也有可能是有害的,但是都不能成为道德谴责或道德赞许的对象。(4)人没有做应该做的事要受

---

① William Hamilton ed., *The Works of Thomas Reid*, 8th edition, Vol. II, Edinburgh: James Thin, 1895, p. 590.
② William Hamilton ed., *The Works of Thomas Reid*, 8th edition, Vol. II, Edinburgh: James Thin, 1895, p. 591.
③ William Hamilton ed., *The Works of Thomas Reid*, 8th edition, Vol. II, Edinburgh: James Thin, 1895, p. 590.

到谴责,正如做了不应该做的事要受谴责一样。(5)我们应该用最好的手段来了解我们的义务。包括:留意我们的道德教育;观察他人身上我们赞同和不赞同的地方;在心平气和、不动情感的时候经常反思自己的过去行为;冷静地和公正地审视将来的行为;在心灵中深深铭记这条原则,即因为道德的卓越是一个人的真正价值和光荣,所以对每个人来说在人生的每一站中义务的知识都是所有知识中最重要的知识。① (6)就我们所知的范围去尽自己的义务,以及增强我们的心灵以防任何偏离它的诱惑,这应该是我们最严肃的关切。里德开出的药方是:保持对正确行为之美与其现在和将来的报酬以及恶的卑劣与其坏的后果的生动感觉;眼里总是注视那些高尚的榜样;养成让情感服从于理性控制的习惯;坚定我们的行为目的和决心;如果可能,避免诱惑的场合;在每一个受诱惑的时刻恳求上帝的帮助。②

  第二类包括:(1)我们应该喜欢较大的善胜过一个较小的善,即使这个善更为遥远;我们应该喜欢较小的恶胜过较大的恶。这一条明显带有利益权衡在里面,因此里德认为它算不上是最高尚的行为原则。依此而行只能称得上是审慎(prudence),而不是德性(virtue)。③ (2)就体现在人的构造中的自然的目的来说,我们应该服从于那个目的,并且照此而行。里德区分了人和动物的不同。动物也是依自然的目的行动,但是其构造决定了它们只能按照自然赋予它们的本能活动,而没有任何反思,因此谈不上遵守命令的问题。而人是唯一可以考察自己的构造、人生的目的以及根据目的采取行动的存在者,他不仅要维持生命和延续生命,而且还有理性的和社会的生活。在诸多行为原则中理性和良心是两个规范性原则,其他的原则都要服从于这两个原则。其中,良心原则又更为重要。里德说,"良心存在于每个人的心中,它是上帝写在他心中的戒律,当他不遵守时行为就会不自然,而且自我谴责。"(3)任何人都不是仅仅为自己而生。在这一点上里德明显不同于经验主义哲学家。经验主义哲学家们大多

---

① William Hamilton ed., *The Works of Thomas Reid*, 8th edition, Vol. II, Edinburgh: James Thin, 1895, p. 637.
② William Hamilton ed., *The Works of Thomas Reid*, 8th edition, Vol. II, Edinburgh: James Thin, 1895, p. 637.
③ William Hamilton ed., *The Works of Thomas Reid*, 8th edition, Vol. II, Edinburgh: James Thin, 1895, p. 638.

从人的个体经验也即个体属性出发，是个体取向；里德从人的总体经验即社会属性出发，是社会取向。比较而言，里德的伦理学更符合常识，因此也更容易被接受。（4）我们赞许他人身上的东西，在相似的条件中我们也应该去实行，而我们谴责他人身上的东西我们就不应该去做。这是一条普适性法则，和康德所说的道德命令几乎完全相同。康德认为道德准则应该像自然规律那样具有普遍的有效性，因为只有把准则变成普遍规律才永远不会自相冲突。他说，你应该这样行动，就是"你行为所依从的准则其自身同时就能够成为普遍规律。"① 里德对这一条也非常重视，甚至把它看作最高法则。他说，"因为这条行为规则的平等性和义务对每一个有良心的人来说都是自明的，所以，在所有的道德规则中它是最全面的，真正应得最高的权威给予它的赞美，这就是'它是戒律和预言书。'"② 实际上，儒家伦理学早在两千多年前就提出"推己及人"和"己所不欲，勿施于人"的思想，从积极和消极两个层面规定了这个普遍准则。可见，这条法则的真理性是毋庸置疑的。虽然如此，但是现实中还是有很多人违反它。里德认为原因不在于人们缺乏判断，而是由于缺少"坦诚"（candor）和"公正无私"（impartiality）。（5）对于每一个相信存在、完美和上帝的天命的人来说，我们应该崇拜和顺从他，这是自明的。

第三类是对不同的德性可能导致的行为间的冲突。里德认为，不同的德性之间和谐相处，并不存在冲突，因为它们都是心灵的倾向或者意志的决定，按照某种普遍的规则行动。但是不同的德性所导致的特殊的外部行为之间则有可能存在冲突。比如一个人可能是慷慨的、感恩的和公正的，这些性情只会相互加强而不会相互削弱。但是在实际的外部行为中就有可能出现这种情形，即慷慨或感恩恳请的东西，公正却加以禁止。里德认为，在这种情况下不当的慷慨应该服从于感恩，二者又都应该服从于公正。给予那些安逸的人的不当的善行应该服从于对苦难者的同情，虔诚的外部行为应该服从于仁慈的作品，因为上帝爱仁慈胜过牺牲。③ 可以看出，里德的伦理学思想强调德性的优先性，因此从某种意义上说里德的伦

---

① ［德］康德：《道德形而上学原理》，苗力田译，上海人民出版社2002年版，第56页。
② William Hamilton ed., *The Works of Thomas Reid*, 8th edition, Vol. Ⅱ, Edinburgh: James Thin, 1895, p. 639.
③ William Hamilton ed., *The Works of Thomas Reid*, 8th edition, Vol. Ⅱ, Edinburgh: James Thin, 1895, pp. 639–640.

理学是一种德性伦理学。

既然道德第一原则是我们进行道德推理的基础,那么道德第一原则是怎么形成的?我们如何才能判断哪些是道德第一原则?这些问题是里德必须面对而且必须回答的。在这个问题上里德存在矛盾之处。里德认为,道德第一原则之所以为第一原则就因为它们是自明的,我们对它们只有直觉的证据,而且这种直觉是不可抗拒的。他说,"所有的道德推理都依赖于一个或多个道德的第一原则,这些原则的真理性是所有达到理智成熟年龄的人不用推理就可以直接知觉到的。这对应得科学之名的人类知识的每一个分支来说都是共同的。必定有适合于那种科学的第一原则,凭借它整个上层建筑才得以支撑。"① 不过,里德也承认从发生学的意义上来说我们并不是生来就能够自发地知觉到道德第一原则,而是要等到他/她达到理智成熟的年龄才行。比如一个儿童在未成熟以前就不会知道什么是道德的和什么是不道德的,就像他不知道数学公理的明证性一样。理智成熟的标志就是我们能够对他人的行为进行思考,同时也能对自己的行为进行反思,并且从中知觉到一种对与错、赞许和不赞许的情感。然而,理智的成熟依赖于教育,因此需要接受他人的指导。但是教育或他人的权威有可能歪曲真相,损害我们的自然官能。我们有必要在道德行为中自己去判断是非曲直。"通过练习和时间,道德中的判断就像在其他事情中一样就会积聚力量,并且感觉到更多的活力。"② 根据自然的冲动,我们要敢于自己判断,就像我们要敢于自己走路一样。在他看来,要判断道德第一原则必须要求教于良心或道德感,就像判断颜色要依赖于眼睛一样,而且只有当他/她在平心静气不动情感的时候,也不受利益、感激和风尚的影响。里德把道德原则比作人心中的种子,没有适当的条件它不会自己开花发芽。"如果没有教育和榜样,人的理性能力和道德能力就可能会处于休眠状态。然而,这些能力是他的构造中的一个部分,而且是最高尚的部分;正如植物的能力就是种子的能力一样。"③

---

① William Hamilton ed., *The Works of Thomas Reid*, 8th edition, Vol. II, Edinburgh: James Thin, 1895, p. 591.
② William Hamilton ed., *The Works of Thomas Reid*, 8th edition, Vol. II, Edinburgh: James Thin, 1895, p. 640.
③ William Hamilton ed., *The Works of Thomas Reid*, 8th edition, Vol. II, Edinburgh: James Thin, 1895, p. 641.

由道德第一原则构成了所谓的"道德体系"（system of morals）。虽然只有又少又简单的几条原则，但是它们却可以运用于人类行为的每个部分、每个条件、每种关系。每个人都要服从于它们的权威，无论是在行为上还是甚至在思想上。里德将道德原则的普适性与自然界的运动法则相提并论，认为运动法则虽然也只有几条，但是却用来规范宇宙中不计其数的运动形式。里德认为，道德体系和几何学不一样，因为在几何学中后面的部分都是从前面的证明演绎而来，因此形成了一条推理的链条。如果链条破坏了，那么证明也就消失了。在他看来，道德体系类似于植物学和矿物学，在它们那里后面的部分并不依赖于前面的证明，其排列只是为了方便理解和记忆，而不是给出证明。在内容上，里德认同基督教哲学家们关于三部分的划分，即对上帝的义务；对自我的义务；对邻人的义务。里德认为由于道德体系中经常把政治问题和道德问题混在一起而显得臃肿和复杂，所以提出以"道德理论"（theory of morals）来替代"道德体系"。所谓道德理论就是对我们的道德能力的结构的公正的说明，也就是说，对我们借以获得道德概念以及区分人类行为中的对错的心灵能力的说明。[1] 不过，里德认为道德理论对于提高道德判断并不是必须的和有用的。比如善听音乐的耳朵可以通过艺术中的专心和实践得到提高，而学习耳朵的解剖学和声音理论则没有什么用处。同样，一个人从来没学过道德能力的结构，但是对于行为的对错可以有非常清楚的知识。因此，一个人理解自己的义务并不是要他成为一个哲学家或者形而上学家。[2]

三 情感与理性

前面说过，里德承认道德判断中情感因素的合理性，但是他认为情感并不是道德区分的来源，相反，理性才是判断道德善恶的准则。为此，里德区分了行为的三种原则，即行为的机械原则、行为的动物原则和行为的理性原则。在他看来，行为的机械原则产生结果，但是自身没有任何意志或目的。行为的动物原则在其活动中既有意志也有目的，但是没有判断。

---

[1] William Hamilton ed., *The Works of Thomas Reid*, 8th edition, Vol. II, Edinburgh: James Thin, 1895, p. 642.

[2] William Hamilton ed., *The Works of Thomas Reid*, 8th edition, Vol. II, Edinburgh: James Thin, 1895, p. 643.

只有人才具有行为的理性原则，因为在他们的行为中不仅有意志和目的，而且还有判断或理性。里德强调行为中的理性因素是对休谟关于行为只能由情感引起观点的矫正。休谟提出理性对于行为不起任何作用，所有的行为都是由情感引起的。休谟的最著名口号就是："理性是，而且应该是激情的奴隶。"里德认为休谟对理性功能的这种窄化是不对的。在他看来，理性的功能有两个，即调节信念和调节行动和行为。二者的不同之处在于信念涉及真假，行为涉及对错；相同之处在于它们都包含判断。里德的一个重要思想就是理性和判断不可分，即理性的运用必然包含判断，反之亦然。行为何以包含判断？里德认为这是因为行为总是一种"手段—目的"关系，即要么是作为一种手段要么是作为一种目的。理性的部分功能就是决定什么是我们想要的目的的最合适的手段。人类的行为目的有两个，即什么是大体上的善（good upon the whole）？以及，什么是我们的义务？关于善，里德说："凡是使人变得更幸福或更完美的东西都是善的，一旦我们能够对之形成概念，它就成为我们的意欲的对象。相反的是恶，它成为厌恶的对象。"① "就所有可发现的联系和结果来看，带来的善多于恶，就是我所说的大体上的善。"②

里德认为善的概念不是自发形成的，而是理智成熟的结果。由于理性的本性一个人到了理智成熟的年龄时就能够形成何谓大体上的善的概念。里德强调大体上的善恶概念是理性的结果，因此只能存在于有理性的存在者身上。一旦我们形成大体上的善恶概念，我们就会由于我们的构造而去求善避恶。"这不仅成为一个行为的原则，而且还成为所有我们的动物原则都必须服从于它的指导原则或统治原则。"③ "审慎的根本原理（maxim）或所有好的道德的根本原理就是，在所有的情形中，情感应该处于理性的控制之下——如果正确理解的话这不仅是自明的，而且还是根据语言的通常用法和属性来表达的。"④ 据此，里德反对休谟关于理性和情感

---

① William Hamilton ed., *The Works of Thomas Reid*, 8th edition, Vol. II, Edinburgh: James Thin, 1895, p. 580.
② William Hamilton ed., *The Works of Thomas Reid*, 8th edition, Vol. II, Edinburgh: James Thin, 1895, p. 581.
③ William Hamilton ed., *The Works of Thomas Reid*, 8th edition, Vol. II, Edinburgh: James Thin, 1895, p. 581.
④ William Hamilton ed., *The Works of Thomas Reid*, 8th edition, Vol. II, Edinburgh: James Thin, 1895, p. 581.

关系的论断,认为休谟的说法是对语言的滥用。有意思的是,里德和休谟都是从语言的意义角度为自己的观点辩护,然而两人得出的结论却恰恰相反。休谟的意义理论认为,一个有意义的观念(一个词)必定来自某个印象。里德的意义理论则是基于语言的使用,他认为一个词只有为使用的所有人所理解才有意义。"在思辨观点中判断何谓真或何谓假是思辨理性的功能;在大体上判断何为善或何谓恶对我们来说则是实践理性的功能。对于真假而言没有程度之分;但是对于善恶来讲则不仅有许多程度,而且有很多种类。因此,关于善恶人们非常容易形成错误的观点,(这些错误)要么是由于他们的情感,要么是由于大多数人的权威,要么是由于其他的原因。"①

特伦斯·库诺(Terence Cuneo)认为里德的道德认识论具有综合的倾向。他说,"里德的观点是从理性主义传统和情感主义传统中借来的洞察力的混合。在道德本体论上,里德的思想受惠于理性主义者如普赖斯和克拉克。在德性和幸福之间的联系问题上,里德的观点更接近于是哈奇森和休谟的观点的反映。"② 从里德对理性和情感的上述分析来看,这个结论是比较符合事实的。

四 良心和义务

在道德判断上,既然自己的情感和他人的权威都不可靠,那么我们如何才能知道自己的判断不会错呢?里德认为只有诉诸于良心。他说,"在行为的最通常的和最重要的观点上,良心的命令和禁止具有更大的权威,并且无需推理之劳。"③

里德做了四点考察。一是,既存在思辨的真理也存在道德的真理,当这些真理公平地置于一个人之前的时候,他就会接受并拥有它们,这不仅依靠他的老师的权威,而且也依靠它们自身的内在的证明。二是,良心是人所特有的。根据观察,可以发现动物大多拥有和我们一样的五种外部感

---

① William Hamilton ed., *The Works of Thomas Reid*, 8th edition, Vol. II, Edinburgh: James Thin, 1895, p. 582.
② Terence Cuneo, René van Woudenberg eds., *The Cambridge Companion to Thomas Reid*, Cambridge: Cambridge University Press, 2004, pp. 256 – 257.
③ William Hamilton ed., *The Works of Thomas Reid*, 8th edition, Vol. II, Edinburgh: James Thin, 1895, p. 594.

官，而且它们在某些个别官能上还要胜过人类许多倍，比如鹰的视觉、狗的嗅觉等。动物甚至还可以表达诸如快乐、痛苦和愤怒等情感。但它们有一点和人类不同，这就是它们没有道德感。动物没有自由意志，其行为受本能的控制，因此它们不能形成道德概念，不能为自己制定道德规则，因此也就谈不上遵守规则的义务。一个人如果当真控告一只畜生犯了罪只会受到嘲笑。① 三是，良心明显是自然设计好了要成为我们的行为的当下指导的。里德论证道，有很多东西从它们的本性和结构上看就表明它们是为某种目的而做出来的，比如手表或闹钟就是为测量时间而做的，人的眼睛则是自然为我们看见东西而设计的等。同样，良心也是这样。不仅如此，里德甚至认为良心的证据比其他任何情形都更明显，因为良心的目的就包含在它的功能里。按照他的观点，在我们对人类行为善恶的每一个判断中都有良心在那里。如果说肉体的眼睛总是在注视着他人的一举一动，那么良心就是时刻观察我们自己行为的"内在的眼睛"。里德认为，"良心享有对心灵中其他主动原则的权威"，因为"这不需要用论证来证明而是自明的一点"，"因为它包含的只是这个，即在所有的情形中一个人都应该尽自己的义务。只有在所有的情形中都尽了自己应尽的义务才是一个完美的人"②。四是，道德官能或良心既是心灵的主动能力也是心灵的理智能力。首先，良心是一种主动能力，因为每一个道德行为都受到它的影响。不过，在具体的情形中道德原则可能会受到动物原则的抵制，比如激情或欲望会驱策我们去做我们知道是错误的事情。里德认为在这种情形下道德原则应该占上风，而且这种克服越大那么就越光荣。③

在伦理学史上感性原则和理性原则一直处于严重的对立状态，具体地表现为幸福和德性的对立。里德批评了这种把幸福和德性（义务）对立起来的观点。在他看来，幸福和义务都是有用的和必然的，都是统治性原则（governing principles）。人性的完美不在于消灭其中的一方，而是要把他们都限制在一个合适的范围内，所以公正的观点是避免两个极端。里德

---

① William Hamilton ed., *The Works of Thomas Reid*, 8th edition, Vol. Ⅱ, Edinburgh: James Thin, 1895, p. 596.
② William Hamilton ed., *The Works of Thomas Reid*, 8th edition, Vol. Ⅱ, Edinburgh: James Thin, 1895, pp. 597–598.
③ William Hamilton ed., *The Works of Thomas Reid*, 8th edition, Vol. Ⅱ, Edinburgh: James Thin, 1895, p. 598.

认为设想幸福和义务的对立只是虚构出来的,不可能有这样的对立。可以看出,在这个问题上里德的观点表现出明显的综合倾向。然而,实际上里德还是更强调人的道德义务。他说,"当世界处在英明的和仁慈的管理之下时,任何人都不可能因为尽义务而结果成为一个受损者。因此,每个相信上帝的人,在他小心地尽自己的义务时可以安全地把他对幸福的关切交给他的造物主。他意识到他只有致力于前者才能十分有效地考虑后者。"①

良心,或道德官能,同样也是一种理智能力。里德认为,我们不仅能知觉到行为中的对错,而且还能对之形成源始概念。对和错是一般的概念,实际上它们包括了许多不同程度、不同类别的其他道德性质的概念,比如正义和非正义、仁慈和恶毒、慷慨和吝啬等。这些道德概念,里德认为是通过道德官能获得的。当我们将它们进行比较时,我们就会知觉到不同的道德关系。

总的来看,里德的伦理学包含着丰富的内容,例如他既强调理性,又重视情感;既强调目的,又重视结果;既强调义务,又重视幸福。不过,在二者中里德明显倾向于前者。所以,从归根结底的意义上说,里德还是道德理性主义者、道德目的论者和道德义务论者。有一句话最能表达里德的这种道德立场,他说,"义务之路是一条平坦的大道,心中的正直几乎不可能会弄错。情况必定是这样,因为每个人都一定要走在其中。"② 可以看出,里德的伦理学思想,特别是他的道德义务论思想和康德的伦理学思想很接近,例如他们都强调道德的理性一面,都强调道德的义务原则,都强调道德义务和幸福的统一,都具有很强的理想主义色彩。

---

① William Hamilton ed., *The Works of Thomas Reid*, 8th edition, Vol. Ⅱ, Edinburgh: James Thin, 1895, p. 598.
② William Hamilton ed., *The Works of Thomas Reid*, 8th edition, Vol. Ⅱ, Edinburgh: James Thin, 1895, p. 640.

第四章　美与美感

关于美的讨论构成了苏格兰启蒙哲学的另一个重要组成部分。在哲学史上，美学思想由来已久，可以一直追溯到古希腊，但是"美学"（aesthetics）这个词却是直到18世纪后半叶才被当作理论研究中一个不同的领域来规定"美的哲学"（philosophy of the beautiful）。[①] 1735年，德国的鲍姆嘉通（Alexander Gottlieb Baumgarten，1714—1762）在其博士学位论文《关于诗的哲学思考》中首先提出建立美学的建议。1750年，鲍姆嘉通正式以"美学"（aesthetica）一词来命名他的专门研究感性认识的著作，从而标志着一门新学科的诞生。鲍姆嘉通是德国哲学家沃尔夫（Christian Wolff，1679—1754）的学生。受沃尔夫的影响，他的美学建立在理性主义哲学的基础上。鲍姆嘉通的美学，以及17世纪以来的法国新古典主义美学都是浸透着理性主义精神的美学。这种理性主义美学不仅存在于欧洲大陆，而且也存在于英国，[②] 它们的共同特点是强调艺术中的理性作用，贬低想象力。

经验主义哲学的先行者培根把诗歌纳入想象力的范围，为美学中的想象力研究开了先例。[③] 另一位哲学家霍布斯虽然用机械论的观点解释人的心理活动，但是令人惊奇的是，他却非常重视想象力的作用。霍布斯曾经说，在任何一种诗歌中判断力（即理性）和幻想（即想象力）都是必需

[①] Bernard Bosanquet, *A History of Aesthetics*, 2nd edition, London: Swan Sonnenschein & Co., Lim, 1904, p.1.
[②] 17世纪至18世纪的英格兰存在两股主流美学思潮，即以培根、霍布斯为代表的经验主义美学思潮和以德莱顿（John Dryden, 1631—1700）、艾迪生（Joseph Addison, 1672—1719）和蒲伯（Alexander Pope, 1688—1744）等为代表的新古典主义美学思潮。此外，以莎夫茨伯利和哈奇森为代表强调直觉的美学思想构成了另一股思潮。见范明生《西方美学通史》第三卷"1718世纪美学"，上海文艺出版社1999年版，序论。
[③] 朱光潜：《西方美学史（上）》，人民出版社1979年版，第203页。

的，但是幻想应该居于更突出的地位。① 在经验主义哲学家中，洛克对诗歌"最为蔑视"，但是却"唤起了一个崭新的美学思潮"。洛克的贡献在于，把"哲学的准确性"引入审美领域，使"特殊的心理现象变为每一种科学研究的出发点"。② 莎夫茨伯利和哈奇森吸收了洛克的经验主义思想，同时将他关于"内省"的观点发展成"内感觉"学说。这种强调直觉的美学思想在美学史上产生了很大的影响。休谟被认为是经验主义美学的集大成者，他对美的本质问题的研究强化了审美中的情感因素，相对而言，理性因素则被进一步削弱。里德反对休谟关于美的主观主义立场，试图恢复理性在美学中的地位。由于美的问题和道德问题同样在某种意义上被类比于"第二性质"问题，因此有关美的主观性和客观性等问题也成为苏格兰启蒙哲学家的聚焦点。

第一节 哈奇森论美的观念与美感

作为苏格兰启蒙哲学中的一个重要组成部分，美学也受到哲学家们相当的重视。其中，弗兰西斯·哈奇森、大卫·休谟和托马斯·里德等的美学思想最具代表性。哈奇森的美学思想和他的伦理学思想一样也是受到莎夫茨伯利的影响。莎夫茨伯利提出审美的"内感觉"概念，认为这种内感觉是天生的，人可以凭借它直觉到美和丑，哈奇森将这种思想进一步系统化。

一 美和美感

哈奇森的美学思想不但受莎夫茨伯利的影响，而且还受到洛克的影响。彼得·凯维（Peter Kivy）说，"哈奇森的美学工作是经验主义和英格兰柏拉图主义结合的初步成果，洛克及其门徒使其成为可能。莎夫茨伯利给予哈奇森以主题：作为一位可敬的和甚至是主要影响的哲学家的美学。

---

① ［美］吉尔伯特、［联邦德国］库恩：《美学史》，上海译文出版社1989年版，第276页。
② ［美］吉尔伯特、［联邦德国］库恩：《美学史》，上海译文出版社1989年版，第305页。

洛克则给了他追求这种美学的方法。"① 莎夫茨伯利对哈奇森的影响是不言而喻的，而洛克对哈奇森的影响则很少被提及。这可能因为洛克本人在美学上并没有什么建树，也很少论及美。不过，他的经验主义认识论，尤其是他对第一性质和第二性质的划分却对其后的美学思想产生了深刻的影响。洛克认为第一性质与物体不可分，包括体积、广延、形状、运动等，第二性质并不存在于物体中，而只是借助第一性质在我们心中产生的感觉，比如颜色、声音、味道等。洛克把美看作一种由颜色和形状构成的复杂观念，并能够引起观者的快乐。② 这个简单的论述体现了洛克美学思想的两个重要方面：即一是把美看作第二性质，就是说美依赖于心灵；二是认为美能够产生快乐。可以说，在这一点上哈奇森完全继承了洛克，只不过洛克将美看作复杂观念，而对哈奇森来说美只是简单观念。

哈奇森把"美"（"美"的观念）和"美感"区分开来。他说："美这个词用来指产生于我们之中的观念，而美感则是指我们接受这种观念的能力。"③ 哈奇森认为，和外感觉相比较"美感"是一种更高级的知觉能力，因为相对而言外感觉只能获得较小的快乐，而美感则可以获得更大的快乐。他说："哲学家们似乎认为感官的唯一快乐就是伴随着感觉的简单观念的快乐，但是那些对象的复杂观念中的更大快乐大量地包含在美、规则和和谐之中。"④ 美感虽然与外感觉有别，但是既然称之为"感觉"（sense），说明它们之间也有相似之处。"知觉的这种高级的能力被公正地称作感觉，因为在这一点上它和其他感觉相似：快乐并不产生于对象的原则、比例、原因或用途的任何知识；而是首先激起我们的美的观念。"⑤ 在感觉的来源问题上哈奇森也同意洛克的看法。他说："因为外部对象的存在，及其对我们的身体的作用而产生于我们心灵中的观念，称作感觉（sensations）。我们发现，在这样的情形中心灵是被动的，只要我们继续

---

① Peter Kivy, *The Seventh Sense: Francis Hutcheson and Eighteenth-Century British Aesthetics*, Oxford: Oxford University Press, 2003, p. 25.
② *The Works of John Locke*, Vol. I, p. 145.
③ Francis Hutcheson, *An Inquiry into the Original of Our Ideas of Beauty and Virtue*, Indianapolis: Liberty Fund, Inc., 2004, p. 23.
④ Francis Hutcheson, *An Inquiry into the Original of Our Ideas of Beauty and Virtue*, Indianapolis: Liberty Fund, Inc., 2004, p. 22.
⑤ Francis Hutcheson, *An Inquiry into the Original of Our Ideas of Beauty and Virtue*, Indianapolis: Liberty Fund, Inc., 2004, p. 25.

使我们的身体处于适宜接受外部对象作用的状态，那么心灵就没有能力直接阻止知觉或观念，或者在接受的时候改变它。"① 显然，哈奇森和洛克一样认为心灵在接受观念时是被动的。同样，他也认为心灵对于已经进入其中的观念则可以任意进行处置。他说，"心灵有能力结合那些分别接受的观念；有能力通过观念来比较对象，并且觉察出它们的关系和比例；有能力随意，或按任何比率，或按任何程度来扩大或减小那些观念；有能力分别考虑每一个简单观念，它们也许曾经一道印刻在感觉中。最后这种作用，我们通常称为抽象作用。"② 在他看来，人们之所以可以进行关于美的各种推理正是基于此。

哈奇森认为美感具有普遍性、先天性、直接性和产生快乐四个特点。首先，美感具有普遍性。美感的普遍性体现在人们对对象表现出来的多样性中的一致性的喜爱上。哈奇森说："如果所有的人都对简单情况中的统一性感到快乐，而不是相反，即使看不出有任何伴随的利益；同样，如果所有的人，随着他们的能力扩大到以致能够接受和比较更复杂的观念时，对统一性更加喜欢，对更加复杂的本源美和相对美也感到快乐；这就足以证明这种美感是普遍的了。"③ 哈奇森有一个观点值得重视，即他认为美丑的观念是通过比较得来的，而不是对象自身天然地就是美的或丑的。在他看来，我们的美感和外感觉是不同的：外感觉可能会由于对象中的性质很自然地就感到快乐或者不快，比如气味、味道和声音；但是对于美感来说，如果我们没有见过对象同类中更好的话，我们就不会将它们进行比较，因而也就不会喜此而厌彼——对象自身并不必然使人感到不快，丑不过是美的缺席或者是对象中缺乏所期待的美。哈奇森举例说，对一个从没听过更好音乐的乡下人来说一首即使是差的曲子便会让他感到愉快，而一堆乱石头也不会使人讨厌，如果他不把它与建筑物的规则之美相比较的话。④ 观念的比较是一种心灵的活动，因此在"美在对象"还是"美在心

---

① Francis Hutcheson, *An Inquiry into the Original of Our Ideas of Beauty and Virtue*, Indianapolis: Liberty Fund, Inc., 2004, p. 19.
② Francis Hutcheson, *An Inquiry into the Original of Our Ideas of Beauty and Virtue*, Indianapolis: Liberty Fund, Inc., 2004, p. 20.
③ Francis Hutcheson, *An Inquiry into the Original of Our Ideas of Beauty and Virtue*, Indianapolis: Liberty Fund, Inc., 2004, p. 63.
④ Francis Hutcheson, *An Inquiry into the Original of Our Ideas of Beauty and Virtue*, Indianapolis: Liberty Fund, Inc., 2004, pp. 61–62.

灵"这个问题上哈奇森明显倾向于"美在心灵"一边。这种强调主体感受的主体美学观对休谟产生了直接的影响。其次,美感是先天的。在美感的起源问题上哈奇森持先天论观点,但是同时也不否认后天的影响。美感的普遍性是通过经验观察发现的,然而这种普遍性的根据却在于美感的先天性。洛克认为,人对美和秩序的喜爱是便利、习俗和教育的结果。哈奇森承认习惯和教育对美感有一定的影响,但是坚持认为美感先于一切的习惯和教育。他说:"在对象中存在着天生的对美的知觉能力和感觉能力,它们先于所有的习惯、教育和榜样。"①

另外,美感还是直接的。哈奇森认为,有些对象能够直接引起我们对于美的快感,而且我们也有适合于知觉它的感官,即内感觉。最后,美感和快乐相联系,即美感可以产生快乐。莎夫茨伯利虽然提出审美的"内感觉"学说,但是在美感是一种感性活动还是一种理性活动这个问题上他最终还是倒向理性一边。例如,他认为人的感觉和动物的感觉一样不能够认识和享受美,但是人有最高贵的东西,即心灵和理性,正是依靠它们人才能欣赏美。② 在这一点上哈奇森接受了洛克的观点,即美可以产生快乐。他说,"我们的美感似乎是设计好了要给我们带来实际的(positive)快乐,而不是实际的痛苦或厌恶,这比失望不远多少。"③ 至于产生这种快乐的原因,哈奇森承认是我们所不知道的。"我们的许多感觉知觉是快乐的,还有许多是直接痛苦的,我们丝毫不知这种快乐或痛苦的原因,也不知道对象是怎么刺激它或成为它的条件的,或者不知道这些对象的使用会倾向于什么较远的好处或害处;对这些事物的最精确知识既不会改变知觉的快乐,也不会改变知觉的痛苦,虽然它或许可以给予一种不同于感性快乐的理性快乐;或者从对对象中的较远的好处的预期中产生一种独特的快乐;或者从对恶的忧惧中产生一种厌恶。"④ 值得注意的是,哈奇森虽然认为美感可以产生快乐,但是他强调这种快乐和利益无关。显然,这既

---

① Francis Hutcheson, *An Inquiry into the Original of Our Ideas of Beauty and Virtue*, Indianapolis: Liberty Fund, Inc., 2004, p. 70.
② Shaftesbury, *Characteristics of Men, Manners, Opinions, Times*, Vol. Ⅱ, London: Grant Richards, 1900, p. 143.
③ Francis Hutcheson, *An Inquiry into the Original of Our Ideas of Beauty and Virtue*, Indianapolis: Liberty Fund, Inc., 2004, p. 62.
④ Francis Hutcheson, *An Inquiry into the Original of Our Ideas of Beauty and Virtue*, Indianapolis: Liberty Fund, Inc., 2004, pp. 20 – 21.

和洛克不同，也和莎夫茨伯利不同。莎夫茨伯利明确提出，"美和真是和功利（utility）和便利（convenience）的观念结合在一起的。"① 哈奇森的美感思想和他的道德感思想一样具有明显的理想色彩。

二 本源的美和比较的美

哈奇森关于美的两种划分思想在美学史上产生过一定的影响。哈奇森把美划分为"本源的美"（original beauty）和"比较的美"（comparative beauty），其中"本源的美"也称"绝对美"（absolute beauty），"比较的美"也称"相对美"（relative beauty）。所谓"本源的美"，就是说仅仅从事物本身就可以看出的美，这种美不依赖于任何别的东西。所谓"比较的美"，从字面上看很显然就是指需要通过和其他事物相比较才能看出的美。他说：

> 美要么是本源的，要么是比较的，或者如果更喜欢的话还可以用绝对的和相对的这些术语。只是需要注意的是，所谓绝对美或本源美并非任何假定存在于对象之中的性质——其本身就是美的，与知觉它的任何心灵没有关系：因为像其他感性观念的名称一样，准确地说美表示的是某个心灵的知觉；所以冷、热、甜、苦表示我们心灵中的感觉，也许对象中没有它的相似物，正是这些对象激起了我们心中的观念。然而，我们一般却都想象对象中存在某种和我们的知觉正好相像的东西。美与和谐的观念都是由某种第一性质的知觉激起的，并且和形状和时间有关，它们的确比这些感觉更加近似于对象，这些感觉与其说是对象的图像，还不如说是那个在知觉的心灵的修饰（modification）。然而假如没有具有美感的心灵来观照对象，我看不出它们如何可以被称作是美的。因此我们所谓的绝对美仅仅指我们在被假定为是那些外部事物的模仿品或图画的对象中所知觉到的，无需和任何外部事物进行比较的美，比如从自然的作品、人为的形式、形状和定理中知觉到的美。比较美或相对美就是我们在通常被认为是别的事物的

---

① Shaftesbury, *Characteristics of Men, Manners, Opinions, Times*, Vol. Ⅱ, London: Grant Richards, 1900, p. 267.

模仿品或相似物的对象中所知觉到的美。①

从这段话中，可以看出哈奇森美学的一个重要思想即认为（绝对）美不是对象中的性质，而是依赖于心灵的。按照他的观点，"如果我们没有这样的美感与和谐感，那么房屋、花园、衣服、马车会给我们带来便利、果实、温暖和舒适，但是永远不会使我们感觉到美"②。这种思想无疑是受到洛克关于"第二性质"学说的影响。另外，和洛克一样，哈奇森也不否定事物的客观实在性。可以说，这种心物二元论是近代哲学的一个显著特征。哈奇森关于"本源美"的思想具有几个方面的内容。首先，哈奇森强调绝对美的自足性。绝对美和相对美不同，绝对美不需要参照任何其他的对象，或者说绝对美因其自身就是美的。例如，在哈奇森看来，自然之中没有任何形式我们可以宣称其中不包含任何的美，如果我们没有观察到同类事物中更好的话。因此，"丑只是美的缺失，或者任何物种中所期望的美的不足"③。我们之所以会赞同或不喜欢某些对象，哈奇森认为，那是"理性"或"观念联想"而非对象自身的形式方面的缘故。其次，哈奇森提出绝对美在于规则性或一致性。他说："在我们身上引起美的观念的形状，似乎是那些寓多样性于统一性之中的东西。……我们所称的存在于对象之中的美的东西，用数学的方式来说，好像是统一性与多样性之间的复比；所以，当物体的统一性相等时，美按照多样性而变化，当多样性相等时，美按照统一性而变化。"④ 这种关于美的规则性和一致性思想对于美学创作和欣赏都有积极的借鉴意义。另外值得注意的是，哈奇森认为，多样性中的统一性不仅存在于人、动植物和自然等中，而且还表

---

① Shaftesbury, *Characteristics of Men, Manners, Opinions, Times*, Vol. Ⅱ, London: Grant Richards, 1900, p. 27.
② Shaftesbury, *Characteristics of Men, Manners, Opinions, Times*, Vol. Ⅱ, London: Grant Richards, 1900, p. 26.
③ Shaftesbury, *Characteristics of Men, Manners, Opinions, Times*, Vol. Ⅱ, London: Grant Richards, 1900, pp. 61 - 62.
④ Shaftesbury, *Characteristics of Men, Manners, Opinions, Times*, Vol. Ⅱ, London: Grant Richards, 1900, p. 29. 从各种对象所表现出来的规则性和一致性中，哈奇森还推断宇宙中必然存在着"设计"（design）和"理智"（intelligence）。可以看出，和莎夫茨伯利一样，哈奇森持一种自然神论思想。（Shaftesbury, *Characteristics of Men, Manners, Opinions, Times*, Vol. Ⅱ, London: Grant Richards, 1900, Section V.）这种自然神论思想在休谟、斯密和里德等哲学家那里也都有不同程度的体现。

现在"定理"(theorem)或"被证明了的普遍真理"(universal truth demonstrated)以及它们的"推论"(corollarys)中,他称之为"知识的美",以区别于"知识的有用性"。① 这种对知识的美的追求是科学的动力之一,但是也会因此造成对常识的歪曲。

哈奇森的"相对美"思想也值得重视。如前所述,哈奇森把"相对美"看作对"本源美"的模仿。他说:"所有的美都是相对于某个知觉它的心灵的感官;但是我们称作相对美的东西是那个包含在任何对象中,通常被认为是某种本源美的摹仿:这种美建立在本源美及其摹本之间的一致性或某种统一性之上。本源美要么是自然中的某个对象,要么是某个确立的观念;如果存在可以确定这个影像或观念的作为标准和规则的已知观念,我们就可以做出美的摹仿品。"② 按照他的观点,"本源美"是"相对美"的基础,"相对美"是对"本源美"的模仿和创造。后者意味着,即使本源中不存在美,我们也可以创造出美来。他说:"仅仅为了获得比较美,就并不需要本源中一定有任何的美存在。对绝对美的摹仿的确可以在整体上作出更加生动的作品,然而即使本源中完全缺乏美,精确的摹仿也仍然可以是美的。"例如,画中丑陋的老人以及风景中的最粗糙的石头和群山,如果表现得好也会有丰富的美。③ 不过,哈奇森强调,这种模仿和创造只能基于,而不是脱离本源和摹本之间的"相似性"(resemblance),否则美的力量必然会受到影响。例如,诗人不应该把他的人物描绘成具有完美德行的人,因为在生活中我们从未看见过这种"道德上完美的英雄",相反,我们对具有所有激情的不完美的人倒拥有更加生动的观念。④ 显然,这种思想无论对于美学创作还是文艺创作来说都具有积极的指导意义。

---

① 有趣的是,哈奇森认为"公理"(axiom)之中几乎没有什么美可言,因为在他看来公理都是自明的,不能给人以发现的快乐。例如,我们对"整体大于其每一个部分"这个形而上学公理的沉思并不会发现任何的美,但是当我们发现所有可能大小的立方体相互之间都保持着3:2:1的比例时,这种一致性就会让我们感觉到公理的美。Shaftesbury, *Characteristics of Men, Manners, Opinions, Times*, Vol. Ⅱ, London: Grant Richards, 1900, p. 37.
② Shaftesbury, *Characteristics of Men, Manners, Opinions, Times*, Vol. Ⅱ, London: Grant Richards, 1900, p. 42.
③ Shaftesbury, *Characteristics of Men, Manners, Opinions, Times*, Vol. Ⅱ, London: Grant Richards, 1900, p. 42.
④ Shaftesbury, *Characteristics of Men, Manners, Opinions, Times*, Vol. Ⅱ, London: Grant Richards, 1900, p. 43.

总的来看，哈奇森美学是一种主体美学即强调美在心灵。同时，哈奇森美学也重视客观对象对于美感的影响，例如在他看来对象中的规则性和一致性最能激发美的观念。后来休谟的美学基本上是沿着哈奇森的这个方向继续向前发展的。不过，在二者的美学思想中哈奇森坚持审美的无私性，而休谟则主张审美中的功利因素，这是他们的明显不同处。哈奇森美学还强调美感和道德感的统一，"这是整个英国启蒙时期美学思想中的积极因素的组成部分"①。在近代哲学家中，强调真、善、美的统一应该说是从莎夫茨伯利开始的。受古希腊哲学家关于美在和谐思想中的影响，莎夫茨伯利提出，"美的东西都是和谐的和合乎比例的，和谐的和合乎比例的东西都是真的，同时既是美的又是真的东西在结果上是令人愉快的和善的。"② 哈奇森赞同莎夫茨伯利的这一观点，也认为美感和道德感是一致的。他说，"最动人的美都和我们的道德感有关系，它比对那些描绘得最生动的自然对象的表现还要更强烈地影响着我们。"③ 哈奇森的美学思想不仅给予苏格兰哲学家以极大的启发，而且也对德国和法国的思想家们产生了一定的影响。

第二节　休谟论美的本质和标准

休谟没有关于美学的专门著作，他的美学思想散见于他的哲学著作和一些文学评论中。虽然如此，休谟极具特色的美学思想在整个美学史上仍然占有重要的地位，其核心是对美的本质的讨论。在西方美学史中，美的本质问题一直为哲学家们所关注。一部分哲学家如亚里士多德等认为美属于客体的一种性质，另一部分哲学家如柏拉图、普罗提诺等则认为美是寓于主体之中的。休谟的美学思想受莎夫茨伯利和哈奇森的影响，走的也是主体路线。虽然美学思想诞生很早，但是现代意义上的"美学"（aesthet-

---

① 范明生：《西方美学通史》第三卷"1718世纪美学"，上海文艺出版社1999年版，第238页。
② Shaftesbury, *Characteristics of Men, Manners, Opinions, Times*, Vol. II, London: Grant Richards, 1900, pp. 268–269.
③ Francis Hutcheson, *An Inquiry into the Original of Our Ideas of Beauty and Virtue*, Indianapolis: Liberty Fund, Inc., 2004, p. 173.

ics) 一词却迟至18世纪后半叶才出现。德国美学家鲍姆嘉登（Alexander Gottliel Baumgarten, 1714—1762）率先使用 Aesthetica 这个词来作为美学这门学科的名称。Aesthetica 的字面意思是"感性学"，在希腊文中是 aisttesis，英文是 aesthetics。当时在英国经验主义哲学家中流行的是"趣味"（taste）一词。美国当代美学家狄基（George Dickie）说，古代的美学以美为研究的中心，是美的哲学，近代的美学以英国经验主义为主潮，以趣味为美学的中心。① 可以说，这种美学研究重心的转变和哲学从古代的本体论到近代认识论的转向是完全一致的。

一 美的本质

对于美的研究必然涉及对美的定义。在哲学史上有许多哲学家试图给美下一个定义，苏格拉底就是其中著名的一个。他在列举了许多所谓的定义之后发现没有一个是理想的定义，最后不得不叹息说美是难的。可见给美这个词下一个能为所有人都接受的定义的确不是一件容易的事情。按照休谟对理性和情感的划分，这甚至是一件不可能的事情，因为理性的功能在于发现真假，情感的功能在于引发感受和行动。真假的标准只有一个，即观念符合不符合事实，而情感则是知足的，不需要参照其他任何标准。和道德一样美在休谟那里属于情感的范围，因此从逻辑上说也就不可能有一个共同的标准。休谟承认美是不能够被定义的。他说："考虑到和机智一样美是不能被定义的，而只能通过一种趣味或感觉被识别，我们可以断言，美只是产生快乐的一个形式，正如丑是传达痛苦的那些部分的结构一样；既然产生痛苦和快乐的能力以这种方式成为美和丑的本质，那么这些性质的所有结果必定都是来自于感觉。"② 这句话包含丰富的内容。首先，美不能被定义。其次，美可以被趣味或感觉所识别。再次，美是产生快乐的一个形式，快乐构成美的本质。这里表明了休谟关于美的基本思想，即美不是理性的对象，而是来自感觉，并且美就是主体的感受即快乐。显然，以此为基础的美学必然是一种"主体美学"，同时又是一种"功利美学"。关于前者，休谟有一句著名的话，即"美不是事物自身里的任何性

---

① 转引自张法《美学导论》，中国人民大学出版社2004年版，第10页。
② David Hume, *A Treatise of Human Nature*, p. 299.

质：它仅仅存在于关照它们的心灵之中"①。这句话常被作为休谟主张主体美学的直接证据。事实证明休谟的确是一个美学主体论者，就是说认为美只能存在于感受美的主体之中，离开主体就不存在美。这种证据还可以有很多，比如休谟在另一句常被引用的话中说道，"欧几里得充分解释了圆的所有性质，但是却没有在任何命题中说到它的美。理由是显然的。美并不是圆的一个性质。美不在圆线的任何部分，圆线的各个部分与共同圆心的距离都是相等的。美只是那个图形对心灵产生的影响，心灵结构的特殊构造使它很容易受到这种情感的影响。如果你在那个图形的所有属性中寻找美，或者追求美，不管是通过感官还是通过数学推理，那将都是徒劳的。"②很明显，休谟要说的是：美是主体加之于对象的某种东西，主体决定美。不过，需要指出的是，如果认为休谟是一个绝对的美学"主观主义者"（否定意义上的），那将是一个绝大的错误。事实上休谟并没有否认美的客观条件，就像他并不否认外部世界存在一样，因为"这是我们在所有的推理中必须视为当然的一点"③。休谟要强调的不过是美的主体依存性而已。就上述圆的例子而言，休谟认为圆的美在于圆这个图形对心灵产生的影响，不言而喻这里已经预设了圆的图形的存在。但是如果没有感受圆的主体存在，说"圆是美的"就毫无意义。明朝哲学家王阳明游南镇时和友人关于岩中花树的对话也包含类似的意思。④ 休谟的美学还是一种功利美学，因为他最早明确把"功利"（utility）引入美学中来。休谟说美在于主体的感受，那么这种感受究竟是什么？休谟的回答是：快乐和功利。而从宽泛的意义上说，快乐也是一种功利，所以如果用一个词概括，那么似乎应该说美就是功利。"美是快乐"是美学主体论者的普遍命题。而归根结底，功利才是造成美的根源。休谟说，"美是部分的这样一种秩序和结构，它们由于我们本性的基本结构、由于习惯，或由于爱好、

---

① David Hume, *Essays Moral, Political and Literary*, Indianapolis: Liberty Fund, Inc., 1987, p. 230.
② David Hume, *Enquiries*, pp. 291 – 292.
③ David Hume, *A Treatise of Human Nature*, p. 187.
④ 《传习录·下》记载：先生游南镇，一友指岩中花树问曰："天下无心外之物，如此花树，在深山中自开自落，于我心亦何相关？"先生对曰："你未看此花时，此花与汝心同归于寂。你来看此花时，则此花颜色一时明白起来。便知此花不在你的心外。"这个例子虽然不是讨论美学问题的，但是用在主体美学上同样适用，即花树之美存在于赏花的主体之中，没有观花的主体则谈论花树之美是没有意义的。

适于给灵魂带来快乐和满足。这就是美的区别性特征，并构成它和丑的所有差异，丑的自然倾向是产生不快。因此，快乐和痛苦不但是美和丑的必然伴随物，而且还构成了它们的本质。大部分的美……都是自来在于便利（convenience）和功利的观念……"① 应该说，用快乐和功利来说明美的起源和本质是很有说服力的，每个人都可以求证于自身。然而，这个理论的缺陷在于它只能说明对象对主体的有用性使自身感到快乐，但是不能够解释何以主体对与己无关的他者的功利同样感到快乐。比如一座别墅对于屋主来说当然是有用的和舒适的，一块农田对于拥有它的农民来说当然是有用的和快乐的，但是对于我这个陌生人来说虽然我不能分享其中的任何利益，但是我的确也能感到别墅之美和农田之美。这个事实是对经验主义哲学家的巨大挑战，因为他们主张知识起源于经验，而经验在本质上是个别的、个体的。为解决这个棘手的问题休谟又提出"同情"（sympathy）的观点。休谟说，"他人的任何情感不会直接出现在（我们的）心灵中。我们只是感到它的原因或结果。从这些（原因或效果）我们推出那种情感：因此，就是这些（原因或结果）产生了我们的同情。"② 休谟认为我们的美感主要就是依赖于这个原则。同情观点的实质是观念的联想，也即想象，即通过想象参与分享他人的快乐。休谟说，"观察到舒适就给人以快乐，因为舒适就是一种美。但是它是以什么方式给予快乐的呢？确实，这与我们的利益没有任何关系，而且可以说，因为这是一种利益的美而不是形式的美，所以它必定只是通过传达和对房主的同情使我们快乐的。我们通过想象的力量分享他的利益，并感受到对象在他身上自然引起的相同的满足。"③ 这种美，用休谟的话说，是一种"想象的美"。吉尔伯特（Katharine Gilbert）称之为"同情的魔力"。④ 需要指出的是，休谟所说的同情不仅适用于人和其他有生命的个体，甚至还可以推及无生命的物体。这和王阳明"人的良知就是草木瓦石的良知"的观点无疑也

---

① David Hume, *A Treatise of Human Nature*, p. 299.
② David Hume, *A Treatise of Human Nature*, p. 576.
③ David Hume, *A Treatise of Human Nature*, p. 364.
④ ［美］吉尔伯特、［联邦德国］库恩：《美学史》，夏乾丰译，上海译文出版社 1989 年版，第 332 页。

是可以相通的。① 休谟对于同情的作用评价很高，他说同情是人性中的一个非常强有力的原则，它对我们的美的鉴赏力有着极大的影响，而且还产生了在我们所有的人为的德性中的道德情感。② 休谟的同情说对亚当·斯密产生了直接的影响。

二 趣味和理性

休谟对人性的解释是我们理解其整个哲学的基础，因此也是理解其美学思想的基础。休谟认为人性主要由理性和情感构成，理性的官能在于认识和推理，情感的官能则在于引起感受和行动。理性研究的对象属于认识论，情感指向的对象则属于伦理学、美学和政治学。无论是在休谟的道德哲学中，还是在他的美学思想里，理性和情感始终处于一种极大的张力之中。这种张力在莎夫茨伯利和哈奇森等道德感哲学家那里虽然也有，但并不是很明显，因为他们为反对理性主义学说大多主张情感对理性的优越性。然而，在休谟的著作中理性和情感的张力达到了顶点。应该说，这是休谟哲学的必然结果。休谟将哲学分为理论哲学和实践哲学，理论哲学的对象是逻辑，实践哲学则包括道德学、批评学和政治学。逻辑研究的是人类观念的性质和推理能力的原理，道德学、批评学和政治学主要研究事实。逻辑涉及理性，事实涉及情感。理性是普遍的，情感则是个别的。理性是演绎的，情感则是归纳的。如果休谟将这种区分贯彻到底，那么显然其理论哲学和实践哲学之间的鸿沟就是不可避免的，而且也将是无法弥合的。然而，我们并没有看到这种结局，因为每当一个论点被推到极端的时候，休谟总是会将它拉回到常识的轨道上来。既超越常识又不违背常识，这看似矛盾，却正是休谟哲学的着力处。所谓休谟哲学的不一致性和一致性可能就表现在这里。因此从某种意义上说，这甚至可以看作休谟整个哲学思想的基本特点。

我们从休谟的哲学文本中来看这种张力。在《道德原则研究》中休谟区别了理性和趣味的几种差异。首先，理性的功能在于传达真理和谬误

---

① 王阳明说："人的良知，就是草木瓦石的良知。若草木瓦石无人的良知，不可以为草木瓦石矣。岂惟草木瓦石为然，天地无人的良知，亦不可为天地矣。"（《传习录·下》）这个例子原是为说明万物一体的思想，但是用休谟的同情说来理解似乎更恰当。
② David Hume, *A Treatise of Human Nature*, pp. 577 – 578.

的知识，趣味的功能则是在于给予美和丑、德和恶的情感。其次，理性是冷酷的和自由的（disengaged），不是行动的动机。趣味因为给予苦乐，因此构成了幸福或痛苦，成为行动的动机，并且是意欲和意志的第一起源或推动力。最后，理性的标准是建立在事物的本性之上的，是永恒的和不变的。趣味的标准产生于动物的永恒的结构和构造。① 这里休谟虽然按照理性和情感各自的性质和职能对它们进行了区分，但是还没有将它们对立起来。而在《论趣味的标准》中理性和情感的差别就被休谟推到了极致。他说："判断和情感之间存在极大的不同。所有的情感都是正确的，因为它无需参照自身之外的任何东西；而且无论何处只要一个人意识到它，它就是总是实在的。但是并不是所有的知性的决定都是正确的，因为它们参照自身之外的某种东西，也就是事实；而且并不总是符合于那个标准。对于相同的对象（subject），不同的人可能会持上千种观点，其中有一种，且只有一种观点是公正的和真实的，唯一的困难在于确定它和查明它。相反，被相同对象（object）激起的上千种情感全都是正确的：因为没有任何情感代表对象中真正存在的东西。"② 如果严格按照这种逻辑进行推理，结果必然是理性和情感水火不容。"在任何情形中，人类行为的终极目的都永远不可能为理性所解释，而是将自身完全交付给人类的情感（sentiments）和感情（affections），（它）完全不依靠理智官能。"③ 不过，事实表明理性和情感并不像休谟所说的那样判然对立，而是统一的。理性是鉴赏力的必要成分。休谟提出要用哲学的精确性来指导美学研究。他说："在每一种情形中，精确性都是有利于美的，正当的推理都是有利于精致的情感的。"④ 有趣的是，在《论趣味的标准》中休谟又提出这样一个观点，即在思辨中我们容易认为科学有某种标准而否认情感有标准，但是实践发现在科学中比在情感中更难确定标准。休谟认为，抽象的哲学理论和深奥的神学体系盛行一时，一旦其缺点被揭露，就会被别的理论和体系所代替，科学的所谓定论也是如此；但是雄辩和诗歌的美则可以永远得到公众的赞赏。⑤ 总之，休谟关于理性和情感的论述的确体现了休谟在自传中

---

① David Hume, *Enquiries*, p. 294.
② David Hume, *Essays Moral, Political and Literary*, p. 230.
③ David Hume, *Enquiries*, p. 293.
④ David Hume, *Enquiries*, p. 10.
⑤ David Hume, *Enquiries*, p. 243.

所说的那种温和、自制的性格。

三 美的标准

休谟没有使用美的标准这个说法，他用的是"趣味的标准"，所谓趣味的标准也就是美的标准。究竟有没有美的标准？这在休谟那里是一个问题。因为根据对理性和情感所作的区分，休谟实际上已经否定了存在美的标准的可能性，就像一句谚语说的那样"谈到趣味无争辩"（It is no use disputing about tastes），所有的情感都是正确的。但是另外，确实又存在这样的情形即不同的主体可以把同一个对象领会为美的东西。在这个问题上休谟始终徘徊在两者之间，摇摆不定。不过，从总体上，应该说休谟还是更倾向于承认存在美的标准。他在《论趣味的标准》一文中就明确表示存在趣味原则的普遍性，问题只是在于达到美的标准的人很少。① 在另一处，他又说"必须承认有一个真实的和决定性的标准存在于某处，也即实际的存在和事实。"② 所以，休谟首先分析造成个体趣味差异的原因。这些原因归结起来有：第一，机体的状态。美来自感觉。如果感觉美的感官（不管是内部的还是外部的）有缺陷或者发生病变，那么它自然不能够提供关于对象的真实状况。比如我们很难相信一个发高烧的人对食物滋味的判断。情绪对趣味也有影响。一个机体健全的人如果处于某种极端的精神状态，就难以做出正确的判断。另外，年龄也是影响因素之一。老年人和年轻人在趣味上差异很大，而且即使是同一个人，他在年纪大和年纪轻的时候对同一个事物也可能持不同的看法。第二，想象力不够精致。休谟认为，对于微妙的情绪来说"想象力的精致"是必不可少的。想象力的精致越是在细微的地方越是见出高下。对于一般单一物体的性质我们很容易通过观察加以识别，而对于混合物来说则只有精致的想象力才能将其各个成分区别开来，休谟把这又称为"趣味的精致"（delicacy of taste）。物质的东西尚且如此，精神的东西就更不用说了。高水准的作品通常会受到普通人的嘲笑，然而却为那些具有精致的趣味的人所敬仰。因此，休谟说，"对于美和丑的迅捷而敏锐的知觉必定是我们的精神趣味的完善"③。

---

① David Hume, *Enquiries*, p. 241.
② David Hume, *Enquiries*, p. 242.
③ David Hume, *Essays Moral, Political and Literary*, p. 236.

第三，知识水平的影响。想象力的精致在很大程度上和一个人的知识水平有关。一般来说，知识水平越高想象力的精致程度也越高。一个受教育程度不高的人通常只能欣赏简单的美，而高级的美则只有那些受过知识熏陶的人才能领略得到。第四，时代、地区和习俗等的不同。在不同的时代和不同的地区，即使是相同的对象也会因为各自对美的不同态度而有差异，所谓"三十年河东，三十年河西"。习俗和风尚的影响也不容忽视。习俗是历史形成的惯习，对个体的判断有着潜在而持久的影响。比如中国人以红色为美，而非洲的土著民族则讨厌红色，喜欢蓝色，这里没什么道理可言。与习俗相比，风尚通常只流行于一时，它利用个体的趋同心理而对其施加影响。比如近年来网络上流行许多像"囧"（jiǒng）、"槑"（méi）、"烎"（yín）这样的生僻字，年轻人趋之如鹜，以之为美。不过，风尚之美也就是一时之所尚，等时过境迁，今日之美可能就是明日黄花。

既然找到了产生趣味差异的原因，那么根据影响审美趣味的各种因素就可以有针对性地采取一些办法来提高我们的鉴赏力。具体地说，这些途径包括：第一，提高精致性。既然趣味的精致和一个人的知识水平有很大关系，那么显而易见提高知识水平有助于改善这种精致性。第二，进行实践。实践对于提高一个人的鉴赏力非常重要。休谟说，"在精致方面虽然人与人之间自然地存在很大的差异，但是要想增进和改善这种才能，最好莫过于在一门特殊的艺术上进行实践，以及对一种特殊类型的美进行经常的审视和沉思。"① 诚然，如休谟所言，我们不可能在刚看到一本著作时就能判断其优缺点，因为我们的感觉一开始总是模糊的和混乱的。而随着我们对它有了充分的经验之后，也就是说在对它进行足够细致的洞察之后，我们的感觉就会愈发地清楚和明白起来，这时候我们就可以评判该作品中的美和不足。"书读百遍，其义自见"也就是这个道理。第三，善于比较。休谟指出，要提高我们的审美水平还需要经常将各种类型和各种水平的著作进行相互比较。他说，"一个没有机会比较各种不同种类的美的人就完全没有资格对置于他面前的任何对象发表观点。"② 在进行比较时不但要把不同类型的作品拿来对比，而且还要把不同国家、不同时代的作品也拿来相互比较。真正有价值的作品必然是有恒久生命力的，而不受时

---

① David Hume, *Essays Moral, Political and Literary*, p. 237.
② David Hume, *Essays Moral, Political and Literary*, p. 238.

空的影响。在这个意义上说，经典著作是检验那些作品的试金石。第四，消除各种偏见。休谟说，"一个评论家要使自己更加全面地完成这桩事业，他就必须使他的心灵去除所有的偏见，除了交由他审视的那个对象之外，任何东西都不在他的考虑之列。"① 偏见是影响判断、败坏美感的最有害的敌人，它使人固执于自我的一孔之见，而不能站在他人的立场上看问题。作品是为读者而写的，因此不同的作品必须要针对不同的对象。如果是一篇演说词，那么就要考虑听众的年龄结构、兴趣点和知识背景等。如果是一篇评论，那么就必须考虑公众的关切和情绪。如果是给别的国家的读者而写的文章，则还要考虑该国的风俗和禁忌。总之，只有将自己置于一个"客观的""旁观者"的立场，才有可能设身处地为他人着想，才有可能消除各种偏见。第五，培养良好的判断力（good sense）。偏见的危害极大，要抑制它就需要培养良好的判断力。在这一点上休谟认为理性可以发挥其有效的作用。他说，"正如在别的问题上一样，理性即使不是鉴赏力的主要因素，至少也是鉴赏力活动的必要成分。"② "一个有判断力的人，对任何艺术都有经验，却不能评判它的美，这是很少见的，甚至从来不曾发生过；同样，有公正的趣味而没有健全的知性，这样的人也很少遇见过。"③ 可以看出休谟并没有把情感和理性完全对立起来，而是试图把二者统一在一个有机的整体内，这在当时的哲学家中是很难得的。

至此，所谓美的判断标准已经是呼之欲出了。休谟说："受这样一些或那些不完美的人类劳动的一般性的影响，因此甚至在最雅致的时代里一个高级艺术的真正的鉴赏家也是少之又少：很强的判断力（strong sense），结合精致的情感，又通过实践得以改善，又通过比较而完善，又清除了所有的偏见，（这些）就可以使评论家们有资格获得这种可贵的品质；这样一种共同的裁决，不管在哪里找到它，就是趣味和美的真正标准。"④ 这种标准对于普通人来说显然是遥不可及的，没有人能够满足休谟开列的这个账单上所有的细目。休谟承认做到这一点是非常困难的。不仅如此，甚至就连识别真正的鉴赏家和那些冒牌货也不是一件很容易的事。⑤ 所以，最后休谟

---

① David Hume, *Essays Moral, Political and Literary*, p. 239.
② David Hume, *Essays Moral, Political and Literary*, p. 240.
③ David Hume, *Essays Moral, Political and Literary*, p. 241.
④ David Hume, *Essays Moral, Political and Literary*, p. 241.
⑤ David Hume, *Essays Moral, Political and Literary*, p. 241.

只有诉诸于"天才"论。所谓天才,在休谟看来,就是那些有着精致的趣味、健全的知性以及具有超出常人的卓越才能的人,这些人虽然很少,但还是会很容易被识别出来。这些真正的天才是新风气的引领者,因此总是会受到偏见的抵制。不过,偏见只可能流行于一时,最终还是得让步于自然的力量和公正的情感。① 且不说有没有"公正的情感",就是天才的产生也是个大问题。天才是培养出来的吗?如果是培养出来的,那么人人都有可能成为天才。天才是横空出世的吗?如果这样,他如何产生于我们之中?在这个问题上休谟也还是回到常识,即承认天才来自大众。在《论艺术和科学的发展和进步》一文中休谟强调天才不是从天上掉下来的,而是产生于其生长的那个民族的精神土壤中。他用形象的语言说道:

> 诗人的火焰不是从天上点燃的。它只是在大地上奔腾,被从一个心胸到另一个心胸所把捉;在材料准备得最好、处置得最幸运的地方,它就燃烧得最亮。因此,关于艺术和科学的兴起和进步问题就完全不是少数几个人的趣味、天才和心灵(spirit)的问题,而是关于整个民族的趣味、天才和心灵的问题,因此,在某种程度上可以用一般的原因和原则来解释。②

第三节 里德论美的客观性

一 说美不在任何对象里,而只是知觉它的人的一种情感,既违反了语言的用法,也违反了人类的常识

托马斯·里德的美学思想在其整个体系中占有重要的位置。彼得·凯维(Peter Kivy)甚至说里德是第一位将艺术哲学作为其哲学体系中的一个部分的一流哲学家。③ 就像在其他每个领域一样,里德都是休谟的批评

---

① David Hume, *Essays Moral, Political and Literary*, p. 243.
② David Hume, *Essays Moral, Political and Literary*, p. 114.
③ Melvin Dalgarno and Eric Matthews eds., *The Philosophy of Thomas Reid*, Dordrecht/Bost/London: Kluwer Academic Publishers, 1989, pp. 307 – 308.

者，如果不是反对者的话。吉尔伯特说，"由于洛克的影响，经验派美学的著作者们产生了这样一种倾向：不仅把美感建于感觉（它的产生及演变都可以科学地加以考察）之上，而且还把美本身同感觉等同起来。……对于18世纪美学中的这种洛克倾向，苏格兰的常识派哲学家（common-sense philosophers）托马斯·里德是主要的批评者。"[1]

在苏格兰启蒙哲学家中许多人都具有非常渊博的知识，比如哈奇森、休谟、里德，以及后来的汉密尔顿等。里德的哲学不仅具有雄辩的力量，而且还具有一种彻底的精神。这在他对怀疑论进行反驳时就已经表现得淋漓尽致了。同样在对美的考察中，里德也展示了这一点。里德将主体美学的理论源头追溯到洛克。在洛克的哲学中，物体的性质被划分为两种：第一性质如体积、广延和运动等以及第二性质如颜色、声音、气味等，其中第一性质与物体不可分离，第二性质则是由第一性质派生出来的，它并不存在于物体中，而只是借第一性质为心灵所感觉。相应地，第一性质的观念和它的原型第一性质相似，而第二性质的观念则没有与之相似的东西，它们只存在于人的心灵中。按照洛克的观点，美是一个复杂观念，是由颜色和形状构成的某种合成物在观赏者身上引起的快乐。[2] 这里有两点值得注意。其一，把美看作一个复杂观念。复杂观念由简单观念构成，而简单观念要么来自感觉，要么来自反省。因为洛克承认感觉的对象是客观存在的，所以这里包含着两种可能性：即如果以感觉为基础则可能推出美在客体，而如果以反省为基础则可能推出美在主体。休谟正是因为抛弃了洛克的反省来源，又对外部对象的存在持不可知态度，所以最后只能得出美在主体的结论。其二，从快乐的角度定义美。虽然洛克本人对此没有作更进一步的研究和阐发，但是这个观点却对后来的经验主义美学产生了极大的影响，哈奇森、休谟等都不同程度地吸收了这个观点。

里德反对洛克的第二性质学说。他说，"洛克先生关于物体的第二性质的学说与其说是一个判断的错误，还不如说是对词语的滥用。"[3]根据他的分析，洛克正确区分了冷热感和物体中引起我们这种感觉的性质或结

---

[1] [美]吉尔伯特、[联邦德国]库恩：《美学史》，夏乾丰译，上海译文出版社1989年版，第330页。
[2] *The Works of John Locke*, 12th edition, Vol. I, 1824, p. 145.
[3] *The Works of Thomas Reid*, p. 499.

构，两者之间具有因果关系，但没有任何相似之处。古希腊逍遥学派有一种观点，即所有的感觉都是产生这些感觉的形式或影像。里德认为，洛克的这个思想是对上述观点的纠正。但是在他看来，洛克同样也犯了一个错误，这就是把像冷热这些性质归结为仅仅存在于心灵的第二性质的感觉。里德从我们的日常语言入手考察洛克的错误根源。他说，"很明显，从语言的使用来说，热和冷、甜和苦都是外部对象的属性，而不是知觉它们的人的属性。因此，说火里不存在热，糖里不存在甜，似乎是一个难以置信的悖论。但是如果按照洛克先生的意思，那么就像其他大多数悖论一样，这仅仅是对词语的滥用。"① 里德认为对像冷热这些"第二性质"的分析也适用于对美的分析。根据他的观点，所有被称为美的对象都有两个共同点：一是当我们知觉到或想象到这些对象时，它们会在我们的心灵中产生某种愉快的情绪或情感；二是这种愉快的情绪伴随着一种它们具有属于自己的某种完美或卓越的观点或信念。② 情感或情绪当然是存在于心灵中，判断也是如此。但是判断涉及对象，因此判断必有真假。如果判断为真，则表示对象中确实存在某种性质。在日常语言中人们都会把美归为对象中的卓越而不是观赏者的情感。因此，在他看来，像哈奇森、休谟等所犯的错误主要就是将洛克的第二性质学说应用于美的分析所造成的。

二 对象中的美或丑源自其本性或结构

里德提出这样一个问题：为什么自然界中事物形状各异，性质也互不相同，然而却都可以被称为美，比如一则定理和一首音乐？它们之间的关系既不是同一性也不是相似性。他认为这其中不可能没有理由：如果在事物自身中不存在任何共同的东西，那么它们必定和我们有某种共同的关系，或者和别的什么东西有共同的关系，这种关系使我们给予它们相同的名称。在《论人的理智能力》中"论趣味"一章，里德具体阐述了他的美学态度。里德首先给"趣味"下了一个定义。他说，"我们借以识别和欣赏自然的美以及任何艺术中的卓越的东西的能力就叫作趣味"③。我们知道，莎夫茨伯利第一个提出"内感觉"的概念，用来表示人知觉道德

---

① *The Works of Thomas Reid*, p. 499.
② *The Works of Thomas Reid*, p. 498.
③ *The Works of Thomas Reid*, p. 490.

和美的能力。里德认为这是将趣味的外感觉的作用以比喻的形式运用于我们的心灵中知觉美和丑的内部能力。正是这种外部趣味和内部趣味的类比,导致所有时代的人把外感觉的名称给予这种识别美丑的能力。① (1) 在趣味的外感觉中,我们通过理性和反思来区别我们感觉到的愉快的情感以及伴随这种情感的对象中的性质。美的东西呈现时总是会在观赏者的心灵中产生一种快乐,而丑则会产生一种不快甚至厌恶。这一点里德并不否认。比如听一首音乐或观赏一幅画时,音乐的旋律和节奏、画作的颜色和构图都会引起我们心中的愉悦之情。但是里德指出,这只是一个方面,即美的对象在审美者身上产生的愉快的情绪;另一方面是还有引起这种感觉的对象中的性质,这一点经常为人所忽视。还是以听音乐或赏一幅画为例。音乐或画作所产生的快乐当然不在音乐和画作,而在听音乐者和赏画者的心中,但是音乐或画作的卓越却存在于音乐或画作之中。在里德看来,把美说成是仅仅存在于心灵之中不仅有悖于常识,而且有悖于我们的日常语言。(2) 美的趣味不仅存在着程度上的多样性,而且还存在着种类上的多样性。世界上的美有无穷多种,而且每一种美又有许多不同程度上的差别。比如有自然之美,有道德之美,有形体之美,有心灵之美,有音乐之美,有诗歌之美,有原理之美,有宫殿之美,不一而足。可见,如果给每一个对象的美以一个名称的话,我们的记忆力就会不堪其重。因此,出于对简单性的偏爱,哲学家们将之归结为少数几个原则。(3) 每个卓越的东西都有实在的美和魅力,它们使得这种卓越成为那些有识别其美官能的人愉快的对象;这种官能就是我们所称的良好的趣味 (a good taste)。里德认为有正当的和合理的趣味,也有败坏的和堕落的趣味。(4) 习惯的力量,想象的力量和偶然联系的力量对外部趣味和内部趣味的作用都非常大。不可否认习惯的力量对趣味产生的影响。不同的民族有不同的风俗习惯,因此各自的趣味就有很大的差异。比如非洲人以厚嘴唇为美,而其他有些民族则以大耳垂肩为美。(5) 虽然趣味多种多样,但是从本质上说还是存在着真实的美的标准。有人反对趣味有所谓的标准,并且引用格言说"趣味无争辩"。里德认为这是不对的。在他看来,趣味的标准就和真理的标准一样是可以确定的。关于真理,人们可以有不同的观点,但是真正的真理只有一个,这就是它必须符合事物的真实本性,不

---

① *The Works of Thomas Reid*, p. 490.

能符合的就是谬误。同样，趣味也须符合事物的本性，因此也有标准。（6）在每一种趣味的活动中都含有判断。趣味如何能符合事物的本性？原因是趣味中包含着判断。在里德看来，外感觉的每一知觉活动中都包含判断，这种判断同时伴随着对被知觉对象的存在的信念。对颜色和声音的判断如此，对美和丑的判断同样如此。里德说，"因此，说美不是实际存在于对象中而是仅仅存在于知觉它的人身上的情感，如果用语言表达的话这违反了人类的普遍感觉"①。（7）对象中的美或丑来自其本性或结构。当我们知觉到美时必定会知觉到它产生于其中的对象的本性或结构。里德认为，在这一点上内感觉和外感觉是不同的。外感觉可以发现不依赖于先前知觉的性质。比如，我们可以听到铃响，但是却知觉不到任何属于它的东西。然而，对美的知觉与此不同，我们不可能在没有知觉对象，或者至少构想对象时知觉到美。② 里德将这种原因追溯至我们的源始结构，就像他对常识的解释一样。里德的美学是一种客体美学，客体美学比较符合常识观点，因此也可以说是一种常识美学。

三 美的类型

里德首先区分了美感的两种类型，即本能的美感和理性的美感。所谓本能的美感就是说当对象呈现在我们面前的时候，我们不用反思也说不出理由，但是却立即就能感觉到它的美。这种美感，在他看来，主要存在于动物和尚未使用理性的儿童身上，而且这种美感并不是随着幼儿期的结束而结束，而是会一直持续终生。至于这种美感的来源，里德认为只能归结为某种神秘的性质（occult quality），因为我们只知道其结果而对其原因一无所知。里德将这种本能的美感称作"自然的礼物"（the gift of nature）。所谓的理性的美感，就是一种美的判断，这种判断建立在对象中可以被清楚地构想而且可以被说明的某种愉快的性质之上。③ 举例来说。一个儿童从一堆鹅卵石中捡出一个颜色鲜艳、形状规则的鹅卵石。这个儿童喜欢这个鹅卵石因为他/她知觉到存在于其中的美，但是除了本性使然外他/她并不能给出喜欢它的理由。而一个机械专家看一台构造良好的机

---

① *The Works of Thomas Reid*, p. 492.
② *The Works of Thomas Reid*, p. 492.
③ *The Works of Thomas Reid*, p. 501.

器就不一样。他要看机器的各个部分是不是使用了最合适的材料，是不是构成一个最恰当的形式，是不是具备最适宜于其目的的功能，如此等等。如果构造得当，他就可以宣称这台机器是美的。在这里，专家和儿童一样体验到一种愉快的情绪，不一样的是前者可以给出判断的理由。不过，里德也承认，在思辨中我们可以将二者清楚地区别开来，但是在对某些具体对象的判断中有时候并不这么容易，因为它们经常是相互交织在一起的。

根据对美感的分析，里德还将美划分为两种，即本源的美和派生的美。本源的美就是仅仅通过自身之光而为美的东西，这种美是物体所固有的和源始的。和本源的美相比较，派生的美则是通过借用或者反射他物之光而为美的东西。里德认为，更多的美是派生的美。里德关于本源的美和派生的美的划分明显受到哈奇森美学的影响。

第五章 信仰与证据

在苏格兰启蒙运动乃至于整个启蒙运动时期，知识问题无疑是哲学家们最为重视，也是讨论最多的议题。这是一条明线。其实还有一条"伏线"，那就是信仰问题。不夸张地说，知识和信仰的关系，或者说哲学和宗教的关系，不仅是理解近代哲学要义的关键，甚至在某种意义上也是理解全部西方哲学走向的线索。① 区别在于，近代哲学更为关注宗教信念的根据问题，强调宗教信念也必须像其他信念一样接受哲学的审查。换句话说，哲学要求给出信念的理由。当然，这种理由必须是公开的和可检验的。启蒙哲学家们之所以质疑有神论者，并不是因为他们没有提供关于上帝存在等各种信念的理由，而是因为其理由仅仅来自宗教范围之内。由于已经预设了某种信仰的框架，因此上述所谓的理由只是在窃取论题而已，不足以用作宗教信念的证据。② 按照克拉克（Kelly James Clarke）的观点，启蒙运动的这一最关键的假设可以被恰如其分地称作"证据主义"，即主张一种信念只有在一个人拥有充分的证据、论据或理由时，这个信念对他

---

① 约翰·威廉姆斯指出，"即使是对西方哲学史投之以表面的一撇也足以显示，直到20世纪，几乎每一个哲学家都论及宗教问题。这不仅适用于那些认为哲学的任务是提供一个关于整个宇宙的无所不包的解释（其中必然包括上帝的角色）的人，也适用于那些其哲学持有更为谦逊目标的人，比如只是解释人类的知识。"一个明显的例子是，"直至18世纪，宗教还是哲学的一个不可或缺的组成部分，因此很难将宗教哲学孤立出来作为一般哲学的一个分支"。参见 John R. Williams, *Martin Heidegger's Philosophy of Religion*, Ontario：Wilfrid Laurier University Press, 1977, p. 37。塔利亚费罗也认为，绝大多数近代哲学家都明确地讨论宗教话题。甚至于可以说，一个人如果不严肃地对待宗教哲学，就不可能从事可靠的近代哲学史研究。见 Charles Taliaferro, *Evidence and Faith：Philosophy and Religion Since the Seventeenth Century*, Cambridge：Cambridge University Press, 2005, p. 2。

② D. Z. Phillips, *Faith and Philosophical Enquiry*, London：Routledge and Kegan Paul, 1970, pp. 13 – 14。

才是合理的。① 不难想象，这种证据主义立场一旦被应用于宗教议题，一场深刻而激烈的变革便是无可避免的了。

历史地看，这场变革或许从中世纪唯名论的兴起就已经开始了。众所周知，14世纪下半叶经院哲学的主流是唯名论思潮，其代表人物是奥康姆（William Occam，约1285—1349）。和实在论相比，唯名论带有明显的重视感觉、重视经验的倾向。例如，奥康姆区分了两种知识，即自明知识和证据知识，前者是命题自身显示出来的知识，后者则是由外部证据提供的知识。按照他的说法，"如果没有经验的或自明的论证，任何东西都不能被设定为对于某一结果来说是自然的、必然的。"这种唯名论思想虽然仍旧服务于基督教信仰，但是却暗中破坏了经院主义哲学的基础，同时在某种程度上预示了重视经验证据的新科学观。② 唯名论也是17、18世纪英国经验主义的开端。皮尔斯指出，中世纪形而上学和早期现代英国哲学有着非常紧密的历史联系，并且暗示不仅奥康姆的唯名论比司科特的实在论更为广泛地被后来的英国哲学家们所接受，而且英国经验主义本身都可以被视为奥康姆思想的宽泛版和深化版。在他看来，洛克及其追随者们诸如贝克莱、哈特利、休谟，甚至里德都是唯名论者。甚至于包括笛卡尔、莱布尼茨和康德等在内的所有近代哲学派别都被认为是唯名论的。③

就此而言，发生于17、18世纪欧洲的自然神论运动也是唯名论发展的结果，其中英国自然神论更是被视为顶点。在这场运动中，德国直到18世纪晚期才加入，时间上最晚。法国大体上保持了同步，但是由于文化、宗教和政治等方面的因素，他们从原则上反对教会，甚至于最后发展到无神论的结局。英国自然神论则有所不同，因为即使其最极端的代表人物也都觉得自己是基督教的一个部分。④ 和唯名论者相似，自然神论者主张像上帝存在等这样的基督教教义不可能从理性上得到证明，只能依靠启示，因此属于信仰的领域。不同之处在于，自然神论者进一步将神迹和预

---

① ［美］凯利·詹姆斯·克拉克：《重返理性：对启蒙运动证据主义的批判以及为理性与信仰上帝的辩护》，唐安译，北京大学出版社2004年版，第2页。
② 赵敦华：《基督教哲学1500年》，人民出版社1994年版，第510、511、514页。
③ Aaron Bruce Wilson, *Peirce's Empiricism: Its Roots and Its Originality*, Lanham, MD: Lexington Books, 2016, p. 44.
④ H. G. Reventlow, *The Authority of the Bible and the Rise of Modern World*, trans. John Bowden, Philadelphia: Fortress Press, 1985, p. 4.

言也从基督教中排除出去,因为它们被认为缺乏经验的证据。总之,在近代科学、自然神论以及随后启蒙运动等因素的交织作用下,基督教逐渐丧失了长期笼罩其上的神圣光辉,不得不朝向一种世俗宗教转变。这既是自然神论的初衷,也是启蒙运动的一个目标。

第一节 自然神论及其影响

自然神论(deism)这个词来自拉丁语 deus,意思是"神"。在其编纂的《英语词典》中,萨缪尔·约翰逊博士(Dr. Samuel Johnson)将自然神论定义为"那些只承认一个上帝,不接受任何启示宗教的人们的观念"。[①] 严格意义上的自然神论被认为只是适用于这样一小群被认为是属于二三流学者的作家,他们生活在17世纪和18世纪早期,并且被看成圣经批判的先锋和追寻历史的基督的发起者。[②] 作为一种宗教学说,虽然和有神论一样承认上帝,自然神论并不接受后者有关启示、神迹、预言、道成肉身等学说,更不赞同教会那些仪式、教规和制度,因此具有明显的反教权主义色彩。作为一种哲学思想,自然神论受到经验主义哲学和实验科学的极大影响。洛克和牛顿为自然神论奠定了基础。由哥白尼、开普勒、伽利略等肇始,牛顿集其大成的自然科学发现表明,自然界受自然律的支配,完全可以从物质以及运动得到解释。这就暗示着,超自然的上帝其实是个多余的假设,因为在一个机械论的宇宙中已经没有了上帝的存身之处。洛克提出的经验主义认识论及其方法则构成了自然神论的思想根据。由此出发,上帝的存在也必然成为可疑的。[③] 总之,就思想史而言,自然神论或许并不像其他理论那样重要,但是对于完整地了解近代西方哲学却是必不可少的一环。

[①] Samuel Johnson, *A Dictionary of the English Language*, Vol. I, London: T. T. and J. Tegg, 1833, p. 488.
[②] [美] 科林·布朗:《基督教与西方思想:哲学家、思想与思潮的历史 卷1》,查常平译,上海人民出版社2017年版,第203页。
[③] 参见赵林《英国自然神论的兴衰》,载[英]赫伯特《论真理》,周玄毅译,武汉大学出版社2006年版。

一 自然神论产生的背景

任何一种思想都有其产生的根源,自然神论也不例外。根据奥尔(John Orr)的研究,促使18世纪英国自然神论产生和形成的因素大致包括以下几个方面:(1)历史事件;(2)科学的进步;(3)某些引发争议的神学著作;(4)某些哲学著作。就第一个方面来说,伊斯兰教的兴起和传播、宗教改革以及地理大发现等事件都很重要。其中,地理大发现使得许多西方人了解到世界上还存在着很多根本不知道《圣经》为何物的民族,从而对其有关原罪、拯救等教义产生怀疑。宗教改革的重要性则是无论怎么强调也不为过。众所周知,在宗教改革之前,西方的教会不仅垄断了基督教教义的最终解释权,甚至利用神权的影响力与世俗皇权分庭抗礼。为了维护正统神学的权威,教会极力防范和迫害任何具有"异端"思想的人,异端裁判所正是这一背景下的产物。为了满足自己的贪欲,教会还大肆敛财以供其挥霍。整个教士阶层日益腐化堕落。教会内部则等级森严,充斥着各种繁文缛节,从而丧失了活力。宗教改革反对教会的上述做法,要求扩大个人对世俗事务作出决断的权力。尤其值得一提的是,新教的改革者们反对罗马天主教徒声称的那些神迹之类的传说都被斥之为虚妄不实的东西,要求人们在宗教事务中运用理性并作出评判。这一点在自然神论那里得到了继承。

就第二个方面来说,近代科学的兴起和发展对自然神论产生了深远影响。首先,近代科学所主张的机械论世界观对自然神论有影响。机械论世界观倾向于把世界看作一架完美的巨型自动机器,这种机器喻或者后来的钟表喻虽然可以彰显上帝的仁慈和权能,但是由此却可以推出一个始料未及的结论,即上帝有可能只是一个多余的假设。其次,科学的实验方法对自然神论也有影响。牛顿提出在自然哲学的范围内,不可以用假设代替实验。他甚至明确地宣称,"我不作任何假设。"[1] "历史的基督"问题可以被看作实验科学方法论在考察《圣经》有关神迹议题中的应用。另外,科学进步也提高了人们对理性的信心。基督教辩护者们抬高启示,贬低理性,甚至用神迹和预言来证明上帝的超自然性和不可思议性。然而,日益

---

[1] Isaac Newton, *Isaac Newton: Philosophical Writings*, Cambridge: Cambridge University Press, 2004, "Introduction".

增加的科学证据让《圣经》中的许多解释显得不仅过时而且虚弱。

奥尔承认近代自然科学是自然神论发展中的一个重要因素，但是认为很难说其是后者的主要根源。按照他的观点，更重要的原因应该在神学领域和哲学领域中去寻找。就神学方面，也就是第三个方面来说，《圣经》自身之中存在着一些前后不一致的地方，这就给如何解释《圣经》留下了巨大的空间。例如，诺斯替主义者马西昂和神学家奥利金开《圣经》批判之先河，让自然神论者意识到仅仅根据《圣经》字面意义来作出解释只能导致越来越多的纷争。这种纷争不仅徒劳无益，甚至还败坏了宗教信仰。就诺斯替派来说，虽然他们具有神秘主义和迷信的因素，但是他们强调理性精神，蔑视那些仅凭信仰生活的人。马西昂对《圣经》正典的质疑和批评无疑对熟悉他著作的自然神论者产生影响。① 作为早期教父，奥利金注意到《圣经》文字包括所载历史事件都不可仅从字面来解释。因此，他区分了隐义和显义，强调当一句话的文字意义导致逻辑上的不可能性、违反事实的荒谬性和有损上帝的结论时，其意义就应该被解释为隐喻。② 这种解经方法也被自然神论者所沿用。

就第四个方面来说，自然神论的主题虽然大多具有神学性质，然而就其基本原则而言却更像是一种哲学。关于这些哲学来源，奥尔提到的有：（1）前基督教哲学；（2）公元2、3、4世纪的反基督教著作；（3）文艺复兴和宗教改革时期意大利、法国的著作；（4）经院哲学；（5）英国本土思想。前基督教哲学主要涉及希腊哲学和罗马哲学，前者又包括苏格拉底和柏拉图的哲学，以及原子论者德谟克利特和伊壁鸠鲁的哲学，后者则是指西塞罗和普鲁塔克的哲学。根据对自然神论著作的研究，奥尔认为自然神论者如柯林斯等在其著作中经常引用前基督教哲学家的观点，甚至将其引为同道，这就表明在他们之间存在着某种精神上的联系。如果理解不错的话，这种联系应该就是指对包括启示在内的超自然物的怀疑和不信任。至于历史上那些反基督教著作对自然神论的影响似乎也没有什么疑问。众所周知，宗教史几乎同时也是异教徒的历史，基督教亦不例外。古代的异教徒们便质疑《圣经》的权威，并且通过各种方式对《圣经》展

---

① ［英］约翰·奥尔：《英国自然神论：起源和结果》，周玄毅译，武汉大学出版社2008年版，第24—31页。
② 赵敦华：《基督教哲学1500年》，人民出版社1994年版，第98页。

开批评。显然,这种批评主要是否定性的,而不是肯定性的。换句话说,是解构性的,而不是建构性的。从某种意义上来说,异教徒的事业也就是后来自然神论者的事业。比较而言,文艺复兴和宗教改革时期的哲学著作主要表达的是对理性地位的愈发重视,由此在宗教问题上表现出强烈的自由思想的倾向。这一点对自然神论者无疑具有吸引力,但是试图从经院哲学中寻找自然神论的来源则似乎有些牵强。

二 早期英国自然神论的主张

早期英国自然神论的主要代表人物有赫伯特和洛克等。赫伯特勋爵(Herbert, Lord Edward of Cherbury, 1583—1648)被称为"自然神论之父"。1624年,他发表《论真理》(*De Veritate*)一书,提出了后来被认为奠定自然神论理论基础的五条基本原则,它们是:(1)存在一个至上的上帝。(2)上帝应受崇拜。(3)德性和虔诚是崇拜上帝的主要方面。(4)我们应该为自己的罪而忏悔。(5)上帝的善性确会奖善罚恶,无论是今生还是来世。① 赫伯特在英国哲学史上的地位非常独特,因为"虽然他与经验主义者F.培根、霍布斯是同时代人,却几乎没有受他们思想的影响,走了一条与经验主义完全不同的道路:他贬低经验,强调认识活动中的先天概念以及在此基础上理智能力的作用,是英国近代理性主义的开创者。不过,他的理性主义与笛卡尔等的大陆理性主义很不相同。在思想来源上,它不像后者那样与以机械论和数学为代表的'科学思维理性'有密切联系,而是站在'新科学'的潮流之外,从柏拉图主义、斯多亚主义等古代思想中引申和发展起来的。英国的剑桥柏拉图主义、苏格兰常识哲学和理神论等都在不同程度上受到赫伯特思想的影响。"②

在早期自然神论者中,如果说霍布斯的身份还不太容易确定的话,约翰·洛克则虽有争议,但是他和自然神论的关系却是比较明显的。按照奥尔的观点,洛克对自然神论最为深远的影响在于他赋予其一种明确的经验论特征。如前所述,赫伯特的确奠定了自然神论的基本原则,不过自洛克之后,所有的自然神论者几乎都是按照洛克所设立的经验论基础,而不是

---

① Lord Herbert of Cherbury, *The Antient Religion of the Gentiles, And Causes of Their Errors Consider'd*, London: John Nutt, 1705, pp. 3-4.
② 周晓亮:《赫伯特的真理论》,《哲学动态》2003年第10期。

赫伯特所提供的先验基础来建立自己的理论。他们无一例外地把自己的自然宗教的原则表述为一种经验主义推论过程的逻辑结果。① 众所周知，在1690年发表的《人类理解论》中，洛克否认人类具有天赋观念或原则，主张一切知识都来自经验。经验又分两种，一为感觉，二为反省。通过二者，心灵获得其最初的简单观念，并在此基础上进一步形成复杂观念。所谓知识，就是对观念之间的联系以及一致性，或者不一致性和矛盾的知觉。按照洛克的解释，人类知识的范围是非常狭窄的。因此，在大多数日常关切中，我们不得不依赖于或然性，它们只是可能为真，而不是确定性。或然性的一个通常可靠的根据是证据（testimony）。在他看来，我们的许多比例很大的牢固信念，甚至是那些能够加以证明的事情也都取决于证据。比较而言，洛克认为在宗教事务中还存在着像神的启示这类信念，它们虽然和理性的知识不同，但也是可以得到辩护的。他将对这类信念的同意称为信仰。② 洛克认为理性和信仰并不彼此对立，因为理性乃是自然的启示，而启示则是自然的理性。不过，洛克也暗示在二者中理性更为基础，因为一方面理性是一切知识的基础，如果取消理性而为启示让路，也就把二者的光同时都给熄灭了；另一方面，由于人性的缘故，人们大多偏爱简单直接的启示胜过严格烦琐的推理，宗教狂热虽然不能说因启示而起，但是与这种容易导致独断和傲慢的心理倾向不无关系。③

不难看出，洛克将信仰问题置于经验主义认识论的框架之中，试图调和理性与信仰的关系，然而在后果上却造成了对后者的限制。在后来的《基督教的合理性》（1695）一书中，洛克仍旧延续此前的立场，坚持理性作为启示的评判者。值得一提的是，除了上述关系外，洛克还讨论了神迹问题。在传统护教学中，神迹和预言被认为是基督教真理主张的神圣证明。和传统护教者相似，洛克也将神迹视为对已确立的自然进程的违反。但是，他非常清楚神迹证明的困难，因为神迹的定义中显然包含着某种推论的因素，而这会导致无穷的争议，另外各宗教有关神迹的不同说法可能反过来构成对基督教真理主张的反驳。对此，洛克强调不应将神迹当作孤

---

① ［英］约翰·奥尔：《英国自然神论：起源和结果》，周玄毅译，武汉大学出版社2008年版，第96—97页。
② ［英］爱德华·乔纳森·洛：《洛克》，管月飞译，华夏出版社2013年版，第51—52页。
③ John Locke, *An Essay Concerning Human Understanding*, New York: Penguin Books Ltd., 1997, pp. 615–616.

立的事件，而是作为背景来看待，因为也许由于人的经验的有限性从而使得神迹无法为人所理解，然而如果放在一个更大的背景之中又是合乎逻辑的。① 上述表明，作为过渡阶段的前启蒙时代哲学家，洛克处在十字路口上。例如，他一方面推崇理性的作用，另一方面又强调启示的地位；一方面论证基督教的合理性，另一方面又倡导一种理性宗教。显然，洛克的学说包中含着丰富的理论资源，自然神论者如托兰德、廷德尔等正是据此发展出诸多洛克或许始料未及的结论来。

三 自然神论繁盛期

由于政治环境和出版法令方面的变化以及宗教宽容氛围的滋长等因素的综合作用，自然神论在17世纪得到了长足发展，涌现出一批像托兰德、柯林斯等著名自然神论者，其中托兰德（John Toland，1670—1722）被称为第一个"真正的自然神论者"。② 托兰德出生于爱尔兰北部海口城市伦敦德里附近伊尼斯豪文（Inishoven）一个天主教家庭，得名尤尼库斯·雅努斯（Junicus Janus），后改名约翰。父母不详。在宗教信仰上，托兰德经历过许多转变，比如由天主教徒转变为自由派的新教徒、宗教自由主义者、自然神论者，以及最后的泛神论者。作为自然神论者，托兰德的声名主要来自他的《基督教并不神秘》（1696）一书。由于这本书的出版时间及其标题与洛克的《基督教的合理性》（1695）相似，所以人们自然地将二者联系在一起。例如伍斯特大主教就指责说，正是洛克的认识论导致托兰德得出那种令人难以接受的结论，由此还引发了一场他和洛克之间的论战。

伍斯特大主教的指责并不是没有根据的，因为托兰德对于自然神论运动的贡献正是在于他将自然神论建立在洛克的经验主义认识论基础上，并且由此展开对于《圣经》的激进批评。作为这一批评的主要成果，《基督教并不神秘》一书的主要思想从它的副标题就可以表现出来，即"证明在福音书中没有任何违背理性的东西，也没有任何超越理性的东西；严格

---

① ［美］科林·布朗:《基督教与西方思想：哲学家、思想与思潮的历史》（卷1），查常平译，上海人民出版社2017年版，第226—228页。
② ［美］罗杰·奥尔森:《基督教神学思想史》，吴瑞诚等译，上海人民出版社2014年版，第548页。

地说，没有任何基督教学说能够被称为神秘"。显然，这本书意在用理性作为批判的武器，从而清除基督教中的信仰主义、神秘主义和蒙昧主义。从某种意义上说，这种宗教批判精神贯穿于整个近代哲学的进程之中，甚至成为主流。以洛克为例，在《论宽容》《人类理智研究》和《基督教的合理性》等著作中，洛克明确地反对盲目崇拜和宗教狂热，认为基督教是合乎理性的，信仰不能与理性相违背。所谓复活等神迹只能成为信仰的对象，和理性无关。① 托兰德同样区分理性的领域和启示的领域，但是认为启示的内容不能超越理性，也不能与理性的裁决相矛盾，启示不是真理的基础，而只是"传递信息的方式"，人借助启示也许能达到知识，但启示的核准依然在于理性。② 所以，"理性是一切确实性的唯一基础"，"任何启示的东西，不论就其方式或存在而言，都和日常的自然现象一样，不能摆脱理性对它的研究"。③

托兰德将理性定义为："心灵借助将其与某种明显已知的事物相比较的方法来发现任何可疑或不明的事物的确定性的那种能力。"按照他的观点，理性的这种发现活动或推理活动不是直接面对外部事物，而是以观念为对象。当心灵受到外部事物的刺激时，就会产生不可避免的印象，进而形成诸如知觉、意欲、否定等活动。知性仓库中的简单的和清楚的观念正是由此而来，并成为一切推理活动的唯一根据和基础。显然，托兰德明白无误地站在洛克的经验主义阵营一边，拒斥天赋观念学说。托兰德进而区分了理性中的"告知的方法"和"信服的根据"，前者是我们借以达到认识的途径，而无须得到赞同，后者指的是我们借以判断一切真理的，而必然会使人信服的准则。启示就属于这种告知的方法，但是它并不能使我们信服。使我们信服的是证据。"所谓证据，就在于我们得到观念或思想与其对象或我们思想着的事物完全符合。"托兰德要求，即使是《圣经》，其神圣性也要根据理性加以证明。在他看来，如果没有合理的证据，也没有明白的一致性，就相信《圣经》的神圣性或其中任何一段话的意思，这将是一种鲁莽和轻率，其原因不是出于无知和任性，就是出于某种利益

---

① ［英］约翰·托兰德：《基督教并不神秘》，张继安译，商务印书馆1982年版，译者前言。
② ［美］格雷汉姆·沃林：《自然神论和自然宗教原著选读》，李斯等译，武汉大学出版社2007年版，译者序。
③ ［英］约翰·托兰德：《基督教并不神秘》，张继安译，商务印书馆1982年版，第14页。

的考虑。①

莎夫茨伯利（1671—1713）是托兰德之后另一位非常有影响的英国自然神论者，他和廷德尔一道被称为"自然神论的两位先知"。② 莎夫茨伯利出身名门，他的祖父莎夫茨伯利勋爵一世（1621—1683）是极具影响力的辉格党政治家。当时，辉格党主张英国议会对君主的支配地位，而其反对党即托利党则支持君主制。在宗教方面，托利党人倾向于一个由政府支持的宗教，它要么是英国国教，要么是罗马天主教。辉格党人则赞成宗教自由，支持那些宗教"异见者"，最初是清教徒、加尔文教徒、贵格会教徒，后来则是自然神论者。莎夫茨伯利的父亲患上一种未知的退化性疾病，故此他的早年主要由其祖父来抚养，而其教育则由哲学家约翰·洛克指导。莎夫茨伯利交游广泛，和欧洲大陆的莱布尼茨以及培尔都有书信往来。毫无疑问，莎夫茨伯利不可能不受到这些哲学家的明显影响，只不过他并没有跟在他们后面亦步亦趋，而是充分表达了自己对于这个世界的独到看法。

需要指出的是，莎夫茨伯利虽然被归于自然神论者之列，但是他本人却对自然神论者有所非议，例如指责他们缺乏坦诚，并且实际上是在宣扬无神论。通过这种方式，莎夫茨伯利试图宣示自己作为基督教一神论者的正统性。然而，由于其作品经常使用各种揶揄和反讽的风格，这种宣示本身可能也被视为一种反讽，因为这在当时确实是一种避免教会迫害的通行做法。为了谨慎起见，奥尔认为可以从肯定的和否定的两个方面来考察莎夫茨伯利与自然神论的关系。所谓肯定的方面，就是将莎夫茨伯利所提出的那些教义与自然神论的基本原则（主要就是赫伯特关于自然宗教所规定的五条原则）进行比较，看看二者的相通之处有多少。比较的结果是，其中三条基本一致，它们分别是：存在一个上帝；上帝应该被崇拜；伦理构成宗教的主要内容。所谓否定的方面，就是前者对后者的偏离程度有多大。根据研究，莎夫茨伯利对于基督教有关来世的说法很少正面涉及，对于利用神迹来支持基督教的做法也持反对态度。另外，莎夫茨伯利也倾向

---

① ［英］约翰·托兰德：《基督教并不神秘》，张继安译，商务印书馆1982年版，第20、32页。

② Philip Ayres, *Classical Culture and the Idea of Rome in Eighteenth-Century England*, Cambridge: Cambridge University Press, 1994, p. 152.

于宗教宽容，并且表现出强烈的反教权主义精神。① 这些足以表明，将莎夫茨伯利划归自然神论者之列似乎并不为过。

比较而言，另一位自然神论者柯林斯（Anthony Colins，1676—1729）则是实至名归。柯林斯出生于米德塞克斯（Middlesex），先后受教于伊顿公学和牛津大学，是洛克的晚年知己，并且受到后者的很大影响。柯林斯撰写过大量论战性的小册子，用来反对教会有关《圣经》中的启示和灵魂不朽等学说。例如，1707—1708 年，柯林斯与多德威尔以及克拉克就不朽的问题展开了激烈交锋。柯林斯关于自然神论的著作主要有《论自由思想》（1713）和《论基督教的基础和理由》（1724）等。

《论自由思想》主要是为宽容以及自由思想所做的申辩。所谓自由思想，柯林斯指的是"运用人的理解能力试图找出无论什么样的一个命题的意义，思考支持或反对它的证据的性质，并根据该证据表面上的说服力或弱点来评判它"。在他看来，自由思想是获得真理的条件。事实表明，无论是在手工艺中，还是在各门科学中，只有通过自由思想才能达到完美的状态。"假如对人的思想施加禁锢，使其无法思考任何一门科学或科学的任何一个部分，这种禁锢的范围有多大，人就有多么无知。"② 柯林斯认为，在宗教事务上，如果不想让迷信和冒牌货牧师盛行，也应该提倡人们拥有自由思想；因为他们都是宗教的大敌，只有自由思想才能加以甄别和抵制。有人担心允许和鼓励自由思想可能产生意见纷争，从而引起社会失序。柯林斯指出，意见纷争本身并不会造成社会混乱，相反，对思想的约束才是招致混乱的根源。还有人提出，自由思想可能会导致无神论。柯林斯承认存在这种可能性，但是认为如果允许而不是禁锢自由思想，那些从自由思想者变成无神论者的数量就会大减。③ 在另一部著作《基督教的基础和理由》中，柯林斯进一步论证早期基督徒的欺骗与轻信，从而削弱《圣经》的可信性。柯林斯否认神迹在证明上帝存在以及维护基督教信仰方面的价值。例如，他用犹太人拒绝承认基督这个事实来反对基督

---

① ［英］约翰·奥尔：《英国自然神论：起源和结果》，周玄毅译，武汉大学出版社2008 年版，第 151—154 页。
② ［美］格雷汉姆·沃林：《自然神论和自然宗教原著选读》，李斯等译，武汉大学出版社2007 年版，第 101 页。
③ ［美］格雷汉姆·沃林：《自然神论和自然宗教原著选读》，李斯等译，武汉大学出版社2007 年版，第 105、106 页。

教。按照他的观点,当耶稣以及那些使徒们使用从预言中得来的论据时,他们只不过是在追随异教宗派的习俗。

在英国自然神论者中,廷德尔 [Matthew Tindal, 1656（?）—1733] 被认为是最能够代表自然神论运动的成员。廷德尔出生于英国德文郡（Devonshire）的比尔-泰瑞斯（Beer-Terris）。他的父亲约翰·廷德尔是一位牧师,家世不详。廷德尔早年在乡下上学,1673 年 3 月被牛津大学林肯学院录取,后来又转入埃克斯特学院,并于 1676 年 10 月取得文学学士学位。1679 年,廷德尔获得万灵学院（All Souls College）法学学士学位。1685 年 7 月,他又获得法学博士学位。同年 10 月,廷德尔投身于宗教法庭,11 月成为民法律师协会的辩护律师。大概也是在这一年左右,廷德尔改宗罗马天主教。1688 年后,廷德尔还被任命为政府的法律顾问。有意思的是,廷德尔一方面是自然神论的理智捍卫者,另一方面又宣称自己是基督教自然神论者。虽然如此,按照福斯（James E. Force）的观点,真正的"基督教自然神论者"只是少数派,主流自然神论的典型要素仍然是对启示真理的否定性拒斥。①

和其他著作者相比,廷德尔直到中年才开始发表作品。1706 年,廷德尔发表《维护基督教教会的权利》（The Rights of the Christian Church Asserted）一书,攻击英国教会的特权地位,主张牧师不应该拥有特殊的权力。这本书出版后颇受欢迎,到 1709 年时已经印到 4 版。由于涉及宗教方面的敏感话题,该书也引起极大争议,以至于议会决定禁止该书的出版和销售。1709 年,续篇《捍卫基督教教会权利》（A Defense of the Rights of the Christian Church）出版。这本书不仅受到英国下议院的谴责,甚至遭到焚毁。可以看出,廷德尔的早期著作便带有强烈的反君权、反教权特点。其后 20 年间,廷德尔仍然不断发表有关宗教方面的著作和小册子,但影响都不大。1730 年,已经 70 多岁高龄的廷德尔出版了他最重要的著作,即被誉为"自然神论者的圣经"的《基督教与创世同龄：或者福音书,自然宗教的再发布》（Christianity as Old as the Creation：Or, The Gospel a Republication of the Religion of Nature）。这本书引出了 150 多篇回应,其中就包括著名的巴特勒主教的《宗教的类比》（1736）。

---

① Richard H. Popkin and Arjo Vanderjagt eds., *Scepticism and Irreligion in the Seventeenth and Eighteenth Centuries*, Leiden, New York, Köln: E. J. Brill, 1993, p. 282, footnote 2.

和其他自然神论者一样，廷德尔试图将宗教建立在理性和自然的基础之上。受洛克哲学的影响，廷德尔主张理性的至上性，并且将理性等同于推理过程。人的理性甚至被视为与上帝的理性在种类上相一致，只是在程度上有别罢了。用他的话说，作为理性的存在者，"我们得到理性在种类而非在程度上，与上帝的理性是同一个性质的，不仅如此，正是我们的理性，才使我们成为上帝自身形象的，这也是使天地相接，使受造物和创造主彼此联系的同一种纽结"。廷德尔认为强调理性，并不意味着抛弃启示，因为"根据理性是正确的无论什么东西，从来都不可能根据启示是错误的"。在他看来，那些"为削弱理性与自然宗教的力量而夸大启示的人，实则是在攻击所有的宗教，对于人类行为的控制，不可能有两套独立的规则"。据此可以区分两种宗教，即真宗教和假宗教。所谓真宗教，"并非一种专横的制度，而是基于事物本性及其相互关系的，是所有敢于利用自己的理性的人都有能力看出来的"。假宗教则反对在宗教事务中运用理性，因为他们只需要信徒的盲目服从。廷德尔同意夏洛克主教的观点，即认为福音宗教正是这种关于理性和自然的原始的真宗教。这样，自然宗教就和福音宗教并无二致，因为它包括建立在理性与事物本质基础上的一切。① 因此从本质上来说，基督教不过就是自然宗教的再发布。换句话说，基督教不仅不超越自然宗教，而且还只是后者的一个例子。②

四 晚期自然神论

晚期自然神论主要代表人物有安尼特、查布、米德尔顿和小多德威尔等。康耶斯·米德尔顿（Conyers Middleton，1683—1750）出生于英格兰北约克郡的里士满。童年时代受教于教会学校，1699年3月进入剑桥三一学院，1703年获得学士学位。1705年，米德尔顿当选为该学院的研究员，次年获得文学硕士学位。1708年，米德尔顿被任命为执事，然后是牧师。米德尔顿关于自然神论的思想主要体现在《一部行将发表的更大

---

① ［美］格雷汉姆·沃林：《自然神论和自然宗教原著选读》，李斯等译，武汉大学出版社2007年版，第148页。
② Alister E. McGrath, *Christian Theology*: *An Introduction*, Malden, MA: Wiley-Blackwell, 2011, p. 67.

著作的导言》(1747) 和《对那些被认为存在于基督教会中的神迹能力的自由考察》(1749) 这两部著作里，在其中他对教会宣扬的神迹，主要是年代上晚于《圣经》的神迹或被宣称为神迹的东西展开了广泛的批评，其动机被认为是用自然的解释代替超自然的解释。作为正统的牧师身份，米德尔顿对教会和《圣经》的批评以及从中表现出来的怀疑主义倾向，招致大主教扎卡里·皮尔斯（Zachary Pearce）的不满，他指责米德尔顿是一个隐蔽的不信教者。菲利普·威廉姆斯更是声称，除非改弦更张，否则就应当把米德尔顿的书焚毁，并且将其从大学中驱逐出去。

如前所述，1747 年米德尔顿发表了题为《一部行将发表的更大著作的导言》（An Introductory Discouse to a Larger Work Designed Hereafter to Be Published）的小册子。顾名思义，这部著作只是关于神迹话题的一个引子，在随后行将发表的著作中他还会用更大的篇幅来讨论该问题。《导言》对神迹的不可靠性提出了谴责，认为早期教会的很多神职人员都是出于自私的目的而借助神迹来宣扬信仰。米德尔顿的结论是，没有足够的理由相信"在使徒时代之后，在教会的任何一个年代中曾经真实存在过任何不可思议的力量"。至于《圣经》自身中的神迹，米德尔顿则比较谨慎，认为这些神迹稳妥可靠，因为它们都是由那些"具有无可置疑的诚实品格的"并且"很少犯错的见证者"所传达的。米德尔顿所谓的"更大著作"即为《神迹能力的自由考察》，其完整的标题是"对那些被认为从最早的时代到接下来几个世纪的，依靠最初教父的权威而存在于基督教会中的神迹能力的自由考察"（A Free Inquiry into the Miraculous Powers: Which Are Supposed to Have Subsisted in the Christian Church, From the Earliest Ages Through Several Successive Centuries）。在这本著作中，米德尔顿提出，由于年代久远教会宣扬的神迹的可靠性必须建立在事实的可信性（credibility of the facts）和证实该事实的目击者（witnesses who attest them）这两个基础之上。按照他的观点，"如果两者之中任何一方不稳固，那么其可靠性必定成比例下降；如果那些事实特别地难以置信，那么其可靠性当然必定会完全崩塌：因为没有任何证言的力量能够改变事物的本性。"在这两种中，米德尔顿倾向于信任事实的可信性，而怀疑目击者的可靠性。原因在于，事实的可靠性可以接受我们的理性和感官的检验，目击者的可靠性则依赖于诸多原则,而这些原则对我们是完全掩藏着的。①

米德尔顿注意到,在一个又一个场合中,即使是那些著名的基督教著作者们也从未宣称他们本人施行过神迹。实际上,情况往往变成这样,即某人认识的另一个人认识有个人见证过神迹。② 然而,就人类的经验而言,作为证言的他人报告无法和一个人自己对事实的感官证据相提并论。按照米德尔顿的观点,出于狡诈和自私,人会伪装和欺骗,而出于懦弱和轻信,人又容易陷入狂热。但是朴素的事实不会骗人,因为它们来自自然和真理,不会说别的语言。米德尔顿甚至将提供给感官的这种事实的证据称为上帝自身的证据,并且认为适合于作为人生的指南。这种宗教认识论上的证据主义立场来自洛克,因为米德尔顿对后者反对使徒之后神迹的论证了然于胸。上述立场与休谟也是完全一致的,无怪乎休谟后来抱怨该书抢走了他的《人性论》一书的风头。

另一位英国自然神论者小多德威尔(Henry Dodwell, Jr, 1706—1784)出生于伯克郡的肖特斯布鲁克(Shottesbrooke),是神学家亨利·多德威尔(Henry Dodwell, 1641—1711)的儿子。小多德威尔曾经就读于牛津大学的麦克格伦学院,1726年获得学士学位。后来,他又学习法律,并于1738年成为辩护律师。1742年,小多德威尔发表了《基督教并非基于论证;以及福音书证据的真正原则:致牛津一位年轻绅士的信》,这本书篇幅并不长,但是地位比较重要。

顾名思义,小多德威尔在这本书中试图表明,宗教信仰不可能得到理性的辩护,因为它完全超出了理性所应有的权限。他说,"我完全相信,对于宗教信仰问题的判断根本就是理性不应该干涉,或者说是与理性没有任何干系的事情。"小多德威尔提出三点主张:"第一,从其自身性质以及宗教信仰的本性这两方面来说,理性或者说智性能力不可能是上帝意图借以将我们引入真正信仰的原则。"这就是说,宗教有赖于信仰,而理性诉诸论证,二者分属不同领域,不可越界。"第二,我们在圣经中所得到的关于理性的明确论述事实上也并不认为理性能够这样做。"就是说,

---

① Conyers Middleton, *A Free Inquiry into the Miraculous Powers: Which Are Supposed to Have Subsisted in the Christian Church, From the Earliest Ages Through Several Successive Centuries*, London: R. Manby and H. S. Cox, 1749, preface.

② [美]科林·布朗:《基督教与西方思想:哲学家、思想与思潮的历史》卷1,查常平译,上海人民出版社2017年版,第211页。

圣经并没有授权理性，作为通往信仰的唯一正确途径。换句话说，理性并不一定能够促进信仰。"第三，通过明白无误地从同样不容争辩的权威追溯它的确切意义，以及探究认识神圣真理的恰当规范的方法，同样也可以认识到这一点。"① 用小多德威尔的话说，圣经文本并非理性论证的结果，而更像是来自上帝的礼物。

在小多德威尔除（休谟）之后，晚期自然神论著作少有新鲜的观点或者论据，这些晚期自然神论者的著作只是对先前观点的再阐发，或者只是在表述上少有不同而已。作为一种思想运动，自然神论虽然仍或偶有余光，但是已经不可避免地衰落下去了。

第二节　休谟的神学批判

宗教是休谟最感兴趣的主题之一，也是他一生最为关注的问题之一。从两件事实中可以印证这个说法：第一，休谟一生中写了大量关于宗教主题的文字；第二，休谟从年轻到临死前都一直在思考宗教问题。休谟对宗教问题的思考主要集中在两个方面，一为宗教的理性基础，二为宗教在人性中的起源。② 对神迹和设计论的批判就是要解决第一个问题。

一　对神迹和预言证明的批判

如前所述，休谟对神迹的批判受到自然神论者的影响。科林·布朗（Colin Brown）在《基督教与西方思想》中指出，"这个论证（指神迹的论证）并不像许多人认为的那样具有原创性。其主要论点早已在自然神论争论过程中被公开表达过了。"③ 布朗的说法不是没有根据的。在休谟之前，阿奎那和洛克等就已经讨论过神迹问题，而自然神论者更是把神迹作为主要批判对象。其中，自然神论者米德尔顿的《对那些被认为存在

---

① ［美］约翰·奥尔：《英国自然神论：起源和结果》，周玄毅译，武汉大学出版社2008年版，第206—207页。
② David Hume, *The Natural History of Religion*, London: A. and H. Bradlaugh Bonner, 1889, p. 1.
③ Colin Brown, *Christianity Western Thought*, Vol. 1, Illinois: Inter Varpsity Press, 1990, p. 236.

于基督教会中的神迹能力的自由考察》一书甚至还超过了休谟的《论神迹》的影响,休谟本人对此也并不讳言。休谟本来打算把《论神迹》这篇文章放到从《人性论》修改而来的《人类理智研究》中,以吸引人们的注意力,然而由于米德尔顿的著作使休谟的整个计划落空。在其自传中,休谟坦言道:"当我从意大利回来时,我窘迫地发现整个英格兰都因为米德尔顿博士的《对被认为是存在于基督教会中的神秘力量的自由研究》而处于狂热之中,而我的成就完全被忽略乃至忽视。"① 这种说法不是完全夸大其词,但从历史的角度来看,休谟的价值并未受到任何损失。

休谟的价值在于给出了对神迹的体系性批判。首先,休谟从概念入手对神迹重新进行界定。根据休谟的一贯思路,哲学辩论必须基于相同的前提,否则各说各话辩论就没有意义,这就要求首先澄清辩论对象的概念。神迹自然也不例外。前文指出,神迹通常有两种定义,一种是通俗的定义,另一种则是严格的定义。休谟是在严格意义上谈论神迹。在《论神迹》中休谟先后两次给出神迹的定义:第一个定义是"神迹是对自然律的违背(violation)"。② 另一处是在脚注中给出的,即"神迹可以被准确地定义为由于特殊的神意或者某个看不见的行为者(invisible agent)而对自然律的僭越(transgression)。"③ 这两个定义都涉及"自然律"(law of nature),不同之处在于后一个定义多出了"特殊的神意或者某个看不见的施动者"这个限定语。比较而言,后一个定义因为指向性更明确而显得更为严谨。既然两个定义都涉及自然律,那么所谓自然律究竟是什么?简单说,就是自然的一致性。关于自然律的问题,休谟在《人性论》中已经讨论过,不过当时它是被批判的靶子,而在这里则是被作为已确立的前提。休谟说,"(神迹是对自然律的违背)由于这些自然律已经被牢固的和不变的经验建立起来,所以反对这个神迹的证据,就事实的本性而言,同任何可以想象到的经验一样完整(entire)。"④ 符合自然律的现象

---

① Colin Brown, *Christianity Western Thought*, Vol. 1, Illinois: Inter Varpsity Press, 1990, p. 237.
② David Hume, *An Enquiry Concerning Human Understanding and Other Writings*, Cambridge: Cambridge University Press, 2007, p. 100.
③ David Hume, *An Enquiry Concerning Human Understanding and Other Writings*, Cambridge: Cambridge University Press, 2007, p. 101.
④ David Hume, *An Enquiry Concerning Human Understanding and Other Writings*, Cambridge: Cambridge University Press, 2007, p. 100.

有：所有的人都要死；铅块不会自然而然地悬浮于空中；火能烧毁木头，水又能灭火；等等。这些自然现象已经被迄今为止所有的人类经验所证实，没有任何例外。基督教《圣经》中充斥着大量的神迹，而其中最大的神迹莫过于耶稣死后复活。休谟认为这是不可能的，因为根据观察这种事在任何时代、任何国家都不曾发生过。归结起来，休谟的观点就是：神迹必定是对自然律，也即一致的经验的违背，而这是不可能的，因为既然一致的经验已经被牢固地确立在先，那么说违背这个一致的经验就是自相矛盾。用休谟自己的话说："必定存在一个和每一个神奇的事件相反的一致的经验，否则这个事件就配不上这个称号。而既然一个一致的经验就等于一个证据，那么，从这个事实的本性来说，这里就有反对任何神迹存在的直接而充分的证据。这样的证据是无法被摧毁的，除非找到一个更高的相反的证据，否则这样的神迹是无法使人相信的。"① 至此，休谟便从概念上证明了神迹的不可能性。

　　接着休谟又将批判进一步指向神迹的证据问题上。证据问题凸显了休谟作为经验主义者和证据主义者的基本立场。基督教试图将神迹的证据建立在理性的基础上，休谟则予以否认。关于证据，休谟提出两个基本观点，其一，"明智的人使其信念和证据相称"②。其二，"较弱的证据决不能摧毁一个较强的证据"③。第一点表明任何信念要成为知识就必须提供证据，无论是上帝的知识还是神迹的知识都是如此。第二点说明对于不同的证据来说证据越强越有说服力。根据这两点，休谟提出对神迹的四个反驳。第一，休谟认为历史上所报告的任何神迹都没有得到足够多数的人的证实。当然，这些人必须受过教育，有学识和良好的判断力，而且为人正直。这些条件不应有任何争议。此外，关于神迹的报告还要经得起公开的和可核查的方式进行检验。第二，神迹的证据不具备这些条件。所有的神迹都只是少数人宣称见过，因此缺乏公信力。此外，人性中的自然倾向使其易于为那些奇异之事所吸引。这些奇异之事会给人带来一种愉快的情

---

① David Hume, *An Enquiry Concerning Human Understanding and Other Writings*, Cambridge: Cambridge University Press, 2007, p. 101.
② David Hume, *An Enquiry Concerning Human Understanding and Other Writings*, Cambridge: Cambridge University Press, 2007, p. 97.
③ David Hume, *An Enquiry Concerning Human Understanding and Other Writings*, Cambridge: Cambridge University Press, 2007, p. 96.

感，但是这种情感一旦超过了某个限度就会削弱人的正常判断力。在休谟看来，宗教人士正是沉溺于奇异之事中的狂热主义者，他们把所见的东西都看成是没有实在性的。所以，休谟断言，"如果宗教精神和对神迹的热爱结合起来，那么判断力（common sense）就会终结；在这些情况下，人类的证据就失去了所有对权威的自诩。"① 第三，根据观察，所谓超自然的和神奇的事情大多存在于蒙昧时代的那些无知的和愚昧的民族中，开化的民族即使也相信这些东西，那也是从他们无知的和愚昧的先人那里继承下来的。一个明显的事实是，为什么所谓的神迹和预言都只是存在于过去，而如今却不再发生了呢？这无论如何是说不通的，因此休谟把诸如神迹和预言之类嘲讽为"著名的谎言"（renowned lies）。虽然是谎言，但是因为人性的原因这些谎言一遇着合适的土壤还会扩散开来以至于无法根除。第四，世界上存在着不同的宗教，这些宗教都建立在神迹之上。每一种宗教都宣称己方神迹的权威性而否认对方的真实性，因此这些神迹之间就相互抵触，不可能同时为真。其结果必然是一种神迹在摧毁对手的同时也摧毁了自己。根据上述观点，休谟断言："我们可以将此确立为一条公理，即没有任何人类的证据可以有这样的力量去证明一个神迹，使之成为任何这样一个宗教体系的正当基础。"②

至此，是否可以说休谟的论证已经从根本上一劳永逸地解决了神迹问题？实际上休谟本人对此是心存疑虑的。首先，休谟并未从逻辑上排除神迹的可能性，因为"说一个断言或陈述在逻辑上不可能就是说它是自相矛盾的或者它包含自相矛盾的东西。在'不可能'的这种意义上很难说神迹是不可能的"③。其次，休谟用来反驳神迹的"自然律"概念本身就是成问题的，因为如果从彻底的经验主义立场出发，自然律是否存在便无法加以证实。再者，休谟对神迹的几条反驳意见也都存在一些问题。比如，像第一个证据中神迹见证者的资格问题就很难给出一个统一的标准。第三个证据说神迹多存在于无知和愚昧的民族中也是有失偏颇的，因为实

---

① David Hume, *An Enquiry Concerning Human Understanding and Other Writings*, Cambridge: Cambridge University Press, 2007, p. 103.
② David Hume, *An Enquiry Concerning Human Understanding and Other Writings*, Cambridge: Cambridge University Press, 2007, p. 112.
③ Brian Davies, *An Introduction to the Philosophy of Religion*, Oxford: Oxford University Press, 2nd edition, 1993, p. 199.

际上甚至在现代也有一些科学家等相信神迹。第四个证据中的结论则显得有点过于匆忙，因为即使不同宗教同时否定对方的神迹，也不能排除它们实际上都发生过，而且和休谟的时代相比今天的宗教相互间敌意已经大为降低，因此完全有可能出现"以不同的名称和不同的方式崇拜同一个神"这种情形。① 于是，休谟最后又回到神迹的信念基础问题上。可以看出，休谟虽然竭力反对神迹的论证，但是对神迹本身还是有所保留的。正如麦基所言，休谟反对神迹的论证是认识论上的，他并不是说神迹确实没有发生过或者绝不可能发生，而只是说我们没有好的理由相信它们曾经发生过。② 盖伊（Peter Gay）也说，"休谟的意图不是说神迹的报告永不可能是真诚的，甚至也不是说它们永不可能为真，尽管他自己的不轻信立场从未动摇过。不如说，休谟的意思是，它们永不可能满意地被证实。"③ 从休谟的前后表述来看，确实如此。休谟并非拒不承认神迹发生过，如果真的有的话，而是追问神迹信念的合理性。宗教，特别是基督教的辩护者们，一直企图通过理性论证的方式给其披上合法的外衣，休谟的用意就是要揭开这层伪装还其以本来的面目。休谟指出，基督教并非建立在理性的基础上，而是建立在信仰的基础上。他说，"我们的非常神圣的宗教是建立在信仰，而不是理性的基础上。"又说，"我们可以断言，总体上说，基督教不仅起初就是由神迹带来的，而且即使在今天没有神迹它也不会为任何有理性的人所相信。仅仅理性并不足以说服我们相信它的真实性……"④

休谟对神迹的批判也适用于预言（prophecy），因为所有的预言也都属于神迹，也都被当作启示的证据。⑤ 神迹和预言构成 18 世纪神学论证的一个重要组成部分，因此休谟对基督教的批判同时也是对所有宗教的总体批判。从历史的角度看，休谟的神迹批判一方面可以被视为 17 世纪以来道德自然神论运动的一个有机部分，另一方面也可以看作对这一运动的

---

① J. L. Mackie, *The Miracle of Theism*, Oxford: Clarendon Press, 1982, p. 15.
② J. L. Mackie, *The Miracle of Theism*, Oxford: Clarendon Press, 1982, p. 19.
③ Peter Gay, *The Enlightenment: The Rise of Modern Paganism*, New York and London: W. W. Norton & Company, Inc., 1969, p. 405.
④ David Hume, *An Enquiry Concerning Human Understanding and Other Writings*, Cambridge: Cambridge University Press, 2007, p. 115.
⑤ David Hume, *An Enquiry Concerning Human Understanding and Other Writings*, Cambridge: Cambridge University Press, 2007, p. 115.

总结。在此之后，自然神论由于缺乏理论更新，所以日益式微了。

二 对设计论证明的批判

对神或上帝的存在的论证是犹太教和基督教等宗教教义的核心，因此也是休谟最为着力的地方。按照休谟的观点，对神或上帝的存在的论证可以分为两种，即先天的论证和后天的论证，设计论证明属于后一种。自然神论者对基督教的批判主要局限于神迹和繁冗的教义、教仪等方面，但是他们对上帝存在这一点并不反对。不仅不反对，自然神论者还恢复和完善了传统的设计论证明，这样他们就以改头换面的形式重新挽救了上帝。在这一点上自然神论者和巴特勒主教之间没有异议。休谟的任务是要从根本上铲除一切企图证明上帝存在的论证，将自然神论开创的批判工作进行到底。

休谟对设计论的批判主要集中在《自然宗教对话录》（*Dialogue Concerning Natural Religion*）和《人类理智研究》中的《论特殊的天意和来世状态》（*Of a Particular Providence and a Future State*）一文。虽然《自然宗教对话录》比后者晚出，[①] 但是前者因其系统性和完整性而被公认为宗教哲学中的典范之作。这两部作品采用的都是对话体裁。采用对话体裁在哲学史上并不少见，比如柏拉图的著作基本上都是用对话形式写成的，贝克莱的《海拉斯和斐洛诺斯的对话三篇》也是采用了对话的形式。对话体裁的好处在于，对话各方可以充分表达自己的观点，至于结论的评判权则交给读者。另一点，当时苏格兰宗教势力的影响还很大，如果直接和盘托出自己的观点立场，势必招来宗教方面的攻击甚至迫害。休谟本人始终被拒斥于大学之外，不能不说与他的宗教立场有关。正是由于考虑到可能带来的后果，休谟曾撤去《人性论》中的"论神迹"和其他几篇文章，并且不敢在生前发表他的《自然宗教对话录》。[②] 比较而言，采用对话方式则有利于隐藏自己的立场，避免招致麻烦。

休谟的批判主要集中在设计论证明的论证方法上。休谟认为设计论证

[①] 参见周晓亮《休谟及其人性哲学》，社会科学文献出版社 1996 年版，第 312 页。
[②] 休谟曾经委托亚当·斯密在他去世后负责出版他的《自然宗教对话录》一书，然而斯密因为顾虑这本书出版后可能带来的后果而婉拒。这本书最后是由休谟的侄子大卫于 1779 年安排出版的。

明主要是利用了类比法、由果溯因法和归纳法等论证方法。首先，设计论证明使用了类比方法。所谓类比法就是用相似事物之间的已知属性来说明未知属性。类比法的使用不是无条件的，而是有范围限制的，这就是类比的双方必须为同类事物，否则类比就是无效的。休谟对类比法的批评正是基于此点。在《自然宗教对话录》中，以克林西斯（Cleanthes）为代表的设计论者将宇宙比作一架巨大的机器，认为宇宙和机器之间存在着相似性，即二者都出于某种精巧的构造，都合乎规则，都与某种目的相适应。根据人类的知识和经验，目的是和理智联系在一起的，而且仅仅出现在人这种"高等动物"中，其他的生命体都不具备这一点。正是凭借行为的目的性，人才能按照自己的意图设计和创造事物，因此才会"高于"其他生物，统治世界。由类比可知，既然机器是由一个理智的设计者按照一定的目的而创造出来的，那么可以推断宇宙必定是由某个更高的理智设计者创造出来的，这就是上帝。在休谟看来，这个类比论证的错误在于：这二者并不属于同类事物而且差别巨大，因为机器乃人设计的作品，我们对之有经验上的证据，而宇宙则为自然的作品，我们对之知之甚少，所以二者不具有可比性。另外，在这一论证中机器只是宇宙中一个极小的部分，而宇宙则为所有事物的整体，用部分来说明整体也是不可靠的。因此，休谟认为设计论的机器类比论证不成立。设计论证明的另一方法是由果溯因法，即从结果推出原因。这种方法要求结果必须和原因相称，也就是说只能从一定的结果推出一定的原因，如果结果超出了原因的需要则其推论就是有问题的，甚至是无效的。根据休谟的观点："原因的知识只是从结果中得来，因此它们必须相互精确地适应；其中一个决不能指示更多的东西；或者成为任何新的推理和结论的基础。"[1] 休谟认为，设计论证明正是犯了这种错误。设计论证明的出发点是具有有限属性的有限者，然后从这些具有有限属性的有限者推出一个具有无限属性的无限者。这个推论明显是不合法的，因为从有限者到无限者之间的巨大跳跃违反了因果推理原则，因此无限者的属性顶多只能是一个假设。

设计论证明还有一个重要方法，这就是归纳法。归纳法和演绎法相对，是从个别到一般，从特殊到普遍的推论。归纳法分为完全归纳和不完

---

[1] David Hume, *An Enquiry Concerning Human Understanding and Other Writings*, Cambridge: Cambridge University Press, 2007, pp. 121–122.

全归纳。简单枚举法属于完全归纳，其结论具有绝对的可靠性，而不完全归纳因为其结论超出了前提所涵摄的内容，所以不总是具有保真性。设计论证明认为，手段—目的活动是有理智者即人的活动，因此从任何手段—目的活动及其成果便可以推知有理智者的存在，例如从经验可知像手表和房子等都是人为了一定的目的而设计的作品，因而当我们在其他时间其他场合再看见这些东西时，就可以断定它们同样是出于人的设计。同样，从世界（宇宙）的合目的性中我们可以推断有一个更高的理智者存在，这就是上帝。很明显，这种论证使用了归纳推理，即合目的活动与理智者（设计者）之间的一致关系。休谟认为这个论证也是有问题的，因为归纳推理要求两类对象间必须具有恒常会合的关系，但是我们从未观察到自然物和神之间有这种关系。根据上述反驳，休谟认为所有试图为上帝的信念提供理性基础的设计论证明都是不成功的。不过，休谟承认虽然如此人们实际上还是很难拒绝理智设计的信念。在《自然宗教对话录》中休谟曾经不止一次地重复上帝存在的观点。作为休谟的代言人菲洛更是直言，即使最粗心、最愚蠢的思想家也能随处突然想到一个目的、一个意图、一个设计。没有人会冷酷到在所有的时候在所有荒谬的体系中拒绝它。① 休谟的这个"不一致"处使许多研究者感到困惑：既然设计论证明已经被证明不成立，为什么人们还要相信它呢？盖斯金（J. C. A. Gaskin）认为，因为它是人对于设计的一种情感，而非泰伦斯（Terence Penelhum）所说的自然信念。根据他的观点，自然信念（natural belief）具有认识论上的重要性，而对设计的情感（feeling of design）却不是，因为它并不是普遍的，也不像关于外部世界存在的信念那样是实际生活的前提。② 比较而言，盖斯金的论断更符合休谟重情感、重想象的一贯风格，因此可以认为是一种比较合理的解释。

可以看出，正如本书前面指出的那样，设计论证明是一种具有科学特征的、较为合理的论证方式，因此非但没有因为批判而消失反而不断地以新的面孔出现。威廉·豪就把休谟批判过的设计论证明称为"老设计论

---

① David Hume, *Dialogues Concerning Natural Religion*, Hafner Publishing Company, Inc., 1961, p. 82.
② J. C. A. Gaskin, *Hume's Philosophy of Religion*, London: Macmillan Press, 1988, 2nd edition, p. 129.

证明",而将 20 世纪出现的设计论证明称作"新设计论证明"。"老设计论证明"主要是从宇宙合目的性角度出发,而"新设计论证明"则侧重于宇宙的规则性。他认为无论是老设计论证明还是新设计论证明,抑或此前的本体论证明和宇宙论证明都没能为上帝存在的信仰提供合理的基础。不过,在他看来,如果不将设计论证明看作像解证那样的严格证明,而只是看作对上帝存在的一种可信的假设(plausible hypothesis),我们借之以解释这个世界和我们的经验,那么也不是不可取的。①

三 恶的问题

在对宗教进行的理论批判中休谟还发展了另一种有名的论证方式,这就是恶的问题或恶的论证。恶的问题(the problem of evil)既是一个哲学问题,也是一个神学问题,但是它却是一个让哲学家们为之着迷,而神学家们为之头疼的问题。神学家们宣称神或上帝是全知、全能和全善的,然而对这个理论最明显、最直接,也是最有力的驳斥就是现实世界中到处存在着恶的现象。伊壁鸠鲁(Epicurus,341—270B. C.)首先揭示了这一逻辑悖论,他说:

> 是他(指神)愿意阻止恶而不能吗?那么他就是无能的。是他有能力而不愿意吗?那么他就是阴险的。他既有能力又愿意吗?那么恶从哪里来?②

伊壁鸠鲁的这一论证很有力量,因为它是从神学理论自身的逻辑出发推出其前提和结论之间存在着逻辑上的不一致性。用命题形式表达就是:(1)神是万能的。(2)神是全善的。但是,恶存在。因此,(3)神不存在。伊壁鸠鲁的论证属于演绎论证,因为根据定义神和恶是不相容的,所以如果有神存在就不会有恶。换句话说,如果神是全善的,那么他就不会允许恶存在;如果神是万能的,那么他就有能力消除恶。现在既

---

① William Rowe, *Philosophy of Religion: An Introduction*, Thomson Wadsworth, 2007, 4th edition, pp. 66 – 67.
② 转引自 David Hume, *Dialogues Concerning Natural Religion*, Hafner Publishing Company, Inc., 1961, p. 66。

然恶存在，结论自然就是神不存在。

塞克斯都·恩披里克（Sextus Empiricus，160—210B.C.）也作过类似的论证。他的论证包括两个方面，其中第二点认为：

> 任何说有神存在的人要么认为神为宇宙提供事物，要么认为神什么都不提供。如果神为宇宙提供事物，那么是提供全部事物还是提供部分事物？如果提供全部事物，那么宇宙间就不应该有坏与恶。如果说神为宇宙提供部分事物，那么，为什么提供给这一部分而不是那一部分？要么是他们既想又能，要么是他们想而不能，要么他们能而不想，要么他们既不想也不能。如果他们既想且能，那么他们就能够为全体提供，而事实上他们并没有；如果他们想而不能，那么他们就比那些能提供全部的神要弱，当然这与神的定义相违背，因为神被定义为不可能弱于任何东西。如果他们能而不想，那么他们就会被认为是邪恶的。如果他们既不想也不能，他们就既是邪恶的又是虚弱的。最后，如果神不曾为宇宙提供任何东西，那么他们就对这个世界没有任何影响。这样的神我们无法理解。①

恩披里克最后得出结论：如果说神为万物提供，那么他们就是恶的原因；如果神为部分事物提供或什么都不提供，那么他们就要么是邪恶的要么是虚弱的。恩披里克的论证与伊壁鸠鲁的论证异曲同工，都具有相当的逻辑力量。

这些古代哲学家关于恶的论证对休谟影响很大。休谟的讨论便是在前人的基础上继续向前推进。休谟对恶的问题的讨论主要集中在《自然宗教对话录》第十部分和第十一部分。盖斯金（J. C. A. Gaskin）认为休谟关于恶的问题可以分为两个方面，一是一致性问题，即调和恶的事实与一个全能、全善的上帝的信念之间困难的问题；二是推论问题，即从给定的事实中推论出任何设计者的特殊道德属性的困难问题。② 可以

---

① Sextus Empiricus, *Outlines of Scepticism*, ed. J. Annas & J. Barnes, Cambridge: Cambridge University Press, 2000, pp. 143 – 146.
② 参见 David O'Connor, *Hume on Religion*, London and New York: Routledge, 2001, pp. 163 – 164。

看出，恶的一致性问题实际上就是一个逻辑问题。在这个问题上，休谟肯定了伊壁鸠鲁对神的存在的反驳，并且重述了这个悖论问题："究竟为什么世界上存在恶？肯定不是偶然的。那么必定是从某个原因而来。它来自上帝的目的吗？但是他是全善的。它违背了上帝的目的吗？但是他是全能的。"① 显然，休谟也认为这个论证是无懈可击的，因为恶与上帝的信念在逻辑上是不相容的。关于恶的问题有两种代表性的回应，一种是莱布尼兹的"最好的可能世界"的观点，另一种是"善多于恶"的观点。莱布尼兹认为上帝当然不会做无用之事，不仅不会，而且必定总是做最好的事情，因此上帝创造的这个世界也必定是所有可能世界中最好的一个，即使其中有恶存在，那也是整个体系的秩序的一部分。② 可以看出，第二种观点实际上与第一种观点非常相似，即都是承认恶存在但是认为善在总体上要超过恶。休谟认为这些观点试图使恶与神的无限性相容，但是并不能从根本上改变和削弱恶的论证的逻辑力量。菲洛对克林西斯说，"我不认为你能在这一点（一致性问题）上说服我。（不过）在你使用这些属性的意义上，我且承认人身上的疼痛或痛苦和上帝的全能和全善是相容的：从所有这些让步中你能提出什么呢？只有可能的相容性是不充分的。你必须，而且仅仅从当下混合的和混乱的现象中证明出这些纯粹的、不相混的和不可控的属性来。"③

不过，恶的一致性问题不是休谟的关切所在，他的着重点放在了第二个问题即推论问题上。设计论者有一个基本观点即神人相似（anthropomorphism）。恶的推理问题针对的就是设计论者提出的这个类比推论。前面提到过设计论者曾根据人的手段—目的活动推出神的存在，此外他们还断言神拥有许多和人一样的道德属性比如正义、仁慈、正直等。据此便可以作如下的推论：假定神的能力是无限的，那么凡是他所意愿的必将都会实现。然而，人和其他动物都不幸福，那么神不愿意让他们幸福。假定神

---

① David Hume, *Dialogues Concerning Natural Religion*, New York and London: Hafner Publishing Company, Inc., 1961, p. 69.
② 休谟以为莱布尼兹否认恶的存在，其实不然，莱布尼兹是承认恶存在的，只不过认为这些恶并不妨碍现实世界是唯一最好的可能世界。参见 Frederick Copleston, *A History of Philosophy*, Vol. 4, New York/London/Toronto/Sydey/Auckland: Doubleday, 1994, p. 327。
③ David Hume, *Dialogues Concerning Natural Religion*, New York and London: Hafner Publishing Company, Inc., 1961, p. 69.

的智慧是无限的，那么他在选择达到任何目的的手段时就不会犯错。然而，自然进程并不倾向于人或动物的幸福，因此它就不是为此目的而设的。按照设计论者的类比，神的仁慈和怜悯与人的仁慈和怜悯之间有何相似呢？① 显然，和使用目的性活动来论证理智设计者的存在一样，用道德属性来证明神的存在也是不成立的，因为推论问题最后还是归结为一致性问题，而一致性问题已经被否证。可以看出，类比论证是设计论证明的基本支柱，其理论优点和理论缺点同样明显。对此，休谟曾借克林西斯之口说道，如果我们放弃了类比，我们就放弃了所有的宗教并且不会保留对我们崇拜的伟大对象的任何概念。如果我们保留类比，那么我们必定发现永远不可能在宇宙中的恶和无限的属性的任何混合物中进行调和；也不可能从前者证明后者。② 的确，这个困难设计论者是无法从根本上加以消除的。值得注意的是，休谟又指出：无论这个世界与这样一个神的观念如何一致，它也绝不会给我们提供一个关于神的存在的推论。并非要绝对地否认这种一致性，而只是否认这个推论。③ 其实，这个观点只是再一次重复他的基本立场，上帝的存在（being of the Deity）是自明的，被反对的只是那些关于上帝本质（nature of the Deity）的推论。④

恶的问题构成休谟整个反宗教论证的一个重要组成部分。戴维·斯图尔特（David Stewart）说，"恶的问题也许是反对上帝信念以来最有力的反驳，因此不可能被轻易地消除。"⑤ J. L. 麦基则说，"恶的问题表明不仅传统的有神论缺乏理性支持，而且确实就是非理性的，因为作为一个集合，它的一些主要理论相互不一致。"⑥ 通过对神迹、设计论证明以及恶的问题的批判，休谟表明理性不可能成为论证宗教信念合理性的基础，其结果是：宗教要么是非理性的，要么就只能是建立在信仰之上，不可能有

---

① David Hume, *Dialogues Concerning Natural Religion*, New York and London: Hafner Publishing Company, Inc., 1961, p. 66.
② David Hume, *Dialogues Concerning Natural Religion*, New York and London: Hafner Publishing Company, Inc., 1961, p. 71.
③ David Hume, *Dialogues Concerning Natural Religion*, New York and London: Hafner Publishing Company, Inc., 1961, p. 73.
④ David Hume, *Dialogues Concerning Natural Religion*, New York and London: Hafner Publishing Company, Inc., 1961, p. 16.
⑤ David Stewart, *Exploring the Philosophy of Religion*, 3rd edition, Englewood Cliffs: Prentice Hall, Inc., 1992, p. 234.
⑥ J. L. Mackie, *The Miracle of Theism*, Oxford: Clarendon Press, 1982, p. 150.

一条中间道路。伊曼纽尔·康德（Immanuel Kant）同意休谟的观点，他甚至提出必须要"否定知识，以便为信仰留出空间"①。利文斯顿对休谟所做的贡献给予高度的评价，他说："休谟和所有现代信仰主义者一致的地方在于他们共同相信，理性既无力确立宗教信仰也无力证伪宗教信仰。这是休谟在神学著作中的现代性和具有持久重要性的一个源泉。"② 从这个意义上来说，休谟确实改变了宗教哲学的发展方向。

第三节 宗教的自然主义解释

一 宗教的心理学起源

前面说过，休谟对宗教问题的关注主要有两部分，宗教的理性基础问题是其中第一问题，休谟认为这个问题虽然最为重要，但是却可以获得清楚的解答。比较而言，第二个问题即宗教在人性中的起源问题，休谟认为解决起来要困难得多，因为人性的问题显然更为复杂。不过，有一点休谟认为可以首先肯定，这就是宗教并非源于人的本能或自然的初始印象（primary impression）。根据休谟的观点，如果宗教观念是人的本能，那么它就应该像自爱和两性之间的情感那样在所有的民族中都是普遍存在的。但是根据历史学家和旅行者的记载，有些国家就没有宗教情感，这就证明它并没有普遍到不存在一个例外，更不用说宗教观念的一致了。因此，即使最初的宗教原则也必定是第二位的。③

既然宗教观念不是天赋观念而是后来才产生的，那么只要能够合理地还原这个产生过程，就可以从根本上消除宗教的神秘性，所以休谟就从宗教形式的演变入手对其进行历史的考察。按照他的看法，人类最古老的宗教形式必然是多神论或偶像崇拜，而一神论是后来才出现的。历史的证据

---

① Immanuel Kant, *Critique of Pure Reason*, Cambridge: Cambridge University Press, 1998, preface to the second edition.
② James C. Livingston, *Modern Christian Thought*, 2nd edition, Vol. 1, Minneapolis: Fortress Press, 2006, p. 57.
③ David Hume, *The Natural History of Religion*, London: A. and H. Bradlaugh Bonner, 1889, p. 2.

表明，时间越是靠近远古，人类就越是容易陷入偶像崇拜。相较之下，多神论则是已经普及了的和确立了的宗教体系。因此如果历史记载不虚的话，古时候的人差不多普遍都是多神论者。有人可能提出不同的意见，认为也许在文字之前人类就已经有了纯粹的有神论原则了。休谟认为这种说法是站不住脚的，因为不能说在人类无知和蒙昧的时候发现了真理，而在他们有了学识和礼仪之后却总是犯错误。而且事实也表明，像美洲、非洲和亚洲的一些原始部落到现在仍是偶像崇拜者。① 这就证明，宗教观念产生的合理顺序应该是从人到神，而不是从神到人。从认识因素方面说，从人到神是一个渐进的过程，也就是说宗教观念的产生不是一跃而成的，而是同样遵循着人类思想发展的一般规律，即：从低级到高级，从简单到复杂，从不完美的东西中抽象出完美的观念。在休谟看来，人类一开始只有一些关于较高力量（superior powers）的熟悉概念，而后才逐渐形成对那个完美的存在者（即上帝）的概念。因此从某种意义上说，这个过程可以称作概念的不断提纯和提升的过程。从心理因素方面说，从人到神也是一个渐进的过程。宗教观念一开始产生于好奇和恐惧。可以设想，远古时期的人由于生产和生活条件十分简陋，他们绝不会在那些抽象的问题上浪费时间，因为对他们来说一只猎物显然要比关于宇宙的问题更加现实。当然，这并不是说古人对抽象的问题不感兴趣。实际上，古人具有极大的好奇心。当某些奇异的事情发生时，比如陨石降落或者一只羊羔长了两个脑袋，他们的好奇心就会立刻被攫取住，但是他们可能又会同时因为其新奇而感到恐惧，害怕危及自身。为了消灾祈福出现了最初的祈祷和祭祀。据此，休谟断言，"在所有那些接受多神论和偶像崇拜的民族中，宗教的最初观念不是产生于对自然作品的沉思，而是来自对生活事件的关切以及作用于心灵的持续不断的希望和恐惧。"② 其中，休谟认为恐惧更是宗教的主要原则。③ 一个明显的现象是，当人遇着灾难性的事件时就会感到恐惧和忧戚，从而求助于那些不可见的神秘力量，而在处于顺境中时则很少会

---

① David Hume, *The Natural History of Religion*, London: A. and H. Bradlaugh Bonner, 1889, p. 3.
② David Hume, *The Natural History of Religion*, London: A. and H. Bradlaugh Bonner, 1889, pp. 8 – 9.
③ David Hume, *Dialogues Concerning Natural Religion*, New York and London: Hafner Publishing Company, Inc., 1961, p. 93.

有这样的想法。因此在他看来,正是由于对自己无法主宰的命运感到恐惧,古人才将希望寄托在那些看不见的、神秘的力量上,并加以人格化。不难理解最初的神都是人格神,这些神都具有和人相类似的特征,只不过多了些神奇的力量而已。神人相似观将不可见的神秘变成可见的对象,符合远古时期人类的认识方式和水平。另一种情况是英雄人物的神化现象。历史上出现过许多的英雄人物,这些人物或因其力量或因其勇气或因其智慧而受人崇拜,他们的事迹经由文学和艺术的加工后逐渐被神化。这种情况可以被看作同一原则的不同运用。

通过上述考证,休谟得出结论:多神论不可能产生于古人对思辨的好奇心或者对真理的热爱,而就是来自人类生活的普通情感。那么为什么说多神论而非一神论的观念在最初的时候是必然的?这是因为远古时期的人类虽然已经产生了关于神的最初观念,但他们还不可能通过论证的方式推出只存在唯一一个至高无上的上帝或神的结论,而是很自然地将宇宙的各个部分都敬为神祇或者把那些显著的自然物想象为具有神性,所以在他们的系统中不但太阳、月亮、星星都是神,而且还有专门司作物、生产、战争和艺术等的神祇。用休谟的话说,既然各民族中接受一神论的普通人仍然将其建立在非理性的和迷信的主张之上,那么他们就绝不是通过任何论证过程得出那个结论的,而是通过更加适合他们的智慧和才能的一系列思考达到的。① 实际上,从多神论转化为一神论的过程也是如此。多神论一开始所描绘的是诸神的天堂,然而正如人间存在权威者统治着众人的现象一样,人们很容易设想诸神间可能也根据能力和智慧等差别而分成等级,其中最为卓越的神被奉为诸神的领导者。这样,久而久之,诸神的优点便被集合于一个神祇身上,最终产生了一个至高无上的、完美的神的概念。然而,从多神论到一神论的转变并不仅是一个观念上的变化问题,而且涉及人的行为变化,这种变化的后果就是宗教的不宽容和宗教暴力。从理论上说,多神论一般都主张宗教宽容,因此不会导致宗教暴力;而一神论则坚持宗教不宽容,因而必然导致宗教暴力。从历史上看,宗教的不宽容和宗教暴力大多来自一神论,比如基督教。反对宗教暴力,主张宗教宽容是从洛克到休谟以来英国思想家们的主要理论诉求之一。

---

① David Hume, *The Natural History of Religion*, London: A. and H. Bradlaugh Bonner, 1889, p. 29.

总的来看，休谟解决宗教起源问题的办法是诉诸于心理自然主义。结合休谟此前处理知识问题的模式可以看出，休谟对于宗教问题的解决途径和前者基本上是一致的，即经验主义的前提、怀疑主义的分析和自然主义的解释。经验主义、怀疑主义和自然主义是休谟哲学的三大基本支柱。

二 真宗教

休谟对宗教的理论批判既是彻底的，也是破坏性的。盖斯金评价说，"作为一个整体，休谟对宗教和宗教信念的批判是敏锐的、深刻的和破坏性的，在许多方面都前无古人鲜有来者。"① 然而，从本质上说休谟既不是一个有神论者，也不是一个无神论者，因为他并不主张完全取消宗教。在他看来，如果极端地说的话，"宗教，无论怎样堕落，也比没有宗教好"②。当然，休谟心目中的宗教已经不是通常意义上的世俗宗教如基督教，而是他所谓的"真宗教"。

"真宗教"（true religion）自然是和"假宗教"（false religion）相对而言的。休谟并没有正面给出真宗教的定义，而是试图通过对假宗教的批判来揭示真宗教的内涵。很明显，如果我们能够清楚地识别假宗教，那么也就能够把握真宗教。所谓假宗教，休谟指的是以迷信（superstition）和狂热（enthusiasm）为主要特征的宗教形式。在这二者中，休谟认为迷信的危害更大，因为迷信总是和无知联系在一起的。宗教人士主要就是利用普通人的无知以及对神秘力量的恐惧心理，大肆制造和传播迷信。诚如格言所说，无知乃虔诚之母。由于无知，大众对宗教宣传的迷信失去了基本的判断力，从而变成宗教的忠实信徒。迷信的结果是容易导致盲目崇拜，宗教正是借此树立起自己的权威。以基督教为例，其教士阶层就是这样逐渐发展而成的。但是教会权力的扩大并没有给人们带来福祉，倒是教士的贪婪和教会的腐败在一天天增加。现实中的苦难已经非常深重，人们本来希望能够从宗教中得到精神上的安慰，然而结果是宗教带来的恐惧和压迫往往还要超过宗教许诺的慰藉。历史上来看，派系、内战、迫害、政府的

---

① D. F. Norton ed., *The Cambridge Companion to Hume*, Cambridge: Cambridge University Press, 1992, p. 313.
② David Hume, *Dialogues Concerning Natural Religion*, New York and London: Hafner Publishing Company, Inc., 1948, p. 87.

颠覆、压迫、奴役——这些都是伴随迷信控制人心所带来的悲惨后果。如果宗教精神在任何历史叙述中被提及过，我们就一定会在后面碰到与之相随的许多苦难的详情。① 所以如果政治不和宗教分离，那么社会就会处于危险之中。总的来看，迷信窒息人的精神世界，阻碍社会进步，是人类文明的一大毒瘤。因此，休谟说，所有的迷信都永远是可憎的和负累的。②

狂热是假宗教的另一支柱。按照休谟的观点，和迷信一样狂热虽然并不直接是反道德的，然而却必然会导致伪道德。为什么会这样？首先，休谟认为注意力的转移、新的无聊的价值的抬高以及宗教对赞美（praise）和责难（blame）的荒谬分配削弱了人们与正义和人道的自然动机的联系。其次，宗教的各种繁琐仪式使人逐渐变得虚伪。狂热者们为了显示虔诚，必须不断努力地完成任务。久而久之，他们的心也就冷却下来了，然后就会带着表面上的热情去参加这些仪式，这样伪装的习惯就形成了。最后，欺诈和虚伪甚至变成了主要的原则。于是就出现了一种奇怪的现象，即宗教中的最高狂热和最深的虚伪不仅是不矛盾的，而且还经常或通常（commonly）统一于同一个个体的性格中。这种伪道德对于日常生活的影响也不容忽视，因为"在涉及宗教利益的地方，没有任何道德能有足够的强力来束缚那些极为狂热的狂热分子了（enthusiastic zealot）。事业的神圣性使得一切可以用来促进它的手段都合法化了。"③

既然假宗教有害于世道人心，那么可以推知真宗教就应该是消除了这些弊端的宗教形式。或许可以称此为真宗教的"反"的一面。此外，真宗教还有其"正"的一面。所谓"正"的一面，是指宗教的积极功能。对此休谟有一段简洁的描述，他说，"宗教的恰当功能就是调节人心，使他们的行为人性化，并且灌输节制、秩序和顺从的精神；由于它的作用是悄无声息的，而且只是加强道德和正义的动机，因此它就有被忽视和与这些其他动机相混淆的危险。而当它获得声名，并作为一个凌驾于人类之上

---

① David Hume, *Dialogues Concerning Natural Religion*, New York and London: Hafner Publishing Company, Inc., 1948, p. 87.
② David Hume, *The Natural History of Religion*, London: A. and H. Bradlaugh Bonner, 1889, p. 69.
③ David Hume, *Dialogues Concerning Natural Religion*, New York and London: Hafner Publishing Company, Inc., 1948, p. 90.

的独立原则起作用时，它就偏离正轨，变成宗派和野心的掩饰了。"① 可以看出，休谟在这里强调并肯定了宗教的纯道德教化功能，但是既没有提到宗教的终极关切问题，也没有涉及宗教的其他任何具体规定。正如泰伦斯（Terence Penelhum）指出的那样，这些话中并未包含什么独立的道德或教义，② 因为它与一般的道德主张似乎没什么明显的区别。这种既无宗教原则又无宗教仪式规定的道德化的"宗教"还是宗教吗？答案是显而易见的。根据休谟的思想倾向可以推测：他是想用哲学代宗教，因为在他看来作为一种思想体系哲学比宗教更可取。当然，这种哲学只能是他的人性哲学。在《人性论》中休谟曾经清楚地表达过这一观点，即宗教中的错误是危险的，而哲学中的错误则仅仅是荒谬而已。③ 这句话极其准确地概括了休谟对待哲学和宗教的基本态度。不过，休谟又在这种哲学中为上帝保留了一个位置。从菲洛提出的五个"如果"中可以看出这一意向：

> 如果自然神学的全部，就像一些人似乎主张的那样，可以归结为一个简单的，虽然说有点模糊，至少是未加定义的命题，即宇宙中的秩序因或各秩序因与人类的理智有某种遥远的相似性；如果这个命题不能够扩展、变化或者作更加具体的阐释；如果它不能够提出可以影响人类生活，或者成为任何行为或禁戒的根源的任何推论；如果这个类比——其本身就不完美，不能超出人类的理智更远，不能在任何可能性出现时被转移到心灵的其他性质；如果真是这样，那么除了在这个命题一出现时就给予明白的、哲学的同意（philosophical assent），并相信建立在它之上的论证胜过对它的反驳之外，那个最好奇的、最爱沉思的、最信教的人还能做些什么呢？④

这五个"如果"可以用一个命题来概括，即存在一个上帝。所谓

---

① David Hume, *Dialogues Concerning Natural Religion*, New York and London: Hafner Publishing Company, Inc., 1948, p. 88.
② Terence Penelhum, *David Hume: An Introduction to His Philosophical System*, West Lafayette: Purdue University Press, 1992, p. 191.
③ David Hume, *A Treatise of Human Nature*, p. 272.
④ David Hume, *Dialogues Concerning Natural Religion*, New York and London: Hafner Publishing Company, Inc., 1948, p. 94.

"哲学的同意"也就是指同意这一命题。休谟不止一次地表达过上帝存在的立场。在《宗教的自然史》的"引言"中休谟曾说:"自然的整个结构证明有一个理智的创造者;在经过严肃的反思后没有任何有理性的研究者会有一刻悬置对真正的有神论和宗教的主要原则的信念。"① 《自然宗教对话录》中也有这样的话:"自然的作品和艺术的作品之间有极大的相似这是很明显的,……神的存在清楚地为理性所确定。"② 当休谟一次在巴黎霍尔巴赫男爵家做客时,在场的另外几位哲学家狄德罗、爱尔维修和达朗贝尔等正在谈论反对宗教的话题,休谟插话道,"我不相信有任何无神论者存在过。我从未见过一个无神论者。"③ 不过,休谟也不承认自己是自然神论者。一则逸事说,有位信奉自然神论的女士想结识休谟,她说,"请允许我介绍自己,我们自然神论者应该相互认识"。休谟的回答是,"我根本不是什么自然神论者。我并不把自己归为这种人,我也不想以这种称号被认识。"④ 根据休谟的这些论述再结合他对宗教的批判不难看出,休谟是一方面剥夺了上帝的各种具体属性,另一方面又承认上帝的存在。其结果是,使上帝实际上变成了一个空洞的名称和符号。盖斯金(J. C. A. Gaskin)将这种没有实质内容的上帝存在观称为"弱自然神论"(attenuated deism)。他说,对于"存在一个上帝"这个命题休谟给予了某种真正的同意,这种同意介于自然神论和无神论之间。⑤ "弱自然神论"的说法是否确切地表达了休谟的原意,这一点可以继续讨论。不过,有一点似乎可以肯定,即休谟的"真宗教"就是包容了"上帝"在内的人性哲学。在《自然宗教对话录》中,菲洛曾说:"在一个文人身上,做一个哲学的怀疑主义者是成为一个健全的、有信仰的基督徒的第一步和最重要的一步。"⑥ 这句话可以作为对"真宗教"的很好注脚。

---

① David Hume, *Natural History of Religion*, p. 1.
② David Hume, *Dialogues Concerning Natural Religion*, New York and London: Hafner Publishing Company, Inc., 1948, pp. 84 – 85.
③ Henry G. Graham, *The Scottish Men of Letters in the Eighteenth Century*, London, 1901, p. 47.
④ James McCosh, *The Scottish Philosophy, Biographical, Expository, Critical, From Hutcheson to Hamilton*, New York: Robert Carter and Brothers, 1875, p. 156.
⑤ J. C. A. Gaskin, *Hume's Philosophy of Religion*, London: Macmillan Press, 1988, 2nd edition, p. 221.
⑥ David Hume, *Dialogues Concerning Natural Religion*, New York and London: Hafner Publishing Company, Inc., 1948, p. 94.

休谟的宗教思想和他的整个哲学是一致的,即都不是非此即彼、非黑即白的简单论断,而是一个具有包容性和矛盾性的综合体。就宗教而言,休谟从理论基础和实践后果两个方面进行了深刻的批判,最后得出的结论是:宗教的所谓理性基础是不成立的,其实践后果总体上说是有害的。用休谟的话说就是,"考察世界上的大多数民族和大多数时代。检查一下实际盛行于世界中的宗教原则。你只会相信它们是一个病人的梦;或者,也许更多地是把它们看作猴子扮作人形之游戏的怪想,而不是对一个以理性之名自居的存在者的严肃的、肯定的、固执的断言。"① 然而,休谟同时也承认理性并不能完全取代信仰,因为理性既无法证实信仰也无法否证信仰。休谟对此也感到非常困惑。他说,"整个儿是个谜,是个不可思议之物,是个无法解释的神秘。怀疑、不确定、悬置判断,似乎是对这个主题所作的最准确的研究的唯一结果。"② 当然,对休谟来说这个问题只是理智上的困惑而已,它并不能对人类的实际生活构成威胁,因为即使是最激进的怀疑主义者也还得按照自然信念生活。总的来看,休谟哲学是对启蒙哲学乃至整个哲学的重要贡献。不夸张地说,由于休谟哲学的出现整个启蒙哲学被提升到一个更高的层次。盖伊说,"休谟比启蒙运动中他的众多同侪要更为决然地站在现代性的入口处,并展示了其危险性和可能性。不用通俗剧而是清醒的雄辩,一个人就可以从一个造诣深湛的古典主义者那里有所期待。休谟说得明白,既然上帝是沉默的,那么人就是自己的主人:他必须生活在一个驱魅的世界里,使每样东西都接受批判,然后开辟自己的道路。"③ 这一点可以从休谟哲学的批判性、严密性、彻底性和清醒的常识态度中得到验证。

---

① David Hume, *Dialogues Concerning Natural Religion*, New York and London: Hafner Publishing Company, Inc., 1948, p. 74.
② David Hume, *The History of Natural Religion*, London: A. and H. Bradlaugh Bonner, 1889, p. 75.
③ Peter Gay, *The Enlightenment: The Rise of Modern Paganism*, New York and London: W. W. Norton & Company, Inc., 1969, p. 419.

第四节　里德和常识学派的辩护

一　里德对上帝存在的辩护

和休谟相比,托马斯·里德是一位真诚的基督教哲学家。戴尔·塔基(Dale Tuggy)说"他的有神论或基督教信念从未动摇过,他的作品和传记中弥漫着温和的、真诚的信仰。"[①] 里德对哲学的主要贡献在于他通过对休谟哲学的反驳指出经验主义的局限性以及提出了常识哲学的基本原则。在宗教哲学方面里德则没有什么特别的建树。这从他的著作中也可以窥见一斑。里德的三部代表作即《根据常识原则探究人类心灵》《人类理智研究》和《人类行动能力研究》主要研究的是认识论、伦理学和美学思想。可能唯一以宗教思想为研究对象的作品是他的《自然神学讲座》(Lectures on Natural Theology)。

作为基督教哲学家,里德不仅怀有"真诚的信仰",而且极力为宗教的合理性作论证以反对各种怀疑主义和无神论思想。在其认识论中里德没有将诸如"上帝存在"之类的命题作为"常识原则"或"第一原则"提出,显然他注意到此类命题并不是"自明的"。因此,在神学讲座中里德把自己的任务规定为解决:上帝存在的证明、上帝的属性以及恶的问题。关于上帝存在的证明,里德主要论及宇宙论证明和设计论证明这两种证明形式。关于宇宙论证明,里德接受了萨缪尔·克拉克(Samuel Clarke)的观点。在其著名的《关于上帝的存在和属性的证明以及其他著作》(A Demonstration of the Being and Attributes of God and Other Writings)一书中克拉克博士从"事物存在必有原因"的前提出发,根据"现在存在着事物"这个经验命题,最后推出必定存在一个唯一的、全知、全善、全能的上帝。里德认为这个证明是非常成功的。在他看来,"事物存在必有原因"是"常识原则"或"第一原则",具有成熟理智的人都会同意这一点,如果没有这条"当然的"原则,那么在生活中我们就连一刻也不能审慎地行动。所以,里德说,这个从事物的当下存在到一个所有存在的永恒原因

---

① Terence Cuneo and Rene van Woudenberg eds., *The Cambridge Companion to Thomas Reid*, Cambridge: Cambridge University Press, 2004, p.289.

的论证似乎是建立在推理的最明白的原则之上，没有任何例外可以经得起检验。①

里德更加重视设计论证明，认为这个证明对于所有人来说都是再清楚不过的。他说，从我们在宇宙和万物中所看到的智慧和设计现象可以推出，他们最初是由一个智慧的和理智的原因所产生而且仍旧受他的管治。② 有人反驳说世界的构造有缺陷，比如如果没有山，也没有江河或海洋，到处都是翠绿的田野和如花的草地，这样可能会更美。里德认为这种观点是荒谬的，因为如果没有山就没有泉水，没有海洋就没有和远方国家的交流，结果我们就会一直是野蛮人。这一点，里德认为可以适用于所有其他的指责。在他看来，这些都并不是设计的缺陷，而只是我们无知的证明，因为每当我们知道更多就会愈加发现在宇宙的构造中所显现出来的理智设计的痕迹。以遥远的物体为例。我们目力所及处最远的是恒星。这些恒星间的距离甚至连我们的想象力都无法把握，但是它们都分别在自己的轨道上以一定的距离进行运动。其中，越少出现的离我们越远，越亮的离我们越近。这种精巧的安排恰好说明有一个"宇宙之王"（Universal King）创造并支配着它们。③ 另外，即使这些恒星距离我们非常遥远，可也并不是没有用处的。比如，无论是陆地旅行还是海上航行都可以受益于它们提供的光亮，而天文学没有它们也不可能取得进步。再以太阳为例。里德说，在我们的行星系中我们可以知觉到更为清楚的智慧和设计的标记（mark），比如太阳置于中心是为了照亮围绕他旋转的其他行星，但是它们都遵守最有规则的秩序。④ 不仅地球上的物体和遥远的行星，而且即使看似神秘的彗星也都遵循相同的规律（万有引力），可以说整个宇宙都是为这种精确的数学规则所调节。

在里德看来，这些现象无不表明宇宙存在的合目的性，而这种手段—目的的活动绝不可能出于偶然，因此必定是来自一个更高的智慧和设计，这

---

① Elmer H. Duncan ed., *Thomas Reid's Lectures on Natural Theology*, Washington, D. C.: University Press of America, 1981, p. 10.

② Elmer H. Duncan ed., *Thomas Reid's Lectures on Natural Theology*, Washington, D. C.: University Press of America, 1981, p. 15.

③ Elmer H. Duncan ed., *Thomas Reid's Lectures on Natural Theology*, Washington, D. C.: University Press of America, 1981, p. 17.

④ Elmer H. Duncan ed., *Thomas Reid's Lectures on Natural Theology*, Washington, D. C.: University Press of America, 1981, p. 19.

就是上帝。此外，里德认为人体构造的精巧合理也能够证明一个智慧的和有设计能力的存在者的存在。总的来看，里德的设计论证明更多地依赖于终极因证明，即从结果推出原因的因果关系证明，但是他认为这种推论的前提既不是来自推理也不是来自经验，而是"自明的""第一原则"。如果用三段论来表示的话就是：（1）从结果中的智慧标记可以推出一个有理智的第一因；（2）自然作品中存在明显的智慧和设计的标记；（3）结论是，自然作品是一个有设计能力的和智慧的原因的结果。① 基于上述证明，里德认为休谟对上帝的怀疑论证是不成立的。

关于上帝的属性，里德将之分为两类，即自然属性和道德属性。自然属性包括：永恒性（eternity）、必然存在（necessary existence）、广大（immensity）、无限的能力（unlimited power）、无限的完美（unlimited perfection）、完美的知识和智慧（perfect knowledge and wisdom）、精神性（spirituality）、统一性（unity）和永远不变的幸福（immutably happy）。道德属性有：善（goodness）、仁慈（mercy）、节制（forbearance）、真和诚实（truth and veracity）、热爱德行（love of virtue）、憎恶恶行（dislike of vice）、正义（justice）。里德首先表明我们关于上帝的属性不是通过类比得来的。类比论者存在一些不可克服的困难，比如他们并不将人类身体的形状和器官赋予上帝，而是将某些心灵的东西与之类比，比如知性、意志和道德属性。即使是将心灵的特性进行类比也存在着困难，因为我们是通过意识活动来获得关于心灵及其属性的观念，但是我们并不能形成对至高存在者的属性的观念。例如盲人就没有关于颜色的观念，聋子就没有关于声音的观念。同样，我们也不能形成属于神圣的心灵的任何观念。

里德认为关于上帝属性的观念是我们通过由果溯因的方法获得的。如：（1）从自然活动所表现出来的属性我们推断它们存在于上帝之中。（2）从关于持续的观念中推出一些神圣的属性。另外，在上述两种属性中，里德更为重视对上帝的道德属性的论证。所谓上帝的道德属性，在他看来指的是与上帝的行为（action）和举止（conduct）相联系的东西，这

---

① Elmer H. Duncan ed., *Thomas Reid's Lectures on Natural Theology*, Washington, D. C.: University Press of America, 1981, p. 54.

个东西可以控制他的意志和活动。① 人有高出动物界的判断是非善恶的能力，因为人具有极其可贵的道德感官能（the moral faculty）。我们是否可以将道德属性赋予上帝呢？里德认为我们不可以通过类比的方法来证明上帝和我们一样拥有相似的道德属性，因为人是有限的、不完美的，也不能把人的情感加之于上帝。里德认为，情感对于人来说只是为了弥补理性和道德感的不足。将完美的道德属性赋予上帝的原因在于：（1）结果中的每一种实在的卓越都可以见之于原因。"给予理解的人会不理解吗？"（He that gave understanding shall not he understand?）根据这一原则，里德认为将道德属性赋予上帝完全合理。（2）从上帝对世界的道德管治中可以看出他的完美的道德属性。比如善行受到支持以及恶行受到阻止。这种道德的赏罚不仅存在于民法中，而且也存在于自己的心灵中、生活中。（3）良心的声音促使我们将完美的道德属性归之于上帝。对上帝德行的信任是我们对来世状态期待的坚定支持，我们都希望在那种状态里会得到更加完美的报偿。相信上帝的正义安排，这是每个人深植于内心的情感。

里德还对休谟在《论特殊的天意和来世状态》一文中的观点进行了反驳。休谟的基本原则是：原因必须和结果精确地相称；在从一个结果推出一个特殊的原因时，除了足够产生那个结果的性质外不能再赋予其他任何性质。根据这个原则，休谟认为我们没有理由赋予一个至上的存在者比我们所见到的在他的作品中显现出来的东西以更高程度的智慧、能力和理智。里德说，原因和结果相称这个观点对于自然原因来说是对的，但是就理智原因而言，这个原则并不是建立在理性的基础之上，因为其活动是自由的和主动的。② 里德认为这类错误的产生主要是由于"原因"一词的歧义性。里德说，"原因"的准确的和严格的含义是，任何有能力产生这个结果和有意志产生这个结果的施动者（agent）。据此，里德认为像"寒冷是水结冰的原因"中的"寒冷"就是在模糊的和不准确的意义上的"原因"。里德还对霍布斯、博林布鲁克爵士（Lord Bolingbroke）和休谟在《自然宗教对话录》中的观点进行反驳。休谟承认存在一个拥有能力、智

---

① Elmer H. Duncan ed., *Thomas Reid's Lectures on Natural Theology*, Washington, D. C. : University Press of America, 1981, p. 83.
② Elmer H. Duncan ed., *Thomas Reid's Lectures on Natural Theology*, Washington, D. C. : University Press of America, 1981, p. 92.

慧和其他自然属性的第一因，但是认为对他的道德属性和行为原则完美一无所知。休谟说，当我们谈论上帝的善、仁慈或正义时，我们使用的这些词都是没有意义的。里德认为这种观点破坏了所有的宗教和德行的根基，必须给予反对。在他看来，没有任何根据认为上帝的道德属性比他的自然属性更加不可理解，因为对善恶的判断和对是非的判断是同样地确定，比如"善和正义胜过其反面"就和"2+2=4"一样明白。不可能设想至上的存在者使用的是另外的衡量标准，如他认为是道德上恶的，而我们却认为是道德上善的。里德认为这是荒谬的。因为虽然人类是按照真理来判断，而上帝则总是按照真理来判断。

　　恶的问题一直是对上帝存在证明的极大挑战。里德对这个问题也进行了讨论。里德首先区分了三种恶：不完美的恶（evils of imperfection）、自然的恶（natural evil）和道德的恶（moral evil）。在他看来，不完美的恶并非真正的恶，而只是善的程度低（a less degree of good）而已。比如人本可能会更完美一点，兽类本可能成为有理性的存在者，植物本可能成为一个兽类。自然的恶是宇宙中的存在者所遭受的苦难和痛苦。自然的恶究竟出于何种原因我们无法判断，但是里德认为从某种意义上说自然的恶有助于增进智慧和德行。不过，里德有时也倾向于认为自然的恶是道德的恶所带来的结果。他说，"我们应该考虑自然的恶在多大程度上或许是道德的恶的惩罚。……许多自然的恶都是罪恶的结果，如果消除了所有的恶，那么就几乎不会有痛苦，地球将会是一个乐园。差不多我们所容易有的所有恶都要么是我们自己的愚蠢的结果要么是由于他人的结果。"[①] 和自然的恶相比，道德的恶则是出于理性存在者的错误行为（misconduct）。关于道德的恶，里德认为是出于人的自由意志。在他看来，如果人不是自由的施动者（free agent），那么所有的善行和恶行都可以认为是上帝所为，但是如果上帝给予人这种能力，而人滥用了它，那么由此造成的道德的恶就只能是出于人之所为而不是上帝所为。因此，里德认为无论是用不完美的恶、自然的恶还是道德的恶来反对万物的良善的管理都是无力的。

　　总的来看，里德为宗教信仰所作的辩护没有其为常识所作的辩护那么有力。而且在辩护中里德的思想还有一些矛盾之处，比如关于启示和理

---

① Terence Cuneo and Rene van Woudenberg eds., *The Cambridge Companion to Thomas Reid*, Cambridge: Cambridge University Press, 2004, p. 304.

性,他一方面认为启示高于理性,另一方面又认为启示需要理性来判断。他说:

> 启示展示了自然宗教的所有真理,这无疑是真的;但理性必须被用来判断启示,这还是真的;不论它是否来自上帝。两者都是伟大的光,我们不应该为了使用另一个而熄灭这一个。在使用自然宗教方面,启示对于启蒙我们有用处,就像一个人在那些他不可能发现的事情上启蒙他人,这样就很容易设想上帝可以启蒙人类。……我们承认在自然宗教的事务中人有赖于启示,但是这决不是我们不该在这里使用我们的理性的理由。启示被给予我们不是为了妨碍我们的推理能力的使用,而是为了帮助和促进它们。正是通过理性,我们得以判断启示是否真的如此;正是通过理性,我们得以判断被启示之物的意义;正是通过理性,我们防范任何对启示的不虔敬的、不一致的或荒唐的解释。①

不过,从根本上说里德还是倾向于理性对启示的权威,这和启蒙时代占主导的理性精神是一致的。

二 贝蒂、奥斯瓦尔德论宗教真理

在宗教思想上,里德之后的常识学派哲学家们也没有提出什么新的理论原则。其中,值得注意的是贝蒂和奥斯瓦尔德的主张,因为他们将宗教原则也纳入常识的范围中,而此前里德并没有这样做。里德没有在他的认识论中将有关上帝的存在和属性置于他所列的常识原则里,这就说明他并不认为它们是"常识原则"或"第一原则"。在后来的神学讲座中里德则明确承认它们是来自推理,并且给予了相应的哲学论证。所以,康德对贝蒂和奥斯瓦尔德的批评是有根据的,而对里德的批评则有失公允。

贝蒂和奥斯瓦尔德完全是站在宗教的立场上来反对以休谟为代表的怀疑论和无神论思想。贝蒂认为休谟的怀疑主义哲学破坏了宗教信仰的基础,因此有必要给予反击以维护正统的教义。在他看来,怀疑主义是站不

---

① Elmer H. Duncan ed., *Thomas Reid's Lectures on Natural Theology*, Washington, D.C.: University Press of America, 1981, pp. 1–2.

住脚的，他尖刻地说，"我要将下面的两难问题在尽可能强的光亮之下置于公众之前：我们的怀疑主义者要么相信他们发表的学说，要么不相信这些学说；如果他们相信这些学说，他们就是傻子；如果不相信，他们就比这还要差一千倍。"① 然而，贝蒂只是一个哲学教授，却并不是一个哲学家。他并没有从正面接受休谟的挑战，而是避重就轻转移了辩论的主题。休谟再三强调他并不怀疑上帝的存在，只是要求给出关于上帝存在及其属性的证据，不管是经验的证据还是理性的证据。贝蒂的策略则是从证据追溯至"第一原则"，通过对真理的重新界定而将宗教的教义也纳入真理中来，这样休谟原来怀疑的东西现在就成了当然的前提。显然，这种"批判"是在无的放矢，然而却得到贝蒂同时代人的喝彩。如前文所述，贝蒂把真理定义为"我的本性构造决定我去相信的东西"。相应地，谬误则是"我的本性构造决定我不去相信的东西"。② 可以看出，贝蒂的真理观和符合论的真理观有着明显的不同。符合论的真理观是一种"客观的"真理观，即要求主客观之间的一致或者说主观必须符合客观。贝蒂的真理观强调人的本性构造（constitution of nature），可以说是一种"主观的"真理观。不过，对于贝蒂来说，这种"真理"不仅不缺乏"客观性"，甚至还具有最高的"确定性"。贝蒂认为真理的确定性或是通过直觉而来，或是通过证据所得。由证据而知觉到真理的官能被称为理性，而我们借以知觉到自明的真理的能力则叫作常识。在他看来，二者中常识更为重要，因为所有的推理最终都必定是建立在常识原则的基础上。③ 既然常识是真理的标准，那么理性就不能逾越它。怀疑主义的产生就是由于理性被滥用，从而超出了自己的界限。贝蒂把直觉真理分为5类：（1）公理和几何学中被证明了的结论是确定真实的。（2）像我的身体存在，并且具有心灵；物质世界是独立存在的；我们看到和感觉到的周围的人、动物、房子和山川都不是虚构的，而是实在的和物质的存在者。（3）雪是白的，火是热的，金子是黄色的，糖是甜的，这些都是确定真实的。（4）关于道德真理，我们不能认为上帝的观念（notions）和我们的观念是相反的。

---

① *Scottish Men of Letters in the Eighteenth Century*, pp. 263–264.
② James Beattie, *An Essay on the Nature and Immutability of Truth in Opposition to Sophistry and Scepticism*, p. 29.
③ James Beattie, *An Essay on the Nature and Immutability of Truth in Opposition to Sophistry and Scepticism*, p. 51.

(5) 关于或然真理，至上的存在者或许和我们想的不一样，然而他总是正确的。可以看出，其中只有第一类真理是休谟和常识哲学家们共同承认的，其他的都是休谟否认而常识哲学家给予认可的"真理"。第四类真理是有关上帝及其属性的。贝蒂认为，如果我们相信上帝是全知的和不可错的，那么像残忍、非正义和忘恩负义会得到奖赏和称赞，而其相反的德行却受到谴责和惩罚，这种事就是绝不可能的，因为这是荒谬的。显然，贝蒂也和里德一样把荒谬性作为判断一种观点是否符合常识的标尺。荒谬的东西总是包含着矛盾，因此和常识水火不容。贝蒂说，"常识宣称，拥有完美知识的存在者不可能具有这种情感，就如同我们睁开眼睛却不想看见光线一样不可能。"[1] 这样，贝蒂就心安理得地"证明"了宗教教义的合理性。

詹姆斯·奥斯瓦尔德和贝蒂采取的是同样的策略。奥斯瓦尔德认为，我们不应该试图从理性的角度去证明宗教和道德的"第一原则"——不管是第一因证明还是设计论证明，而应当将它们也作为"常识原则"或"第一原则"给予接受。为了说明常识的"真理性"，奥斯瓦尔德区分了推理（discursive reasoning）和理性（rationality）。二者的不同在于，理性可以直觉到常识的"首要真理"（primary truth），而推理则只能推演出"次要真理"（secondary truth）。"首要真理"这个概念是奥斯瓦尔德从法国哲学家克劳德·布费尔（Claude Buffier）那里化用而来的。布费尔首先提出"第一真理"（first truth）的概念。他认为存在着常识的"第一真理"，这些"第一真理"不能够从其他任何事物中推演出来，相反，它们是推理的基本前提。奥斯瓦尔德将布费尔的"第一真理"改称"首要真理"，但是二者在本质上没有任何区别。奥斯瓦尔德还有一个观点，即认为推理从广义上说既存在于理性存在者身上，也存在于一些低等动物身上，只是程度上有所不同。比如，一只狗、一个傻子或一个幼童都知道整体和部分的区别：从一块食物的整体中拿走一部分他们就会抱怨，而将拿走的一部分放回去他们则又感到高兴。[2] 但是理性则只存在于理性存在者

---

[1] James Beattie, *An Essay on the Nature and Immutability of Truth in Opposition to Sophistry and Scepticism*, p. 226.

[2] James Oswald, *An Appeal to Common Sense in Behalf of Religion*, ed. James Fieser, Bristol: Thoemmes Press, 2000, p. 63.

身上，凭借它理性存在者可以直觉到直接的和自明的常识真理。奥斯瓦尔德由此认为，与其说是推理还不如说是理性将理性存在者和非理性存在者区别开来。这样，通过对理性和推理、首要真理和次要真理的区分，奥斯瓦尔德就确立了常识的权威。既然常识是理性存在者判断真理的唯一权威，而宗教和道德的首要真理和其他的首要真理一样都是常识的对象，那么所有关于宗教真理的怀疑主义证明就都是不可能的。按照这种逻辑，奥斯瓦尔德认为怀疑主义者之所以怀疑宗教的信念，是因为他们没有真正的第一原则，而推理必须从第一原则出发，所以怀疑主义者所称的推理在他看来不过是没有意义的闲话（unmeaning talk）而已。"宗教的首要真理不是用来争辩的，而是作为第一原则"①，这句话可以看作奥斯瓦尔德对所有证据主义者的回应。不言而喻，贝蒂和奥斯瓦尔德对宗教的辩护是一种典型的独断论，康德正是在这个意义上批评他们不去探究理性的本质，而是诉诸于常识这个权宜的手段。

三 坎贝尔驳休谟关于神迹的论证

在与休谟展开神学论战的常识哲学家中，最值得一提的是乔治·坎贝尔。众所周知，在18世纪的苏格兰神迹问题是一个极具争议性的话题。休谟的《论神迹》（*Of Miracles*，1748）一文的发表使这一争论达到了顶点，因为他的论证被认为不但破坏了启示宗教的基础，也摧毁了自然宗教的基础。在宗教思想史上神迹一直被用来证明上帝的存在及其属性，休谟认为神迹的证明实际上是无效的，因为神迹证明自称建立在经验的基础上，而所有的经验证据都不能证明神迹的存在。要求证据的可靠性是休谟《论神迹》一文的核心思想。坎贝尔关于神迹的思想正是来自对休谟的《论神迹》一文的思考。1763年，坎贝尔发表了他的《论神迹》（*A Dissertation on Miracles*），在这本书的前言中坎贝尔毫不掩饰地说他的目的就是回应休谟的挑战，同时为宗教进行辩护。② 坎贝尔对于休谟的哲学才华

---

① James Oswald, *An Appeal to Common Sense in Behalf of Religion*, ed. James Fieser, Bristol: Thoemmes Press, 2000, p. 122.
② 据说，在发表此书前坎贝尔还曾托布莱尔博士（Dr. Blair）把一份抄本寄给休谟看。不过，休谟和往常一样并没有加入论战，只是说当一个耶稣会信徒（Jesuit）不断地给他一些"无意义的神迹"（nonsensical miracles）时他如何想到了自己的论证。参见 James McCosh, *The Scottish Philosophy*, New York: Robert Carter and Brothers, 1875, p. 240。

相当敬佩，但是在神迹问题上他对休谟的观点并不赞同。

坎贝尔认为休谟的论证建立在一个虚构的假设上。在他看来，休谟把经验作为证据（testimony）的唯一基础是不对的，因为见证者的证据实际上先于经验的证据，例如我们都有一种相信他人的证据的自然倾向，这不是从经验中反复习得的，而是一种先于经验的或者说植根于人性之中的先天的东西。用坎贝尔的话说就是，证据对于先于经验的信念有自然的和源初的影响。① 坎贝尔举儿童为例，说明他们在获得经验之前自然而然相信他人的证据。可以看出，坎贝尔把休谟要求的经验证据变成了一种心理的证据。坎贝尔明确地提出，记忆和经验的关系同证据和经验的关系是一样的。他承认，记忆有不足（defects）和歪曲（misrepresentations），而且要由经验来矫正。不过，如果由此认为记忆是从经验中获得证据，那么就会陷入荒谬。在他看来，"经验唯一来源于记忆，经验不是别的而就是我们从所记忆的特殊事实的比较中形成的普遍公理和结论。如果我们不是先在地被给予对记忆的绝对的信心（implicit faith），我们就永远不可能获得经验。"② 坎贝尔对休谟的另一个观点也表示反对，即"当两种经验相反时，我们没有别的只能从一个中减去另一个，我们要么接受这一边的意见要么接受另一边的意见，但是我们的确信只会从余数中来。不过根据解释过的法则，就所有的通俗宗教而言，这个余数等于完全的消灭……"③。

坎贝尔认为休谟关于相反经验互相抵消的论断是不成立的。他举了一个渡船的例子：假如我在一条渡口边上住了许多年。根据我的知识，渡船一千次过河，又一千次地安全返回。然而我遇到一个陌生人，他以郑重的态度告诉我他在岸上看到船沉没，乘客被水冲走了。在这个例子中一个人无须深奥的哲学，而只要根据常识，就会相信这个事实的证据。④ 坎贝尔以此说明，相信两个相反的证据并没有不一致之处，而且相信后者（一次的证据）与相信前者（一千次的证据）之间也不存在不一致之处。坎贝尔的论证表明休谟神迹的证明的确存在不严密之处。

---

① George Campbell, *A Dissertation on Miracles*, Edinburgh: Mundell, 1807, p. 12.
② George Campbell, *A Dissertation on Miracles*, Edinburgh: Mundell, 1807, pp. 14 – 15.
③ David Hume, *An Enquiry Concerning Human Understanding and Other Writings*, ed. Stephen Buckle, Cambridge: Cambridge University Press, 2007, p. 112.
④ George Campbell, *A Dissertation on Miracles*, Edinburgh: Munddell, 1807, p. 18.

第六章 苏格兰启蒙哲学的取向

作为苏格兰启蒙运动的重要一部分，苏格兰启蒙哲学表现出一些内在的整体特征，比如心理学取向、伦理学取向、尊重常识等。这些特征不仅与当时苏格兰的具体社会条件有关，而且也和科学的进步以及哲学家们的理论旨趣等因素有关。从社会条件方面来说，苏格兰和英格兰的政治合并一方面带来了苏格兰社会结构和社会面貌的变化，另一方面也使思想环境变得更加宽松，这些条件使得苏格兰的学术繁荣成为可能。从科学的角度来说，诞生于17世纪的"新科学"方兴未艾，这种新科学不仅对人类的社会生活产生了极大的影响，而且在很大程度上改变了人们的思维方式，"人的科学"就是科学影响哲学的产物。从哲学家们的理论旨趣方面说，哲学家们对由社会转型所带来的人的思想方式和行为方式的变化这一现实问题给予了极大的关注，并试图从理论上给予说明，因而伦理学从某种意义上说成为苏格兰启蒙哲学中的"显学"。

第一节 苏格兰启蒙哲学的心理学取向

苏格兰启蒙哲学的一个非常显著的特征是哲学的心理学取向。所谓哲学的心理学取向，是指苏格兰哲学家倾向于把心理学作为哲学研究的根本方法，某些哲学家如汉密尔顿甚至还把哲学等同于心理学。从历史上看，自从古希腊以来哲学和心理学就有着千丝万缕的联系，但是。在苏格兰启蒙哲学中心理学受到前所未有的重视。之所以会出现这种哲学现象，主要是因为近代哲学受到自然科学发展的影响。按照（严格的）自然科学的解释，宇宙中除了物质和运动之外别无他物，而物质及其运动遵循一定的规律，揭示了这些规律也就揭示了宇宙的秘密。因此，如果说科学是对自然世界的祛魅,那么苏格兰哲学家们便是试图对精神世界进行同样的祛魅,因为在他们看来精神世界和自然世界一样是可以被认识的。

赫根汉(B. R. Hergenhahn)说,"这些哲学家们试图像牛顿解释宇宙的运作那样解释心灵的运作。也就是说,他们追求用几条原则或法则就可以解释所有人类的认知经验。"① 这种哲学的心理学取向和经验主义哲学的发展也有密切的关系。经验主义哲学家洛克和贝克莱等关于认识论的阐述基本上是心理学的,休谟则把这种心理学的分析发展到较为成熟的联想主义阶段。和休谟不同,里德提出类似于"官能心理学"的主张,认为心灵中存在一些官能,这些官能影响着人们的思想和行为。在苏格兰哲学家中,汉密尔顿最为重视心理学,他有时把哲学称为"心灵的哲学"(philosophy of mind),有时则直接称作"心理学"(psychology)。

当然,这种心理学并不是现代意义上的心理学,而是所谓的"哲学心理学"(philosophical psychology)。这种哲学上的变化可以用盖伊(Peter Gay)的一句话来描述:"这是一个心理学的时代,这时的哲学已经从形而上学转向了认识论,人们正带着新的活力,使用新的方法仔细检查自己的动机。"②

一 休谟的"人的科学"

休谟把自己的哲学称为"人的科学"(science of man)。所谓"人的科学",简单说,就是以"人性"(human nature)为研究对象的科学。休谟将"人性"置于非常重要的地位,这与他对"人性"的判断是分不开的。休谟认为,所有的科学都与人性有着或大或小的关系,不管它们似乎离开人性有多远,它们最终还是会在这一阶段或那一阶段上重新返回到人性上来。甚至数学、逻辑学、自然哲学(物理学)、道德哲学和自然宗教等都在某种程度上依赖于人的科学,因为它们都要依靠人的认识,并由人的能力和官能来加以判断。③ 据此,休谟将他的"人的科学"看作所有科学的唯一基础。所以,可以说,只要说明"人的科学"的性质也就说明

---

① B. R. Hergenhahn, *An Introduction to the History of Psychology*, Belmont, CA: Brooks/Cole Publishing Company, 3rd edition, 1997, p. 130.
② Peter Gay, *The Enlightenment: The Rise of Modern Paganism*, New York and London: W. W. Norton & Company, Inc., 1969, p. 408.
③ David Hume, *A Treatise of Human Nature*, "Introduction".

了休谟整个哲学的性质。

休谟的"人的科学",既是认识论也是心理学。认识论一词源于希腊语 epistanai,意思是"理解"或"认识"。从传统上讲,认识论属于哲学的范畴。但是,在启蒙运动中,心理学和科学成为知识理论的主要思想源泉。① 如前所述,"人的科学"的研究对象是"人性",而所谓"人性"就是关于"自我"的知识而不是关于"自然"的知识。② 在这一点上,休谟哲学基本上是沿着洛克开辟的认识论方向进行的,不同的是他比洛克要更为彻底。按照休谟的观点,"人的科学"和自然哲学一样都建立在经验和观察之上。由于自然哲学运用实验和数学的方法取得了巨大的成功,休谟相信如果在"人的科学"中也运用这种"推理的实验方法",那么"人的科学"必定可以达到和自然哲学同样的精确性。不过,需要注意的是,休谟所谓的"经验"和"实验"与自然科学中的经验和实验都是完全不同的。休谟并不曾在他的"人的科学"中进行类似于自然科学中的实验。休谟的"经验"实际上是"认知经验"(cognitive experience),而不是外显的可观察的经验。至于"实验",休谟则是指对经验之间如何联系以及经验如何同行为联系的观察。③ 这一点在休谟的心灵哲学中得到了充分的体现。

心灵哲学是休谟的"人的科学"的基础,它主要来自对洛克和贝克莱理论的改造。洛克有一个基本观点即心灵的对象是观念,这一点也为其他的经验主义者所接受,从而成为经验主义哲学的首要原则。洛克认为心灵首先接受的是简单观念,这些简单观念要么来自感觉要么来自反省。对于进入心灵的简单观念,心灵通过自己的主动能力可以将它们"组合"为"复杂观念",也可以通过"并置"使两个无论是简单观念还是复杂观念在一起以考察它们,从而获得"关系的观念",不仅如此,心灵还能通过"抽象"作用将同类观念从与之相伴随的其他观念中分离出来以获得"普遍的观念"。洛克还提出"观念联想"(association of ideas)理论。按

---

① [美]赖尔、威尔逊:《启蒙运动百科全书》,刘北成等编译,上海人民出版社2003年版,第23页。
② Vinding Cruse, Hume's Philosophy in His Principal Work 'A Treatise of Human Nature' and in His Essays, trans. P. T. Federspiel, Oxford: Oxford University Press, 1939, p. 21.
③ B. R. Hergenhahn, An Introduction to the History of Psychology, Belmont, CA: Brooks/Cole Publishing Company, 3rd edition, 1997, p. 122.

照这一理论，无论是观念的接续还是由它们构成复杂的经验，都有两种：它们要么建立在"自然的一致"（natural correspondence）基础上，要么建立在"偶然"（chance）或"习惯"（custom）的基础上。① 贝克莱把心灵的内容分为"感觉观念"和"想象观念"。二者的区别在于：感觉观念比想象观念更强烈、更生动、更清晰，而且它们有稳定性、秩序和连贯性，不是随意被激发起来的。② 贝克莱认为，这种感觉观念是由自然的造物主印刻在我们的感觉上的，所以它们是"实在的事物"（real things）。而在想象中激发的观念则不如感觉观念那样有规则性、生动性和恒常性，因此准确地说想象观念就是它们所复制和表象的"观念"或"事物的影像"（images of things）。③ 贝克莱和洛克一样把观念看作被动的，认为观念不能相互产生和改变，只有精神（spirit）才能做到这一点。贝克莱也强调联想的作用，不过他指出观念间的联结并不意味着因果关系，而只是符号与符号指示物之间的关系而已。观念联想的基础是感觉间的相互接近，但是至于感觉何以会相互接续我们无法知道，只能归结为上帝的能力。

休谟的心灵哲学一方面吸收了上述洛克和贝克莱的重要思想，另一方面也作了很大的发展。例如，休谟接受洛克的基本观点即关于我们只能认识呈现于心灵中的观念，但是在观念的来源上休谟只承认他的感觉观念而拒绝他的反省观念。关于贝克莱的哲学，休谟赞同他对洛克的"抽象"理论的反驳，不过对于其中保留的神秘主义因素即精神实体休谟也加以反对，因为在他看来，"如果我们进入自己的心灵，那么我们将既不会发现物质也不会发现自我，而只有事件。这里我们最多只有按照无任何前提假设的实证主义精神进行的纯粹的心理学或心灵的分析"④。可以看出，休谟的彻底性在于他将洛克的两个来源归结为一个即知觉，从而消除了洛克哲学的二元性；同时他将这个前提贯彻始终，从而也消除了贝克莱哲学中的神秘性。在心灵哲学中，休谟把经验（知觉）也分为两部分即印象和

---

① Howard C. Warren, *A History of Association of Psychology*, New York, Chicago and Boston: Charles Scribner's Sons, 1921, p. 39.
② George Berkeley, *Philosophical Writings of Berkeley*, ed. Desmond M. Clarke, Cambridge: Cambridge University Press, 2009, p. 94.
③ George Berkeley, *Philosophical Writings of Berkeley*, ed. Desmond M. Clarke, Cambridge: Cambridge University Press, 2009, p. 95.
④ George Brett, *A History of Psychology*, Vol. II, London and New York: Routedge, 1921, p. 271.

观念，不过由于印象和观念之间只有程度之分而没有本质的区别，所以休谟哲学仍然是一元的。和洛克、贝克莱一样，休谟认为最初的观念是原子式的和被动的。既然如此，这些个别的观念是如何联系起来的？在这个问题上，休谟发展了从洛克到贝克莱的联想理论。休谟首先区分了记忆观念和想象观念。按照他的观点，记忆观念是观念活动的基础，不过想象观念才是观念活动的关键，因为记忆只能保持观念的位置和次序，想象却能够对观念随意加以改变，因而它不但可以创造心灵中原来没有的观念，而且还可以将观念活动拓展到未来。毫不夸张地说，想象是休谟哲学的真正基础。不过，休谟认为想象也不是完全任意地天马行空，而是遵循一定的法则，否则一致的观念就是纯粹偶然的而变得不可解释了。这里休谟借鉴了牛顿物理学中的引力概念，认为观念之间也存在某种引力关系即联想。产生这种联想的法则主要有三条。相似、时空上的接近和因果关系。通过这些法则，一个观念既可以引起另一个观念，也可以推移到另一个观念，从而整个心灵的有规则的活动成为可能。不难看出，休谟关于印象、观念、想象和联想的分析完全是心理学的，这种心理学分析构成了自我知识的核心内容。当然，休谟的贡献不仅在于他提出了诸多有价值的创见，而且还在于他将这些心理学的原则贯彻到哲学的各个领域，从而产生了一系列惊人的破坏性结果。例如，在认识论中，传统哲学关于因果关系的论证被证明是不成立的；在道德哲学中，道德判断取决于情感而不是理性；在宗教哲学中，上帝的存在被证明没有理性上的根据。彼得·赖尔在分析心理学对于启蒙哲学的重要性时这样说过，"心理学是启蒙运动的一门重要学科，……它奠定了哲学、道德哲学和社会科学的基础。此外，它为理解人类认识与世界的关系提供了世俗的基础。因此，心理学为挑战神学权威提供了理论基础，令人信服地取代了神学和宗教对人类行为的解释。"① 这个评价对休谟来说再适合不过了。

总的来看，休谟把知识归结为有关人性的事实，认为如果我们能够解释人性的原则，那么我们就能构造一个完整的科学的体系。对此，索利（W. R. Sorley）解释道，"他的话简单说就是这样，即精神科学或者我们

---

① [美] 赖尔、威尔逊：《启蒙运动百科全书》，刘北成等编译，上海人民出版社 2003 年版，第 42 页。

现在称为心理学的东西，取代了哲学——其本身就是哲学。"① 赫根汉说得则更明白，"休谟极大地提高了我们现在称之为心理学的东西的重要性。事实上，他把哲学、宗教和科学都还原为了心理学。"②

二　里德的"官能心理学"

作为苏格兰常识哲学的代表人物，里德本人对心理学也非常重视。和休谟等经验主义哲学家一样，里德把哲学的任务看作研究人的心灵。他提出"心灵解剖"（anatomy of the mind）和"心灵解剖者"（anatomist of the mind）的主张，③ 认为哲学家们即心灵的解剖者，他们可以像医生解剖身体以了解身体那样通过解剖心灵以了解心灵的能力和原则。里德承认，解剖心灵不像解剖身体那样容易，因为首先人的心灵无法像外部对象那样进行直接的观察，而只能通过内省；其次我们只能考察自己的心灵，对于他人的心灵我们并没有直接的经验，而只能通过其外在的表现来推测。由此，里德引出一个重要的观点，即一个哲学家可以向我们描述他自身之内的所有思维原则的活动，不过这仅仅是特殊主体的解剖而已，如果将它应用于一般的人性，那么它可能既是不足的，又是错误的。④ 从某种意义上说，里德在这里已经看到了现在被称为"第一人称哲学"（first perspective philosophy）的内在缺陷。

里德认为这种哲学之所以结论错误，其根本原因在于经验主义者关于"观念论"和"被动心灵"的前提假设。按照"观念论"，心灵只能认识呈现于其中的观念，并且观念只能和观念相似，这种理论的极端后果就是休谟式的怀疑主义，即世界、自我和心灵都是不存在的，存在的只有流动着的知觉。"被动的心灵"是经验主义哲学家把心灵和自然相类比的结果：心灵和自然一样都是被动的，其中的活动都是自动的和机械的。既然自然的运作可以用几条普遍的机械法则来解释，那么心灵的活动同样也可

---

① W. R. Sorley, *A History of English Philosophy*, New York and London: G. P. Putnam's Sons, 1921, p. 168.
② B. R. Hergenhahn, *An Introduction to the History of Psychology*, Belmont, CA: Brooks/Cole Publishing Company, 3rd edition, 1997, p. 127.
③ 休谟在回应哈奇森对他的道德哲学的指责即过于冷酷缺乏温情时曾说自己是一个"解剖者"而非一个"艺术家"。这一表白实际上也同样适用于其哲学中的其他部分。就这一点来说，休谟和里德并无二致。
④ *The Works of Thomas Reid*, 8th edition, Vol. I, Edinburgh: James Thin, 1895, p. 98.

以用几条法则来说明。对经验主义的理论预设,里德提出了批评。首先,里德认为"观念论"的假设是错误的,因为我们确实拥有关于外部世界的知识。在他看来,我们对于外部世界的知觉是直接的,并不需要借助于观念这个中介来进行推理。由于这种知觉能力是造物主赋予人的一种先天能力,所以也不用加以证明。其次,里德认为"被动的心灵"也是一个错误的假定。按照他的观点,心灵从本质上说是"生动的"(living)和"主动的"(active)存在,思维的各种方式无不表明这一点:它们被称作心灵的活动,而且都是用主动动词来表达。① 里德的批评表明经验主义在理论上确实是有缺陷的。

里德也反对休谟的"观念联想"理论,他提出"思想之流"说(train of thought)以代之。每个人都可以意识到自己心灵中思想的不断接续,哲学家们称之为"想象"。想象也经常被称为"观念之流"(train of ideas),但是这容易使人把"观念之流"当成"概念之流"(train of concepts)。里德认为这是一个错误,因为想象不仅由概念或观念组成,而且还有许多其他的心灵活动组成。他说,"记忆、判断、推理、激情、情感和目的———一句话,除了那些感觉活动,心灵的每个活动都会偶尔在这个思想之流中起作用,并且作为一个部分而有自己的一份。所以,如果我们要使我们的思想之流仅仅变成观念之流,那么我们必须在非常广泛的意义上来理解观念这个词。"② 显然,在里德看来,"观念之流"不足以涵盖"想象"的全部内容,因为"想象"包括所有的心灵活动。里德把"思想之流"分为两种:一种是像来自喷泉里的水那样自然地流动,没有什么原则在起作用;另一种是受心灵有目的的主动努力的调节和指导。在现实中,这两种"思想之流"经常混合在一起。不过,里德认为心灵中的许多思想虽然是自然地呈现给我们,但是如果我们不给予注意的话,那么它们就会立刻被忘记就像什么也没发生过一样。所以,"思想之流"一开始是通过运用和判断的整理:经过不断地重复和变得熟悉后,它也就可以自然地呈现出来。简言之,里德的"思想之流"是使用判断和理性的结果,是习惯的结果,但不是"观念联想"的结果。用里德的话说,"如果观念的吸引是想象中有规则的思想排列(regular arrangement of thought)的主

---

① *The Works of Thomas Reid*, 8th edition, Vol. Ⅰ, Edinburgh: James Thin, 1895, p. 221.
② *The Works of Thomas Reid*, 8th edition, Vol. Ⅰ, Edinburgh: James Thin, 1895, p. 380.

要原因，那么判断或趣味在任何构成中都没有用处，它们的活动也没有任何地位。"① 在这里，里德实际上提出了一种类似于"官能心理学"（faculty psychology）的思想，即认为心灵拥有不同的精神官能，这些精神官能是心灵的主动能力，它们影响着个体的思想和行为。当然，里德并没有把这些官能实体化，即把它们看作像外感觉一样存在于心灵的某个具体的地方，而仅仅是将它们当作一种能力。并且，这些官能不是单独起作用，而是和其他官能一道发挥作用。②

里德的"官能心理学"是他的理性主义立场的反映，正如"联想主义心理学"是休谟的经验主义立场的反映。这种不同的理论旨趣导致里德在哲学上处处反对休谟，试图恢复被休谟破坏的一切。当然，二者之间也并不是毫无共同之处，比如在用心理学解释哲学这一点上他们就是一致的。正如德国哲学家文德尔班（Wilhelm Windelband）指出的那样，"苏格兰哲学家们是所有形式的感觉主义在心理学上的反对者。这种对比发展的共同点就是把心理学当作哲学。对里德和他的门徒来说，就是要在研究人及其精神能力中追求哲学的任务。"③ 这个概括应该说是非常准确的。

三 常识学派的心理学立场

常识学派的哲学家大多追随里德，重视心灵的主动能力，重视心理学在哲学中的基础地位和作用。例如，詹姆斯·贝蒂的《道德科学要义》（*Elements of Moral Science*）便是首先从心理学开始。贝蒂说，"所谓心灵的官能我指的是那些心灵在知觉、思维、记忆、想象等时的能力；而所谓一个人的心灵本身或灵魂、精神，我指的是人的构造中可以知觉、思维和发起行动的部分，没有这个部分我们的身体就将是没有感觉的、没有运动的和没有生命的东西。"④ 和传统哲学一样，他也把心灵的官能分为两个即知觉和意志（volition）。不过，贝蒂扩大了知觉的范围。例如，在他看

---

① *The Works of Thomas Reid*, 8th edition, Vol. I, Edinburgh: James Thin, 1895, p. 388.
② B. R. Hergenhahn, *An Introduction to the History of Psychology*, Belmont, CA: Brooks/Cole Publishing Company, 3rd edition, 1997, p. 168.
③ Wilhelm Windelband, *A History of Philosophy*, Vol. II, New York: Harper & Row Publishers, 1958, p. 459.
④ James Beattie, *Elements of Moral Science*, Vol. I, 3rd edition, Edinburgh: Archibald Constable and Company, 1817, p. 1.

来知觉官能应该包括：（1）外感觉，我们借以获得关于物体及其性质的知识；（2）意识，我们借以注意到自己心灵中的思想，意识也称反省；（3）记忆；（4）想象；（5）梦（dreaming）；（6）言说官能（faculty of speech），通过这种官能我们发现彼此心灵中发生的东西；（7）抽象；（8）理性（判断或知性），我们借以知觉到真假之间的不同；（9）良心（conscience）或道德官能（moral faculty），通过这种官能我们可以区别德与恶，什么是应该做的和什么是不应该做的。① 可以看出，贝蒂关于心灵知觉官能的划分非常广泛，不仅包括内感觉，而且也包括外感觉。尤其是把"言说"也作为一种知觉官能，这的确是以前从未有过的。后来，在知觉和意志之外贝蒂还增加了情感（affections）官能。贝蒂关于心灵官能的这种划分已经接近于后来康德和汉密尔顿的知、情、意三分法。② 在其代表作《论真理的本质和不变性，反对诡辩论和怀疑主义》中，贝蒂也是先从心理学的角度分析理性和常识的各自官能，然后通过确立常识的权威来反对理性的权威。在这一点上，贝蒂基本上是在重复里德的方法。

杜阁尔德·斯图尔特哲学的起点同样是心理学的。斯图尔特赞同里德的心理学方法和常识学说。不过，为了使常识哲学更容易为多数人所接受，他对里德的学说也进行了一些改造。斯图尔特持一种类似于现象学的观点，认为物质和心灵的概念都是指现象而言。例如。在他看来，我们通过感官知觉到的并不就是物质和物体，而只是广延、形状、颜色和某些其他性质，我们本性的构造使我们去指涉某种有广延的、有形状的和有颜色的东西。同样，我们也并不是直接意识到心灵的存在，我们意识到的只是感觉、思想和意志，这些活动暗示有某个在感觉、在思想和在意欲上的东西存在。③ 简言之，通过感觉我们认识到物质现象，通过意识我们理解心灵现象。但是把这些个别的感觉、思想和意志归于一个相同的存在者即自我，并将之区别于身体，这却是出于一种"不可抗拒的信念"，也即所谓的人的本性构造。根据这种观点，物质科学和心灵科学的研究对象明显不

---

① James Beattie, *Elements of Moral Science*, Vol. I, 3rd edition, Edinburgh: Archibald Constable and Company, 1817, p. 2.
② James McCosh, *The Scottish Philosophy, Biographical, Expository, Critical, From Hutcheson to Hamilton*, New York: Robert Carter and Brothers, 1875, p. 235.
③ Dugald Stewart, *Elements of the Philosophy of the Human Mind*, Boston and Cambridge: James Munroe and Company, 1855, "Introduction".

同：前者研究的是感觉对象，而后者研究的是意识对象。斯图尔特否认在物质现象和精神现象中存在"普遍的法则"，而只承认存在"普遍的事实"。他说："普遍法则或自然律不过就是一个普遍的事实，或者毋宁说是包括了许多相似的个别事实的普遍陈述。法则是归类的结果，个别的事物被归在一起以解释在它们之间发现的某种相似性或一致性。"物理科学如此，心灵科学也是一样。例如，在心灵科学中，我们确定了某个事实比如观念联想或记忆，这就是所有的目的。因此，斯图尔特断言，"如果我们不超出我们自己的意识提供的事实证据，那么我们的结论就会和物理学中的结论一样确定。"[1]。可以看出，斯图尔特一方面坚持里德的常识立场，另一方面也吸收了休谟的哲学观点。但是有一点对他们来说是共同的，即都坚持心灵科学或心灵哲学的优先性。例如，斯图尔特明确同意休谟关于人性科学是一切科学基础的论断，认为"所有的科学和所有的人生追求都有使我们去探究人性哲学的共同倾向，而这个知识的最后部门却不需要从其他任何科学借取任何原则"[2]。斯图尔特的观点对布朗产生了一定的影响。

如前文所述，托马斯·布朗是常识学派中一个具有转折性的人物。虽然布朗依旧属于里德和常识哲学的传统，但是在许多方面他却反对常识哲学的观点而同情休谟的哲学。所以，从某种意义上说，"布朗的哲学立场代表的是旧的经验主义的联想主义倾向和里德的直觉主义观点之间的一种妥协"[3]。例如就心灵哲学而言，和其他的苏格兰哲学家不同，布朗并不把精神过程看作特别的官能或心灵的能力。在他看来，知觉并不是一种特别的精神能力，而是联想能力的结果，通过这种能力一个情感暗示或引起先前与之并存的其他的情感。[4] 很明显，在这一点上布朗完全站在了休谟等的联想主义立场上。对于布朗来说，所谓"观念联想"指的是心灵的一种倾向，由于这种倾向先前为外部原因所激发的情感随后按照规则的相

---

[1] Dugald Stewart, *Elements of the Philosophy of the Human Mind*, Boston and Cambridge: James Munroe and Company, 1855, "Introduction".

[2] Dugald Stewart, *Elements of the Philosophy of the Human Mind*, Boston and Cambridge: James Munroe and Company, 1855, "Introduction".

[3] Rudolf Metz, *A Hundred Years of British Philosophy*, London: George Allen & Unwin Ltd., 1938, p. 31.

[4] Howard C. Warren, *A History of Association of Psychology*, New York, Chicago and Boston: Charles Scribner's Sons, 1921, p. 70.

互接续而产生,就像它们是同时似地或者至少没有直接出现任何已知的外部原因。① 和休谟一样,布朗的联想原则只考虑心灵中的事件而不关心它们和外部条件之间的关系。同样地,布朗的联想原则不仅可以应用于观念,而且也可以应用于心灵中的各种情感。他说,"我们的内部的欢乐、痛苦和各种情绪都可以在某种程度上被这种原则的影响重新恢复,可以将观念或其他的情感与唤醒它们的观念或情感加以混合,就像我们的关于外部对象的概念一样。"② 不过,和休谟相比,布朗更多地使用"暗示"(suggestion)一词,而非"联想"(association)。"布朗特别强调观念之间接续的事实,他使用'暗示'这个词部分地是为了消除观念间的并存(coexistence)和结合(union)概念。他认为暗示的基础可以还原为一个简单的法则即接近(proximity)……"③ 从这种联想主义心理学出发,布朗很自然地支持休谟对因果关系的解释。他的《因果关系研究》一书基本上是对休谟立场的发挥。然而,正如前文指出的那样,在因果关系的最终来源问题上布朗还是回到了常识哲学的立场上即诉诸于心灵的直觉和本能。布朗哲学的"妥协性"于此可见一斑。

在苏格兰常识哲学家中,威廉·汉密尔顿最为重视心理学。他有时把哲学称作"心灵的哲学",有时则直接称为心理学。他说,"心灵的研究就是哲学研究。没有任何一个哲学的部门不将它预设为前提,不从它这里借取光明。"④ 其他的学科,在他看来,不过就是从特殊角度来看的心灵科学或者说是心灵科学在这些学科中的个别运用。例如,逻辑或思想法则的科学仅仅是心灵科学的一部分,它预设了某种由这些法则调节的思维活动的知识。伦理学是一门关于控制道德主体行为法则的科学,这些法则的知识只有通过道德主体的知识才是可能的。同样,政治科学也预设了人的自然构造的知识和人的社会生活知识。艺术是关于美的理论,同时也涉及情感,这些都是来自心灵的科学。最后,宗教和神学也要依赖于心灵的科

---

① Thomas Brown, *Lectures on the Philosophy of Human Mind*, Vol. I, Hallowell: Glazier, Masters and Smith, 1835, p. 340.
② Thomas Brown, *Lectures on the Philosophy of Human Mind*, Vol. I, Hallowell: Glazier, Masters and Smith, 1835, p. 341.
③ Howard C. Warren, *A History of Association of Psychology*, New York, Chicago and Boston: Charles Scribner's Sons, 1921, p. 71.
④ William Hamilton, *Lectures on Metaphysics and Logic*, 2nd edition, Vol. II, Edinburgh: William Blackwood and Sons, p. 62.

学，因为上帝的存在仅仅是由于我们有可以理解其存在的官能。对此，汉密尔顿总结道，"简单说，无论是就其自身而言，还是与我们的知识的其他部门的关系而言，心灵的科学构成了哲学的主要的和最重要的对象，恰当地说，和它的那些从属科学一道构成了哲学本身。"① 汉密尔顿的话也适用于整个苏格兰启蒙哲学。

第二节　苏格兰启蒙哲学的伦理学取向

苏格兰启蒙哲学的另一个特点是哲学的伦理学取向。所谓哲学的伦理学取向，是说在苏格兰启蒙哲学中伦理学不仅受到哲学家们的普遍重视，而且存在着理论上的前后因应关系，例如哈奇森的道德感学说影响了休谟的情感主义伦理学，而这两人的伦理学思想又影响了亚当·斯密和托马斯·里德的伦理学，这种内在的理论联系使得苏格兰启蒙哲学从整体上表现出显著的伦理学特征。苏格兰启蒙哲学的伦理学取向和心理学取向之间也存在着密切的关系。前文指出，苏格兰哲学家们普遍关注"人性"，并且试图以"人性"为基础建立一门能够解释所有精神现象的"人的科学"。因此，"人性"问题不仅成为认识论的问题，而且同时也成为伦理学的问题和宗教的问题。黑格尔也注意到苏格兰启蒙哲学中的这一现象。在《哲学史讲演录》中他说，对于伦理、政治的研究，德国、法国，特别是苏格兰的哲学家是很擅长的。② 由于哲学家们的重视，伦理学得以成为苏格兰启蒙运动时期的"显学"。另外，苏格兰启蒙哲学的伦理学取向和当时苏格兰大学中的道德哲学教授制度也有一定的关系。在苏格兰启蒙哲学家中除休谟和奥斯瓦尔德之外大多是大学中的哲学教授。例如，哈奇森、亚当·斯密和里德都是格拉斯哥大学的道德哲学教授，贝蒂是马里沙尔学院的道德哲学和逻辑学教授，斯图尔特和布朗是爱丁堡大学的道德哲

---

① William Hamilton, *Lectures on Metaphysics and Logic*, 2nd edition, Vol. II, Edinburgh: William Blackwood and Sons, p. 63.
② ［德］黑格尔：《哲学史讲演录》第 4 卷，贺麟、王太庆译，商务印书馆 1978 年版，第 210 页。

学教授。① 麦金泰尔（Alasdair MacIntyre）指出，"在18世纪的苏格兰，道德哲学教授的任务是为那些根本的道德原则提供辩护——它们被认为先于所有的实在法（positive law）和所有特殊形式的社会组织，那些道德原则确定了独特的苏格兰的习俗和态度。"② 因此，这种教授制度在某种意义上也促进了苏格兰哲学的伦理学化倾向。

一 哈奇森伦理学的导向作用

弗兰西斯·哈奇森是苏格兰启蒙哲学的先驱。哈奇森的哲学，尤其是其伦理学思想对后来苏格兰哲学家们的伦理学取向起到了至关重要的作用。哈奇森的"道德感"理论促成了道德感学派的形成，而哈奇森关于仁爱和道德功利等思想也对后来的哲学家们产生了深远的影响。这种内在的一致关系使得苏格兰启蒙哲学看上去更像是一场伦理学运动。塞斯（James Seth）就说，"从哈奇森至今的苏格兰道德哲学运动是一个单一的运动，只有作为一个整体来研究它才能被理解。"塞斯还把苏格兰伦理学运动分为三个重要阶段，分别以哈奇森的《我们的美和德行观念的起源研究》、里德的《论人的主动能力》和休谟的《人性论》《道德原则研究》为代表。③ 不过，塞斯似乎不应该忽略亚当·斯密，因为斯密的《道德情感研究》在苏格兰启蒙哲学中也占有重要的位置。

哈奇森对伦理学的贡献主要表现在三个方面，其一是研究方法，其二是道德感理论，其三是功利学说。在研究方法上，哈奇森反对以克拉克为代表的理性主义哲学家们采用的先天证明方法，而主张把观察作为伦理学研究的主要方法，这种方法上的变革使伦理学研究发生了深刻的变化。其中变化之一是消除了伦理学中的宗教神秘性。在西方哲学史上，伦理学研究经常受到来自宗教方面的影响，因为二者都以至善为目的。哈奇森主张在宗教事务中开展自由研究，这种研究应该是从《新约》的原始记录出发，而不是"从教派的信条或现代那些经院主义体系出发"。由于这种观

---

① 另外，坎贝尔是马里沙尔学院的神学教授，汉密尔顿则是爱丁堡大学的逻辑学和形而上学教授。
② Alasdair MacIntyre, *Whose Justice? Which Rationality?* Notre Dame: University of Notre Dame Press, 1988, p. 239.
③ James Seth, *The Scottish Contribution to Moral Philosophy*, Edinburgh: William Blackwood and Sons, 1898, p. 7.

点，哈奇森还曾受到指控，理由是他用两种错误的和危险的学说教导学生反对威斯敏斯特信条（Westminster Confession），第一条是道德善的标准是促进他人的幸福；第二条是我们可以无须或者先于上帝的知识而拥有关于善和恶的知识。① 对哈奇森的指控反过来说明他的研究方式已经对宗教信条构成了挑战。对此，约翰·维奇（John Veitch）说，"哈奇森似乎是第一位用观察来代替哲学研究中的纯形式方法的思想家，他在相当程度上使现行思想超出了技术性定义（technical definition）的领域，使那些具有清醒的同情的人们和人生以及现实保持联系。"② 哈奇森的另一贡献是关于道德感学说的阐述。如前文所述，道德感学说虽然来自莎夫茨伯利，但却是哈奇森将之发展到成熟的阶段，并促成道德感学派的形成。可以说，道德感学说是哈奇森伦理学的主要成就。麦考什说，"他的所有著作中的相当一部分都是用来证明人拥有道德感。"③ 道德感理论的提出是为了反对霍布斯等人的心理学利己主义，说明道德区分的来源不是自利而是无私利的道德感。利己主义和道德感学说之间实际上既有区别，又有相似之处。相似之处在于，二者都预设了人是社会的存在物，另外它们的结论也是一致的，即都强调社会的福利或社会的整体的善。区别在于二者的出发点不同：利己主义的出发点是个体和自我，而道德感学说的出发点是整体和社会，这种不同导致哈奇森的道德功利思想和利己主义者的功利思想之间存在着本质的区别。利己主义者重视个人的功利，而哈奇森强调社会的功利。哈奇森的道德功利思想与后来功利主义者提倡的功利思想也有不同。功利主义者一般只看重外在的结果，而哈奇森却同时强调道德动机。在他看来，一个行为如果不包含任何道德动机，即使产生再大的功利也不具有道德价值。对于哈奇森所做的贡献，维奇给予很高的评价。他说，"哈奇森牢固地奠定了苏格兰思辨的基调。由于思想的新颖、道德格调的崇高和雄辩，他的学说在近二十年的时间里成为苏格兰

---

① Henry Laurie, *Scottish Philosophy in Its National Development*, Glasgow: James Maclehose and Sons, 1902, p. 14.
② John Veitch, "Memoir of Dugald Stewart", *The Collected Works of Dugald Stewart*, Vol. X, Edinburgh, 1858.
③ James McCosh, *Scottish Philosophy, Biographical, Expository, Critical, From Hutcheson to Hamilton*, New York: Robert Carter and Brothers, 1875, p. 79.

的一股伟大的力量"。①

哈奇森的伦理学思想之所以能够对苏格兰启蒙哲学产生如此的影响并不是没有原因的。这首先当然要归因于哈奇森伦理学思想的吸引力。哈奇森的伦理学强调无私的"仁爱"和"社会的福利",其崇高的道德格调与基督教的道德教义一致,也符合社会的主流价值。其次是哈奇森自身的人格魅力。据哈奇森的学生回忆,哈奇森讲课时温文尔雅,然而却非常雄辩以至于让人无法抵抗。他的传记作者,同时也是他的同事里奇曼博士(Dr. Leechman)也称他是"我们这个时代出现的最有造诣和最有吸引力的教师"②。另外,与哈奇森作为道德哲学教授这一身份也是分不开的。在18世纪的苏格兰,道德哲学教授的作用是至关重要的,因为他是为基督教神学、道德和法律的理性基础提供官方辩护的人。③ 哈奇森一方面通过大学课堂讲授其哲学思想,另一方面还通过私下讲课,使其学说走出大学,传播至更远的地方。M. A. 斯图尔特说,"18世纪苏格兰道德哲学的主流基本上是认知主义的传统和实在论的传统。它从弗兰西斯·哈奇森发端,经由凯姆斯勋爵(Lord Kames)、亚当·弗格森、托马斯·里德和常识哲学家们,到杜阁尔德·斯图尔特和他的圈子,它通过启蒙了的教士和其他人诸如温和的知识界(moderate literati)构成了更加普遍的道德化的哲学背景。"④

二 休谟哲学的伦理学特征

伦理学思想在休谟的整个哲学中也占有非常重要的位置。根据坎普·斯密的研究,休谟是在哈奇森的影响下通过道德学进入哲学的。由于哈奇森的学说,休谟认识到道德赞同和不赞同以及任何一种类型的价值判断都

---

① John Veitch, "Memoir of Dugald Stewart", *The Collected Works of Dugald Stewart*, Vol. X, Edinburgh, 1858.
② William Robert Scott, *Francis Hutcheson, His life, Teaching and Position in the History of Philosophy*, Cambridge: Cambridge University Press, 1900, p. 64.
③ Alasdair MacIntyre, *Whose Justice? Which Rationality?* Notre Dame: University of Notre Dame Press, 1988, p. 248.
④ M. A. Stewart, *Studies in the Philosophy of the Scottish Enlightenment*, Oxford: Oxford University Press, 1991, p. 62.

不是建立在理性洞察或证明之上，而主要是建立在情感之上。① 基于这种立场，休谟和哈奇森一样支持道德感学说，反对利己主义伦理学和理性主义伦理学。休谟伦理学的基础是他的"人的科学"，也即心理学。可以说，从"人的科学"到伦理学的转变是休谟哲学理论的必然。前面说过，"人的科学"实际上是一种第一人称视角的哲学。就其自身而言，这种哲学在理论上是自洽的。但是由于只是局限于主体自身，因而其价值也就非常有限。所以休谟在证明了他的"人的科学"后便开始论述道德学，也即从第一人称视角转到第三人称视角。② 这样，原来在第一人称哲学中被解构了的基本概念如人格同一性等又重新得以确立，并且作为不言而喻的前提被使用。正是在这种意义上，人们有理由说休谟的伦理学完全是世俗化的。

休谟伦理学的世俗化可以从他对伦理学的自然主义解释中得到证明。前文曾经指出，休谟的"人的科学"或心理学是和自然进行类比的结果。众所周知，休谟摧毁了形而上学中的因果必然性概念，然而在心理学中这种必然性却被视作当然的前提，例如从印象到观念的转化或者从一个观念到另一个观念的推移。在休谟看来，这种心理的因果法则和自然的因果法则一样只能被看作终极的事实，理性给不出任何合理的解释。从"人的科学"出发，休谟也希望建立一门"道德的科学"（science of morals），这种科学可以用来满意地解释人的动机和行为之间的必然联系。休谟因此被认为是一个道德决定论者，③ 因为他在伦理学中肯定必然性，否定存在自由意志。人是否具有自由意志？人的行为是出于自由意志还是出于某种必然性？关于这些问题的争论在哲学史上由来已久。按照给出的答案可以将哲学家们分为三派：第一派认为人具有自由意志，其活动正是运用自由意志的结果，道德行为也是一样，正因为如此行为者才被要求为其行为承担责任；第二派则认为自由意志只是个幻象，每一种看似自由的选择实际

---

① Norman K. Smith, *The Philosophy of David Hume*, New York: Macmillan and Co., Ltd, 1941, Chapter I.
② Alasdair MacIntyre, *Whose Justice? Which Rationality?* Notre Dame: University of Notre Dame Press, 1988, pp. 290–291.
③ 艾耶尔认为休谟是个决定论者："从他对情感的分析，对道德学和政治学基础的研究来看，他的正式立场是一个决定论者的立场。"见 A. J. Ayer, *Hume*, New York: Hill and Wang, 1980, p. 75.

上都有某种原因在起作用，这一派因此被称为"决定论"（determinalism）；第三派认为自由意志和决定论并不是非此即彼，而是可以相容的，这一派也被称作"相容论"（compatibilism）。在这个问题上，应该说休谟的前后期立场是有变化的：在《人性论》中休谟持一种"强决定论"（hard determinism）的观点，即完全否认自由意志，认为所谓自由学说只是一个"空想的体系"（fantastical system），[1] 人的行为和物质的活动一样都是必然的；[2] 而在《人类理智研究》中休谟的观点更接近于所谓的"相容论"，即认为因果决定论和道德自由是一致的，二者之间并无矛盾。

　　休谟认为哲学家们关于自由和必然性的学说之所以争论不休，是因为各自都在不同的意义上使用这些词语。所以在他看来，只消澄清这些术语的意义便可以结束争议。为此，休谟区分了几种自由。一种是所谓的意志自由，即意志活动不受任何因果性决定。这种自由，在休谟看来，只是一种"虚假的感觉"（false sensation）或"表面的经验"（seeming experience），因为每一种意志活动实际上都有某个在先的动机在起作用。所以，一个旁观者从我们的动机和性格就可以推出我们的行为，即使我们把自己想象为自由的。另一种是行动自由，即按照意志的决定采取行动的能力，或者采取不行动的能力。例如，在不受外部因素阻碍的条件下，如果我们选择不动，我们就可以不动；如果我们选择动，我们也可以动。[3] 这种自由和决定论是一致的，而且是道德自由的条件。所谓道德自由，即需要承担道德责任的自由。按照休谟的观点，道德责任预设了行为者及其行为之

---

[1] David Hume, *A Treatise of Human Nature*, p. 404. 在《人性论》中，休谟区分了两种自由即："自发的自由"和"中立的自由"。所谓"自发的自由"（liberty of spontaneity）意思是"和暴力相对"（即没有外力的限制），而"中立的自由"（liberty of indifference）是指"对必然性和原因的否定"（p. 407）。休谟将自由等同于后者，证明自由和偶然性（chance）是同义词（p. 412）。由于偶然性自身包含着矛盾，因此自由或自由意志是不存在的。

[2] 休谟认为动机和行为之间的结合与任何自然活动的结合一样具有相同的恒常性，所以，如果我们将必然性归于其一（物质）而拒绝给予另外一个（心灵），则我们不能不陷入明显的矛盾（*A Treatise of Human Nature*, p. 404）。有人指责休谟把人和无感觉的物质等同起来是错误的，休谟的回答是，他所说的必然性并不是指某个原因具有产生相应结果的能力，而是不同对象间的恒常结合和心灵从一个对象到另一个的推论，因此人的行为的必然性和物质活动的必然性只是在这个意义上说是相同的，不能作别的解释。如果把行为的一致性说成是所有人在相同条件下始终以相同的方式精确地行动，那么这种一致性就是在自然中也不存在的（*Enquires Concerning the Human Understanding and Concerning the Principles of Morals*, p. 85）。

[3] David Hume, *Enquires Concerning the Human Understanding and Concerning the Principles of Morals*, p. 95.

间存在必然性，正因为如此行为者才要为其行为负责，道德赏罚的根据也正是基于此。如果自由意味着不受限制，那么它就和偶然性相同。这样，一个即使犯了极恶的人也可以是清白无瑕的，因为他的罪行并不是来自其品格，二者之间没有关联！这个结论当然是极其荒谬的。就此而言，休谟的必然性学说的确是无可指责的。分歧主要是由于休谟对必然性的解释与众不同，这种解释必须结合此前休谟对原因的说明才能得到理解。按照休谟的观点，必然性可以用两种方式来定义：一种是相似对象之间的恒常结合和联结，另一种是心灵从一个对象到另一个对象的推论。这两种定义和原因的定义是一致的，并且构成了它的本质部分。① 可以看出，这里的必然性只是不同事态之间表现出来的规则性和恒常性，没有其他任何神秘因素。在这一点上，道德必然性和物理必然性是相同的。人类社会也正是建立在这种道德必然性的基础之上，举凡政治、历史、经济、商业等无不如此。"我们可以改变事物的名称，但是它们的本质和它们对知性的作用决不会改变。"②

休谟对自由和必然性问题的讨论非常重要，而且他本人对此也非常重视，称之为"形而上学中最有争议的问题"和"最有争议的科学"。③ 休谟为什么如此关注自由和必然性问题？因为这个问题不仅是思辨哲学的基础，而且也是道德学的基础。前面说过，休谟试图建立一门"道德的科学"。在他看来，这门科学只能建立在"事实和观察"的基础上，按照"实验的方法"从个别事例的比较中推出普遍的原则，而不是像抽象科学那样从某个抽象的普遍原则出发然后推演出各种结论，因为这种方法不适用于人性。④ 显然，在这种以归纳法为基础、以必然性为目标的道德科学中宗教因素就被彻底排除出去了。坎普·斯密说，休谟从一开始便采取了一种完全自然主义的道德观，而不依赖于任何神学的认可。在这一点上休

---

① David Hume, *Enquires Concerning the Human Understanding and Concerning the Principles of Morals*, p. 97.
② David Hume, *A Treatise of Human Nature*, p. 407.
③ David Hume, *Enquires Concerning the Human Understanding and Concerning the Principles of Morals*, p. 95.
④ David Hume, *Enquires Concerning the Human Understanding and Concerning the Principles of Morals*, p. 174.

谟超出了他的前辈和同时代人。① 后来休谟在道德学中只讨论情感和理性而不再涉及意志便是这一精神的延续。不难看出，休谟的伦理学和他的知识论一样都明显受到自然科学（主要是牛顿的物理学）的极大影响。在思辨哲学中休谟最后诉诸于自然，在伦理学中他同样还是诉诸于自然。这种自然主义态度和苏格兰启蒙哲学的精神在总体上是一致的。

三 里德哲学的伦理学特征

正如里德的认识论只有参照休谟的认识论才能很好地被理解一样，里德的伦理学也只有结合休谟的伦理学才能得到更好的理解。作为苏格兰常识哲学的代表人物，里德极力反对休谟的"道德怀疑论"，主张并维护道德的实在性。实际上，这不仅是里德哲学的特征，也是整个苏格兰哲学的特征。对此，詹姆斯·塞斯说，"即使就其形而上学方面来说，苏格兰哲学在其方法和观点上也首先是和典型地是伦理学的。……和康德一样，正是由于为道德的实在性辩护，里德才反对休谟的怀疑主义哲学。"② 休谟的伦理学以"人的科学"即心理学为基础，进而研究人的意志和行为之间的关系。同样，里德的伦理学也是首先从人的"思辨能力"（speculative power）开始，然后讨论人的"主动能力"（active power）。对于里德来说，人不仅具有"思辨能力"，而且具有"主动能力"，其中"思辨能力"属于人的知性官能，"主动能力"属于人的意志官能。由于对心灵官能的认识上的不同，里德的伦理学观点和休谟的伦理学观点也表现出显著的差异。例如，休谟把心灵看作被动的，其活动和自然一样遵循必然性原则，由此他否定人具有自由意志，认为人的行为和物质的活动一样都是必然的。相反，里德认为人的心灵是主动的，这种主动能力寓于作为其动力因的"行为者"（agent）之中，因此人是自由的行为者。对于行为理论的不同理解构成了里德反驳休谟伦理学的焦点。

需要注意的是，里德所说的"主动能力"和"行为"还不是一回事。所谓"主动能力"，里德指的是从事艺术工作或者劳动的能力，而"行

---

① Norman K. Smith, *The Philosophy of David Hume*, New York: Macmillan and Co., Ltd., 1941, p. 563.
② James Seth, *The Scottish Contribution to Moral Philosophy*, Edinburgh and London: William Blackwood and Sons, 1898, p. 42.

为"则是对"主动能力"的使用。① 按照里德的因果关系理论,② 主动能力显然是原因,而行为则是结果。里德明确地说,"主动能力是原因中的一种性质,这种性质使其产生那个结果。对产生那个结果的主动能力的使用称作行为、主动性、动力因。"③ 可见,在里德那里,"因果关系""主动能力"和"行为"都是相互联系的概念,"自由"和"必然"的概念也是如此。所以,只有把这些概念结合起来才能准确地理解里德的道德哲学。前面说过,自由和必然性理论是休谟伦理学的基础。休谟认为人的行为和意志之间存在必然的联系,道德赏罚正是基于这一点。④ 里德的伦理学同样以自由和必然性理论为出发点,但是其自由和必然性概念与休谟有很大的不同。里德认为"自由"(liberty)和"必然性"都是和"道德行为者"(moral agent)联系在一起的,而所谓"道德行为者"的自由,在他看来是一种"高于意志决定的能力",⑤ 必然性则是指道德自由的缺乏。⑥ 举例来说,如果一个人有能力用意志去做他所意欲做的事情,或者不使用意志去做它,那么他是自由的。但是如果一个人的意志决定是出自心灵的本能、习惯或者外部因素,那么他就不是自由的。因此,里德认为道德自由不能扩展到人的所有行为,甚至不能扩展到所有的主动行为,因为有些行为并不是意志的结果。

由此,里德提出意志并不是行为的终极因。他说,"我把意志的决定

---

① William Hamilton ed., *The Works of Thomas Reid*, 8th edition, Edinburgh: James Thin, 1895, p. 515.
② 里德说:"通过对能力的使用而产生一个变化的东西,我们称之为原因;所产生的变化,就是那个原因的结果。"William Hamilton ed., *The Works of Thomas Reid*, 8th edition, Edinburgh: James Thin, 1895, p. 515.
③ William Hamilton ed., *The Works of Thomas Reid*, 8th edition, Edinburgh: James Thin, 1895, p. 603.
④ 休谟在《人类理智研究》中预见到他的动机和行为的必然性理论面临着一个问题,即如果主动行为服从于必然性法则,那么就应存在一个无限的因果链条,其终点是"世界的造物主"。人的行为要么没有"道德邪恶"(moral turpitude),要么具有"道德邪恶"。根据必然性理论,如果没有道德邪恶的行为归于造物主的善,那么邪恶的行为也应归于造物主,而这和造物主的善的规定是相矛盾的。对此,休谟拒绝神秘主义,坚持以"人性科学"中的原理作答即善恶区分建立在人的自然情感之中。(David Hume, *Enquires Concerning the Human Understanding and Concerning the Principles of Morals*, pp. 99 – 103)
⑤ William Hamilton ed., *The Works of Thomas Reid*, 8th edition, Edinburgh: James Thin, 1895, p. 599.
⑥ William Hamilton ed., *The Works of Thomas Reid*, 8th edition, Edinburgh: James Thin, 1895, p. 600.

看作是一个结果。这个结果必定有一个有能力产生它的原因,这个原因要么是那个人自己,他的意志就是这个原因;要么是某个其他的存在者。……如果这个人是自己的意志决定的原因,那么他在那个行为中就是自由的,因此不管这个行为是好是坏,都可以正当地归之于他。但是如果另一个存在者是这个决定的原因,不管是直接产生它还是通过在他指导下的方式和工具,那么这个决定就是那个存在者的行为,所以主要归之于他"。① 简单地说,里德的意思是:人,或者说"行为者"而非意志才是行为的原因。换句话说,人是意志的主宰,人高于意志,所以是人为其行为负责,而不是其意志为行为负责。因为在他看来,如果把意志看作行为的原因,那么由于意志的产生原因不能够准确地判断,因此也就难以确定意志和行为之间的必然关系,道德赏罚自然也就成为一句空话。很明显,里德反对的正是休谟的观点。作为必然主义者,休谟认为人的行为、心理和自然一样都是受必然性的支配:我们正是根据意志来推论行为的。里德则否认二者之间存在这种必然联系,认为从意志来推论行为只具有很大的可能性,但是却没有绝对的确定性。总之,通过用"行为者"替代意志,里德重新肯定了理性在道德行为中的作用。因为在他看来,人不仅是自由的行为者,而且也是理性的行为者。用他的话说,道德自由的结果就是行为者有能力做好事或者做坏事,然而是正确地使用这种能力还是滥用这种能力则有赖于理性的判断。②

有趣的是,里德和休谟虽然在立论基础上几乎完全不同,但是他们最后却达成了一致的结论,人是道德的存在者,他必须为自己的行为负责。应该说,这一点不仅是他们,而且也是所有苏格兰哲学家的共识。诺顿(David Norton)在评价近代英国哲学史时曾说,许多人都想当然地把近代哲学史看作认识论的历史,然而事实上,在从霍布斯到休谟的上百年时间里英国哲学家们都强烈地关注道德理论,并且高度明确地反驳道德怀疑论。③ 这一论断从某种程度上纠正了研究者们只关注近代哲学的"认识论

---

① William Hamilton ed., *The Works of Thomas Reid*, 8th edition, Edinburgh: James Thin, 1895, p. 602.
② William Hamilton ed., *The Works of Thomas Reid*, 8th edition, Edinburgh: James Thin, 1895, p. 601.
③ David F. Norton, *David Hume: Common-Sense Moralist, Sceptical Metaphysician*, Princeton: Princeton University Press, 1982, "Introduction".

转向"而忽视这一时期道德哲学重要性的做法,对于苏格兰启蒙哲学来说尤其如此。

四 斯密哲学的伦理学特征

和其他的苏格兰哲学家一样,斯密对伦理学也格外重视。众所周知,斯密生前出版的重要著作只有两本,一本是伦理学著作《道德情感理论》,另一本是经济学著作《国富论》。虽然后者带给他更大的名声,然而斯密本人却更加重视他的伦理学著作,认为其《道德情感理论》远比《国富论》优秀得多。① 从斯密一生对《道德情感理论》进行 6 次修订甚至直到临终前还在继续修订这一事实上,便不难看出伦理学在斯密心目中的地位。斯密之所以如此重视伦理学,除了古代斯多葛主义者之外主要是因为受到了哈奇森和休谟的影响。哈奇森是斯密的老师,正是哈奇森激发了斯密的哲学兴趣并引其走上哲学之路。斯密虽然崇拜他的老师,但是却并没有盲从其理论。例如,斯密赞同哈奇森的"仁爱"思想,然而却没有接受其"道德感"理论。在他看来,道德感是个多余物,因为对于不同的德与恶的判断差别非常大,道德感这一个感官解释不了这些现象。②在这一点上斯密和休谟有着明显的区别,因为休谟在《人性论》中不仅赞同道德感理论,而且明确表示道德感是道德区分的来源。斯密用"同情"理论取代了道德感学说。这个理论虽然来自哈奇森和休谟,③ 但是斯密将之发展成自己的伦理学的核心。

关于道德赞同的对象问题斯密和休谟也持不同的观点。从功利的观点出发,休谟认为德行在于对某人自己或对社会有用,而斯密认为德行在于无私的仁爱,功利只是道德赞同的附加理由。不过,有人发现斯密在《道德情感理论》中关于人性的观点和他在《国富论》中所持的观点明显不同甚至完全相反。例如,在前者中斯密认为人性的根本原则是"同情",而在后者中斯密又把人性的本质描述为"自私"。在他们看来,同

---

① John Rae, *Life of Adam Smith*, London: Macmillan and Co., 1895, p. 436.
② Leslie Stephen, *History of English Thought in the Eighteenth Century*, New Yorkand Burlingame: Harcourt, Brace & World, Inc., 1962, p. 76.
③ 约翰·雷(John Rae)认为斯密的整个道德情感理论都是受到哈奇森讲课的启示,因为哈奇森在讲课时曾经明确地问道:我们能将我们的道德情感还原为同情吗?他自己给出的答案是否定的,因为他认为我们有时候也赞同我们并不同情的人的行为。参见 *Life of Adam Smith*, p. 14.

情和自私显然是不相容的。这就是所谓的"亚当·斯密问题"（Adam Smith problem）或"斯密悖论"（Smith paradox）。"亚当·斯密问题"是在 19 世纪下半叶由一些德国学者首先提出来的。他们推断斯密的这种转变可能是受到了法国唯物论者如爱尔维修关于自爱思想的影响。英国历史学家巴克尔（Henry Buckle）在比较了斯密的道德理论和他的经济学理论之后也认为二者存在明显的对立。按照他的观点，在《道德情感理论》中同情是前提，斯密将同情原则发展到它的逻辑结局。相反，在《国富论》中同情这个词几乎不见了。这里斯密把"自利"假定为经济人的主要动机，结果利他的原则就被自利所取代，虽然后者也有可能导致普遍的善。① "亚当·斯密问题"的提出引起了许多研究者的极大兴趣。他们都试图解开这个"秘密"。根据他们采取的基本立场，可以将他们的观点大体上分为三种。第一种观点认为斯密在两本著作中所持的论点是不一致的，因为同情心（利他心）与利己心在逻辑上是不相容的。第二种观点认为这二者中一为伦理学著作一为经济学著作，两者之间没有可比性，而且同情心也不等于利他心，所以"亚当·斯密问题"实际上是个伪问题。第三种观点认为"两个斯密"并不矛盾，二者在本质上是一致的。在这三种观点中最后一种逐渐占据上风。拉斐尔（D. D. Raphael）在《道德情感理论》的导言中就曾对这种观点进行了辩护。他的论点是，首先斯密的伦理学观点从第一版到第六版虽然有发展但是没有发生根本的改变；其次，《道德情感理论》和《国富论》是不可相互孤立的，因为一方面这两本著作的写作是交替进行的，另一方面第六版中的一些材料是从《国富论》中来的；再次，材料表明斯密的思想在去法国之前已经形成；最后，斯密本人也把《国富论》看作《道德情感理论》所述思想的继续。②

可以看出，拉斐尔是从史实的角度说明斯密著作的一致性的。此外，还有一种观点认为"两个斯密"的一致性不仅可以从史实中得到证明，而且从对人性的分析来看二者也是一致的，即都是以人的利己本性为出发点。③ 斯密著作的一致性现在已经为大多数人所承认，但是二者是否是在

---

① Francis Hirst, *Adam Smith*, London: Macmillan and Co., Ltd., 1904, pp. 63 – 64.
② D. D. Raphael and A. L. Macfie eds., *The Theory of Moral Sentiments*, Beijing: China Social Sciences Publishing House, 1999, "Introduction".
③ 参见 ［英］亚当·斯密《道德情操论》，蒋自强等译，商务印书馆1997年版，中译本序言。

利己本性基础上一致则值得商榷。确实,斯密的两本著作都涉及"自利"（self interest）,但是由于研究目的和研究对象不同,二者在对"自利"的处理上也有明显的不同。例如,《道德情感理论》的目的是反对从自我或我思的传统出发建构伦理学的企图,主张以他人的存在为前提来构造一种能够真正为道德普遍性提供说明的伦理学,①其研究对象是最一般社会交往活动中的道德行为。据此,斯密在《道德情感理论》中探讨了道德普遍性形成的根本机制即"同情"原则。"同情"和"旁观者"的存在是分不开的,可以说"同情"即预设了"旁观者"的存在。作为"他人","旁观者"甚至先于"我"而存在。按照斯密的观点,在"我"没有进入社会之前,"我"只是一个孤独的个体。"我"既不知道自己的脸的美丑,更不知道自己的心灵的美丑。一旦进入社会原来缺少的这面镜子立刻被呈现在"我"的眼前,这面镜子就置于生活在"我"周围的他人的脸和行为之中。换句话说,"他人"不是由"我"构造出来的,而是通过"他人"的脸和行为向我昭示的。②"我"之所以能够理解"他人"的脸和行为,或者说道德之所以可能,在斯密看来,是因为我们每个人都具有"同情"原则。正是因为"同情"的存在,普遍的道德才成为可能。而由于"公正的旁观者"的存在,道德判断的客观性和有效性也成为可能。斯密认为同情的主要推动力是仁爱。不过,斯密虽然承认仁爱之于德行的重要性,但是他认为只有神才能以仁爱作为自己的唯一行为原则,人实际上是做不到的,因为人性之中除了仁爱之外还有"自爱"（self love）和"自利"（self interest）。在这一点上斯密和其他的哲学家有所不同。其他的哲学家大多把"自爱"和"自私"相等同,而斯密则将二者进行了区分,认为"自爱"不等于"自利"。在他看来,自爱本身是中立的,它不可能成为德行的原则。"如果妨碍普遍的善,那么自爱就是恶;而如果除了使个体关心他自己的幸福之外不产生任何其他的影响,那么它就仅仅

---

① 哥什曼（Doğan Göçmen）称前者为"我思阶段",后者为"镜像阶段"。参见 Doğan Göçmen, *The Adam Smith Problem*: *Human Nature and Society in The Theory of Sentiments and The Wealth of Nations*, London and New York: Tauris Academic Studies, 2007, Chapter I。
② 在这一点上,斯密的伦理学和当代法国哲学家列维纳斯的伦理学有着惊人的相似,即这二者都是一种"他者"的伦理学,都强调他人的优先性和不可还原性。只不过,斯密的伦理学是从经验心理学的角度出发的,而列维纳斯对经验科学并不赞同。

是无害的——虽然它不值得称赞,但是也不应招致任何谴责。"① 然而,对于"自利"斯密从总体上看持一种批判态度。例如,在"论放纵的体系"一章中斯密对曼德维尔的利己主义伦理学进行了严厉的批判,称之为"完全有害的"。② 比较而言,《国富论》的目的是解释国民财富的形成和分配机制,其研究对象是特殊交往活动即人们的经济行为。斯密承认,人们从事经济活动的主要动机是自利,但是这并不意味着在经济活动中只有自利的动机,因为同情原则仍然在发挥作用。比如,每个人都有被他人接受的欲望,而要获得这种同情人们就要以可以赢得尊重和敬仰的方式行动。在经济活动中这就是一种"开明的自利"(enlighten self interest),这样买卖双方都可以从交易中获益。③ 可见,经济活动和道德行为不是截然分开的,经济活动也具有伦理性,因此在经济活动中人并不是纯粹的经济人,而是既是经济人同时也是道德人。所以,如果说"两个斯密"是一致的,那么所指的应该是他们都承认人性中有仁爱和自利的部分,只是各自有所侧重而已。④

从某种意义上说,斯密的哲学也是苏格兰启蒙哲学的代表之一,因为它集中反映了 18 世纪苏格兰社会变革的要求,即一方面要求发展社会经

---

① D. D. Raphael and A. L. Macfie eds., *The Theory of Moral Sentiments*, Beijing: China Social Sciences Publishing House, 1999, p. 303. 斯密批评哈奇森,说他"不承认自爱在任何情形下会成为善行的动机,甚至连考虑自我赞同的快乐和考虑自己良知的称赞,在他看来都会削弱仁爱行为的价值"(Ibid.)。这种指责是不对的,因为哈奇森实际上并不反对自爱。哈奇森和斯密一样认为自爱是中立的,他说:"主要从自爱而来然而并不缺少仁爱证据的行为并未对他人产生有害的后果,在道德感看来它们是完全中立的,对于观察者来说它们既不产生爱也不产生恨。"(*Scottish Contribution to Moral Philosophy*, p. 13)不仅如此,哈奇森甚至还认为可以把自爱解释为仁爱的一种形式。(Ibid, p. 14)

② D. D. Raphael and A. L. Macfie eds., *The Theory of Moral Sentiments*, Beijing: China Social Sciences Publishing House, 1999, p. 308. 需要注意的是,斯密是在对休谟的"功利"(utility)进行批评时论及"自私"(selfishness)以及象征自私本性的那只"看不见的手"(invisible hand)的。(p. 184)可以看出,斯密实际上把"自私"和"贪婪"(rapacity)看作同义词,对其持批判态度。

③ Mark Skousen, *The Big Three in Economics*, New York and London: M. E. Sharpe, 2007, p. 30.

④ 奥洛克(P. J. O'Rourke)说,"把《国富论》解读为对非道德的贪婪(amoral greed)的辩护是一个错误。《国富论》是斯密试图让生活变得更好的进一步尝试。在《道德情感理论》中他写道,'爱我们的邻人如爱我们自己是基督教的伟大法则。'但是注意基督使用和斯密引用的这个比喻。《道德情感理论》是关于我们的邻人的。《国富论》则是关于这个方程中的另一边即我们自己。"参见 P. J. O'Rourke, *On the Wealth of Nations*, New York: Atlantic Monthly Press, 2007, p. 36.

济从而创造更多的物质财富,另一方面要求为人的行为提供道德规范,使人们在追求财富的过程中合乎伦理道德。黑格尔在他的《哲学史讲演录》中曾经给予斯密很高的评价,他说,常识学派的哲学家大多写过关于道德主题的著作,从这个角度来说政治经济学家亚当·斯密同样是一位哲学家,而且还是他们所有人当中最著名的。①

第三节　苏格兰启蒙哲学的常识取向

苏格兰哲学的另一特点是哲学的常识取向。所谓哲学的常识取向,是指哲学家们试图将哲学建立在常识的基础上,强调常识对于哲学的权威。休谟明确把常识纳入他的哲学体系中,而里德和常识学派则更是将常识作为哲学的基础和出发点。不过正如马里昂·莱德维希(Marion Ledwig)所说,"里德通常反对休谟,这一点广为人知而且已成定论;然而,在里德和休谟一致以及休谟对里德产生正面影响这些方面则被忽略了。"② 所谓"里德和休谟一致的地方"指的是两人都承认常识对于哲学的在先性和权威性,然而由于不像里德那样把常识放在极端重要的位置,以及他的激进怀疑主义,所以休谟哲学中的常识观点一直没有引起足够重视。

一　休谟和常识

在苏格兰启蒙运动时期,休谟因为其怀疑主义哲学而一直被宗教人士以及一些基督教哲学家视为无神论者并加以声讨。在他们看来,休谟的怀疑主义哲学破坏了一切道德和宗教信仰的基础,对基督教构成了严重的威胁和挑战。有人曾经根据《人性论》中的论述列举了休谟的六条罪状:(1)普遍的怀疑主义;(2)由否认因果学说而导致彻底的无神论;(3)关于上帝的存在和实存方面的错误;(4)关于上帝作为宇宙的第一因和第一推动者方面的错误;(5)否认灵魂的非物质性以

---

① G. W. F. Hegel, *Lectures on the History of Philosophy*, Vol. Ⅲ, London: Kegan Paul, 1896, p. 378.

② Marion Ledwig, *Common Sense*: *Its History*, *Method and Applicability*, New York: Peter Lang Publishing, Inc., 2007, p. 84.

及由此带来的后果；（6）破坏了道德的基础。① 不仅如此，他们还施加影响不让休谟进入大学执教。这样就出现了一个怪现象，即一位被后世公认为伟大的天才哲学家却被屡次拒绝于大学之外。

休谟真的像他的批评者们所指责的那样是个怀疑主义者、无信仰者和无神论者吗？对于这些强加的指责，休谟本人至少是坚决反对的。在《一位绅士给他在爱丁堡的朋友的一封信》中休谟对于这些指责一一作了回应。这里只谈休谟对其中（1）（2）（5）几个指责的回应。关于对他的怀疑主义的指责，休谟认为其实是没有必要的，因为怀疑主义实际上只是相当于一种"心灵的游戏"（jeux d'esprit），它对现实人生中的那些稳固的原则或行为没有任何影响。因此，休谟建议不要把怀疑主义过分当真，而只是将其仅仅看作一种哲学的消遣（philosophical amusement），或者机智和机敏的试验（trial of wit and subtlety）。当然，在他看来，怀疑主义的存在也不是没有价值的，因为虽然不会有人真心支持怀疑主义，但是怀疑主义却可以使人避免理性的独断，从而变得谦逊起来。② 对于无神论的指责主要来自休谟对因果学说的否定。休谟称自己并不否认因果关系的实际存在，而只是反对那些关于因果关系的证明。比如，对于"所有的人都必定会死""太阳明天会升起"这些命题的真理性，他说一个人必定是丧失了所有的常识才会去怀疑。③ 因此那些指责他否认因果学说的人，在他看来，是不公平的，因为他们对他一再表明的意图视而不见。对于否认灵魂的非物质性一说，休谟辩解道他从未在灵魂一词的常识意义上否认过其非物质性，而只是说这个问题没有任何明白的意义，因为我们对实体没有任何明白的观念。④ 可以看出，上述对休谟的几点指责都和常识有关。根据常识，外部世界、自我、心灵和因果性等都是确实存在的，这一点无须任何推理我们就可以清楚地"知道"。休谟要说的是，这些东西的确是我们不加反思就可以感觉到的，而且不可否认都是现实的"正常"

---

① David Hume, *An Enquiry Concerning Human Understanding and Other Writings*, ed. Stephen Buckle, Cambridge: Cambridge University Press, 2007, p. 154.
② David Hume, *An Enquiry Concerning Human Understanding and Other Writings*, ed. Stephen Buckle, Cambridge: Cambridge University Press, 2007, p. 155.
③ David Hume, *An Enquiry Concerning Human Understanding and Other Writings*, ed. Stephen Buckle, Cambridge: Cambridge University Press, 2007, p. 156.
④ David Hume, *An Enquiry Concerning Human Understanding and Other Writings*, ed. Stephen Buckle, Cambridge: Cambridge University Press, 2007, p. 160.

人生的根基，但是我们有什么理由说我们"知道"这些？哲学家们，无论是理性主义哲学家还是经验主义哲学家，都推崇理性的力量，以为人的理性能力是无限的，最终可以用来证明一切。休谟表明，这种乐观主义的假定是虚妄的，所有关于外部世界、自我、心灵和因果性的推理都没有正当的基础，最后我们发现指导人们生活的不是理性而是常识、本能和习惯。用休谟自己的话说，当他离开书房时他的那些思辨就立刻烟消云散了。

休谟的怀疑主义是其思辨哲学的结果，然而当他开始谈论伦理学时却完全是肯定的语调。对此，海斯洛浦（James H. Hyslop）正确地指出，"他的怀疑主义似乎不超出他的形而上学，因为他的伦理学就避开了他的分析。"① 在伦理学中休谟断言道德区分的标准不在理性而在情感。在他看来没有什么比自己的情感比如快乐和痛苦更为实在的东西。另外，情感可以直接引起行为，而理性对此则无能为力。对于道德行为的判断，休谟表现出功利主义效果论的倾向。例如他用快乐和痛苦来界定道德的善恶：带来快乐的就是善，带来痛苦的就是恶。所有这些都明确地肯定了道德生活的实在性。所以休谟可以说既是哲学怀疑论者，同时又是伦理实在论者。休谟对待历史知识的态度也可以表明他的常识立场。众所周知，历史是关于过去的"事实"的知识，这种知识建立在对不变的经验和人性的假设之上。休谟说，"人们普遍承认，在所有的国家和时代中人的行为都存在极大的一致性；人性，就其原则和活动来说，始终是相同的。相同的动机总是产生相同的行为，相同的事件总是出于相同的原因……人类在所有的时代和所有的地方大多是相同的，因此历史没有告诉我们任何新东西或奇怪的东西。它的主要目的仅仅是发现人性中的恒常的和普遍的原则……"② 可以看出，休谟对于历史知识并没有从怀疑开始，而是把人性作为事实接受下来。

按照休谟的观点，所有的历史推理都存在一个因果链条，最终都可以还原到事件本身。以恺撒被刺为例。我们相信恺撒于 3 月 15 日在元老院

---

① James H. Hyslop ed., *Hume's Treatise of Morals: And Selections from the Treatise of the Passions*, Boston: Ginn & Company, 1893, "Introduction".

② David Hume, *Enquires Concerning the Human Understanding and Concerning the Principles of Morals*, ed. L. A. Selby-Bigge, Oxford: Clarendon Press, 1963, p. 83.

被刺身亡,是因为历史学家提供的事实证据。但是呈现于我们的记忆或感官的只是某些符号或字母,这些符号被用来作为某些观念的记号。这些观念要么来自当时在场者的心灵,要么是来自他人的证据。不过,最终还是要回到目击者和事件本身,这个因果链条才会结束。① 可见,如果没有这个推理的因果链,所有的历史知识都会成为虚妄。在这一点上,正如科林伍德(R. G. Collingwood)指出的那样,休谟在其历史研究中从未对他在哲学中加以分析的人性表示一丝一毫的怀疑。② 另外,休谟对神学论证的反驳也可以说明休谟的常识立场。宗教主义者企图用神迹来证明上帝存在的合理性。休谟认为神迹论证违反了为人们的一致的经验所建立起来的"自然律",而"自然律"此前已经被他证明只是存在于人们的习惯中。所以,无论从哪个方面看休谟都没有否认常识,相反还给予常识以重要的地位。拜佐·威利(Basil Willey)称休谟"最能代表 18 世纪的精神:在思辨中勇敢无畏,同时在实践中保守谨慎"③。这个评价可谓一语中的。休谟的哲学始于理性,终于常识,这种现象绝对不是偶然。

二 里德、常识学派和常识

休谟的怀疑主义哲学所造成的影响并不都是消极的,因为它还结出了两个积极的果实,这就是托马斯·里德的常识哲学和伊曼纽尔·康德的批判哲学。里德和康德都是被休谟"唤醒"的哲学家,然而两个人的哲学旨趣却迥然有别:里德提倡"常识",而康德则批判"常识"。就休谟来说,他本人并不否认常识,相反他承认正是常识经常使他从怀疑主义的智性困惑中解脱出来,所以在这一点上是里德而不是康德和休谟更加接近。

必须承认,在休谟的哲学中常识思想虽然不时出现,但是并不占重要的位置。和休谟相比,以托马斯·里德为代表的苏格兰常识学派则把常识提高到基础和核心的地位,从而使常识这个本来看似低俗的词语也自信地进入哲学的"圣殿"中来。里德本人从未说明他的常识思想的来源。不过,据研究,他的常识思想是来自乔治·特恩布尔(George Turnbull,

---

① David Hume, *A Treatise of Human Nature*, p. 83.
② Leon Pompa, *Human Nature and Historical Knowledge: Hume, Hegel and Vico*, Cambridge: Cambridge University Press, 1990, p. 15.
③ Basil Willey, *The Eighteenth Century Background*, London: Chatto & Windus, 1946, p. 119.

1698—1748），特恩布尔是里德在马里莎阿学院学习时的哲学导师。在给里德等学生授课期间，特恩布尔曾将他后来出版的《道德哲学和基督教哲学的原理》(*The Principles of Moral and Christian Philosophy*，1740) 一书中的部分内容在课堂上宣讲过，这其中就包含了常识的思想。① 这种说法应该还是可信的，因为里德一直批评休谟的怀疑主义哲学违背常识，但是却对休谟哲学中包含的常识思想视而不见，未置一词，这就说明里德要么是没有注意到休谟在其哲学中一再申述的这个思想，要么就是没有给予应有的重视。有一件事可以证明在常识问题上休谟和里德并无根本的理论冲突。里德曾经将自己的部分手稿寄给休谟，想请他提意见。在给里德的回信中休谟说自己在没有看到整个文稿前不好置评，但是他仍然对里德的手稿给予了一通礼节性的称赞。② 这就从一个侧面说明在休谟看来里德的常识哲学并未对他的怀疑主义哲学构成实质性的反驳。

里德可能是最早发现休谟哲学价值的哲学家，同时也是第一个从理论上对休谟哲学进行批判的哲学家。正如里德指出的那样，休谟的怀疑主义哲学在论证上是无懈可击的，但是其结论又是让人无法接受的。休谟哲学的这种二重性，即论证的严密性和结论的荒谬性，促使里德深入思考其中存在的问题。通过反思，里德认为休谟哲学的错误出在其前提上，即自笛卡尔以来的观念论。观念论的基本观点是，我们认识到的是我们自己的观念。根据对待外部世界的态度，可以将观念论大致分为三种：表象论的观念论、同一论的观念论和不可知论的观念论。表象论的观念论以洛克为代表，认为观念可以表象世界。同一论的观念论以贝克莱为代表，认为观念即世界。不可知论的观念论以休谟为代表，认为观念之外是什么我们并不知道。里德认为观念论违反了常识，因为根据常识，我们知觉到的并不是观念，而就是直接的外部世界。不仅外部世界，而且诸如因果关系、心灵和自我等也都是实在的。为了强调常识的重要性，里德把常识称为"第一原则"，并且给予了相应的证明。里德不仅以常识为认识论的基础，而且将之作为道德哲学的基础。这样，里德就以常识为基础构建了他的整个

---

① Terence Cuneo and Rene van Woudenberg eds., *The Cambridge Companion to Thomas Reid*, Cambridge: Cambridge University Press, 2004, p. 38.

② Thomas Reid, *An Inquiry into the Human Mind on the Principles of Common Sense*, ed. Derek R. Brooks, Edinburgh: Edinburgh University Press, 2000, pp. 262–263.

哲学体系。

　　常识学派的哲学家们继续以常识为武器来对抗休谟的怀疑主义和无神论思想。为了强调常识的绝对性，他们把常识提高到"第一真理"和"根本的真理"的高度。对于像贝蒂和奥斯瓦尔德这样的基督教哲学家来说，他们诉诸常识主要是为了捍卫基督教的基本教义。根据前文所述①，贝蒂和奥斯瓦尔德把宗教信念诸如上帝存在及其属性等也都纳入常识原则中，而里德的常识原则中则并未包括这些。贝蒂和奥斯瓦尔德通过把宗教信念确立为"源自本性构造"的常识真理从而避开了休谟的追问。正是在这一点上康德批评他们对休谟的攻击不得要领，因为休谟从未怀疑过这些东西，而只是追问其理性的根据。为了改变常识哲学在人们心目中的消极印象，斯图尔特对常识哲学进行了概念上的改造。常识哲学家们把诸如外部世界、因果关系和自我等看作"常识原则""第一原则"或"第一真理"等。斯图尔特同意这种看法，但是为了避免给人以独断论的印象，他把常识原则改称为"人类信念的根本法则"或"人类理性的第一法则"。斯图尔特对常识原则的阐述具有明显的理性色彩。② 在常识哲学家中，托马斯·布朗是一位极有才华和批判精神的哲学家，他对里德及常识学派的主张大多持批评意见。不过在其代表作《因果关系理论研究》中，他把因果关系的来源最后归结为人的不可抗拒的直觉信念，从而使他仍旧归属于里德学派，避免了怀疑主义的结果。威廉·汉密尔顿在哲学上反对布朗，支持里德的常识立场，承认外部世界的实在性。另外，如前文所述，汉密尔顿和斯图尔特和布朗不同，他不仅承认康德哲学的价值，而且自觉地尝试着把康德哲学和常识哲学结合起来。由于坚守常识，汉密尔顿的哲学从一开始便酝酿着矛盾。

　　总的来说，尊重常识不是一件偶然的事情。就苏格兰启蒙哲学来说，休谟的出现使得哲学怀疑主义达到了顶峰，表现为"人反对理性"③ 这种奇怪的现象。里德和休谟本人都看到了这一点，所以要求哲学尊重常识，并且以常识为限度。另外，尊重常识与18世纪苏格兰市民社会的发展和

---

① 见本书第五章第四节"里德和常识学派的辩护"。
② 见本书第二章第二节"苏格兰常识学派的兴起"。
③ 里德引用霍布斯的话说，"当理性反对人时，人就会反对理性。"参见 W. Hamilton ed., *The Works of Thomas Reid*, 8th edition, Vol. I, Edinburgh: James Thin, 1895, p.425。

要求也是相适应的，因为积极的社会变革使人们趋向于肯定现实而不是相反。

第四节　苏格兰启蒙哲学的语言分析取向

苏格兰启蒙哲学的另一个特点就是哲学家们普遍重视哲学中的语言分析，试图从语言的结构及其使用中找到哲学上的普遍根据。休谟、里德以及常识学派无不强调哲学概念的清晰明白。休谟和里德甚至还将哲学家比作语法学家。① 苏格兰启蒙哲学家对语言分析的重视和强调是哲学研究不断深入的具体表现。

一　休谟的经验主义意义理论

重视对语言的分析是英国哲学的一个传统。作为经验主义哲学的先驱培根极力反对传统哲学中的语言滥用现象，并提出著名的"四假象说"予以批判。霍布斯对经院哲学的空洞无物深恶痛绝，主张哲学应该效仿几何学，先给出定义然后开始进行推理。洛克也认为，为了避免无谓的语词之争应该先确定相关概念的意义，使之明白、清晰。

休谟继承了经验主义哲学的这一"语言批判"的传统。在《人性论》中他激烈批判哲学中的混乱和停滞不前，认为这些状况给哲学带来了"羞辱"（disgrace）。从近代自然科学取得的成就中休谟看到了解决哲学问题的希望。在这方面，笛卡尔已经开始了第一步。按照笛卡尔的理解，哲学如果想达到和科学一样的确定性就必须也为哲学找到一个确定无疑的前提。在这一点上，休谟和笛卡尔观点相似。不同的是，作为理性主义者笛卡尔发现的前提是纯粹的"我思"，而作为经验主义者休谟找到的前提是具有感觉内容的"印象"。基于经验主义立场，休谟赞同洛克的主张，即知识来源于经验。不过，洛克认为经验既包括知觉经验也包括反省经验，而休谟则只认同知觉经验。至于知觉经验，休谟认为是来自"印象"，并将"印象"视为认识的终极源泉，而观念在他看来只是"印象"

---

① Marion Ledwig, *Common Sense: Its History, Method and Applicability*, New York: Peter Lang Publishing, Inc., 2007, p. 84.

的"微弱影像"或"复制品"。对于这一点休谟非常重视,以至于将之作为他的人性哲学的"第一原则"。这个"第一原则"有时也被称作"摹本原则"(copy principle)。"摹本原则"是休谟的意义理论的基石,因为根据这一原则任何"观念"如果不能指出其所源出的"印象",那么它就是没有意义的。在休谟看来,观念是内在的知觉,其外在标记是语词,或者简单地说,语词代表着观念。因此,一个语词的意义同样是其所代表的那个印象的感觉内容,而一个语词如果不能指出所代表的那个印象的感觉内容,则这个语词就是没有意义的。根据这种意义理论,休谟提出了一个著名的二分法,即把所有的命题划分为"观念的关系"和"事实"两种。前者为逻辑命题,其意义来自观念间的抽象关系;后者为经验命题,其意义来自经验。前者必然为真,因为它不依赖于任何实际存在的东西,而仅靠思维的运作就可以发现,换句话说,它们是空洞的;后者则不能产生必然真理,因为其唯一来源是经验。据此,休谟指出形而上学不可能是科学,大部分的形而上学命题要么是出于人类自负的没有结果的努力,要么是出于流行的迷信的诡计。① 休谟所说的形而上学命题指的是关于实体、因果关系、心灵或自我、上帝的存在等命题。根据休谟的经验主义意义理论这些命题都找不出其相应的经验内容,所以都是没有意义的。休谟的经验主义意义理论具有明显的反形而上学倾向,后来的逻辑经验主义和分析哲学继承了这种理论并将其发展到它的现代形式。

二 里德的日常语言分析

托马斯·里德可能是最为注重语言分析的苏格兰启蒙哲学家。里德注意到语言是人类社会中最为普遍的一种现象,而在这种现象中最为引人注目的是语言的习得。根据观察可以发现,所有民族中的婴儿都具有令人叹为观止的语言习得能力。他们仅仅通过学习少量的句子就可以表达许多完全陌生的新句子。这种现象使里德推测语言可能是存在于人身上的一种普遍的先天结构。另外,里德也注意到,在所有的语言中都存在着相同的词类,例如名词、动词等,而且所有语言的句法规则也是相同的。在他看来,这种语言结构上的普遍现象表明了建立在其上的人类思想具有某种内

---

① Roger Scruton, *From Descartes to Wittgenstein: A Short History of Modern Philosophy*, London and New York: Routledge & Kegan Paul, 1981, p. 123.

在的一致性。在所有的语言中还存在某些类似的区分,比如实体与属于实体的属性的区分;思想与思想着的存在者;思想与思想的对象;等等。里德认为这种区分即使通过人为的方式也不能加以消除,因为"取消这些区分的哲学体系就是在与人类的常识开战"①。关于语言的先天性和普遍性思想是一个很重要的发现,里德试图以此来论证常识的真理性。

语言符号理论最能体现里德关于语言的精辟见解。里德认为语言就是人们使用符号来向他人传达自己的思想、目的和意欲。这种符号有两种,一种是本身没有意义,但是通过使用者的约定和同意而赋予其意义,比如语词和数学符号,这是人为符号;另一种是在约定和同意之前就具有意义,比如声音、动作和表情,这些每个人都可以通过自己的本性原则理解它,这种符号是自然符号。由自然符号构成的是自然语言,由人为符号构成的是人工语言。从发生学上说,自然语言出现在人工语言之前,是人工语言的基础。从范围上说,自然语言不仅存在于人类中,而且也存在于动物中,例如小鸡"理解"唤食的声音。符号,不管是自然语言中的符号还是人工语言中的符号,都指示着某种东西,即符号所指物。比如,"黄金"这个词指示某种存在于自然界中的东西,脸部表情指示某种存在于心灵中的思想或目的等。当然,符号和所指物之间并不一定具有相似性,如"黄金"这个词和其所指物之间就没有任何相似之处。里德把这种指示关系称作"提示"。对于自然符号而言,这种"提示"并不是习惯和习俗的结果,而是出于心灵的原始构造。以感觉为例,触觉提示不可入性,但是触觉和不可入性之间没有相似性。

里德把自然符号也分为三类。第一类自然符号是指其与所指物之间的联系是由自然所建立且只为经验所发现。比如,在因果关系中原因是自然符号,而结果则是符号所指物,自然在二者之间建立了一种恒常的联系,并给予人类一种天性可以观察到这种联系,而且相信其持续性。里德把这一类自然符号看作"真哲学"的基础。第二类自然符号是指其和所指物之间的联系不仅由自然所建立,而且是通过本性原则所发现,所以无须推理或经验。例如,对一个善听音乐的儿童,通过调节音乐可以使之睡觉也可以使之跳舞。里德认为这一类自然符号是艺术或趣味的基础。第三类自

---

① Thomas Reid, *The Works of Thomas Reid*, 8th edition, Vol. I, ed. W. Hamilton, Edinburgh: James Thin, 1895, p. 441.

然符号包括那些虽然我们对所指物没有任何观念或概念，但是却能够提示它，或者通过某种自然的魔力想象它，而且立即给予我们一个概念并产生对它的信念。例如，我们的感觉向我们提示一个有生命的存在者或它们所属的心灵。按照里德的观点，这一类自然符号是常识的基础，因为对外部存在的感觉、概念和信念之间的联系不可能是任何习惯、经验和教育所产生的，而只能是出自人的本性构造，因此是人性中的原始原则。① 这样，里德就通过其语言符号理论把常识原则作为一种先天的普遍原则确立起来。里德对日常语言的分析对常识学派的哲学家以及20世纪的日常语言学派都有很大影响。

三　常识学派的语言分析

常识学派的哲学家们也大多重视语言分析，注意对哲学概念作严密的界定和梳理。比如贝蒂。为了反对休谟的怀疑主义，贝蒂对"真理"和"常识"等概念作了仔细的分析。按照传统的观点，"真理"是某种永恒的和固定不变的东西，而"常识"则不外乎是大多数人的意见。贝蒂认为这种观点是有问题的。在他看来，真理不是别的而是我的本性构造决定我去相信的东西，相应地，谬误就是我的本性构造决定我不去相信的东西。贝蒂把真理分为"确定真理"和"或然真理"，并认为不同的真理伴随着不同的信念："确定真理"伴随的是"确信"，而"或然真理"伴随的是"同意"。根据贝蒂的观点，真理的获得有两种途径，一种是直觉，另一种是证明。通过证明获得真理的官能是理性，通过直觉知觉真理的官能则是常识。理性和常识的区别在于：常识植根于人的本性之中，而理性则是基于常识的推理和判断。因此，和理性相比常识才是第一位的，所有的推理都必须止于常识。和里德一样，贝蒂把常识提到"第一原则"的高度，并把诸如外部世界、因果法则、自我乃至上帝的存在都确认为不可置疑的"第一原则"。② 可以看出，通过概念分析贝蒂将休谟怀疑的那些东西统统纳入常识真理的范围，从而取消了对它们的理性追问。

另一位非常重视语言分析的哲学家是坎贝尔。《论神迹》和《修辞学

---

① Thomas Reid, *The Works of Thomas Reid*, 8th edition, Vol. I, ed. W. Hamilton, Edinburgh: James Thin, 1895, pp. 121 – 122.
② 见本书第二章第二节"苏格兰常识学派的兴起"。

哲学》充分体现了坎贝尔通过语言分析研究哲学问题的才能。比如在《论神迹》中，坎贝尔就对休谟的经验等概念进行了认真的分析。休谟认为没有任何证据足以证明神迹的存在，并提出两个基本观点：第一，所有的证据必须建立在经验的基础上；第二，弱的证据必须服从于强的证据。坎贝尔认为休谟的证据理论是不成立的。在他看来并不是先有证据然后才去相信，恰恰相反，证据具有一种先于经验的对信念的自然的影响。另外，坎贝尔认为休谟的经验概念也有歧义。休谟提出不变的或一致的经验构成自然律。问题是：首先，"不变的经验"这一点就很难证实。其次，坎贝尔以渡船的例子说明一千次不变的经验证据并不比一次的经验证据更有力。① 在《修辞学哲学》中坎贝尔关于证据的分析更加细致，鉴于前文已有讨论，这里就不再赘述。总之，常识哲学家们和里德一样都非常注意哲学中的语言分析，他们试图通过对命题和概念的意义澄清来消除像休谟那样的哲学家"对语言的滥用"。

里德和常识学派哲学家关于日常语言的分析是苏格兰启蒙哲学的一个重要特点。需要指出的是，苏格兰启蒙哲学家关于语言的分析大多是语法上的，而不是逻辑上的，正是这一点把苏格兰启蒙哲学中的日常语言分析和当代日常语言学派的日常语言分析区别开来。

---

① 见本书第五章第四节"里德和常识学派的辩护"。

第七章　苏格兰启蒙哲学的影响

苏格兰启蒙哲学在历史上曾经盛极一时，像哈奇森、斯密、里德、斯图尔特和汉密尔顿等都是当时影响极大的哲学家，他们不仅吸引了英格兰、爱尔兰，甚至更远地方的学生前往苏格兰求学，而且也引起许多欧洲的哲学家和思想家们对苏格兰哲学的关注。苏格兰哲学的成就主要集中于知识论和伦理学。在伦理学方面，哈奇森、休谟和斯密等哲学家继承英格兰的经验主义传统，把情感作为道德区分的来源，从而使情感主义成为这一时期伦理学的主流。从某种意义上说，对感性、情感和本能的重视是近代以来人的解放的重要组成部分，这对于那些仍然处于经院哲学和宗教的双重束缚之下的欧洲思想界来说无疑具有启发和借鉴意义。在知识论方面，休谟的怀疑主义哲学和里德的常识哲学影响更是深远。休谟哲学的重要性自然无可怀疑：它不仅对康德哲学和实证主义哲学有影响，甚至对逻辑经验主义和分析哲学也有重要的贡献。里德及其常识哲学对近现代哲学乃至当代哲学的影响也不容小觑，比如里德的常识哲学在传入法国后甚至成为在19世纪法国占统治地位的哲学，同时里德及其常识哲学对近代德国哲学和早期美国哲学也产生了一定的影响。不仅如此，当代分析哲学中的日常语言学派从理论渊源上也可以追溯到托马斯·里德。由此可见，苏格兰启蒙哲学的贡献是多方面的，其理论价值还有待进一步的挖掘。

第一节　苏格兰启蒙哲学与19世纪欧洲哲学

18世纪被誉为苏格兰哲学的黄金世纪，其间涌现出一大批产生广泛影响的哲学家如哈奇森、休谟和里德等。这些哲学家不仅对苏格兰哲学和英格兰哲学产生了直接的影响，而且还对欧洲国家诸如法国和德国的哲学发展起到了一定的推动作用。

一 苏格兰哲学和法国哲学

在历史上苏格兰和法国之间一直保持比较紧密的联系，因此两国间的商业活动和文化交流等也较为活跃。在 18 世纪的英国，去欧洲尤其是去法国旅行在上层人士间成为一种时尚，比如休谟和斯密等哲学家都去过法国。通过这些联系苏格兰启蒙哲学对法国产生了直接的影响。

首先说休谟。休谟和法国有着不解之缘。出于对法国的钦慕和缓解家庭经济压力的考虑，休谟曾于 1734 年只身前往法国，首先是巴黎，其次是兰斯（Rheims），最后选择了笛卡尔学习过的拉弗莱舍（La Fleche）。在拉弗莱舍的两年时光对休谟来说极为重要，因为正是在这段时间休谟开始撰写他的代表作《人性论》，该书于 1737 年最后完成。另外，在拉弗莱舍休谟还经常和耶稣会士就一些宗教问题进行辩论，从而逐渐形成了他的反神迹论证思想。1739—1740 年，《人性论》的第一、第二卷和第三卷分别出版。这本哲学巨著在休谟的苏格兰故乡以及英格兰都没有引起多大的反响，用休谟的话说它"从印刷机上一下来就成了死胎"。1741—1742 年，休谟的《道德和政治论文集》（*Essays Moral and Political*）两卷本前后出版。和《人性论》的命运不同，这本书受到众多好评。1752 年休谟出版了《道德和政治论文集》的第二部分即《政治论》（*Political Discourses*）。这本书更是立即受到欢迎，并被翻译成法语。1752 年，休谟被选为苏格兰律师公会图书馆的管理员。利用这个职务休谟广泛收集材料，写出了超过一百万字的巨著《英国史》（*The History of Great Britain*），该书于 1754—1762 年分 4 卷 6 册出版。从哲学到历史表明休谟的研究兴趣发生了转移。

1763—1765 年，休谟受邀担任驻法公使哈特福德伯爵的秘书，再次来到巴黎。在此期间，休谟有机会结识许多法国上层精英，其中就包括一大批法国哲学家，如伏尔泰、卢梭和百科全书派等。与休谟初到法国时不同，现在休谟已经成为闻名的学者了。他的主要著作都有法译本，其中《政治论》和《英国史》更是深受赞誉。在当时的苏格兰和英格兰休谟更多地被看作一个历史学家而不是一个哲学家。而在法国启蒙运动的泰斗狄尔泰则对休谟给予高度评价，认为他是一个真正的哲学家。通过受邀参加各种沙龙，休谟和法国哲学家之间也有广泛的接触和交流。休谟对狄德罗、霍尔巴赫、爱尔维修、达朗贝尔、布丰等很有好感,而这些法国哲学家们对休谟也怀有敬意。狄德罗甚至称休谟为"深受热爱、备受尊敬的大卫"。霍尔巴赫则说,他为能留在这位伟人的记忆中而感到自豪。① 不过,"这些法国哲学家们虽然将休谟看作是反宗教的同道,但是似乎并没有注意到休谟怀疑论对经验主义的毁灭性打击,仍然以经验为基础来推进科学知识"②。

里德的常识哲学对法国哲学产生了更大的影响。布莱特(G. S. Brett)说,19 世纪的法国哲学是从里德开始的。③ 不过,里德的常识哲学在法国的传播却有一点偶然性。据说,1811 年成为索邦(Sorbonne)哲学教授的罗伊尔·克莱德(Pierre Paul Royer-Collard,1763—1845)有一次在巴黎塞纳河附近的一个书摊上偶然发现了里德的《根据常识研究人类心灵》这本书。当时这本书几乎无人问津,有人甚至戏言"除了风之外还不曾有人打开过一页"。克莱德的不经意的发现不仅改变了里德哲学在法国的命运,也影响了法国哲学的走向。克莱德买这本书"花了三十分钱,结果建立了法国哲学的一个新学派"④。在克莱德的努力之下,里德的常识哲学不仅被法国人所接受,而且还逐渐成为法国具有主导性的哲学。在传播里德哲学方面,还有另外两个人也起到了非常重要的作用,他们就是维克多·库辛(Victor Cousin,1792—1867)和西奥多·杰弗里(Theodore Jouffroy,1796—1842)。库辛是克莱德的得意门生,1815 年克莱德离开教职后指定库辛作为自己的接替者。杰弗里比库辛小四岁,但却是库辛的学生和虔诚信徒。杰弗里所做的重要工作是把里德的全部著作,以及杜阁尔德·斯图尔特的著作翻译成法语。克莱德、库辛和杰弗里三人对里德及其常识哲学在法国的传播和发展起到了极大的作用。芒斯(James W. Manns)说,克莱德将苏格兰哲学引入法国,库辛极大地拓宽了它的吸引力范围,杰弗里则使人人都能得到里德的教诲,并在他的著作中保持

---

① 周晓亮:《休谟及其人性哲学》,社会科学文献出版社 1996 年版,第 30—31 页。
② 张志伟:《西方哲学史》,中国人民大学出版社 2002 年版,第 473 页。
③ G. S. Brett, *A History of Psychology*, Vol. 3, London: George Allen & Unwin Ltd., 1921, p. 18.
④ James W. Manns, *Reid and His French Disciple: Aesthetics and Metaphysics*, Leiden, New York and Koin: E. J. Brill, 1994, p. 5.

了它的鲜活精神。①

克莱德虽然在将里德的常识哲学引入法国方面做出很大的贡献，但是他本人却并未留下任何具有重要影响力的哲学著作。在这方面贡献最大的非库辛莫属。库辛可以说是里德哲学在法国的传道士，然而他对待里德的态度却发生过较大的变化。库辛一开始迷恋里德哲学，后来又感到不满意，认为常识哲学是一种非批判性的哲学。于是，他将目光转向德国，希望找到一种更为有力的哲学。开始吸引他的是康德的批判哲学，然而后来他对康德也不满意，于是又转向谢林和黑格尔。② 不过，后来他对黑格尔哲学也产生了厌倦。结果，在晚年的时候库辛又重新回到里德的哲学。可以看出，库辛是一位思想极其活跃，且带有综合性倾向的哲学家。他曾经于1826年写下这样的话，"我一生的主导思想就是根据时代精神重建永恒的信念，并达到统一性，但是主要是借助于实验的方法。"③ 这句话可以被看作库辛哲学追求的生动写照。

对于库辛来说，哲学方法很重要，而18世纪所采用的方法即观察和归纳在他看来就是正确的方法。但是为什么同样的方法在自然科学中取得惊人的成就，而在哲学中却只有可怜的结果呢？库辛认为错误在人，而不在于方法。哲学家们追求体系，正是他们的体系扭曲了观察。基于这种认识，库辛希望"重建"哲学。根据库辛的观点，18世纪有三个学派将一种合适的方法应用于哲学，它们是洛克学派、里德学派和康德学派。库辛认为这三个学派都有各自的缺陷，比如洛克学派只追求知识的起源，里德学派只研究知识的实际特征而不关心它的起源，康德学派则只考虑从主体到客体的合法性。库辛称自己的哲学为"折中主义"（eclecticism），就是试图把这些方法统合在自己的哲学中。

对给予自己影响的哲学家库辛常提到克莱德、曼·德·比朗（Maine de Biran, 1766—1824）和拉罗米吉耶尔（Pierre Laromiguiere, 1756—1837），很少直接提到里德的名字，但是里德及常识学派对他的影响仍然不难发现。比如在反驳洛克的观念论问题上他的观点就和里德基本一样，

---

① James W. Manns, *Reid and His French Disciple: Aesthetics and Metaphysics*, Leiden, New York and Koln: E. J. Brill, 1994, p. 7.
② 值得一提的是，库辛本人曾于1817年夏天去德国，并与黑格尔会过面。
③ Lucien Levy-Bruhl, *History of Modern Philosophy in France*, Chicago: Open Court Publishing Company, 1899, p. 331.

即认为洛克的表象论将心灵和实在分开，从而预示了从贝克莱到休谟的怀疑主义。而在他看来正是里德把实验方法引入心灵哲学中，从而驱逐了贝克莱的观念主义和休谟的怀疑主义。当然，这种实验方法和物理科学中的实验方法还是有所不同的。在物理科学中主要运用的是观察，而哲学则既重视观察又不仅仅局限于观察。用库辛的话说，"将哲学局限于观察，不管我们知道与否，都是在把哲学置于怀疑主义之路；而忽略观察则是将哲学抛入假设之路。怀疑主义和假设，这是哲学的两块绊脚石。"①

不过，库辛指出，由于哲学和物理科学的对象不同——物理科学的对象是外部现象，而哲学的对象则是自身之内的现象，所以对观察的运用更要非常小心。对于内部世界我们是通过意识的帮助来知觉它们的。意识来去匆匆，不好进行观察。对此我们可以将那些已经消失的现象重新收集然后交与记忆，在需要的时候加以复制。这种官能就是内省（reflection）。库辛认为运用内省我们就可以像物理科学那样进行内部"实验"，而不是仅仅作被动的观察。由于经验总是遵循相同的条件和规则，所以这种研究人的心灵的"人的科学"或心理学也可以达到和自然科学那样精确的分类。库辛对心理学非常重视，将之视为哲学的基础。他说，"人的科学，即心理学，确实不是哲学的全部，但是却是哲学的基础。这一点最为重要，因为它决定了其余的部分，并且决定了整个体系的特性。"② 这种对心理学的重视明显是受到里德及常识学派的影响。库辛曾经在论苏格兰哲学时说，真正的现代苏格拉底不是洛克而是里德。③ 可以看出，库辛对里德还是非常敬重的。

和库辛相比，杰弗里著作中里德的痕迹更为明显。杰弗里承认里德所说的"常识原则"也即"第一原则"的存在，认为这些原则构成了人类理智的基石。他甚至把常识比作"人民的宗教"（religion of the people）。杰弗里说，柏拉图、笛卡尔和康德的学说都没有成为人民的宗教，因为"人民的宗教比哲学还要古老；哲学改变不了它；它存在于所有的体系中，这种宗教就是常识。"④ 显然，杰弗里的意思是说常识先于哲学，并

---

① *Philosophical Miscellanies*, Vol. I, ed. George Ripley, Boston, 1838, p. 57.
② *Philosophical Miscellanies*, Vol. I, ed. George Ripley, Boston, 1838, p. 59.
③ James McCosh, *The Scottish Philosophy, Biographical, Expository, Critical, From Hutcheson to Hamilton*, New York: Robert Carter and Brothers, 1875, p. 193.
④ *Philosophical Miscellanies*, Vol. I, ed. George Ripley, Boston, 1838, p. 309.

且是包括哲学在内的所有体系的基础，因此常识拥有对哲学的权威，而不是相反。和里德一样，杰弗里认为实践是对那些贬低常识的哲学家们的最有力的反驳，因为哲学家们不仅生来具有常识，而且在生活中也和常人一样运用他们的常识，承认常识的权威。和哲学相比，常识的优点是直接性、自明性和权威性，不足是无意识性或非反思性如果说有的话。例如，任何视力正常的人，无须任何努力只要一睁眼就能立即看到事物，但是从没有人怀疑自己是否每次睁眼都能看见东西。哲学家们若以这一点而轻视常识就是错误的，因为在杰弗里看来，人生来具有常识和人生来具有理解自身的需要这二者同样是自然的。如果说哲学是有意识的反思，那么常识就处于这所有意识的最底层。可见，哲学与常识并不是对立的两极。

杰弗里说，"如果常识和哲学不能够一致，那么这不是因为有两种不同的真理，一种是哲学家的真理，另一种是大众的真理，而是因为有两种不同的把握真理的方式：一种是把握整体，即当真理呈现时就足以认出它，当真理被弄得支离破碎时能够知觉它，但是却不足以解释它和表达它；另一种是可以解释它和表达它，然而却不能作为一个整体理解它。"①所谓"大众的真理"实际就是常识的真理，而常识真理是自明的真理，无须任何证明。从本质上说，对于常识真理的信念属于不可怀疑的基础信念，是所有其他信念的根基。据此，杰弗里对以笛卡尔为代表的近代哲学提出批评，认为这种哲学把确定性当作首要追求目标，试图证明那些不可证明的东西，从而直接导致了怀疑主义。和里德一样，杰弗里拒绝怀疑主义，坚持实在论的立场。

杰弗里还非常重视里德等常识哲学家对心理学的研究，并视之为常识哲学的主要特点。在他看来，托马斯·里德对心理学的贡献堪比培根对自然科学的贡献。培根将经验和观察作为科学研究的出发点，从而使科学摆脱了单纯的猜测和假设，最终走上正确的道路。而里德运用内省（introspection）的方法揭示了人类经验中的先天部分的官能，从而使精神领域也可以像外部世界一样成为研究对象。杰弗里认为，自然科学是将我们的理智或意识应用于外部世界，而心理学则将我们的注意力转向内部世界，因此可以说只有在心理学中方法和对象才是同一的。有人怀疑心理学是否可以和自然科学相提并论，因为在自然科学中我们可以观察对象，而在心

---

① *Philosophical Miscellanies*, Vol. I, ed. George Ripley, Boston, 1838, p. 320.

理学中却不能进行同样的观察。杰弗里认为这个问题是不存在的，因为我们的意识活动也是一种"事实"，我们不仅可以意识到自己的内部状态，而且甚至还可以意识自己的意识。按照他的观点，心理学研究的正是精神领域中的"事实"，这些"精神事实"和自然科学中的感觉事实虽然性质不同，但是却具有相同的实在性，所以可以用相同的方式来确定，并且可以用相同的确定性加以证实。① 杰弗里进而区分了"自我"（self/moi）和"非自我"（non-self/non-moi），并认为心理学就是专门研究自我的科学。所谓"非自我"是除我们自己之外的所有物质世界。至于"自我"，杰弗里把它视为灵魂（soul）和心灵（mind）的同义词。简言之，杰弗里把心理学看作一门以自我为对象，以反省为方法的科学。库辛和杰弗里对心理学的重视从一个侧面反映出苏格兰常识哲学对法国哲学所产生的重要影响。

二　苏格兰哲学对德国哲学的影响

苏格兰启蒙哲学对德国哲学家也产生了很大的影响。从18世纪20年代至50年代初，沃尔夫哲学一直在德国的大学中占据着绝对的统治地位。随着1754年沃尔夫（Christian Wolf，1679—1754）的去世这种情况才有所改变，英格兰哲学和苏格兰哲学等外部因素开始对德国哲学界发生影响。在苏格兰哲学家中，休谟对康德的影响众所周知，但是实际上哈奇森也对康德的思想产生过影响，这一点在哲学史上却不常为人提起。1746年，哈奇森去世。之后他的一些著作便陆续进入德语世界，如他的《道德哲学体系》《论情感的本质和行为：以及对道德感的说明》和《对我们的美和德行的观念的起源之研究》分别于1756年、1760年和1762年被翻译成德文。伯纳德·皮契（Bernard Peach）教授认为，这些著作使哈奇森的思想直接渗透到德国的宗教生活、儿童教育等领域，对德国的道德思想产生了不小的影响，康德由此受哈奇森的影响是不容置疑的。证据表明康德不仅读过哈奇森的著作，而且还熟悉道德感学派的理论。在《道德形而上学》中康德明确地说，"我将道德情感原则归于幸福原则之下，因为通过事物提供的一致性（agreeableness），每一种经验的兴趣（empirical

---

① James W. Manns, *Reid and His French Disciple: Aesthetics and Metaphysics*, Leiden, New York and Koin: E. J. Brill, 1994, p.119.

interest）都有助于我们的幸福，不管它是直接的和不考虑利益的，还是考虑利益的。我们必须和哈奇森一样，将对他人幸福的同情原则归于他所假设的道德感之下。"① 另外，哈奇森关于美感与道德感一致，审美活动不涉及概念和利害计较，以及内在感官见出天意安排等观点在康德的《美的分析》里都留下了明显的痕迹，而康德对于纯粹美和依存美的区分和哈奇森关于绝对美和相对美的划分也有类似之处。②

休谟对德国哲学的影响更大。1755 年，约翰·乔治·舒尔兹（Johann George Sulzer）将休谟的《人类理解研究》译成了德语。舒尔兹给予休谟很高的评价，称赞他是一个哲学家。在他看来，休谟的著作可以作为真正的通俗哲学的范本。舒尔兹表示希望休谟这本著作的出版能够打断德国哲学家们的悠闲的沉睡，然后给予他们以新的消遣（occupation）。③ 舒尔兹的努力没有白费。那些厌倦了莱布尼兹—沃尔夫体系的德国哲学家们的确从休谟的哲学中找到了新的源动力。被称为"德国柏拉图"或"德国苏格拉底"的摩西·门德尔松（Moses Mendelssohn，1729—1786）对休谟的哲学风格极为欣赏。在一封信中，门德尔松这样说道：出色的哲学家们，他们注意到呈现的系统方法并不总是最好的，像莱布尼兹、莎夫茨伯利、休谟或者《论感知的信》的作者，他们经常离题，但总是可以回到要点上来。④ 另一位哲学家克里斯钦·加尔夫（Christian Garve，1742—1798）则不仅重视休谟的写作风格，而且还特别注意到休谟的方法，加尔夫称之为"观察的方法"。在他看来，遵循这种方法的哲学家不会把自己当作学生的导师，而是假定他的读者和任何有学识的人一样知道这个主题，他的唯一目的就是给知识增加一些新发现，或者填补，甚或发现新的空隙。⑤ 加尔夫将这种新观念称为碎片（fragments），并认为休谟的文章中充满了这样碎片般的观念。哲学家约翰·乔治·哈曼（Johann George

---

① 这段材料主要来自杨通林的博士学位论文《哈奇森伦理思想研究》，中国社会科学院研究生院 2008 年，第 202 页，其中译文部分参照原文有所改动，在此表示感谢。
② 朱光潜：《西方美学史（上册）》，人民出版社 1979 年版，第 224 页。
③ Stuart Brown ed., *Routledge History of Philosophy*, Vol. V, "British Philosophy and the Age of Enlightenment", London and New York: Routledge, 1996, p. 316.
④ Stuart Brown ed., *Routledge History of Philosophy*, Vol. V, "British Philosophy and the Age of Enlightenment", London and New York: Routledge, 1996, p. 316.
⑤ Stuart Brown ed., *Routledge History of Philosophy*, Vol. V, "British Philosophy and the Age of Enlightenment", London and New York: Routledge, 1996, p. 317.

Hamann, 1730—1788) 受休谟的影响极大。例如,他把历史而不是自然科学看作人类理性的典型,同时还对以理性为基础的启蒙运动进行批判,认为休谟对理性无能所作的证明恰好是对信仰的确证。由于反对理性和启蒙,哈曼被认为是"反启蒙"(counter-Enlightenment)的主要推动力之一。哈曼又影响了赫尔德(Johann Gottfried Herder, 1744—1803),以及歌德、黑格尔、凯尔克郭尔等。

休谟对康德的影响则不仅是风格和方法上的变化,更是整个思想观念上的变革。在《未来形而上学导言》中,康德坦承是休谟将他从独断论的梦中唤醒,从而给他在思辨哲学领域中的研究以一个完全不同的方向。康德所说的正是休谟的因果理论。也就是在这一点上,康德批评里德、贝蒂和奥斯瓦尔德等误解了休谟的真实用意。在他看来,"问题不是因果概念是否正确、有用以及就自然的整个认知来说必不可少,因为这一点休谟从未怀疑过;而是它是否能被理性先天地思维,是否具有独立于所有经验的内在真理,因此是否具有一种更为广泛的,而不仅仅局限于经验的对象的用处"①。从某种意义上说,正是由于对因果问题的不同回答导致里德的哲学和康德的哲学朝向了不同的方向发展。里德和康德都认为因果关系的普遍性和必然性是不容置疑的,但是也都认为休谟的论证是无懈可击的,因此都把解决因果关系的关键放在了人的先天能力上。只不过,里德诉诸于常识,而康德求之于理性。对此,黑格尔曾有极好的评价,他说:

> 苏格兰哲学家提出了关于宗教真理和伦理真理的一个内心独立的源泉来反对休谟的怀疑论。这种思想与康德不谋而合,因为康德提出了一个内心的源泉以与外在的知觉相反对;不过,所谓内心源泉,在康德那里,具有完全不同于在苏格兰哲学家那里的形式。在苏格兰哲学家看来,这种内心的独立源泉不是思维、理性本身,而是一种从内心里产生出来的具体东西,其本身也要求具有经验的外在材料。这种内心源泉乃是一些具体的、常识的原则,这些原则一方面与知识源泉的外在性相反对,另一方面又与形而上学本身(与单纯抽象的思维

---

① Immanuel Kant, *Prolegomena to Any Future Metaphysics*, trans. Gary Hatfield, Cambriddge: Cambridge University Press, 1997, Preface, 4: 259.

或形式推论）相反对。①

其实，康德并不否认知识的经验来源。只是在他看来经验知识的本性决定了它们达不到必然性和普遍性，而自然科学知识却恰恰具有这种必然性和普遍性，因此有必要对我们追问知识的方式进行检讨。康德认为，从前人们都要求知识必须符合对象，但是为此所作的种种尝试都失败了，所以应该转换思路从人的内在结构出发考察知识的客观有效性，使知性为自然立法。康德非常重视这个思想，甚至将其和哥白尼在天文学领域发动的革命相提并论。可以看出，这个转变的实质在于把研究的重心从对象（客体）转移到主体上来。按照康德的观点，休谟的错误正是在于忽视了对主体的认识能力的考察。康德将其哲学称为"批判哲学"，目的就是对独立于所有经验的一般理性能力进行批判的考察。② 康德首先根据知识的来源把它们分为两种即"先天的知识"和"后天的知识"。后天的知识是一种经验性知识，先天的知识是不依赖于经验的知识，其中完全不掺杂任何经验性的东西则可以称为纯粹的知识。康德又认为知识表现为判断，而判断也可以分为两种，即分析的判断和综合的判断。分析判断是一种说明性的判断，即主词中包含着宾词的判断。这种判断由于仅从前提演绎出结论，因此必然为真。综合判断是一种扩展性的判断，即宾词的内容超出了主词之外，因此不能从逻辑上保证其结论必然为真。康德认为，因果推理属于综合判断，但同时也具有先天知识的必然性和普遍性，因此是一种"先天综合判断"。这样，康德就把因果推理的证明变成了对"先天综合判断如何可能"的证明。康德认为，这个命题是成立的，因为一方面因果推理的材料来源于经验，因而是一种扩展性判断，另一方面这些经验材料又必须通过先天的知性范畴进行整理，因而又是一种先天知识。康德关于"先天综合判断"的证明是为自然科学知识的合法性进行的辩护。这个证明虽然不像康德本人想象得那样成功，但是康德的尝试在哲学史上仍

---

① ［德］黑格尔：《哲学史讲演录》第 4 卷，贺麟、王太庆译，商务印书馆 1978 年版，第 210 页。
② Immanuel Kant, *Critique of Pure Reason*, Cambridge：Cambridge University Press, 1998, Preface, AXⅱ.

然有其重要的价值。①

如果说康德出于对其哲学建构所具有的引信作用而推崇休谟的话，那么康德的后继者们对休谟的评价似乎也就仅限于此，虽然这可能并不公正。以费希特（Johann Gottlieb Fichte，1762—1814）为例，他的著作几乎很少提及休谟，其中偶有对休谟的"赞誉"也只是因为后者对康德的唤醒价值。这与费希特对哲学任务的看法有关。按照他的观点，哲学必须回答这个问题，即我们为什么要假定在我们的表象之外以及除了我们的表象，实际的事物存在？显然，这个问题一方面涉及表象和对象的区分，另一方面涉及表象的客观有效性。正是由于像休谟这样的怀疑主义者对表象之客观有效性的质疑，才将康德从理性主义的独断论梦中惊醒。如果还有别的原因，可能就是费希特对哲学性质所持的立场。众所周知，费希特把哲学视为一种"科学"，一种逻辑上前后一贯的演绎体系。用他的话说，"哲学的观念是证明出来的，而其实在性能够被证明的唯一方式是通过实际构造一种哲学体系。"② 依据体系性这个标准，费希特认为康德虽然撰写了三大批判，但是并未构造任何体系，因为它们都还只是哲学的预备性研究而已。③ 既然连康德的批判哲学都不能入费希特的法眼，休谟哲学自然更加没有地位了。

和费希特一样，谢林（Friedrich Wilhelm Joseph von Schelling，1775—1854）对休谟的评价也不高。作为康德和费希特的先验哲学的追随者，谢林没有亦步亦趋，而是试图超越前者，建立自己的哲学体系。从某种意义上说，谢林在其著作中评述近代哲学家诸如笛卡尔、洛克、休谟、康德、费希特等时，不过为了确证自己的哲学而已。扩言之，康德批评休谟，费希特批评康德，等等，无不如此。相较之下，谢林更加倾向于费希特，大致的原因不外乎后者更符合其关于哲学体系的科学构想。但是和费希特不同的是，谢林对休谟的工作有更多的了解和阐述。例如，在

---

① 除因果论证外，休谟对宗教的设计论证明的反驳也给康德以极大的启发。在《纯粹理性批判》中，康德将休谟的批判继续向前推进，驳斥了关于上帝存在的所有证明，从而使宗教只能成为一种信仰。
② J. G. Fichte, *Foundations of Transcendental Philosophy*, edited and translated by Daniel Breazeale, Ithaca and London: Cornell University Press, 1992, p. 79.
③ J. G. Fichte, *Foundations of Transcendental Philosophy*, edited and translated by Daniel Breazeale, Ithaca and London: Cornell University Press, 1992, p. 80.

1833—1834 年出版的《近代哲学史》中，谢林明显将休谟视为近代哲学从笛卡尔、培根发展到康德、费希特的一个过渡环节。谢林认为，哲学是那种寻找普遍原则的科学。在这个方面，笛卡尔和培根并无二致，因为他们都希望获得某种普遍原则，然后由此出发达到知识的确定性。只是在涉及那个最高的概念时，二者才分道扬镳。谢林认为，作为感觉主义者，休谟不同于培根之处恰恰在于，他拒斥普遍原则。① 按照他的观点，休谟的学说怀疑甚至反抗人类知识中的一切普遍的和必然的东西，也正是这种所谓的怀疑主义激励康德创立了自己的哲学。谢林将休谟对康德的激励作用归于他对因果律的攻击。在休谟之前，无论是就行为而言，还是就判断而言，人们都不假思索地遵循着因果律，几乎没有人对此持丝毫的怀疑。休谟证明，简言之，如果经验主义是对的，也就是说，一切知识仅仅来自感官，那么包括因果律在内的任何普遍的东西都是不可能的。由于把因果律看作一种"单纯主观的现象"，所以休谟最后只能将因果律解释为一种"单纯主观的习惯"。② 谢林认为，这种基于习惯的因果关系原则解释是不可能的，因为"按照因果法则来进行思维，乃是我们从一开始就必然遵循的规定，这不仅不取决于我们的意愿，而且不取决于我们的思维。"这就说明，因果法则不是一个主观的原则，而是一个"实在的原则"。③ 换句话说，休谟提出了问题，但是没有最终解决问题。休谟没有，康德也没有。

黑格尔对休谟的哲学怀疑主义同样持消极看法。按照他的观点，"这种怀疑论在历史上所受到的重视，有过于它本身的价值。它的历史意义就在于：真正说来，康德哲学是以它为出发点的。"④ 不难推断，黑格尔之所以有如此结论，是因为他亦将哲学视为追求绝对知识或真理的科学，并且这种科学必定表现为一个真理的体系。用他自己的话说，"哲学如果没有体系，就不能成为科学。"⑤ 以此衡量，以休谟为代表的经验主义非但不能为科学奠基，反而自挖墙脚，自我挫败。归根结底，黑格尔认为原因

---

① ［德］谢林：《近代哲学史》，先刚译，北京大学出版社 2016 年版，第 36、37 页。
② ［德］谢林：《近代哲学史》，先刚译，北京大学出版社 2016 年版，第 90—91 页。
③ ［德］谢林：《近代哲学史》，先刚译，北京大学出版社 2016 年版，第 93—94 页。
④ ［德］黑格尔：《哲学史讲演录》第四卷，贺麟、王太庆译，商务印书馆 2013 年版，第 226 页。
⑤ 转引自赵敦华《西方哲学简史》，北京大学出版社 2012 年版，第 338 页。

在于经验主义的认识论原则,并且将之追溯到洛克和培根。他说,"休谟的出发点是洛克和培根的哲学观点,即经验哲学。这种哲学所抓住的,是外部直观或内心感受所提供的材料;法律、伦理、宗教方面的东西都属于这个范围。"[1] 基于这种认识,黑格尔也聚焦于被认为休谟哲学最主要贡献的因果关系学说。黑格尔首先考察了洛克的理论。在他看来,洛克的核心思想是将经验视为知觉的来源,由此认为人们的因果概念和必然联系概念也都是从经验中所获得的。问题是,"作为感性知觉的经验并不包含必然性,并不包含因果联系。"洛克似乎有意无意地回避了这个问题,休谟则发现并明确指出了这一点,即"如果我们持这种观点,那么,经验固然是我们所认识的东西的基础,知觉本身包罗万象,可是在经验中却并不包含普遍性和必然性,经验并不向我们提供这两个规定。"休谟的解决方案,如前所述,是将因果原则的获得归于心灵的重复性习惯,从而取消了因果关系的客观必然性,使之变成一种主观必然性。黑格尔认为,如果休谟的推理是正确的,那么结果只能是:"经验以外的知识是不存在的,形而上学是不存在的。"[2]

黑格尔对休谟的批评自然有其道理,但是也不无争议。就其批评的合理性来说,黑格尔预见了和罗素相似的结论,这就是"休谟接受了洛克的经验原则,而把它进一步贯彻到底。"其结果是,"休谟抛弃了各种思想规定的客观性,抛弃了它们的自在自为的存在。"[3] 然而,这个批评的要害在于,它是将休谟哲学置于从笛卡尔到黑格尔本人为止的近代哲学史,尤其是黑格尔哲学的主体—客体关系框架之中来加以考察的。因此,休谟怀疑主义的意义充其量只是德国古典哲学实现自身的一个环节。不过,如果从现当代西方哲学的发展历程来看,黑格尔对休谟的批评似乎就有些值得商榷的地方了。例如,由于近代哲学的认识论性质,黑格尔更多关注的是怀疑主义者休谟,而非自然主义者休谟。并且,即使对于怀疑主义者休谟,黑格尔的评述的也多为否定方面,而非肯定方面。但是,现代

---

[1] [德] 黑格尔:《哲学史讲演录》第四卷,贺麟、王太庆译,商务印书馆 2013 年版,第 227 页。
[2] [德] 黑格尔:《哲学史讲演录》第四卷,贺麟、王太庆译,商务印书馆 2013 年版,第 228 页。
[3] [德] 黑格尔:《哲学史讲演录》第四卷,贺麟、王太庆译,商务印书馆 2013 年版,第 232 页。

逻辑经验主义者恰恰是从休谟怀疑主义的肯定方面如"休谟之叉"等中发现了借以拒斥形而上学的理论资源。① 作为现象学的奠基者,胡塞尔也把休谟所谓怀疑论的终结看成他自己试图建立一种严格的、先验的科学的哲学所需要的东西。② 休谟哲学中的自然主义方面则受到后期分析哲学中的日常语言学派的重视。此外,卢福特(Eric v. d. Luft)还注意到甚至黑格尔自己可能也没有注意的地方。这就是,在《精神现象学》中,黑格尔关于"这个—此地—此时"(This-Here-Now)、"感性确定性"(Sense Certainty)和"知觉"(Perception)的辩证法其实与休谟的经验主义存在着某种相似之处。③ 如果这个说法可靠,那么黑格尔对休谟的批评似乎更值得玩味了。

里德的常识哲学对德国哲学家也有一定的影响。休谟的怀疑论虽然给德国哲学带来了全新的气息,但是对于在理性主义传统,尤其是沃尔夫体系浸淫已久的德国哲学家来说,要和这个传统彻底决裂那是非常困难的。哥廷根哲学家约翰·费德尔(Johann George Heinrich Feder, 1740—1821)和克里斯钦·梅纳斯(Christian Meiners, 1747—1810)就是这样摇摆在沃尔夫主义和怀疑主义之间的哲学家。他们一方面指责沃尔夫哲学的独断论性质,另一方面也反对激进的怀疑主义。结果这种对所有哲学理论的怀疑倒拉近了他们和里德哲学的距离。里德反对怀疑主义,肯定外部世界、心灵和自我的实在性。这种清醒的常识态度得到包括费德和梅纳斯在内的

---

① 休谟的怀疑主义具有反形而上学倾向,这是毫无疑问的。但是,休谟本人从未明确表示过反对形而上学,这也是一个事实。不过,这是另外一回事了。
② [美] R. 摩菲:《胡塞尔与休谟》,杨中兴译,《国外社会科学信息》1992 年第 11 期,第 31—34 页。
③ Eric v. d. Luft, *Ruminations: Selected Philosophical, Historical, And Ideological Papers*, Vol. 1, Part1, New York: Gegensatz Press, 2019, p. 243. 卢福特承认,黑格尔对休谟的概括大体上是准确的,但是认为黑格尔对休谟思想的了解不是来自休谟本人的著作,而是通过康德。他还断言,黑格尔既不持有,也没有提到过休谟的著作,特别是休谟的《人性论》,虽然也有学者设想黑格尔可能接触过休谟的 1753 年版《关于几个主题的散文和论文集》(*Essays and Treatises on Several Subjects*)。韦斯特法尔(Kenneth T. Westphal)也承认,黑格尔从未引用过休谟的《人性论》,但是认为黑格尔可能熟悉其内容。参见 Eric v. d. Luft, *Ruminations: Selected Philosophical, Historical, And Ideological Papers*, Vol. 1, Part1, New York: Gegensatz Press, 2019, p. 243。哈里斯(H. S. Harris)甚至推测,黑格尔可能连休谟的《自然宗教对话录》(1778)都没有读过。参见 H. S. Harris, *Hegel's Ladder*, Vol. I, Indianapolis/Cambridge: Hackett Publishing Company, Inc., 1997, p. 538。上述问题在黑格尔对休谟的解读中或许不是根本性的,但也不可能是无关紧要的,应该引起适当注意。

许多哲学家的称许。他们认为，哲学必须变得更加谦虚，为此哲学应该向常识学习，因为常识比哲学思辨更强烈。① 另一位哲学家约翰·泰滕斯（Johann Nicolaus Tetens，1736—1807）也受到里德哲学的影响。除里德外，泰滕斯还受到莱布尼兹、洛克、休谟、哈特利，甚至还有孔迪亚克的影响。可以看出，泰滕斯是一位兼收并蓄的哲学家。泰滕斯最重要的哲学著作为 1777 年出版的《人性及其发展哲学论》（Philosophical Essays on Human Nature and Its Development），这本书曾对康德的《纯粹理性批判》产生过重要的影响。由于在引介和发展英格兰哲学和苏格兰哲学方面所作的贡献，泰滕斯有时被称为"德国的洛克"（German Locke），有时又被称作"德国的休谟"（German Hume）。斯图亚特·布朗说，也许称他为"德国的里德"（German Reid）更合适，因为他的哲学讨论是从里德结束的地方开始的，而且他的认识论理论也受苏格兰哲学家对知觉问题的分析。②

如前所述，康德对里德及常识哲学的评价完全是消极的，相比之下黑格尔对里德的评价则要"客观"得多。黑格尔指出里德哲学和康德哲学一样是一种先天的哲学，不同的是里德和常识哲学家们不是通过思辨的途径，而是诉诸于常识原则。他说，他们寻求一种先天的哲学，但没有采取思辨的办法。作为他们的原则的普遍观念是人的健康常识；在这个原则之外，他们又加上善意的倾向、同情心、道德感，并且从这个根据出发，他们写出了很多优美的道德著作。③ 在黑格尔看来，这既是优点同时也是缺点。他说，这里提出来的道德感和人的常识，此后在英国人那里，特别是在苏格兰人托马斯·里德、贝蒂、奥斯瓦尔德等那里，变成了普遍的原则，因而思辨哲学在他们那里完全消失了。④ 叔本华对里德的哲学也非常赞赏。众所周知，近代哲学中一直存在一个所谓的"知觉之幕"（veil of perception）的问题，即认为人并不是直接知觉到外部对象，而是通过

---

① Stuart Brown ed., *Routledge History of Philosophy*, Vol. V, "British Philosophy and the Age of Enlightenment", London and New York: Routledge, 1996, p. 318.
② Stuart Brown ed., *Routledge History of Philosophy*, Vol. V, "British Philosophy and the Age of Enlightenment", London and New York: Routledge, 1996, p. 321.
③ ［德］黑格尔：《哲学史讲演录》第 4 卷，贺麟、王太庆译，商务印书馆 1978 年版，第 214 页。
④ ［德］黑格尔：《哲学史讲演录》第 4 卷，贺麟、王太庆译，商务印书馆 1978 年版，第 211 页。

"观念"等间接地把握世界。洛克关于两种性质的划分开此先河，休谟认为外部世界不可知，康德认为我们只能认识"现象"而不能达到"自在之物"。叔本华对这种理论感到十分不满，认为它们割裂了主观和客观之间的关系。里德的常识哲学，尤其是他的知觉理论使叔本华看到一种新的理论出口。在《作为意志和观念的世界》中，叔本华说，"作为对康德真理的否定证明，托马斯里德的杰作《根据常识研究人类心灵》（1764，第1版；1810，第2版）使我们彻底相信感官产生对事物的客观知觉是不充分的，产生对空间和时间知觉的非经验起源也是不充分的。里德驳斥了洛克的知觉是感官的产物的理论，他彻底而敏锐地证明：感官的集体感知和知觉所知的世界之间没有任何相似之处；尤其是，洛克的五种第一性质（广延、形式、不可入性、运动和数）绝不可能由感官的任何感知提供给我们。……托马斯里德的书非常具有启发意义，很值得一读——它比自康德以来所写的所有哲学加起来的十倍还要多。"①

第二节 苏格兰启蒙哲学与早期美国哲学

英国哲学和美国哲学之间有着千丝万缕的联系。早期英国移民因为不满国内的宗教迫害而将主张宽容的清教主义思想带入美国。英国自然神论对美国早期的政治家们也产生过极大的影响。富兰克林、杰斐逊等开国元勋都曾是自然神论者。苏格兰启蒙哲学尤其是常识学派也对早期美国产生了影响。可以说，19 世纪之前的美国哲学基本上都是从英国哲学中输入养料，再结出果实的。

一 哈奇森和休谟对早期美国哲学的影响

弗兰西斯·哈奇森对美国的早期政治思想有很大的影响。哈奇森自身的北爱尔兰背景使他很重视自然权利和公民权。在他看来，公共利益受自然法的约束，而所有促进公共利益的行为都是一种自然权利，因此社会组织的协定都要服从于这个目的。哈奇森赞成契约理论，反对奴隶制、继承

---

① Arthur Schopenhauer, *The World as Will and Idea*, Vol. II, trans. R. B. Haldane and John Kemp, London: Kegan Paul, 1909, 6th edition, pp. 186 – 187.

权和所谓的"征服的权力"。① 哈奇森的主张对于正在反抗英国殖民统治的美利坚民族来说是一个很大的鼓舞,因为哈奇森的观点无疑表明被压迫者可以正当地反抗任何危及公共利益的力量,不管这种力量是来自内部的还是来自外部。

哈奇森的思想主要是通过他的学生以及到访苏格兰的学者传播到美利坚的。哈奇森在担任格拉斯哥大学教授时,埃里森(Francis Alison, 1705—1779)就曾经是他的学生。哈奇森的道德思想对埃里森产生了很大影响。埃里森回到美国后,将哈奇森的思想广为传播,使之为美国思想界所熟悉。比如美国独立宣言的三位签署者托马斯·麦凯恩(Thomas Mckean)、乔治·里德(George Read)和詹姆斯·史密斯(James Smith)都曾受教于埃里森,大陆会议的秘书长查尔斯·汤姆森(Charles Thomson)也是埃里森的学生。哈奇森还对乔纳森·爱德华兹(Jonathan Edwards, 1703—1758)产生过一定的影响。爱德华兹是著名的神学家和哲学家萨缪尔·约翰逊(Samuel Johnson, 1696—1772)的学生,而爱德华兹本人后来也成为一名神学家和哲学家。爱德华兹曾在担任北安普顿(Northampton)牧师期间读到过哈奇森的《对我们的美和德行观念的起源的研究》一书,这本书对他的宗教思想和伦理思想都有很大的影响。在后来写下的《真实德性的本质》(1755)中他高度评价了哈奇森关于美是差异中的一致性思想。②

休谟对美国早期的政治思想也产生过一定的影响。例如,休谟的政治论文集很早就为美国政治家们所熟悉,休谟的政治经济学思想受到他们的高度重视。

另外值得一提的是,作为美国早期著名的政治家本杰明·富兰克林(Benjamin Franklin)曾经于1757—1775年常住英国,并与休谟和理查德·普莱斯(R. Price)等英国哲学家有过交往。富兰克林对休谟的哲学思想和才能非常钦佩,而休谟对富兰克林也很欣赏。在1762年写给富兰克林的一封信中休谟称赞他是一位哲学家。休谟说:"美洲给我们送来许

---

① Stuart Brown ed., *Routledge History of Philosophy*, Vol. V, "British Philosophy and the Age of Enlightenment", London and New York: Routledge, 1996, p. 279.
② 杨通林:《哈奇森伦理思想研究》,博士学位论文,中国社会科学院研究生院,2008年,第208—209页。

多好东西，比如金、银、糖、烟草和靛蓝染料，等等；但你是第一位哲学家，而且确实是第一位伟大的学者，我们应当向美洲表示感谢。"① 不过，由于当时美国的主要议题都集中在民族独立和国家建设等现实问题上，所以休谟的思辨哲学并未受到多少关注。

二 常识哲学对美国哲学的影响

里德的常识哲学对美国早期的实在论思想也产生了重要的影响。在美国哲学中，苏格兰常识哲学被称作苏格兰实在论，其主张是，心灵并不是仅仅知觉外部对象的观念或影像，而是对象本身。美国早期实在论的主要代表为詹姆斯·麦考什（James McCosh, 1811—1894）、弗兰西斯·鲍恩（Francis Bowen, 1811—1890）和诺阿·波特（Noah Porter, 1811—1892）等。他们对推动常识哲学在美国的传播起到了极大的作用。除了这些推动者外，常识哲学之所以能够在美国取得成功还有另外几个因素。首先，是因为常识哲学与美国本土讲求实用的精神相一致。其次，是由于反对伏尔泰主义者的无神论思想和休谟的怀疑主义思想以维护信仰和道德的需要。另外，常识哲学在美国的传播得到了大学和政府的支持。

麦考什出生于苏格兰的埃尔郡（Ayrshire），年轻时曾经先后在格拉斯哥大学和爱丁堡大学学习过。1868 年麦考什赴美，成为新泽西大学（后来的普林斯顿大学）的校长。麦考什的哲学思想主要集中在《心灵的直观》（The Intuitions of the Min, 1860）、《苏格兰哲学》（The Scottish Philosophy: Biographical, Expository and Critical, From Hutcheson to Hamilton, 1875）和《实在论哲学》（Realistic Philosophy, 1887）等著作里。作为汉密尔顿的学生，麦考什接受了汉密尔顿的意识哲学和心理学的主要部分。不过，由于反对汉密尔顿的消极的形而上学，麦考什最后还是回到了托马斯·里德的常识哲学。麦考什明确地说，他提出实在论哲学主要是为了反对休谟的怀疑主义哲学和康德的观念主义哲学。实在论的长处在于从事实出发，而不是仅仅从观念出发。在他看来，心灵如果不从事物出发，那么

---

① *The Works of Benjamin Franklin*, Vol. 3, ed. John Bigelow, New York and London: G. P. Putnam's Sons, 1904, p. 403.

通过任何推理或归纳过程它也不可能达到实在。① 从事物出发也就是从事实出发，麦考什认为这是《实在论哲学》的一个很重要的特点。他说，实在论从事实出发，又从事实结束。在开始和结束之间，它进行分析、概括和推理，但所有这一切都依据于心灵的实际活动。它的法则是由事实提供的，并且被事实所检验。实在论也重视意识研究。麦考什认为以前的哲学家如培根、笛卡尔和洛克也研究人的意识，但是他们远没有里德等苏格兰哲学家那样赋予意识以重要地位。通过对意识和外感觉的比较，常识学派的哲学家认为外感觉提供关于外部世界的事实，而意识提供的是内部世界的事实，两者具有同样的可靠性，因此他们相信意识哲学或心灵哲学也可以建成一门科学。在这一点上，麦考什完全赞同常识哲学的观点。

麦考什也提出"第一真理和根本真理"（first and fundamental truth）的主张。按照他的观点，存在着可以直接地、当下地知觉到的对象和真理，这和知识中的绝大部分不同，因为它们都是通过归纳而得。比如对于一个没有到过中国而相信存在这么一个国家的人来说，他就不是通过直接的观察而是通过证据来获得这个知识的。另外，像"三角形的三个内角等于两直角之和"也不是直接知觉到的，而是通过推理得到的。与此不同，我们对于自我的知觉是直接的，而在一个平面上我们也可以直接知觉到两点之间的距离以直线为最短。麦考什把这种知觉对象和真理的能力称为直觉能力（intuitive power/powers），由这种直觉能力发现的真理则被称作原始的真理（primitive truths）。这种真理是根本的，其他的真理则是建立在这些根本的真理之上。麦考什认为这种真理的总体构成了形而上学，并称为哲学中最深奥的部分。② 麦考什进而认为我们直觉到的东西都是实在的，虽然我们并不知道事物的全部本质，但是我们的确知道很多。麦考什将这种假定事物的实在，并以之作为出发点的哲学称为实在论哲学（realistic philosophy）。他认为只有这种哲学才是真正的哲学，并最终将怀疑主义哲学、不可知论哲学以及观念主义哲学扔在一边。③ 麦考什认为直

---

① James McCosh, *First and Fundamental Truth*, *Being a Treatise on Metaphysics*, New York: Charles Scribner's Sons, 1896, Preface.
② James McCosh, *First and Fundamental Truth*, *Being a Treatise on Metaphysics*, New York: Charles Scribner's Sons, 1896, p. 6.
③ James McCosh, *First and Fundamental Truth*, *Being a Treatise on Metaphysics*, New York: Charles Scribner's Sons, 1896, p. 7.

觉真理有三个方面值得注意。其一，直觉就是直接注视事物的知觉。在他看来，我们通过自己的本性构造知觉物体，或者通过感官超越物体。就这个方面来说，直觉在意识之前。麦考什称之为原始的知觉（primitive perception）、自然的信念（natural conviction）和先天观念（innate ideas）等。① 其二，直觉是指导心灵的调节法则或原则。麦考什认为就这个方面来说，直觉并不在意识之前，而是直到它们作为知觉起作用为止，因此可以被称为第一原则、思想和信念的根本法则、先天的真理（innate truth）和先验的真理（a priori truth）。其三，它们总是以普遍真理（maxims）和公理（axioms）的形式出现。它们通过抽象和概括过程形成于我们的源初知觉，比如欧几里得公理和道德法则的戒律。就这种形式而言，它们不是为所有人所知的。麦考什认为这三个方面都是人类理智的不同方面，但是却不是相互割裂的，而是三位一体的。

麦考什还提出检验直觉真理的三个标准。第一是自明性（self-evidence），就是说不需要外在的证据（foreign evidence）或间接的证据（mediate proof）我们就可以直接知觉到对象是如此。比如"火星上有人居住"就不是自明的，而"马达加斯加岛有人居住"也不是自明的，因为我们都是通过第二手证据得知的。然而，当我看见一堵墙或一张桌子时知觉到面前有一个广延的对象就是自明的，同时看对象的我存在也是自明的。它们不需要别的证据。② 第二是必然性（necessity），就是说如果我理解了这个命题就必定会相信它，而不可能是其反面。对于自明的命题来说，总是伴随着必然性的信念。第三是信念的普遍性（catholicity or university of belief），就是说当对象呈现于心灵并被理解时，所有的人都会持这个信念。一个命题不是因为必须被相信才是真的，而是说一个命题因为真而真（true as being true）。对于自明的真理我们都有不可抗拒的信念。麦考什认为普遍性和必然性结合在一起就能很容易并且可靠地决定一个真理是否是根本真理。③ 总的来看，麦考什的这种"第一真理和根本真理"

---

① James McCosh, *First and Fundamental Truth*, *Being a Treatise on Metaphysics*, New York: Charles Scribner's Sons, 1896, p. 12.
② James McCosh, *First and Fundamental Truth*, *Being a Treatise on Metaphysics*, New York: Charles Scribner's Sons, 1896, pp. 16 – 17.
③ James McCosh, *First and Fundamental Truth*, *Being a Treatise on Metaphysics*, New York: Charles Scribner's Sons, 1896, p. 18.

和里德的"常识原则"或"第一原则"没有什么差别,即它们可以用来证明其他的知识,但是它们自身无须证明,因为它们都是"自明的"和"普遍的"常识真理。

鲍恩出生于马萨诸塞州的查尔斯镇(Charlestown),1833 年毕业于哈佛大学。鲍恩的哲学思想主要集中在《对与思辨哲学的历史和现状相关的几个主题的批判文集》(*Critical Essays on a Few Subjects Connected with the History and Present Conditions of Speculative Philosophy*,1842)、《形而上学和伦理科学原则在宗教证明方面的应用》(*The Principles of Metaphysics and Ethical Science, Applied to the Evidence of Religion*,1855)和《近代哲学,从笛卡尔到叔本华和哈特曼》(*Modern Philosophy from Descartes to Schopenhauer and Hartmann*,1877)。

鲍恩对洛克及其经验论哲学很是推崇,认为洛克将哲学从高处降下,通过给哲学增添有用性(usefulness)而提高了哲学的真正尊严。他把洛克称为现代形而上学之父,就像牛顿是天文学之父,亚当·斯密是政治经济学之父一样。在他看来,休谟是从洛克那里借来的武器,而为了反对休谟的怀疑主义结论又出现了现代哲学中对立的两极即苏格兰学派和德国学派。鲍恩还认为,法国的孔迪亚克集中于洛克的感觉学说,而里德和斯图亚特则参考了洛克的反思观点。① 鲍恩对康德的哲学评价也很高,认为康德通过构建一个带有强烈的德国心灵特性标记的体系而创造了一个形而上学家的国度。② 不过,鲍恩对两人也都有批评。对于洛克,鲍恩认为他的"表象论"是一个严重错误,因为这种理论认为人只能认识自己的观念,从而隐含着怀疑主义的种子。在这一点上,鲍恩支持苏格兰实在论的立场,即认为我们并非通过观念,而是直接知觉到外部世界的。对于康德,鲍恩认为他对现象和自在之物的划分是没有根据的。康德断言我们没有关于外部实在的知识,因此没有能力说它们是否具有或不具有某些属性。然而,康德又宣称"自在之物"有除思想之外的实际存在。康德区分本体(noumena)和现象(phenomena)、存在的事物(things as they are)和显

---

① Francis Bowen, *Critical Essays on a Few Subjects*, 2nd edition, Boston: James Munroe and Company, 1842, p. 5.
② Francis Bowen, *Critical Essays on a Few Subjects*, 2nd edition, Boston: James Munroe and Company, 1842, p. 11.

现的事物（things as they appear），并断定前者的实在性，虽然它们都是心灵所不可认知的。鲍恩问道，如果它们是绝对不可认知的，那么康德又是如何知道它们不存在于空间、时间和因果关系的法则之下的？如果它们是实在的，那么它们又怎能存在于是所有实在之条件的那些法则之外？① 显然，康德的论断是自相矛盾的。超验主义者（transcendentalists）经常嘲笑常识哲学的浅薄。鲍恩则认为，超验主义者的理论又何尝不是自掘坟墓？他说，"超验主义者的努力往往是在挖掘他们自己可以安全依靠的唯一基础。他们扩大了思辨者和实践者之间的鸿沟，而且通过语言创新，他们还正在破坏唯一可以跨越天堑的桥梁。如果他们的这个目的成功了，他们也会在隔绝中毁灭。"②

鲍恩关于因果关系的讨论也值得注意。在因果关系问题上，鲍恩同意休谟的观点，即认为因果关系只是表现为两个事件在时间上的前后接续。传统上，因果关系一直被视为绝对的或必然的，就是说只要原因存在，就必定有某个结果相随。然而，事实上原因并不是通过感官的知觉而被认识的，因为在外部世界中我们从未知觉到这种联系。而从逻辑上说，因果关系也不是一个必然信念，因为其反面并不违反任何思维法则。既然如此，我们为什么相信因果关系存在？相信因果的联系是必然的？鲍恩认为这个结论是我们从两个事件在时间中的不变的顺序推出来的。比如将热靠近蜡，蜡总是融化。于是我们相信是热导致了蜡的融化。所有物理的因果关系的证据，也即物质宇宙中的因果关系都依赖于这种推理。鲍恩认为这种推理不仅不合逻辑，而且在证据上也是不充分的。在他看来，人类的经验是有限的，因此这种经验的例子即使再多也还是有限的。例如，任何数目的实际测量也无法满足几何学者关于"三角形的三角和必定等于两直角"这个命题的要求。而经验一亿次的不变序列也不能保证第一亿零一次是个例外。③ 据此，鲍恩认为，物理科学中的因果关系只能被理解为时间中的恒常结合。众所周知，休谟最后把因果关系解释为一种主观上的必然性，

---

① Francis Bowen, *A Treatise on Logic, Or the Laws of Pure Thought*, Boston: John Allyn Publisher, 1874, p. 330.
② Francis Bowen, *Critical Essays on a Few Subjects*, 2nd edition, Boston: James Munroe and Company, 1854, p. 19.
③ Francis Bowen, *A Treatise on Logic, Or the Laws of Pure Thought*, Boston: John Allyn Publisher, 1874, p. 325.

以之为基础的"自然律"（law of nature）也被看作"习惯"的结果。作为实在论者，鲍恩对这种解释显然不能接受。在他看来，"自然律"虽然不是必然的，但是确实存在，问题只是在于"自然律"这个名称不当而已。所以他说，"更准确地说，自然律应该称为普遍事实（general facts），因为法则（law）这个词一般意味着绝对的或必然的东西。……或许有绝对不变的自然法则，但是可以确定的是至今没有发现过任何这样的东西。人类的科学只能够建立确定的普遍事实，这是唯一在我们的经验范围内没有争议地真实的。"① 可以看出，在这个问题上鲍恩试图调和休谟的观点和他的实在论立场。

波特1831年毕业于耶鲁大学，1846年被选为耶鲁大学的道德哲学和形而上学教授，1871年担任耶鲁大学校长。波特最著名的作品是1868年出版的《人类的理智》（The Human Intellect, With an Introduction upon Psychology and Human Soul），其他重要著作有《理智科学要义》（Elements of Intellectual Science，1871）和《道德科学要义》（Elements of Moral Science，1885）。和鲍恩一样，波特既坚持苏格兰实在论，同时也受到德国古典哲学，主要是康德哲学的影响。

波特的哲学主要局限于知识论问题，不过他是"从心理学角度讨论知识论问题"。② 波特接受汉密尔顿（William Hamilton）的观点，即把哲学看作一门心灵哲学，或心理学。他说心理学是关于人类心灵的科学，通常也使用"精神哲学"（mental philosophy）、"心灵哲学"（the philosophy of the mind）和"理智哲学"（intellectual philosophy）这些名称。在他看来，心理学只能应用于"心灵的认知能力"（the power of the soul to know），而不可以用在"感觉能力"（capacity to feel）和"意志能力"（capacity to will）上。即使是形而上学和哲学，如果不加修饰语也不能代表任何专门的科学，也不能用于对心灵本质和功能的研究。③ 波特对许多术语进行了细致的梳理，例如感知觉的分析、观念联想法则、联想第一法则、联想第二法则、概念的本质、归纳推理或归纳法、直觉的直觉知识。

---

① Francis Bowen, *A Treatise on Logic, Or the Laws of Pure Thought*, Boston: John Allyn Publisher, 1874, p. 327.
② 涂纪亮：《美国哲学史》，社会科学文献出版社2007年版，第209页。
③ Noah Porter, *The Human Intellect*, 4th edition, New York: Charles Scribner's Sons, 1887, p. 5.

波特对因果关系也进行了探讨。他认为，因果关系可以分为主观的和客观的两种。从名称上看，因果关系有时被称作（因果）原理（principle），有时被叫作因果法则（Law of causality）、因果关系（causation）或原因和结果（cause and effect），前者就是主观的和逻辑的，表示的是所表达的关系或命题在我们的知识体系中的位置，而后者则是客观的和实在的，表明它普遍存在于实际存在的对象中。作为原理的因果关系在所有的概念中位置最高，其他的概念或真理都依赖于它或者从它而来，不管是相对而言还是从绝对的意义上说都是这样。而作为法则的因果关系是被看作实际存在于，并统治着这个有限宇宙中的物理存在者和精神存在者。①

波特认为因果法则还可以叙述为：每一有限的事件（finite event）都是被引起的事件，或者说一个结果。而因果原理也可以叙述为：每一有限的事件都可以用指出作为其存在的基础或理由的原因来解释。据此，波特认为像命题"每个结果都必定有一个原因"就只是一个同一命题，或者说同义反复（tautology）。波特又对"事件"作了解释。根据他的观点，所谓"事件"就是过去不知道而现在知道存在的东西，或者说开始存在或发生的东西。所以事件在时空上是有限的，而且事件的存在和发生还意味着变化。波特认为，事件除存在于物理世界和精神世界外，还存在于动植物世界和想象力世界等。② 波特还区分了事件的原因和事件的条件。波特还对休谟和布朗等哲学家的因果理论作了评价。波特认为休谟的因果理论在近代思想史上占有极为重要的地位，并且还引发里德和康德这两位反对者进行了更为深刻的研究。不过他认为休谟没有解释一个事件（或对象）和另一个被视作原因或结果的事件（或对象）结合时的信念和期待，即心灵为何相信两个事件会如此联结，并且不发现原因或结果就不满足。③ 在他看来，休谟的因果理论是他的知识理论的一个特殊运用的结果。关于布朗的因果理论，波特指出其与休谟的因果理论在许多方面很相似，比如都认为因果关系不外是两个对象在时间上一先一后的恒常结合。

---

① Noah Porter, *The Human Intellect*, 4th edition, New York: Charles Scribner's Sons, 1887, pp. 569 – 570.
② Noah Porter, *The Human Intellect*, 4th edition, New York: Charles Scribner's Sons, 1887, pp. 570 – 571.
③ Noah Porter, *The Human Intellect*, 4th edition, New York: Charles Scribner's Sons, 1887, p. 575.

不同之处在于，布朗认为要知道原因和结果，仅需两个对象在一个单独例子中的结合就可以，而休谟则认为必须是它们之间的有规则的结合。另外，休谟把因果关系看作心灵的倾向，而布朗则将之视作我们本性的法则。

第三节　苏格兰启蒙哲学与现当代西方哲学

　　苏格兰启蒙哲学不仅对近代哲学产生了重要影响，而且甚至对现当代哲学也产生了一定的影响。在苏格兰启蒙哲学家中，休谟对后来哲学家的影响要远远超过包括里德在内的常识学派的哲学家，这种现象与休谟的反形而上学倾向有着直接的关系。实证主义、逻辑经验主义，以及分析哲学运动正是在这一点上将休谟奉为先驱，从而使休谟哲学的地位更加稳固。乔治·迪克（George Dicker）说，休谟对当代认识论和形而上学的影响是首屈一指的；可能没有其他任何"现代"哲学家像休谟这样对当代分析哲学家们实际所持的观点具有如此持续的影响力。[①] 不过，里德及其常识哲学并没有因为休谟哲学的光芒而消失，在摩尔等哲学家的努力下，常识哲学也重新引起了人们的注意，其哲学价值有待进一步挖掘。

一　休谟对现当代哲学的影响

　　苏格兰启蒙哲学，主要是休谟哲学对实证主义、逻辑经验主义、逻辑实证主义等都产生了深刻的影响。实证主义是19世纪三四十年代流行于英法两国的一种哲学形式。实证主义在英国的主要代表是约翰·密尔（John S. Mill, 1806—1873）。密尔在思想上受到孔德（Auguste Comte, 1798—1857）的实证主义的影响，但是在本质上仍然遵循着英国的经验主义。经验主义，尤其是休谟的怀疑主义对密尔影响很大。休谟证明外部世界是不可知的，普遍必然的知识（即因果关系知识）是不存在的，自我和心灵也只是一个虚构。密尔也不能接受这种怀疑主义结论，所以试图从理论上给以解决。因果关系的核心是归纳。休谟指出归纳论证依赖于自

---

① George Dicker, *Hume's Epistemology and Metaphysics: An Introduction*, London and New York: Routledge, 1998, Preface.

然的一致性，即过去和未来始终一致。由于未来不在我们的经验之中，所以这个自然的一致性永远无法得到证明。既然这个大前提得不到证明，那么以之作为前提的归纳论证就不能保证其结论必然为真。

和休谟推崇演绎推理不同，密尔赋予归纳以首要地位。他认为一切推理，甚至包括所有的非自明的真理的发现都是由归纳构成的，并且归纳的根据就是自然的一致性。显然，密尔认识到如果没有自然的一致性这个保证（warrant），那么归纳的可靠性就没有着落。而在他看来，归纳虽然是来自对经验的概括（generalization），即从一个现象在某个特殊的条件下发生，推出它在所有相似的条件下也会发生，但是宇宙中无数的事实表明这个假定是得到保证的。因此，密尔就将自然的一致性作为所有归纳的根本原则或公理予以承认。他说，"自然进程的一致性和归纳的关系与三段论中的大前提和其结论之间的关系是一样的：它不是有助于去证明它，而是其被证明的必要条件。"① 不过，密尔这样做并没有从根本上改变归纳的地位，因为自然的一致性本身仍然需要归纳的保证。

关于外部世界，密尔和休谟一样持一种经验主义观点，即认为我们只能认识我们自己的观念，其结果同样是最终走向不可知论。但同时，如休谟那样他也承认我们对外部世界的存在有一种自然的信念。对他来说，问题只是在于如何给予这种信念以心理学上的说明。为此，密尔作出两个假设：其一是心理有能力进行预期，其二是联想主义心理学的有效性。他认为基于这两个假设就会不可避免地产生关于永恒的外部世界的信念。② 按照联想主义心理学的观点，虽然我们的当下感觉是个别的和变动的，但是由于记忆和联想律的作用，我们仍然把对象知觉为恒久的存在。举个例子。我看见桌上有一张白纸。然后，我走进另一个房间。这时虽然我看不到这张纸，但是仍然相信它在那儿。也就是说如果重新回到房间我仍会拥有这些感觉。据此，密尔把物质定义为"感知的恒久的可能性"（permanent possibility of sensation）。密尔认为这种"感知的恒久可能性"与想象所虚构的"模糊的可能性"（vague possibility）不同，区别在于前者是确

---

① Frank Thilly, *A History of Philosophy*, New York: Henry Holt and Company, 1914, p. 520.
② Frederick Copleston, *A History of Philosophy*, Vol. VIII, New York, London, Toronto, Sydeny and Auckland: Doubleday, 1994, p. 83.

定的——虽然是有条件的，但是后者则得不到经验的保证。①

可以看出，在对待外部世界问题上密尔实际上持一种现象论的观点，即认为我们只能认识现象而无法认识本体。在这点上密尔明显受到康德的影响。

关于自我或心灵，密尔说"我们没有任何区别于其意识表现的心灵本身的概念。除了用多种情感的接续来表示外——形而上学家称之为心灵的状态或变化（modification），我们既不认识它也不能想象它。"② 所谓"情感的接续"是什么意思？用密尔自己的话说，它不是别的而就是"一系列的感知"（a series of sensations）。③ 可见，在这个问题上密尔也未能摆脱休谟的结论。实际上，休谟早已指出，如果接受经验主义的前提，那么怀疑主义就必然是最后的归宿。

奥地利物理学家、科学哲学家恩斯特·马赫（Ernst Mach，1838—1916）也受到休谟哲学的极大影响。虽然他始终不承认自己是一位哲学家，但是人们仍旧把他作为哲学家来看待。这种情况在哲学史上确实不多见。对于休谟给予他的影响，马赫毫不隐晦。他说，"我的出发点和休谟的出发点没有本质的区别，这当然是明显的。"④ 也就是说，马赫和休谟一样都是以经验为前提，都属于经验主义传统。通过将经验主义贯彻到底，休谟已经开始了反对形而上学的第一步。马赫则明确提出拒斥形而上学。在《感觉的分析》第 2 版序言中马赫说，所有形而上学的成分都要作为多余的和对科学的经济性有破坏作用的东西而予以根除。不过，和休谟不同，马赫提出"要素"说作为其理论基础。马赫首先考察的是"物体"和"自我"。在他看来，"物体"不是别的，而是颜色、声音、压力等通过在时空上的函数结合。马赫认为这样的复合物绝不是恒久的。至于"我"（I）或"自我"（ego），则是由记忆、心境和情感同一个特殊的物

---

① J. S. Mill, *An Examination of Sir William Hamilton's Philosophy*, Vol. Ⅰ, London: Longmans, 1865, p. 238.
② J. S. Mill, *An Examination of Sir William Hamilton's Philosophy*, Vol. Ⅰ, London: Longmans, 1865, p. 252.
③ J. S. Mill, *An Examination of Sir William Hamilton's Philosophy*, Vol. Ⅰ, London: Longmans, 1865, p. 253.
④ Ernst Mach, *The Analysis of Sensation and the Relation of the Physical to the Psychical*, trans. C. M. Williams, Chicago and London: Open Court Publishing Company, 1914, p. 46.

体（人的身体）结合在一起而构成的复合物。自我也只具有相对的恒久性。① 自我和物体不是绝对恒久的，这一点很重要。在马赫看来，我们之所以对死亡如此恐惧，就是因为害怕我们的恒久性的彻底消灭。② 自我和物体属于复合物，还可以被分解为更小的单位。最小的单位是"要素"（elements），马赫认为要素是复合物的最终构成部分（ultimate component parts），不能再分。③ 马赫把"要素"看成既是构成"自我"（"心灵"）的基础，又是构成"物体"的基础，他的这种观点经常被称为"要素一元论"。

"要素一元论"主要针对的是近代以来哲学中出现的"心—物""主—客"二元对立的现象。在马赫看来，像康德的"自在之物"就是一个怪异的哲学观念，应该予以消除。他认为"要素"是既非物质又非精神的中性物，从而克服了传统的二元对立观。不过总的来看，马赫的"要素"并没有从本质上超出主观的范畴，因为"要素"其实就是"感知"（sensations）。④ 马赫还讨论了因果性问题。和休谟一样，马赫认为因果关系不具有客观性，而只是人类心理联想的产物，只有逻辑和假设的意义。马赫和休谟不同的地方在于他将因果关系表述为一种数学的函数关系。⑤ 马赫试图用因果性原理将物理现象和生物现象统一起来。在他看来，因果关系不仅表现在物理现象中，同时也存在于生物现象里。虽然生物现象为目的因所决定，但是他认为随着物理科学的进步，有机体将来也会作为物理对象来研究。马赫说，"每一种有机体及其部分都服从于物理法则。因此，将有机体逐渐构想为某种物理的东西，并且以作为唯一有效

---

① Ernst Mach, *The Analysis of Sensation and the Relation of the Physical to the Psychical*, trans. C. M. Williams, Chicago and London: Open Court Publishing Company, 1914, pp. 2 – 3.
② Ernst Mach, *The Analysis of Sensation and the Relation of the Physical to the Psychical*, trans. C. M. Williams, Chicago and London: Open Court Publishing Company, 1914, pp. 4 – 5.
③ Ernst Mach, *The Analysis of Sensation and the Relation of the Physical to the Psychical*, trans. C. M. Williams, Chicago and London: Open Court Publishing Company, 1914, pp. 5 – 6.
④ 为了防止人们把"要素"一词看作主观的，马赫特别强调"要素"的使用语境。他说，在"感知"和"感知的复合物"与"要素"和"要素的复合物"同时使用或者代替后者的地方，必须记住，只有在所提到的联系和关系中，只有在它们的函数依存中，要素才是感知。在另一种函数关系中，它们同时也是物理对象。参见 Ernst Mach, *The Analysis of Sensation*, Chicago and London: Open Court Publishing Company, 1914, p. 16。
⑤ 刘放桐等编著：《新编现代西方哲学》，人民出版社 2000 年版，第 106 页。

的'因果的'观点来考察它,是一种合法的尝试"。①

休谟哲学对作为逻辑经验主义运动核心的维也纳学派更是产生了直接的影响。1922 年,莫里兹·石里克(Moritz Schlick,1882—1936)出任此前由马赫和波尔兹曼(Ludwig Boltzmann)担任的维也纳大学哲学教授。1924 年,石里克创立了以他为首的"维也纳小组"(Vienna Circle)专门讨论科学哲学和认识论问题,其成员主要包括卡尔纳普(Rudolf Carnap)、纽拉特(Otto Neurath)、魏斯曼(Friedrich Waismann)、费格尔(Herbert Feigl)和哥德尔(Kurt Gödel)等。1929 年,维也纳小组发表了一份著名的宣言,即《科学的世界观:维也纳小组》(A Scientific World-View, The Vienna Circle),维也纳学派由此宣告诞生。他们一开始被称作"逻辑实证主义者",不过他们更喜欢称自己为"逻辑经验主义者"。在思想渊源上,维也纳学派一方面继承了休谟和马赫反形而上学的经验主义传统,另一方面也受到早期维特根斯坦"逻辑原子主义"思想的极大影响。对此,艾耶尔有极为准确的评价。他说,"就实证主义而言,他们是在继续一个过去的哲学传统——值得注意的是,他们那些激进的学说中有许多早就见之于休谟了。他们的原创性在于他们试图使之在逻辑上变得严格以及为了一种发展了的和复杂的逻辑技术而利用它。"② 所谓"激进的学说",主要指的是逻辑经验主义者的反形而上学主张。正是在这一点上逻辑经验主义者发现了休谟的价值,并将其视为先驱者。休谟在《人类理智研究》中提出了著名的"知识二分"观点,即知识可以分为"观念的关系"的知识以及"事实和存在"的知识。"观念的关系"知识涉及量和数,具有直觉和解证上的确定性;"事实和存在"的知识属于经验知识,其反面总是可能的,因此不具有前者的确定性。按照这种划分,传统的形而上学问题和宗教问题就都被排除在理性知识之外。这其中隐含的反形而上学倾向是不言而喻的。

和休谟一样,实证主义者也在科学知识范围内作了一个根本的区分,其中一边是像逻辑和数学这样的形式科学,另一边则是经验科学。关于前

---

① Ernst Mach, *The Analysis of Sensation*, Chicago and London: Open Court Publishing Company, 1914, p. 89.
② A. J. Ayer, *The Revolution in Philosophy*, London: Macmillan & Co. Ltd., 1957, pp. 73 - 74.

者的陈述都是先天分析的，关于后者的陈述都是后天综合的。任何宣称拥有先天综合的知识要求都必须被抛弃。同样，也必须抛弃那些旨在给出关于实在或完全超出经验的知识的形而上学要求，不仅因为它们是错误的，而且也是无意义的（因为从经验上无法证实）。① 至于"逻辑技术"，则主要是取自弗雷格、罗素和维特根斯坦，尤其是后者。反对心理主义，把逻辑作为哲学的基础，视（命题的）逻辑分析为哲学的唯一任务，试图以人工语言取代日常语言，可以说是逻辑经验主义之区别于此前各种哲学形式的显著特点。逻辑经验主义运动始于20世纪20年代，30年代达到鼎盛时期，50年代以后影响不再。

由上述可知，休谟对逻辑经验主义，包括后来的逻辑实证主义运动的影响是明显的，谱系也是清晰的。然而，休谟对后来公认为分析哲学先驱的罗素以及中坚人物的维特根斯坦有无影响以及影响如何，一直以来却较少受到人们的关注。根据罗素，尤其是维特根斯坦关于哲学性质的看法，即哲学的本质是逻辑（罗素）或语言批判（维特根斯坦）以及对分析方法的强调，一些研究者断言站在分析哲学立场上的罗素和维特根斯坦与作为认识论者的休谟几乎没有共同之处，因此也谈不上什么影响。不过，这种说法在理由上并不充分。即以罗素为例。虽然以"逻辑原子主义哲学"闻名，但是和维特根斯坦不同，罗素并未脱离英国经验主义传统。众所周知，罗素哲学经历了多次变化，大体上说有新实在论阶段、逻辑原子主义阶段以及知识论阶段，以至于布罗德（C. D. Broad）戏称，"罗素先生每过几年就要造出一个不同的哲学体系来"。考普斯顿认为，如果我们一方面从哲学中排除数理逻辑，另一方面排除道德的、价值的和政治的具体判断，那么剩下的就是可以称为罗素一般哲学的东西，包括认识论问题和形而上学问题。正是这里表现了英国经验主义令人感兴趣的发展。②

按照威尔逊（Fred Wilson）的观点，在20世纪开头20年里，罗素是个彻底的经验主义者。这种经验主义深深扎根于休谟和密尔父子的早期经

---

① Milton K. Munitz, *Contemporary Analytic Philosophy*, New York: Macmillan Publishing Co., Inc., 1981, p. 240.
② ［英］科普勒斯顿：《从功利主义到早期分析哲学》，周晓亮译，天津人民出版社2020年版，第424页。

验主义之中，当然它们的确又不是同样的经验主义。① 这与罗素对哲学包括经验主义的新看法有关。他认为，哲学应该按照休谟传统为我们的常识和科学知识提供分析的实验基础，同时也应该按照理性主义传统为逻辑经济学支配我们的信念和推理提供一个系统的秩序，只不过用的是新的逻辑方法。② 例如，在1914年的一篇关于亲知性质的文章中，罗素同意休谟的观点，认为主体并不亲知自身。不同的是，在他那里，主体不是指我们可以亲知的实体（entity），而是变为一个摹状词。换句话说，自我或心灵变成了一个逻辑构造，而非休谟的知觉束。罗素的感觉材料理论与休谟的印象理论也有某种渊源。和休谟相似，罗素不仅采取了一种原子式体系，而且将这种原子等同于感觉经验中被给予的东西，也即感觉材料。罗素的感觉材料和休谟的感觉印象非常相像。二者都是知觉的直接对象，但是都不具有持续的和独立的存在。罗素经常援引的例子是，当我看着我的桌子时，我实际看到的并不是桌子，而是总在飞逝（fleeting）和湮灭（perishing）的某种别的东西，即感觉材料。③ 所不同者，休谟的印象是心理原子，罗素的感觉材料则是逻辑原子。由于对印象的"外部"来源不置可否，休谟最终走向不可知论。罗素虽然拒绝朴素实在论，但是仍然保留了常识。这就使得他的哲学始终具有某种张力。一方面，站在常识和科学的立场上，他坚持物理世界独立于我们的知觉之外，并且可以为我们所认识；另一方面，作为休谟的真实信徒，他将世界还原为在感觉中被直接给予的感觉材料，这样我们又无权由其推出物理对象。④ 不过，由于坚持健全的实在感，罗素认为尽管不能从逻辑上给予严格的证明，但是在实践上只要根据本能信念和简单的设定，我们就可以避免怀疑主义的结局。这在某种意义上又和休谟的自然主义殊途同归了。

和罗素相比，休谟对维特根斯坦的影响可能被视为更加微不足道。之所以如此，按照克里普克的观点，大致有以下几点原因。首先，休谟的问

---

① Fred Wilson, *Acquaintance, Ontology, And Knowledge: Collected Essays in Ontology*, Frankfurt/Paris/Lancaster/New Brunswick: Ontos Verlag, p. 195.
② Elizabeth Ramsden Eames, *Bertrand Russell's Theory of Knowledge*, New York: Routledge, 2013, p. 52.
③ Sajahan Miah, *Russell's Theory of Perception: 1905 – 1919*, London and New York: Continuum International Publishing Group, 2006, p. 100.
④ Sajahan Miah, *Russell's Theory of Perception: 1905 – 1919*, London and New York: Continuum International Publishing Group, 2006, p. 175.

题和维特根斯坦的问题是不同的,而且是独立的,虽然有类似处。其次,维特根斯坦几乎很少表示出对休谟的兴趣或同情。据布里顿(Karl Britton)回忆,维特根斯坦曾经说过他无法读休谟,因为他发现读后者的著作是一种折磨。再者,休谟关于心理状态的某些观点正是维特根斯坦要攻击的。最后,维特根斯坦从未承认,也不会承认休谟式的"怀疑主义者"标签。不过,克里普克提醒,不应该过分夸大二者之间的差异,因为他们之间的确存在着某种重要的类似之处。例如,基于对从过去到未来的某种关系(nexus)的质疑,二者都发展了某种怀疑主义悖论。维特根斯坦质疑的是过去的"意图"或"意义"与当下实践之间的关系,比如我过去关于"加"的"意图"和我现在的加法运算"68 + 57 = 125"。休谟质疑的则是另两种彼此相关的关系,即由过去事件必然导致未来事件的因果关系,以及从过去向未来的归纳推理关系。①

关于遵守规则争议,克里普克的讨论也是基于休谟的因果关系理论。一般来说,非反思的观点把必然联系解释为可观察的规则性。休谟颠倒了这一常识,主张是规则决定了因果关系,而非相反。因此,对于休谟来说,首要的不是必然联系,而是规则性。克里普克认为,在规则和应用的关系上,维特根斯坦也做了"类似的颠倒"。具体地说,(规则的)应用被视为首要的,而所谓规则的东西只是对应用的总结。② 霍克伯格(Hochberg)也比较了休谟和维特根斯坦两人在因果关系问题上的观点。这两人都提出了某种"规则性"因果观,不管是褒义还是贬义。例如,二者都拒绝把因果必然性,或者更确切地说,客观的因果必然性作为本体论中的实体(entities)。实际上,被视为因果关系的就是规则性。所以,原因和结果之间的联结方式是"纯粹的"(mere)规则性,而不是说使得原因产生结果,或者使得因果成为规则性。③ 正是这种规则性让我们作出从过去到现在的归纳推理。只不过,这种推理并不能从逻辑上得到辩护,

---

① Saul A. Kripke, *Wittgenstein on Rules and Private Language*, Cambridge: Harvard University Press, 1982, p. 63.
② Meredith Williams, *Wittgenstein's Philosophical Investigations: Critical Essays*, Lanham: Rowman & Littlefield, 2007, p. 7.
③ Erwin Tegtmeier, *Studies in the Philosophy of Herbert Hochberg*, Frankfurt/Lancaster: Ontos Verlag, 2012, p. 155.

因为唯一存在的必然性是逻辑必然性。① 和休谟一样，维特根斯坦认为那种断言存在着客观必然联系的观点是许多非理性信念的根基，就像我们在宗教中见到的那样。可以说，对因果联系的这种信念是一种迷信。然而对于日常生活来说，规则性必须被当作原始事实（brute fact），只能被接受，就像我们的生活形式。②

斯特劳森（P. F. Strawson）也注意到休谟和维特根斯坦之间的关系，尤其是二者在处理怀疑主义问题时所持的自然主义立场。由于自然主义的内涵过于宽泛，斯特劳森区分了两种自然主义，一种是严格的或还原的自然主义（或可称硬自然主义），另一种是包容的、自由的自然主义（或可称软自然主义）。他特别提醒，这里所用的"包容的"（catholic）和"自由的"（liberal）只是在宽泛的意义上使用，而不涉及任何宗教的或政治的含义。按照他的观点，休谟和维特根斯坦都属于软自然主义者，而像纽拉特和蒯因等则是硬自然主义者。软自然主义者和硬自然主义者的区别不在于如何反驳哲学怀疑主义，而是后者所持的所谓"科学主义"主张。③ 休谟哲学，众所周知，充斥着怀疑主义和自然主义的内在张力。一般认为，怀疑主义是经验主义的逻辑结局，休谟只不过把它揭示了出来，而自然主义则是休谟为消解怀疑主义的挑战而做出的不得已尝试。斯特劳森就认为，休谟的自然主义像是逃避其怀疑主义的避难所，因为其立场比较简单，涉及的也只是关于物体存在和归纳法的信念可靠性问题。大致而言，自然主义者休谟承认像物体存在这类信念是人们的自然信念，也是一切推理的必须接受的前提或思想框架。如果争论这一点，只会徒劳无益。比较而言，维特根斯坦的立场更为复杂。虽然维特根斯坦同样反对怀疑主义，但却不是出于对理性限度的考虑，而是基于其对语言性质的判断。由于后面对此有所阐释，这里不作赘述。简言之，维特根斯坦，尤其后期维特根斯坦将语言看作和我们的信念以及行动交织在一起的系统，也即语言游戏。怀疑自然也是一种语言游戏。在这种语言游戏里，怀疑已经预设了不

---

① Ludwig Wittgenstein, Tractatus Logico-Philosophi-cus, 6.37, trans. D. F. Pears and B. F. McGuinnes, London and New York: Routledge, 2001.
② Saul A. Kripke, *Wittgenstein on Rules and Private Language*, Cambridge: Harvard University Press, 1982, p. 98.
③ Tamás Demeter, *Essays on Wittgenstein and Austrian Philosophy*, New York: Rodopi, 2004, p. 63.

可怀疑的东西，也即确定性。语言游戏决定于生活形式，后者是思想的河床。怀疑主义者可以提出疑问，但是绝不可能撼动它。

斯特劳森本人对休谟哲学也有所阐发。虽然是牛津学派的成员，也重视对日常语言的逻辑分析，但是和其他日常语言哲学家不同，斯特劳森是一位"有些传统的哲学家"，他对日常语言的分析不仅是基于自然的、常识的立场，而且还经常使用传统哲学中的概念术语，① 这就使得他很自然地同情并靠近休谟的自然主义立场。如前所述，休谟的自然主义被视为对怀疑主义的一种回应。斯特劳森借鉴了这一遗产。在反驳怀疑主义的众多论证中，摩尔的论证特别引起他的关注。摩尔的论证方式是先举起一只手，然后再举起另一只手，同时说"这里有一只手，这里有另一只手。"通过证明两只手的存在，摩尔宣称自己成功地证明了外部世界的存在，理由是前提是他确定知道的，所以由之推出的结论也必定为真。斯特劳森认为，摩尔只是依据自己的经验对怀疑主义论题作独断的否认，因此其论证是不得要领的。他提醒读者注意自然主义者休谟回应怀疑主义者休谟的方式，这就是当怀疑主义者休谟对物体是否存在提出疑问时，其实他已经注意到原则和实践之间的不一致，因为他承认物体的存在是我们在一切推理中都必须被视为理所当然，只不过在后面关于因果关系问题的讨论时，他确实又没有坚持这一点。这样，在怀疑主义者休谟和自然主义者休谟之间，在批判的休谟和非批判的休谟之间就存在着某种张力。② 对此，斯特劳森作出两点阐释。其一，他追随自然主义者休谟，认为我们自然地，且不可避免地受缚于这种推理也无力加以改变的信念。如同里德所言，我们天生构造如此，只能选择相信它，别无他法。其二，他诉诸于后期维特根斯坦，主张关于外部世界的信念并不接受质疑或提问，因为它构成了我们的概念图示框架的不变部分，可以称为"自然限度"，理性只能在其范围内运作。当然，斯特劳森也特别指出，怀疑主义结论之所以不可能并非其在逻辑上不合法，而是没有必要进行反驳，因为相信外部世界存在是我们"无法逃避的自然承诺"。③

---

① 江怡：《西方哲学史》第八卷（下），凤凰出版社、江苏人民出版 2005 年版，第 618 页。
② P. F. Strawson, *Skepticism and Naturalism*: *Some Varieties*, London: Methun & Co. Ltd., 1985, p. 13.
③ Mario De Caro, David Macarthur, *Naturalism in Question*, Cambridge and London: Harvard University Press, 2004, p. 120.

二 常识哲学对当代哲学的影响

苏格兰常识哲学，尤其是托马斯·里德对日常语言的分析引起许多现当代哲学家们的重视。摩尔、齐硕姆、普兰廷加等就是其中的代表人物。维特根斯坦虽然并不属于认识论传统意义上的哲学家，但是后期维特根斯坦对日常语言的关注以及对确定性问题的探讨，特别是他的"共有世界图景"的提出，使他更加接近常识世界观，所以也将其列入这个清单。

先说摩尔。摩尔（G. E. Moore）是 20 世纪英国著名哲学家，曾经和罗素一起反对新黑格尔主义，提倡新实在论。所谓新实在论（new realism），就是承认存在着独立于心灵之外的世界，并且认为事物就是它们显现的那样。埃德温·霍尔特（Edwin B. Holt）说得更清楚："要理解它的意义，就必须回到康德以前，贝克莱以前，甚至洛克和笛卡尔以前——一直回到那种源初的常识，即相信存在一个独立于对它进行认知的世界，但是也相信这个独立的世界可以直接呈现于意识中，而不仅仅是被'观念'所表象或复制。简而言之，从广义上说，新实在论就是回到那种朴素的或自然的实在论……"① 众所周知，罗素和摩尔在剑桥时都曾受到黑格尔主义者麦克塔加特（J. E. McTaggart）和布拉德雷（F. H. Bradley）的影响。罗素推崇布拉德雷，摩尔则认为麦克塔加特给予他的影响更大，尤其是后者对清晰性的要求以及对时间的非实在性的论证。然而，当摩尔对麦克塔加特所说的时间的"非实在性"进行考察时，他发现这一说法其实并不是清楚的。例如，吃了早饭之后吃午饭，这是真实的还是不真实的？如果麦克塔加特认为这是不真实的，那么他关于时间的非实在性的陈述就是荒谬的。换句话说，它不可能为真。同样，摩尔认为布拉德雷的断言即实在是精神，也是有问题的，② 因为这种立场无疑会导致将日常生活世界归属于现象领域，从而严重挑战我们的常识。对麦克塔加特和布拉德雷的怀疑导致摩尔与观念论的决裂，从而他的哲学立场也从观念论转向实在论。罗素对这一转变作过生动的描述，他说摩尔"领导了叛乱，我已解放的

---

① Edwin B. Holt, *The New Realism: Cooperative Studies in Philosophy*, New York: Macmillan Company, 1925, p.10.
② 参见［英］科普勒斯顿《从功利主义到早期分析哲学》，周晓亮译，天津人民出版社 2020 年版，第 413 页。

感觉追随其后。布拉德雷论证了常识所相信的一切都仅仅是现象；我们则回复到相反的极端，认为每种事物凡常识认为它是实在的，就是实在的，不受哲学和神学的影响。带着逃脱牢笼的感觉，我们自由自在地想：草是绿的，太阳和星星即使没有人知觉到也是会存在的，并且还有一个柏拉图式的多型的超时间的理念世界。过去被认为没有内容的逻辑的世界，突然变成丰富多彩和真实的了。"①

后来，摩尔的兴趣又转向形而上学和认识论。值得注意的是，这种转向是和他对语言以及分析方法的关注紧密联系在一起的。比较而言，罗素和早期维特根斯坦也非常重视语言和逻辑分析在哲学中的作用。不同的是，为了彻底清除形而上学，他们试图建立一种"逻辑上完善的语言"（logically perfect language）以取代日常语言（ordinary language）。与此相反，摩尔强调日常语言的重要性，主张哲学应该研究日常语言的用法。强调日常语言的研究是现代哲学中的一个新动向，其意义在于"把语词从它的形而上学用法带回到其日常的用法上来"②。按照摩尔的观点，"我们有权使用关于事物如何存在的日常概念。在日常语言中几乎没有出现过意义和真理方面的问题，因为我们知道和理解我们所说的东西"③。摩尔提出"意义分析"，也即分析概念与定义之间的联系，应该成为哲学分析的本质方法。比如在《伦理学原理》（Principia of Ethica，1903）中摩尔就运用这种方法讨论了何谓善的问题。摩尔认为伦理学的本源问题和善的行为有关，但还并不就是它，因为善的行为是一个可以进一步分解的复合概念。在他看来，何谓善才是伦理学的本源问题，而讨论何谓善其实就是要给善下一个定义。什么是定义？根据摩尔的观点，所谓定义就是要陈述那些不变地构成某个整体的所有部分。在这个意义上说，善是不能下定义的，因为善是一个单纯的概念，没有任何部分。④ 摩尔将那些试图用"愉快的"或"快乐"等自然客体来称谓善的做法称作"自然主义谬误"

---

① ［美］怀特：《分析的时代：二十世纪的哲学家》，杜任之等译，商务印书馆1981年版（第2版），第17—18页。
② Ludwig Wittgenstein, *Philosophical Investigation*, trans. G. E. M. Anscombe, Oxford: Basil Blackwell, 1986, p. 116.
③ Philip Stokes, *Philosophy*: 100 *Essential Thinkers*, Brooklyn, NY: Enchanted Lion Books, 2006, p. 166.
④ G. E. Moore, *Principia Ethica*, Cambridge: Cambridge University Press, 1959, p. 9.

(naturalistic fallacy)。① 在他看来，传统伦理学中的错误大多属于此类。为此，摩尔提倡一种非自然主义的道德实在论立场，认为存在着不同于自然事实的道德事实，这种道德事实不是通过还原主义的方式，而是直觉的方式获得的。艾耶尔认为，摩尔的这一做法显然是基于"休谟法则"，即从一个非道德的前提（"是"）不能合法地推出一个道德的结论（"应当"）。然而，摩尔的问题是，他一方面主张善不能表示任何自然性质，另一方面却推论说善代表一种非自然的性质。摩尔似乎没有意识到，这种做法本身其实又将自然主义谬误扩大化了。②

虽然如此，摩尔对现当代哲学的诸多贡献仍然为人们所称道，其中除了上述元伦理学方面的分析方法外，还包括他对常识的辩护，这与摩尔对哲学的看法有关。按照科普勒斯顿的说法，摩尔虽然致力于哲学分析的实践，也就是说从事对特定命题的分析，但是从未宣称哲学和分析是一回事。③ 毫无疑问，摩尔认识到，逻辑的世界是单薄的，永远也不可能敌过人们的日常信念。所以，在他那里，对命题或概念的分析并不导致怀疑主义，因为哲学不能违背常识。换句话说，常识世界观在根本的意义上总是对的，而任何违背常识的哲学论断都是错误的。④ 其实，早在"知觉对象的性质和实在"（1905）一文中，摩尔就已经以赞同托马斯·里德的方式道出了这一点，即我们不需要有证明物理对象的证据，因为这是某种我们已经知道的东西。后来发表的"捍卫常识"（1925）和"外部世界的证明"这两篇文章，更加显示了摩尔所受的里德式常识实在论的影响。⑤ 在"捍卫常识"中，摩尔列举了他认为属于自明之理（truism）的一系列命题，并且认为这些命题他都确定无疑地知道其为真。其中就包括这样的命题，如"现在存在着一个活的人体，这就是我的身体……（它）在过去的某个时间出生，而且从那时起一直存在"。摩尔确信，其他绝大多数人

---

① G. E. Moore, *Principia Ethica*, Cambridge: Cambridge University Press, 1959, p. 13.
② A. J. Ayer, *Philosophy in the Twentieth Century*, New York: Random House, Inc., 1982, p. 45.
③ 参见［英］科普勒斯顿《从功利主义到早期分析哲学》，周晓亮译，天津人民出版社2020年版，第417页。
④ Christopher Daly, *An Introduction to Philosophical Methods*, Toronto: Broadview Press, 2010, p. 15.
⑤ ［澳大利亚］约翰·巴斯摩尔：《哲学百年 新近哲学家》，洪汉鼎等译，商务印书馆1996年版，第237页。

也知道这些关于他们自己的同样事情。在"外部世界的证明"中,摩尔以一种更加直率的方式论证确实存在着心灵之外的事物。他说,"我现在可以证明两只人手存在。如何证明?通过举起我的两只手,并且当我用右手做出某种手势时说,'这儿有一只手',当我用左手做出某种手势时又补充道,'这里有另一只手'。"摩尔认为,借助这种做法他就根据事实本身(ipso facto)证明了外部事物的存在。摩尔的证明非常简洁:

前提 1. 这儿(举起一只手)有一只手。
前提 2. 这儿(举起他的另一只手)有另一只手。
结论 1. 因此,至少存在着两只手。
结论 2. 既然存在着两只手,那么在空间中至少可以遇到两个东西。
结论 3. 因此,至少存在两个我们心灵之外的东西。

其他事物以此类推。由此可证,外部世界存在。在许多人看来,摩尔的论证可能过于简单,以至于不太像是一个真正的证明。然而,摩尔坚持认为他的上述论证完全符合一个严格证明必须满足的三个条件。它们是:(1)论证的前提必须不同于结论;(2)结论必须从前提推出;(3)前提必须已知为真。① 怀疑主义者当然可以拒绝摩尔的证明,甚至斥之为非证明,因为其所谓的前提仍需要加以论证。但是,同理,摩尔也可以不接受怀疑主义者预设的知识标准。按照他的观点,常识命题是基础性的,我们不可能提供进一步的依据;我们就是知道它。对于这些自明的常识命题的最好辩护理由就是,没有任何理由。② 相比之下,怀疑主义者提出了一个过高的,也是不合理的要求,因为在什么算作知识这个问题上他们设置了一个过于限制性的理论,即在决定那些通常被认为是典范性知识案例是否为真之前,我们就可以确定什么是知识。摩尔认为,这种假设是前后颠倒的,而且也不可能得到支持。③ 对于一个极端的怀疑主义者,我们不可能满足他提出的过于苛刻的要求,但其实也没有必要去回应,因为一方面,极端的怀疑主义者在理论上是自我挫败的;而另一方面,作为前提,无论

---

① Scott Soames, *Philosophical Analysis in the Twentieth Century*, Vol. 1, Princeton: Princeton University Press, 2003, pp. 18 – 19.
② A. C. Thiselton, *Doubt, Faith, And Certainty*, Grand Rapids: Wm. B. Eerdmans Publishing, 2017, pp. 3 – 4.
③ Scott Soames, *Philosophical Analysis in the Twentieth Century*, Vol. 1, Princeton: Princeton University Press, 2003, p. 23.

怎样藐视常识，事实上只要一提到常识的看法人们就已经承认了它的真理性。①

齐硕姆在认识论上受到摩尔的影响，反对怀疑论，主张我们拥有关于外部世界的知识。在《知识论》（Theory of Knowledge）中齐硕姆对此作了细致的论证。齐硕姆区分了"直接明证的东西"（the directly evident）和"间接明证的东西"（the indirectly evident），并认为"直接明证的东西"是基础。他说，"我们平常所说的我们知道的东西并不因此就是'直接明证的'东西。但是在为宣称知道这些东西中任何一个特殊的东西辩护时，我们就会被带回到各种直接明证的东西上。"②为说明二者的不同，齐硕姆引入一些认识评价术语，如"知道"（know）、"合理的"（reasonable）、"可接受的"（acceptable）、"确定性"（certainty）、"明证的"（evident）等。这些术语之间可以相互说明。比如，说某个人"知道"某个假设或某个命题为真，那么也可以说成：某个假设对他是明证的；他接受某个假设是合理的；对他而言，一个假设比另一个更加合理；某个假设对他来说是没有理由的或无关的，或可接受的，或不可接受的。③齐硕姆提出对待命题的三种态度，即相信或接受这个命题；不相信或拒绝这个命题；怀疑（withhold）这个命题。就某人来说他在某时对待某些命题的态度总是会比另一些更加合理。奥古斯丁（St. Augustine）曾经暗示，即使有理由质疑感官的可靠性，但是对于大多数人来说，在大多数时候相信我们可以依赖它们比相信我们可以不依赖它们要更加合理。④从某种意义上说，相信我们的感官也就是相信它们的"直接明证性"。这种"直接的明证性"不是通过其他证据，而只是通过自身被理解。换句话说，"直接的明证性"是证据的终点处（stopping place），因为"使我将 a 是 F 作为明证得到辩护的就只是 a 是 F 这个事实"⑤。齐硕姆并没有说自己驳倒了怀疑论，不过他认为他的理论显然"更加合理"。

---

① ［澳大利亚］约翰·巴斯摩尔：《哲学百年 新近哲学家》，洪汉鼎等译，商务印书馆1996年版，第237页。
② Roderick M. Chisholm, Theory of Knowledge, Englewood Cliffs: Prentice-Hall, Inc., 1966, "Introduction".
③ Roderick M. Chisholm, Theory of Knowledge, Englewood Cliffs: Prentice-Hall, Inc., p. 18.
④ Roderick M. Chisholm, Theory of Knowledge, Englewood Cliffs: Prentice-Hall, Inc., p. 21.
⑤ Roderick M. Chisholm, Theory of Knowledge, Englewood Cliffs: Prentice-Hall, Inc., 1966, p. 26.

和齐硕姆相比，普兰廷加的思想更多地受到托马斯·里德的影响。普兰廷加是美国当代著名的基督教哲学家，其最为引人注目的地方是把分析哲学的方法应用到为正统的宗教信念的辩护上。普兰廷加的哲学成就集中在认识论和宗教哲学等方面。在认识论领域，普兰廷加提出"改革的认识论"（reformed epistemology）①，认为即使没有上帝存在的证据，对于上帝的信念也可以是理性的（rational），并且可以不需要证据的证明而得到辩护。证据主义者不相信上帝存在，因为他们认为没有足够的证据表明有一个上帝存在。和里德一样，普兰廷加认为证据主义本身就是有问题的，因为如果按照证据主义者的要求任何信念都需要证据，那么这将会导致无穷倒退或者循环论证。在他看来，对一些人来说上帝存在是一个基本信念，无须进行任何辩护，这就如同人们说他们知道存在他人的心灵一样。关于恶的论证，普兰廷加发展了传统的自由意志辩护理论（free will defence）。传统的自由意志辩护理论将恶区分为自然的恶和道德的恶，认为道德的恶来自人对其自由意志的不恰当的使用，因此与上帝无关。这种理论把一些自然的恶也归于人自身的邪恶（wickedness），比如残忍，但最终还是无法说明那些不是由于人的选择而存在的自然的恶是如何产生的。所以，自由意志辩护理论并没有解决恶与上帝之间的逻辑不一致问题。为此，普兰廷加发展了另一种始于奥古斯丁的自由意志辩护理论，即把大部分的自然的恶归于撒旦（Satan）及其跟随者。根据传统的观点，撒旦是一个强大的、非人的精灵（non-human spirit）。他和其他的天使在上帝造人之前就已经被创造出来。其中唯有撒旦反抗上帝并竭尽所能进行破坏，其结果就是自然的恶。所以自然的恶是出于非人的精灵的自由行为而非上帝的所为。② 这样，恶与上帝存在就没有任何逻辑上的不一致之处。

沃特斯道夫以研究里德的常识哲学而著称。在他看来，里德是18世纪后半叶两位伟大的哲学家之一，另一位就是康德。沃特斯托夫详细阐述了里德的知觉理论和常识学说等内容。值得注意的是，沃特斯托夫将里德的常识原则和维特根斯坦的"我们共享的世界图景"（our shared world

---

① 这种观点是对理性和信仰关系的继续思考。因为关于理性和信仰的讨论已经见于16世纪宗教改革者之中，尤其是加尔文（John Calvin, 1509—1594），所以普兰廷加等将自己的理论称作"改革的认识论"。

② Alvin Plantinga, *The Nature of Necessity*, Oxford: Oxford University Press, 1974, p. 192.

picture）观点进行了比较，认为二者之间虽然存在不同，但是也有着惊人的相似之处，例如：我们不可能对我们在日常生活中视为当然的东西给出理由；对被视为当然的东西表示异议是荒谬的；我们不可能不把它们视为当然，也就是说无法加以怀疑；我们不是被教会这些东西的。① 另外，沃特斯托夫和普兰廷加一样持"改革的认识论"观点，认为相信上帝是一种基础信念，任何关于上帝存在的论证都是没有必要的。波洛克的实在论思想受乔什姆的影响。波洛克认为，历史上认识论的中心问题被看作认识的辩护（epistemic justification），而不是知识（knowledge）本身，所以认识论的更准确说法应该是"信念学"（doxastology），即对信念的研究（the study of beliefs）。② 但是在他看来，这种信念理论（doxastic theories）并非知识理论的全部，还存在着"非信念理论"（non-doxastic theories）。信念理论包括基础理论和融贯论。基础理论（the foundations theory）认为知识有一个"基础"即认识论上的基本信念。其他的信念最后都要诉诸于基本信念，而基本信念则无须辩护，它们在某种意义上是"自我辩护的"（self-justifying）。融贯论否认存在任何特权等级的信念。根据融贯论，一个信念的可辩护性（justifiability）是一个人的所有信念状态起的函数，但是所有的信念之间在认识论上都是平等的。③ 非信念理论否认信念假设，主要包括内在主义（internalism）和外在主义（externalism）。直接实在论属于非信念理论。波洛克认为，基础主义和一般信念理论的错误就在于它们将知觉知识排除在外。在他看来，人类通常不会形成关于知觉对象的信念，相反，它们是从知觉对象直接转移到关于所知觉的物理对象的信念。④ 波洛克认为只有直接实在论可以为合理的认识提供最好的解释。

摩尔对怀疑主义的反驳以及对常识的强调和执着引起了后期维特根斯

---

① Nicholas Wolterstorff, *Thomas Reid and the Story of Epistemology*, Cambridge: Cambridge University Press, 2001, p. 241.
② John Pollock, Joseph Cruz, *Contemporary Theory of Knowledge*, New York and London: Rowman & Littlefield Publishers Inc., 1999, p. 11.
③ John Pollock, Joseph Cruz, *Contemporary Theory of Knowledge*, New York and London: Rowman & Littlefield Publishers Inc., 1999, pp. 23–24.
④ John Pollock, Joseph Cruz, *Contemporary Theory of Knowledge*, New York and London: Rowman & Littlefield Publishers Inc., 1999, p. 191.

坦的兴趣，其《论确定性》一书中的整个讨论都是以摩尔为背景的。① 如前所述，摩尔以一种极其直率的方式挑战了怀疑主义对常识世界观的颠覆。虽然摩尔的论证被认为近乎独断，但他确实有力地表明，怀疑主义者对前提的不断追问是不合理的，哲学论证必须止于某处，这就是作为自明之理的常识。维特根斯坦肯定摩尔对怀疑主义的批评，不过却不是因为对摩尔的常识实在论立场的同情，而是出于其哲学自身的内在逻辑。众所周知，维特根斯坦自始至终把哲学视为一种语言批判。不同的是，早期维特根斯坦持一种原子主义的语言观，主张语言和世界之间存在一种严格的对应关系，其哲学基础是所谓的语言/命题图像论。简单地说，这种理论认为语言是世界的逻辑图像，通过同构性地符合于其元素的配置，也即给予"逻辑图像"，语言表象世界。作为意义的基本单位，原子语句图示原子事实。所有其他（有意义的）语句则都是原子语句的真值函项。② 维特根斯坦认为，一旦人们理解了语言的本质，也就理解了语言的界限，界限的一边是可说的，另一边则是不可说的，从而不去逾越它。传统哲学问题之所以产生，就是因为它总是企图冲撞语言的界限，说那些不可说的东西，诸如伦理学、美学、宗教以及人生问题等。这个结论显然是消极的，不过并不是全部。按照维特根斯坦的观点，这些命题被排除出去不是因为其自身是无意义的，而是只有在试图对它们有所言说时才会这样。这一点将维特根斯坦和逻辑实证主义者区别开来，后者基于证实原则拒斥一切形而上学命题，前者则认为确实存在着像形而上学这类不可言说的东西。虽然不可说，但是它们可以"显示"自身。维特根斯坦称之为"神秘的东西"。③

上述就是早期维特根斯坦在《逻辑哲学论》中表述的主要观点。不难看出，按照这里所说，传统哲学问题其实并不是被解决了，而是被消解掉了。于是，哲学的任务不再是构造理论，而是澄清命题，为思想划界。维特根斯坦要求人们安于界限的"此岸"，也就是说，只说可说的东西，不去说那些具有"更高价值"的东西。雅尼克（Allan Janik）和图尔明

---

① A. C. Thiselton, *Doubt, Faith, And Certainty*, Grand Rapids: Wm. B. Eerdmans Publishing, 2017, p. 113.
② Pierre Wagner, *Carnap's Logical Syntax of Language*, New York: Palgrave Macmillan, 2009, p. 80.
③ Ludwig Wittgenstein, Tractatus Logico-Philosophicns, 6.522, trans. D. F. Pears and B. F. McGuinnes, London and New York: Routledge, 2001.

（Stephen Toulmin）认为，维特根斯坦的图像论可以比于，乃至发展了物理学家－哲学家赫兹（Heinrich Hertz，1857—1894）在《力学原理》中的"模型"理论（Bild theory），即命题能够构造模型，因而描述实在。这种模型论展示了命题能够言说的界限，即它们为世界中事物所是的方式构造模型，因此使得关于现象的科学知识成为可能，但也仅此而已。因为，模型的本质决定了，其不能表象任何非事实的东西。① 显而易见，维特根斯坦承袭并加深了休谟以来事实和价值二分的传统。其结果是，在事实世界里，不存在任何价值的东西，也不存在任何谜题；而在价值和意义领域，没有任何命题，也没有任何事实，只有悖论和诗。②

对于这样一个事实世界，怀疑主义者还能提出什么问题吗？当然可以。维特根斯坦举了个例子。他说，怀疑某物如此这般，这是非常合理的，也是清楚明白的。比如，说我怀疑某只狗的尺寸比我以前看到过的任何一只都大，或怀疑任何一个不寻常（就这个词的普通意义来说）的事物，我们都理解其意思是什么。并且，在每一个这诸如我怀疑某物如此这般的案例中，我都可以设想其并非如此。因为既然一个命题就是一个图像，那么只要其描述了一个可能的事实（要么为真，要么为假），它就是有意义的。③ 换句话说，无论肯定事实，还是否定事实，它们都描述了事物所是的方式。例如，一个人看到了一座房子，但是由于很久不去，他/她想象它在此期间已经被拆了，因此他/她可以怀疑其是否还存在。然而，要说我怀疑世界的存在，则是无意义的，因为我不可能想象它不存在。如果我坚持说，我怀疑世界存在，那么我就是在错误地使用语言。④ 上述意思在更早的《1914—1916 年笔记》中就有显露⑤，在《逻辑哲学论》中则有更为简洁有力的表达，这就是："当其试图在不可提问的地方提出疑问时，怀疑主义并非是不可反驳的，而是明显无意义的。因为怀疑只能存

---

① Allan Janik & Stephen Toulmin, *Wittgenstein's Vienna*, New York: Simon and Schuster, 1973, p. 190.
② Allan Janik & Stephen Toulmin, *Wittgenstein's Vienna*, New York: Simon and Schuster, 1973, p. 193.
③ Edward Kanterian, *Ludwig Wittgenstein*, London: Reaction Books Ltd., 2007, p. 80.
④ Ludwig Wittgensten, *Philosophical Occasions*, 1912 – 1951, ed. James C. Klagge and Alfred Nordmann, Indianapolis & Cambridge: Hackett Publishing, 1993, pp. 41 – 42.
⑤ Ludwig Wittgenstein, Notebooks, 1914 – 1916, ed. G. H. von Wright and G. E. M. Anscombe, New York: Harper & Brothers, 1961, p. 44.

在于有问题存在的地方，问题只存在于有答案存在的地方，而答案只存在于有某物可以言说的地方。"①

后期维特根斯坦延续了对怀疑主义的批判。不同的是，前期批判基于他的语言图像理论，后期批判则来自其"语言游戏"理论及其相关的"生活形式"理论。所谓语言游戏，简单地说，指的是由语言和行动编织而成的那个整体。② 语言游戏表明，语言并非只有一种功能，即单一地用来描述世界，而是有无数多种，特别是语言作为工具的用途。用维特根斯坦的话说，"语言是一种工具。其概念就是各种工具。"③ 传统的语言概念独断地假设只有某种特定类型的命题，即陈述式主谓句，代表了所有句子的形式，例如冥王星是颗行星。在《哲学研究》中，维特根斯坦推翻了这种语言观，认为并不存在一个关于语言的共同的本质，这种本质只能通过陈述式主谓句加以描述。相反，这种陈述式主谓句只是众多命题中的一种，并且还不是最基础的那种。

实际上，在日常生活中，我们用语言来实现各种不同的目的，比如下命令，做祈祷，说笑话等。这些语言游戏都不描述事实，但是同样重要。按照维特根斯坦的说法，使用语言游戏这一个概念就是为了突出"语言的道说是活动的一部分，或者生活形式的一部分"这个事实。④ 语言游戏说的提出代表了维特根斯坦哲学的一个重要转变，即从早期的理想语言开始转向日常语言。和前者相比，日常语言的最大特点就是多义性、流动性、语境性和不可预测性。这是因为，日常语言由各种语言游戏所组成，它们没有共同的本质，只有"家族相似性"。语言游戏又由"生活形式"所决定。后者并不建立在其他任何更为基础的东西之上，它就是基础。⑤ 语言游戏是恒常流动的，但生活形式是相对稳定的，它是思想的"河床"。至于"生活形式"的确切含义，维特根斯坦本人从未解释过。一般

---

① Ludwig Wittgenstein, Tractatus Logico-Philosophicns, 6.51, trans. D. F. Pears and B. F. McGuinnes, London and New York: Routledge, 2001.
② Ludwig Wittgenstein, Philosophical Investigations, §7, trans. G. E. M. Anscombe, P. M. S. Hacker and Joachim Schulte, Oxford: Blackuell Publishing Ltd., 2009.
③ Ludwig Wittgenstein, Philosophical Investigations, §569, trans. G. E. M. Anscombe, P. M. S. Hacker and Joachim Schulte, Oxford: Blackuell Publishing Ltd., 2009.
④ Edward Kanterian, *Ludwig Wittgenstein*, London: Reaction Books Ltd., 2007, pp. 177–178.
⑤ Gertrude D. Conway, *Wittgenstein on Foundations*, Atlantic Highlands, NJ: Humanities Press, 1989, p. 24.

而言，人们认为其指的就是为语言提供基础的总体框架，包括作为社会存在者的人与人之间共享的语言行为和非语言行为、假定、实践、传统和天然倾向等潜在的共识。①

根据这种理论，维特根斯坦对摩尔用常识来回应怀疑主义的挑战表达了不同的看法。一方面，他承认摩尔的"捍卫常识"是一个重要的观点，甚至说如果有人试图寻找表达思想之精微区别的恰当语词，那么摩尔绝对是求教的最佳人选；② 另一方面，他不能同意摩尔的证明方式，认为其证明是用错了地方。如前所述，摩尔争论的要点是，我们可否拥有关于外部世界的知识，并为之提供有效的辩护。摩尔认为可以，因为我们拥有大量自明的常识命题，比如"我拥有两只手"，这是我确切知道，而且任何理智正常的人都不能加以否认。对此，维特根斯坦采取了不同于先前《逻辑哲学论》中的反驳策略。

首先，他讨论了怀疑自身的性质问题，指出怀疑这种语言游戏已经预设了确定性，③ 因此怀疑主义者其实是在不可怀疑的地方提出怀疑，从而其怀疑本身就是无意义的。按照他的观点，怀疑只有在一种语言游戏的情境中才是可能的。例如，如果关于我是否有手的怀疑是可理解的，那么我就必须懂得谈论"手"和我"有"手是什么意思。然而，这种理解，由于建立在使其成为可能的语言游戏的基础之上，又排除了作这些怀疑的意义性，因为要是作这些怀疑，就会威胁这些语词有意义使用的条件。换句话说，怀疑以不怀疑为前提，而不怀疑属于语言游戏的本质。例如，一个正在学习历史的孩子必须先接受语言游戏，然后才能质疑某事是否为真，或者某物是否存在。④ 扩展一点说，儿童都是因为信任成人而去学习的，否则就不可能学习任何东西。所以，怀疑实际上是相信的结果。⑤

---

① A. C. Grayling, *Wittgenstein: A Very Short Introduction*, Oxford: Oxford University Press, 1988, p. 97.
② Norman Malcolm, *Ludwig Wittgenstein: A Memoir*, 2nd edition, Oxford: Clarendon Press, 2001, p. 56.
③ Ludwig Wittgenstein, On Certainty, 115, ed. G. E. M. Anscombe & G. H. von Wright, New York: Harper & Row, 1972.
④ Ludwig Wittgenstein, On Certainty, 310-315, ed. G. E. M. Anscombe & G. H. von Wright, New York: Harper & Row, 1972.
⑤ Ludwig Wittgenstein, On Certainty, 160, ed. G. E. M. Anscombe & G. H. von Wright, New York: Harper & Row, 1972.

其次，维特根斯坦认为摩尔论证的常识命题可以被称为免于怀疑的铰链命题（hinge propositions），它们属于世界图景的一部分。按照他的看法，在怀疑游戏中，不能怀疑的东西就像"铰链"（hinge）和"轴"（axis）一样发挥作用。"也就是说，我们提出的问题和我们的怀疑都依赖于这一事实，即某些命题是免于怀疑的，就仿佛那些围绕其转动的铰链。"① 当然，"我并不是明确地认识到那些决不让步（stand fast）的命题的。后来，我能发现它们就像一个物体围绕其旋转的轴。这个轴并非在事物紧紧夹住它的意义上才是固定的，而是在决定其不动性（immobility）的环绕运动这个意义上是固定的"。② "铰链"和"轴"的隐喻表明，有些命题是怀疑的根据，但本身却免于怀疑。它们属于维特根斯坦的世界图景，或者波兰尼的概念框架。③ 因此，摩尔的错误在于未能认识到这一点，而仅仅将常识命题的真理性归于认识上的自明性。

与维特根斯坦不同，约翰·奥斯汀（J. L. Austin, 1911—1960）是通过语言学研究进入哲学领域的。在语言分析方法方面，他主要受到摩尔而不是维特根斯坦的影响。作为日常语言哲学的代表人物之一，奥斯汀的代表作有《哲学论文集》（*Philosophical Papers*, 1961）、《如何以言行事》（*How to do Things with Words*, 1961）和《感觉与可感物》（*Sense and Sensibilia*, 1962）。摩尔对奥斯汀的影响在《感觉与可感物》中可窥一斑。按照奥斯汀的说法，这本书以艾耶尔的《经验知识的基础》为"掩护的假马"（stalking-horse），攻击其"感觉材料"理论。这种理论主张，我们从未看到或以其他方式知觉到（或感觉到），或者无论如何我们从未直接知觉到或感觉到物质对象（或物质事物），我们知觉到的或感知到的只是感觉-材料（或我们自己的观念、印象、感觉内容、感觉-知觉、知觉对象等）。作为论证的依据，这个理论主要依赖于所谓的错觉论证。艾耶尔举一根直棍为例，当它部分地浸没于水中时，直棍看上去是弯的。由于我们得到的是一个弯棍的印象，因此它就不可能是我们直接看到的那根真实的直棍。按照艾耶尔的观点，我们在知觉中直接认识到的对象绝不是一

---

① Ludwig Wittgenstein, On Certainty, 341, ed. G. E. M. Anscombe & G. H. von Wright, New York: Harper & Row, 1972.
② Ludwig Wittgenstein, On Certainty, 152, ed. G. E. M. Anscombe & G. H. von Wright, New York: Harper & Row, 1972.
③ 参见郁振华《人类知识的默会维度》，北京大学出版社2012年版，第246页。

个物理对象,而是在我们和对象之间的一个居间者。它在我们身上,而不是对象那里。所以,它是一个感觉材料。结论就是,我们的知觉世界其实就是一个由感觉材料构成的知觉之幕。我们绝不可能感觉到物理对象(本身),包括其他人。① 奥斯汀认为,这个论证未能区分幻觉(illusions)和错觉(delusions)。如果在幻觉中,就像在错觉中一样,我们正在"看某物",在此情形中,(我们所看的)就是感觉材料。但实际上,当我们看水中的直棍时,我们看到的是直棍,而不是感觉材料。退一步说,如果在某些非常特别的条件下,那根直棍有时候看上去更像一个弯棍,我们也无须为此感到困扰。② 因为只要诉诸于那些可靠的、实际的(英语)常识,就可以将此类垃圾清除掉。③

感觉材料理论的另一个问题,是其将关于感觉-材料的命题视为知识的不可动摇的基础。就此而言,艾耶尔仍然属于追求基础主义的英国经验主义哲学传统。奥斯汀则拒绝承认,知识有或者需要基础。按照他的说法,不存在任何这样的命题,其本质就是要成为"知识的基础"。也就是说,不存在任何被认为按其本性就是不可动摇的、直接可证实的以及可以提供证据的命题。再者,诸如"物质对象陈述"也无须基于证据。当我们说桌子上有一本书时,我们不需要任何证据来表明这一点。只有当我们拿来另一本书时,我们才有可能开始怀疑我们说那本书"看上去像是淡紫色的"这句话是否正确。④ 简言之,奥斯汀认为这种为知识寻找基础的努力注定不会取得成功。用他本人的话说,"即使我们要作一个冒险的和无端的假设,即某个特定的人在某个特定的地点和时间认识的东西可以系统地被拣选成一种基础和上层建筑的排列,从原则上假定同样的事情可以普遍地使用在知识上也会是错误的。这是因为对于何者为何者的证据问题,不可能存在任何普遍的答案。什么是确定的,什么是可疑的,什么需要证据或不需要证据,可能得到确证,也可能得不到确证。如果知识论就

---

① Stephen P. Schwartz, *A Brief History of Analytic Philosophy: From Russell to Rawls*, Malden, MA: Wiley-Blackwell, 2012, p. 151.
② John Passmore, *A Hundred Years of Philosophy*, 2nd edition, New York: Penguin Books, 1966, p. 508.
③ Stephen P. Schwartz, *A Brief History of Analytic Philosophy: From Russell to Rawls*, Malden, MA: Wiley-Blackwell, 2012, p. 152.
④ John Passmore, *A Hundred Years of Philosophy*, 2nd edition, New York: Penguin Books, 1966, p. 453.

在于寻找这样一种答案的根据，那么并不存在任何这样的东西。"① 由此可知，按照施瓦茨的观点，奥斯汀的终极目标并不仅仅是感觉材料理论，而是自笛卡尔以来的整个传统认识论的方案。为了追求可靠的知识，这个方案不惜抛弃常识和语言的日常用法。然而，在奥斯汀看来，其论证不管怎样精致，其结果也只能是一系列神话和错误。②

为了解构理论及其神话，奥斯汀进一步致力于对日常语言的使用进行分析。其"言语行为理论"（speech acts theory）典型地反映了通过语言分析来揭示其用法的目的。在《如何以言行事》中，奥斯汀首先批评了当时流行的一种看法，即把陈述（statement）或语言的主要任务看成是描述某个事态（state of affairs），或者陈述某个事实，这种描述或陈述要么是真的要么是假的，即作出真理假说（truth claim）。但是在他看来并不是所有的句子（sentence）都是陈述，因为陈述之外还有疑问句、感叹句和表达希望、命令和让步的句子。③ 这些语句既不描述什么也不报告什么，因此不能以真假论之。从某种意义上说，这些语句是行为的一部分，即说出这些语句是为了做某事。

奥斯汀将这种语句称为"施事句"（performative sentence/utterance/performative）以区别于前面所说的"事实句"（constatives）。"施事句"和"事实句"有三点不同：首先，施事句中有特殊的动词，如"我承诺（promise）来看你"，甚至还可添加特殊的副词"特此"（hereby），如"我特此承诺来看你"。"事实句"如"天在下雨"或"雪是白的"就没有特殊的动词。其次，"事实句"可能是真的或假的，但"施事句"则没有真假之分，而只有使用"得体"（felicitously）和"不得体"（infelicitously）之别。最后，"施事句"是一种行动或动作，而"事实句"则是一种陈述或描述。④ 后来，奥斯汀放弃了这种二分法，而提出新的三分法，就是把语句分为三种言语行为：（1）言内行为（locutionary act），即

---

① Stephen P. Schwartz, *A Brief History of Analytic Philosophy: From Russell to Rawls*, Malden, MA: Wiley-Blackwell, 2012, p. 153.
② Stephen P. Schwartz, *A Brief History of Analytic Philosophy: From Russell to Rawls*, Malden, MA: Wiley-Blackwell, 2012, pp. 152 – 153.
③ John Austin, *How to Do Things with Words*, Oxford: Oxford University Press, 1962, p. 1.
④ A. R. Martinich and David Sosa ed., *A Companion to Analytic Philosophy*, Malden and Oxford: Blackwell Publishers Ltd., 2001, pp. 219 – 220.

说话带有一定的含义；（2）言外行为（illocutionary act），即说话带有一定的力量；（3）言后行为（perlocutionary act），即对听者产生某种效果。这三种言语行为通常结合在一个语句中，但只有实施了言后行为才能说整个言语行为顺利完成。

　　总的来看，奥斯汀的"言语行为理论"强调"说话就是做事"（to say something is to do something），把对语言的研究从意义转到用法上来，从而打破了传统的以认识为中心的哲学观。另外，奥斯汀的"语言现象学"又并非仅仅停留于对语言现象的考察，实际上他不但关心语词，而且也关心我们用语词来谈论的那些实在。这种实在当然不是传统形而上学所谓的和现象相对立的实在，而就是"世界中实际存在的东西"。① 就这一点而言，日常语言理论可以说也是建立在常识的基础上的，因为对于日常语言哲学家来说，（外部）世界、自我和他人的存在都是自明的，也就是说既无须证明也不能被证明。正如奥斯汀所说，相信他人，相信权威或者相信证据是交流行为的一个本质的部分，我们经常这样做。它是我们经验中一个不可还原的部分，就像比如许诺或玩竞技游戏，或者甚至感觉色块（coloured patches）一样。我们可以陈述这些行为的某些优点，而且我们能够详尽阐明他们的"理性的"行为（就像法庭、历史学家和心理学家为了接受证据而制定出规则一样）的某种规则。但是并不存在任何对我们做这些活动的"辩护"。②

　　奥斯汀的分析方法经常被批评为更像是一种语言学的方法，而不是一种哲学的方法。很明显，这种批评实际上是嘲讽日常语言哲学和常识哲学一样"浅薄""不深刻"。不过，这也许正是包括奥斯汀在内的日常语言哲学家们的用意所在，因为和这些通常假定的看法不一样，奥斯汀从不认为，对于所有的哲学目的来说，"日常语言"是最高上诉法庭。③ 他们进行语言分析，"并不是为了解决某个重大的哲学问题或消除传统的哲学问题，而是为了说明日常语言的丰富和精细，为了表明日常语言本身完全可

---

① 杨玉成：《奥斯汀：语言现象学与哲学》，商务印书馆2002年版，第41页。
② Maxwell J. Charlesworth, *Philosophy and Linguistic Analysis*, Pittsburgh：Duquesne University, 1959, p. 181.
③ John Passmore, *A Hundred Years of Philosophy*, 2nd edition, New York：Penguin Books, 1966, p. 450.

以胜任任何清楚表达思想的作用"①。就此而言,奥斯汀的思想,从某种意义上说,对哲学的打击似乎比对哲学的建设还要多。罗蒂在《语言学转向》中曾这样问道:

> 语言学转向注定要承受和先前那些"哲学中的革命"同样的命运吗?之前章节所达到的相对悲观的结论意味着,语言哲学家们试图将哲学变成一门"严格的科学"的尝试必定会失败。这种悲观主义会走多远?如果语言哲学不会成为一门严格的科学,如果它只是拥有一种批判的、本质上是辩证的功能,那么它的未来又将会怎样?假设所有传统问题都在适当的时候消解了——在此意义上,没有任何人能够思考关于这些问题的任何表述,它们不受语言哲学家们那种批评的影响。这意味着,哲学将走向终结——哲学家们工作到要让自己失业了吗?一种"后哲学的"文化真的可以被设想吗?

对此,罗蒂列举了六种可能性。第一种是胡塞尔的现象学,它拒绝把事物的本质还原为无论是经验的问题还是语言的问题。第二种是后期海德格尔对存在/是的问题的诗意沉思,这种观点抵制将哲学作为一种论证性学科。第三种是魏斯曼对那种构造体系的宏大传统的回归,这种哲学回避对实在的描述,而去改进我们对实在使用哪些语言的主张。第四种是(后期)维特根斯坦(的哲学方案),这种方案提倡一种后哲学的文化,拒斥哲学语言的蛊惑。第五种是奥斯汀的哲学概念,它将哲学视为一种为了自身而寻求的词典编纂学形式。第六种是斯特劳森的康德式描述性形而上学,这种方案追求的是语言自身可能性的必要条件。②关于这些可能性,罗蒂本人并没有给出一个明确的立场。不过,根据其哲学倾向不难推断,在罗蒂那里,哲学的未来既不可能是近代以来追问知识基础的认识论研究,也不可能是早期维特根斯坦式的对哲学命题的意义进行逻辑分析的活动,而是自觉放弃体系哲学、专业哲学声称的关于客观真理的特权,致

---

① 江怡主编:《西方哲学史》第八卷,"现代英美分析哲学(下)",凤凰出版社、江苏人民出版社2005年版,第581页。

② Cornel West, *American Evasion of Philosophy: A Geneology of Pragmatism*, Madison: University of Wisconsin Press, 1989, pp. 195–196.

力于文化教化和平等地参与各种话语间的对话。

　　罗蒂推崇杜威、后期维特根斯坦和后期海德格尔这样的反体系哲学家或者说教化哲学家,他们取笑那种试图用终极词汇追寻普遍的可通约性的古典的人的形象。罗蒂将哲学消解于文化中的做法未免过于激进,但是这种做法也昭示哲学必须走出理性思辨的迷宫,回归日常生活。当然,如何保持思想不断更新,避免陷入独断和停滞,以及如何恰当地看待日常生活的权威,恢复健全常识的权利,不仅是启蒙时代哲学家们考虑的问题,不仅是维特根斯坦、海德格尔和罗蒂等当代哲学家们追问的问题,也是我们这个时代的人们需要继续思考的问题。

参考文献

一 英文文献

(一) 第一手文献

Aquinas, Thomas, *The Summa Theologica of St. Thomas Aquinas*, London: Burns, Oates & Washbourne, Ltd., 1921.

Baldwin, Thomas ed., *G. E. Moore: Selected Writings*, London and New York: Routledge, 1993.

Beattie, James, *Essay on the Nature and Immutability of Truth in Opposition to Sophistry and Scepticism*, Bristol: Thoemmes Press, 1996.

Beattie, James, *Elements of Moral Science*, 3rd edition, Edinburgh: Archibald Constable and Company, 1817.

Berkeley, George, *Philosophical Writings of George Berkeley*, ed. Desmond M. Clarke, Cambridge: Cambridge University Press, 2008.

Brown, Thomas, *Inquiry into the Relation of Cause and Effect*, London: H. G. Bohn, 1835.

Brown, Thomas, *Lectures on the Philosophy of Human Mind*, Hallowell: Masters, Smith & Co., 1835.

Bucher, David ed., *The Scottish Idealists: Selected Philosophical Writings*, Exeter: Imprint Academic, 2004.

Bowen, Francis, *Critical Essays on a Few Subjects*, 2nd edition, Boston: James Munroe and Company, 1842.

Bowen, Francis, *A Treatise on Logic, Or the Laws of Pure Thought*, Boston: John Allyn Publisher, 1874.

Bowen, Francis, *Critical Essays on a Few Subjects*, Boston: H. B. Williams, 1845.

Butler, Joseph, *The Analogy of Religion*, London: J. M. Dent & Sons Ltd. , 1927.

Campbell, George, *A Dissertation on Miracles: Containing an Examination of the Principles Advanced by David Hume*, Edinburgh: Mundell, 1807.

Campbell, George, *The Rhetoric of Philosophy*, New York: Harper & Brothers, 1844.

Dixon, Thomas ed. , *Thomas Brown: Selected Philosophical Writings*, Exeter: Imprint Academic, 2010.

Dodwell, Henry, *Christianity Not Founded on Argument*, London, 1746.

Empiricus, Sextus, *Outlines of Scepticism*, ed. J. Annas & J. Barnes, Cambridge: Cambridge University Press, 2000.

Fergusson, David ed. , *Scottish Philosophical Theology*, 1700—2000, Exeter: Imprint Academic, 2007.

Ferrier, James, *Institutes of Metaphysic: The Theory of Knowing and Being*, Edinburgh and London: W. Blackwood, 1856.

Ferrier, James, *Scottish Philosophy, The Old and the New: A Statement*, Edinburgh: Sutherland and Knox, 1856.

Flew, Antony ed. , *David Hume: Writings on Religion*, Chicago and La Salle, Illinois: Open Court Publishing Company, 1992.

Foster, James J. S. ed. , *Scottish Philosophy in America*, Exeter: Imprint Academic, 2012.

Forster, James J. S. ed. , *Thomas Reid on Religion*, Exeter: Imprint Academic, 2017.

Giovanni B. Grandi, ed. , *Thomas Reid: Selected Philosophical Writings*, Exeter: Imprint Academic, 2012.

Graham, Gordon ed. , *Scottish Philosophy: Selected Writings*, 1690—1960, Exeter: Imprint Academic, 2004.

Hamilton, William, *Lectures on Metaphysics and Logic*, 2nd edition, Edinburgh: William Blackwood and Sons, 1860.

Hamilton, William, *Discussions on Philosophy and Literature, Education and University Reform*, Edinburgh and London: William Blackwood and

Sons, 1866.

Harris, James A. ed., *James Beattie: Selected Philosophical Writings*, Exeter: Imprint Academic, 2004.

Hegel, G. W. F., *Lectures on the History of Philosophy*, trans. Elizabeth S. Haldane and Frances H. Simson, London: Kegan Paul, 1896.

Hume, David, *A Treatise of Human Nature*, ed. Selby-Bigge, Beijing: China Social Sciences Publishing House, 1999.

Hume, David, *A Treatise of Human Nature*, 2nd edition, revised by P. H. Nidditch, Oxford: Oxford University Press, 1978.

Hume, David, *Enquiries Concerning the Principles of Human Understanding and Concerning the Principles of Morals*, 2nd edition, ed. Selby-Bigge, Oxford: Oxford University Press, 1963.

Hume, David, An *Enquiry Concerning the Principles of Human Understanding and Other Writings*, Cambridge: Cambridge University Press, 2007.

Hume, David, An *Enquiry Concerning the Principles of Morals*, ed. Tom L. Beauchamp, Oxford: Oxford University Press, 1998.

Hume, David, *Essays Moral, Political and Literary*, Indianapolis: Liberty Fund Inc., 1987.

Hume, David, *The Natural History of Religion*, London: A. and H. Bradlaugh Bonner, 1889.

Hume, David, *Dialogues Concerning Natural Religion*, ed. Henry D. Aiken, New York: Hafner Publishing Co., Inc., 1961.

Hume, David, *The Philosophical Works of David Hume*, Edinburgh: Adam and Charles Black, 1826.

Hutcheson, Francis, *An Inquiry into the Origin of Our Ideas of Beauty and Virtue: In Two Treatises*, ed. Wolfgang Leidhold, Indianapolis: Liberty Fund, Inc., 2004.

Hutcheson, Francis, *An Essay on the Nature and Conduct of the Passions and Affections, With Illustrations of the Moral Sense*, Indianapolis: Liberty Fund, Inc., 2002.

Hutcheson, Francis, *A System of Moral Philosophy*, London: A. Millar, 1755.

Kant, Immanuel, *Critique of Pure Reason*, Cambridge: Cambridge University

Press, 1998.

Kant, Immanuel, *Prolegomena to Any Future Metaphysics That Will Be Able to Come Forward as Science*, Cambridge: Cambridge University Press, 2004.

Keefe, Jennifer ed., *James Frederich Ferrier: Selected Writings*, Exeter: Imprint Academic, 2011.

Keefe, Rosaleen ed., *Scottish Philosophy of Rhetoric: Selected Philosophical Writings*, Exeter: Imprint Academic, 2013.

Locke, John, *An Essay Concerning Human Understanding*, New York: Dover Publications Inc., 1959.

Locke, John, *The Works of John Locke*, 12th edition, London: Rivington, 1824.

Mandeville, Bernard, *The Fable of the Bees, Or Private Vices, Public Benefits*, New York: Capricorn Books, 1962.

McHugh, John ed., *Francis Hutcheson: Selected Philosophical Writings*, Exeter: Imprint Academic, 2014.

Middleton, Conyers, *A Free Inquiry into the Miraculous Powers*, London: T. Cooper, 1748.

Mill, J. S., *An Examination of Sir William Hamilton's Philosophy*, London: Longmans, 1865.

Moore, G. E., *Principia Ethica*, Cambridge: Cambridge University Press, 1959.

Mortera, Emanuele Levi ed., *Dugald Stewart: Selected Philosophical Writings*, Exeter: Imprint Academic, 2007.

Oswald, James, *An Appeal to Common Sense in Behalf of Religion*, Bristol: Thoemmes Press, 2000.

Otteson, James R. ed., *Adam Smith: Selected Philosophical Writings*, Exeter: Imprint Academic, 2004.

Rahmatian, Andreas ed., *Lord Kames: Selected Writings*, Exeter: Imprint Academic, 2017.

Reid, Thomas, *The Works of Thomas Reid*, 8th edition, Edinburgh: James Thin, 1895.

Reid, Thomas, *Thomas Reid's Lectures on Natural Theology*, ed. by Elmer H. Duncan, Washington, D. C.: University Press of America, 1981.

Reid, Thomas, *An Inquiry into the Human Mind on the Principles of Common*

Sense, ed. by Derek R. Brooks, Edinburgh: Edinburgh University Press, 2000.

Seth, James, *The Scottish Contribution to Moral Philosophy*, Edinburgh and London: William Blackwood and Sons, 1898.

Shaftesbury, *Characteristics, Men, Manners, Opinions, Times*, Indianapolis: Liberty Fund, Inc., 2001.

Smith, Adam, *The Theory of Moral Sentiments*, Beijing: China Social Sciences Publishing House, 1999.

Smith, Adam, *The Theory of Moral Sentiments*, ed. Knud Haakonssen, Cambridge: Cambridge University Press, 2002.

Smith, Adam, *An Inquiry into the Nature and Causes of the Wealth of Nations*, Oxford: Oxford University Press, 1976.

Schopenhauer, Arthur, *The World as Will and Idea*, 6th edition, trans. R. B. Haldane and John Kemp, London: Kegan Paul, 1909.

Stewart, Dugald, *Elements of the Philosophy of the Human Mind*, Boston and Cambridge: James Munroe and Company, 1855.

Stewart, Dugald, *Outlines of Moral Philosophy*, Dublin: Hodges and Smith, 1855.

Toland, John, *Christianity Not Mysterious*, London, 1702.

(二) 第二手文献

Albee, Ernest, *A History of English Utilitarianism*, London: Swan Sonnenschein & Co, Ltd., 1902.

Allan, David, *Scotland in the Eighteenth Century: Union and Enlightenment*, New York: Routledge, 2013.

Ambrose, Alice, *Wittgenstein's Lectures*, Cambridge, 1932—1935, Totowa: Rowman and Littlefield, 1979.

Arrington, Robert L. ed., *The World's Great Philosophers*, Malden, Oxford and Melbourne: Blackwell Publishing Ltd., 2003.

Austin, John, *How to Do Things with Words*, Oxford: Oxford University Press, 1962.

Ayer, A. J., *The Revolution in Philosophy*, London: Macmillan & Co. Ltd., 1957.

Bigelow, John ed., *The Works of Benjamin Franklin*, Vol. 3, New York: G. P. Putnam's Sons, 1904.

Blackburn, Simon, *The Oxford Dictionary of Philosophy*, Oxford: Oxford University Press, 1994.

Blackie, John Stuart, *Four Phases of Morals*, Edinburgh: Edmonston and Douglas, 1874.

Bonar, James, *Moral Sense*, Bristol: Thoemmes Press, 1992.

Bon Jour, Laurence, *In Defense of Pure Reason*, Cambridge: Cambridge University Press, 1998.

Boucher, David, *The Scottish Idealists: Selected Philosophical Writings*, Exeter: Imprint Academic, 2004.

Brett, G. S., *A History of Psychology*, Vol. 3, London: George Allen & Unwin Ltd. 1921.

Broadie, Alexander, *Why Scottish Philosophy Matters*, Edinburgh: Saltire Society, 2000.

Broadie, Alexander, *A History of Scottish Philosophy*, Edinburgh: Edinburgh University Press, 2010.

Broadie, Alexander, *The Tradition of Scottish Philosophy: A New Perspective on the Enlightenment*, Edinburgh: John Donald, 2011.

Broadie, Alexander ed., *The Cambridge Companion to the Scottish Enlightenment*, Cambridge: Cambridge University Press, 2003.

Brown, Colin, *Christianity Western Thought*, Vol. 1, Illinos: Inter Varpsity Press, 1990.

Brown, Stuart ed., *Routledge History of Philosophy*, Vol. V, "British Philosophy and the Age of Enlightenment", London and New York: Routledge, 1996.

Burns, Robert M., *The Great Debate on Miracles: From Joseph Glanvill to David Hume*, London: Associated University Press, 1981.

Bury, J. B., *A History of Freedom of Thought*, New York: Henry Holt and Company, 1913.

Byrne, Peter, *Natural Religion and the Nature of Religion: The Legacy of Deism*, London and New York: Routledge, 1989.

Carmichael, James, *Design and Darwinism*, London: Hunter, Rose & Company, 1880.

Charlesworth, Maxwell J. , *Philosophy and Linguistic Analysis*, Pittsburgh: Duquesne University, 1959.

Chisholm, Roderick M. , *Theory of Knowledge*, Englewood Cliffs: Prentice-Hall, Inc. , 1966.

Cooper, J. M. ed. , *Plato Complete Works*, Indianapolis/Cambridge: Hackett Publishing Company, Inc. , 1997.

Copleston, Frederick, *A History of Philosophy*, New York, London/Toronto/Syndeny/Auckland: Doubleday, 1994.

Cousin, Victor, *Philosophical Miscellanies*, Vol. I , ed. George Ripley, Boston: Hilliard, Gary and Company, 1838.

Craug, Edward, *The Shorter Routledge Encyclopedia of Philosophy*, London and New York: Routledge, 2005.

Cruse, Vinding, *Hume's Philosophy in His Principal Work 'A Treatise of Human Nature' and in His Essays*, trans. by P. T. Federspiel, Oxford: Oxford University Press, 1939.

Cuneo, Terence, Woudenberg, René van ed. , *The Cambridge Companion to Thomas Reid*, Cambridge: Cambridge University Press, 2004.

Dancy, Jonathan, *Introduction to Contemporary Epistemology*, Oxford: Basil Blackwell, 1985.

Davies, Brian, *An Introduction to the Philosophy of Religion*, Oxford: Oxford University Press, 1993.

Dawson, Deidre ed. , *Scotland and France in the Enlightenment*, Pierre Morère, London: Associated University Presses, 2004.

Dicker, Georges, *Hume's Epistemology and Metaphysics: An Introduction*, London and New York: Routledge, 1998.

Flew, Anthony, *An Introduction to Western Philosophy: Ideas and Argument from Plato to Popper*, London: Thames and Hudson, 1971.

Fergusson, David, *Scottish Philosophical Theology*, 1700—2000, Exeter: Imprint Academic, 2007.

Force, James E. , Richard Henry Popkin, *Essays on the Context, Nature, and Influence of Isaac Newton's Theology*, Dordrecht, Boston and London:

Kluwer Academic Publishers, 1990.

Foster, James J. S., *Scottish Philosophy in America*: *Library of Scottish Philosophy*, Exeter: Imprint Academic, 2012.

Graham, Gordon, *Scottish Philosophy in the Nineteenth and Twentieth Centuries*, Oxford: Oxford University Press, 2015.

Graham, Henry G., *Scottish Men of Letters in the Eighteenth Century*, London: Adam and Charles Black, 1901.

Garrett, Aaron & Harris, James ed., *A Scottish Philosophy in the Eighteenth Century*, Vol. I, *Morals, Politics, Art and Religion*, Oxford: Oxford University Press, 2015.

Gaskin, J. C. A., *Hume's Philosophy of Religion*, 2nd edition, London: Macmillan Press, 1988.

Gay, Peter, *The Enlightenment*: *The Rise of Modern Paganism*, London and New York: W. W. Norton & Company, Inc., 1969.

Grave, S. A., *The Scottish Philosophy of Common Sense*, Oxford: Oxford University Press, 1960.

Haakonssen, Knud ed., *The Cambridge Companion to Adam Smith*, Cambridge: Cambridge University Press, 2006.

Haldane, John and Read, Stephen ed., *The Philosophy of Thomas Reid*: *A Collection of Essays*, Malden and Oxford: Blackwell Publishing Ltd., 2003.

Harris, James A. ed., *The Oxford Handbook of British Philosophy in the Eighteenth Century*, Oxford: Oxford University Press, 2017.

Hegel, G. W. F., *Lectures on the History of Philosophy*, Vol. III, London: Kegan Paul, 1896.

Hergenhahn, B. R., *An Introduction to the History of Psychology*, Belmont, CA: Wadsworth, 2009.

Hick, John, *Philosophy of Religion*, 3rd edition, Englewood Cliffs: Prentice-Hall, Inc., 1983.

Hirst, Francis, *Adam Smith*, London: Macmillan and Co., Ltd., 1904.

Holt, Edwin B., *The New Realism*: *Cooperative Studies in Philosophy*, New York: Macmillan Company, 1925.

Horkheimer, Max & Adorno, Theodor W., *Dialectic of Enlightenment*:

Philosophical Fragments, trans. Edmund Jephcott, Stanford: Stanford University Press, 2002.

Hudson, Wayne, *The English Deists: Studies in Early Enlightenment*, London: Pickering & Chatto Ltd., 2009.

Hudson, Wayne, Lucci, Diego, Wigelsworth, Jeffrey R. ed., *Atheism and Deism Revalued: Heterodox Religious Identities in Britain 1650—1800*, Burlington: Ashgate Publishing Company, 2014.

Hulliung, Mark, *Enlightenment in Scotland and France: Studies in Political Thought*, London and New York: Routledge, 2019.

Jones, Peter, *The Reception of David Hume in Europe*, London and New York: Bloomsbury Academic, 2013.

Kivy, Peter, *The Seventh Sense: Francis Hutcheson and Eighteenth-Century British Aesthetics*, Oxford: Oxford University Press, 2003.

Klemme, Heiner F. ed., *Reception of the Scottish Enlightenment in Germany: Six Significant Translations, 1755—1782*, Bristol: Thoemmes Press, 2000.

Kuehn, Manfred, *Scottish Common Sense in Germany, 1768—1800: A Contribution to the History of Critical Philosophy*, Kingston and Montreal: Mcgill Queen's University Press, 1987.

Lacey, A. R., *A Dictionary of Philosophy*, 3rd edition, London and New York: Routledge, 1996.

Laurie, Henry, *Scottish Philosophy in Its National Development*, Glasgow: James Maclehose and Sons, 1902.

Ledwig, Marion, *Common Sense: Its History, Method and Applicability*, New York: Peter Lang Publishing, Inc., 2007.

Lehrer, Keith, *Thomas Reid*, London and New York: Routledge, 1989.

Levy-Bruhl, Lucien, *History of Modern Philosophy in France*, Chicago: the Open Court Publishing Company, 1899.

Livingston, James C., *Modern Christian Thought*, 2nd edition, Vol. 1, Minneapolis: Fortress Press, 2006.

Mach, Ernst, *The Analysis of Sensation and the Relation of the Physical to the Psychical*, trans. by C. M. Williams, Chicago and London: Open Court Publishing Company, 1914.

MacIntyre, Alasdair, *Whose Justice? Which Rationality?* Notre Dame: University of Notre Dame Press, 1988.

Mackie, J. L., *Hume's Moral Theory*, London and New York: Routledge & Kegan Paul, 1980.

Mackie, J. L., *The Miracle of Theism*, Oxford: Clarendon Press, 1982.

Manns, James W., *Reid and His French Disciple: Aesthetics and Metaphysics*, Leiden, New York and Koin: E. J. Brill, 1994.

Martinich, A. R. and Sosa, David ed., *A Companion to Analytic Philosophy*, Malden: Blackwell Publishers Ltd., 2001.

Mathews, Shailer & Smith, Gerald B. ed., *A Dictionary of Religion and Ethics*, New York: Macmillan Company, 1921.

McCosh, James, *Scottish Philosophy, Biographical, Expository, Critical, From Hutcheson to Hamilton*, Bristol: Thoemmes Antiquarian Books Ltd., 1990.

McCosh, James, *First and Fundamental Truth, Being a Treatise on Metaphysics*, New York: Charles Scribner's Sons, 1896.

McDermid, Douglas, *The Rise and Fall of Common Sense Realism*, Oxford: Oxford University Press, 2018.

Metz, Rudolf, *A Hundred Years of British Philosophy*, trans. J. W. Harvey, T. E. Jessop and Henry Sturt, London: George Allen & Unwin Ltd., 1938.

Millican, Peter J. R., *Hume, Induction and Probability*, PhD. thesis, the University of Leeds, 1996.

Munitz, Milton K., *Contemporary Analytic Philosophy*, New York: Macmillan Publishing Co., Inc., 1981.

Ni, Peimin, *On Reid*, Belmont, CA: Wadsworth, 2002.

Norton, David Fate, *David Hume: Common Sense Moralist, Sceptical Metaphysician*, Princeton: Princeton University Press, 1982.

Norton, David Fate ed., *The Cambridge Companion to Hume*, Cambridge: Cambridge University Press, 1992.

O'Connor, David, *Hume on Religion*, London and New York: Routledge, 2001.

Olson, Richard S., *Scottish Philosophy and British Physics, 1740—1870: A Study in the Foundations of the Victorian Scientific Style*, Princeton and London: Princeton University Press, 2015.

Paley, William, *Natural Theology*: *Or*, *Evidences of the Existence and Attributes of the Deity*, *Collected from the Appearance of Nature*, London: Gould and Lincoln, 1860.

Penelhum, Terence, *David Hume*: *An Introduction to His Philosophical System*, West Lafayette: Purdue University Press, 1998.

Plantinga, Alvin, *The Nature of Necessity*, Oxford: Oxford University Press, 1974.

Pollock, John, Joseph Cruz, *Contemporary Theories of Knowledge*, Lanham, Oxford: Rowman & Littlefield Publishers Inc., 1999.

Pompa, Leon, *Human Nature and Historical Knowledge*: *Hume*, *Hegel and Vico*, Cambridge: Cambridge University Press, 1990.

Popper, Karl, *Objective Knowledge*: *An Evolutionary Approach*, Oxford: Oxford University Press, 1986.

Porter, Noah, *The Human Intellect*, 4th edition, New York: Charles Scribner's Sons, 1887.

Russell, Paul, *The Riddle of Hume's Treatise*: *Skepticism*, *Naturalism and Irreligion*, Oxford: Oxford University Press, 2008.

Stokes, Philip, *Philosophy*: 100 *Essential Thinkers*, Brooklyn, NY: Enchanted Lion Books, 2006.

Schacht, Richard, *Classical Modern Philosophers*: *Descartes to Kant*, London and New York: Routledge, 1984.

Rawls, John, *Lectures on the History of Moral Philosophy*, Cambridge, London: Harvard University Press, 2000.

Randall, Jr., J. H., *The Making of the Modern Mind*: *A Survey of the Intellectual Background of the Present Age*, New York: Columbia University Press, 1940.

Rendall, Jane, *The Origins of the Scottish Enlightenment*, 1707—1776, London and Basinstoke: Macmillan Press Ltd., 1978.

Raphael, D. D., *British Moralists*, 1650—1800, Vol. I, Oxford: Oxford University Press, 1969.

Robinson, Daniel N., *Toward a Science of Human Nature*, New York: Columbia University Press, 1982.

Rorty, Richard, *Philosophy and the Mirror of Nature*, Princeton: Princeton University Press, 1979.

Rowe, William L., *Philosophy of Religion: An Introduction*, 4th edition, Belmont, CA: Wadsworth, 2007.

Russell, Bertrand, *A History of Western Philosophy*, London: Simon and Schuster, 1972.

Russell, Colin, *Who Made the Scottish Enlightenment? A Personal, Biographical and Analytical Enquiry*, Bloomington: Xlibris Corporation, 2014.

Schmidt, James ed., *What is Enlightenment? : Eighteenth-Century Answers and Twentieth-Century Questions*, Berkeley, Los Angeles and London: University of California Press, 1996.

Scott, William Robert, *Francis Hutcheson, His life, Teaching and Position in the History of Philosophy*, Cambridge: Cambridge University Press, 1900.

Scruton, Roger, *From Descartes to Wittgenstein: A Short History of Modern Philosophy*, London and New York: Routledge & Kegan Paul, 1981.

Shand, John, *Philosophy and Philosophers: An Introduction to Western Philosophy*, London: UCL Press, 1993.

Skousen, Mark, *The Big Three in Economics*, New York: M. E. Sharpe, 2007.

Smith, Norman Kemp, *The Philosophy of David Hume, A Critical Study of Its Origins and Central Doctrines*, New York: Macmillan and Co., Ltd., 1941.

Sorley, W. R., *A History of English Philosophy*, London: G. P. Putnam's Sons, 1921.

Stephen, Leslie, *History of English Thought in the Eighteenth Century*, Vol. II, New York & Burlingame: Harcourt, Brace & World, Inc., 1962.

Stewart, David, *Exploring the Philosophy of Religion*, 3rd edition, Englewood Cliffs: Prentice Hall, Inc., 1992.

Stewart, M. A., *Studies in the Philosophy of the Scottish Enlightenment*, Oxford: Oxford University Press, 1991.

Stewart, Michael Alexander, *Studies in the Philosophy of the Scottish Enlightenment*, Oxford: Oxford University Press, 1991.

Strasser, Mark, *Francis Hutcheson's Moral Theory: Its Form and Utility*, Wakefield: Longwood Academic, 1990.

Strawson, P. F., *Skepticism and Naturalism: Some Varieties*, London: Methun & Co. Ltd., 1985.

Stroll, Avrum, *Twentieth Century Analytic Philosophy*, New York: Columbia University Press, 2000.

Sturt, Henry, *Moral Experience*, London: Watts & Co., 1928.

Taylor, Victor E. & Winquist, Charles E. ed., *Encyclopedia of Postmodernism*, London and New York: Routledge, 2001.

Thilly, Frank, *A history of Philosophy*, New York: Henry Holt and Company, 1914.

Urmson, J. O., *Berkeley*, Oxford: Oxford University Press, 1982.

Warren, Howard C., *A History of Association of Psychology*, New York, Chicago and Boston: Charles Scribner's Sons, 1921.

White, Stephen K. ed., *The Cambridge Companion to Habermas*, Cambridge: Cambridge University Press, 1995.

Wigelsworth, Jeffrey R., *Deism in Enlightment England: Theology, Politics, and Newtonian Public Science*, Manchester and New York: Manchester University Press, 2009.

Willey, Basil, *The Eighteenth Century Background*, London: Chatto & Windus, 1946.

Windelband, Wilhelm, *A History of Philosophy*, New York: Harper & Row Publishers, 1958.

Wittgenstein, Ludwig, *Tractatus Logico-Philosophicus*, London and New York: Routledge, 2001.

Wittgenstein, Ludwig, *Philosophical Investigation*, 4th edition, ed. P. M. S. Hacker, Joachim Schulte, Oxford: Wiley-Blackwell, 2009.

Wittgenstein, Ludwig, *On Certainty*, ed. G. E. M. Anscombe and G. H. von Wright, New York: Basil Blackwell, 1969.

Wolterstorff, Nicholas, *Thomas Reid and the Story of Epistemology*, Cambridge: Cambridge University Press, 2001.

二 中文文献

[澳] 洛瑞:《民族发展中的苏格兰哲学》,管月飞译,浙江大学出版社 2014 年版。

[德] 黑格尔:《哲学史讲演录》,贺麟等译,商务印书馆 1980 年版。

[德] 康德:《道德形而上学原理》,苗力田译,上海人民出版社 2002 年版。

[德] 卡西勒:《启蒙哲学》,顾伟铭等译,山东人民出版社 1996 年版。

[德] 文德尔班:《哲学史教程》,罗达仁译,商务印书馆 1993 年版。

[美] 奥尔森:《基督教神学思想史》,吴瑞诚等译,上海人民出版社 2014 年版。

[美] 布朗:《基督教与西方思想》,查常平译,北京大学出版社 2005 年版。

[美] 汉姆普西耳编著:《理性的时代:17 世纪哲学家》,陈嘉明译,光明日报出版社 1989 年版。

[美] 汉金斯:《科学与启蒙运动》,任定成等译,复旦大学出版社 2000 年版。

[美] 吉尔伯特、[联邦德国] 库恩:《美学史》,夏乾丰译,上海译文出版社 1989 年版。

[美] 克拉克:《重返理性:对启蒙运动证据主义的批判以及为理性与信仰上帝的辩护》,唐安译,北京大学出版社 2004 年版。

[美] 赖尔等主编:《启蒙运动百科全书》,刘北成等译,上海人民出版社 2004 年版。

[美] 麦金太尔:《德性之后》,龚群等译,中国社会科学出版社 1995 年版。

[美] 墨菲、柯瓦奇:《近代心理学历史导引》,林方等译,商务印书馆 1980 年版。

[美] 奥尔:《英国自然神论:起源和结果》,周玄毅译,武汉大学出版社 2008 年版。

[美] 斯特德:《休谟》,周晓亮等译,山东人民出版社 1992 年版。

[美] 梯利:《西方哲学史》,葛力译,商务印书馆 1995 年版。

[美] 沃林:《自然神论和自然宗教原著选读》,李斯等译,武汉大学出版

社 2007 年版。
［英］爱德华·乔纳森·洛：《洛克》，管月飞译，华夏出版社 2013 年版。
［英］奥尔：《英国自然神论：起源和结果》，周玄毅译，武汉大学出版社 2008 年版。
［英］柏林：《启蒙的时代：18 世纪的哲学家》，孙尚扬、杨深译，凤凰出版传媒集团、译林出版社 2005 年版。
［英］赫伯特：《论真理》，周玄毅译，武汉大学出版社 2006 年版。
［英］科普勒斯顿：《英国哲学：从霍布斯到休谟》，周晓亮译，天津人民出版社 2020 年版。
［英］科普勒斯顿：《从功利主义早期分析哲学》，周晓亮译，天津人民出版社 2020 年版。
［英］罗素：《西方哲学史》（下卷），马元德译，商务印书馆 1976 年版。
［英］牛顿：《牛顿自然哲学著作选》，王福山等译，上海译文出版社 2001 年版。
［英］斯密：《道德情操论》，蒋自强等译，商务印书馆 1997 年版。
［英］索利：《英国哲学史》，段德智译，山东人民出版社 1992 年版。
［英］休谟：《人性论》，关文运译，商务印书馆 1980 年版。
［英］休谟：《自然宗教对话录》，陈修斋等译，商务印书馆 1962 年版。
［英］休谟：《人类理智研究 道德原理研究》，周晓亮译，沈阳出版社 2001 年版。
北京大学哲学系美学教研室编：《西方美学家论美和美感》，商务印书馆 1980 年版。
江怡主编：《西方哲学史》第八卷，凤凰出版社、江苏人民出版社 2005 年版。
刘放桐主编：《新编现代西方哲学》，人民出版社 2000 年版。
涂继亮：《美国哲学史》，社会科学文献出版社 2007 年版。
杨玉成：《奥斯汀：语言现象学与哲学》，商务印书馆 2002 年版。
郁振华：《人类知识的默会维度》，北京大学出版社 2012 年版。
张法：《美学导论》，中国人民大学出版社 2004 年版。
张志伟：《西方哲学史》，中国人民大学出版社 2002 年版。
赵敦华：《基督教哲学 1500 年》，人民出版社 1994 年版。

朱光潜：《西方美学史》，人民文学出版社2002年版。

周晓亮：《休谟及其人性哲学》，社会科学文献出版社1996年版。

周晓亮主编：《西方哲学史》第四卷，凤凰出版社、江苏人民出版社2004年版。